Sprachlich bedingte soziale Ungleichheit

AF211322

Empirische Erziehungswissenschaft

herausgegeben von

Rolf Becker, Sigrid Blömeke, Wilfried Bos,
Hartmut Ditton, Cornelia Gräsel, Eckhard Klieme,
Rainer Lehmann, Thomas Rauschenbach,
Hans-Günther Roßbach, Knut Schwippert,
Ludwig Stecher, Christian Tarnai, Rudolf Tippelt,
Rainer Watermann, Horst Weishaupt

Band 56

Waxmann 2015
Münster • New York

Anke Walzebug

Sprachlich bedingte soziale Ungleichheit

Theoretische und empirische Betrachtungen am Beispiel
mathematischer Testaufgaben und ihrer Bearbeitung

Waxmann 2015
Münster • New York

Diese Arbeit wurde von der Fakultät Erziehungswissenschaft, Psychologie und Soziologie der Technischen Universität Dortmund 2013 als Dissertation angenommen.

Bibliografische Informationen der Deutschen Nationalbibliothek

Die Deutsche Nationalbibliothek verzeichnet diese Publikation in der Deutschen Nationalbibliografie; detaillierte bibliografische Daten sind im Internet über http://dnb.d-nb.de abrufbar

Empirische Erziehungswissenschaft, Band 56
ISSN 1862-2127
Print-ISBN 978-3-8309-3201-7
E-Book-ISBN 978-3-8309-8201-2

© Waxmann Verlag GmbH, 2015
Steinfurter Straße 55, 48159 Münster

www.waxmann.com
info@waxmann.com

Umschlaggestaltung: Pleßmann Design, Ascheberg

Gedruckt auf alterungsbeständigem Papier, säurefrei gemäß ISO 9706

Printed in Germany

Dank

Zur Entstehung dieser Arbeit haben auf ihre Weise – durch anregende Ideen, fachkundigen Rat, Interesse, Fragen mit Nachklang, wohltuende Auszeiten u.v.m. – eine Vielzahl an Menschen beigetragen, von denen hier nicht alle aufgezählt werden können:

Die wichtigsten Erkenntnisse gaben mir die interviewten Schülerinnen und Schüler. Ihnen, ihren Eltern und ihren Lehrerinnen und Lehrern, die ihr Einverständnis zum Interview gaben, gilt daher mein großer Dank.

Als Doktorandin am Institut für Schulentwicklungsforschung und Stipendiatin der NRW Research School ‚Education and Capabilities' bin ich zudem einer Reihe von Menschen für fachlichen Austausch und anerkennende Rückmeldungen dankbar, vor allem Dr. Magdalena Buddeberg, Claudia Dohe, Dr. Daniel Kasper, Matthias Koch, Jun. Prof. Claudia Müller, Michael Pawicki, Prof. Tobias C. Stubbe und Dr. Heike Wendt. Besonderer Dank gilt darüber hinaus Prof. Wilfried Bos und Prof. Albert Bremerich-Vos für ihre Unterstützung und Beratung während der Fertigstellung der Arbeit. Ihre Impulse, ihre wertvollen Ratschläge und Diskussionen haben wesentlich zum Gelingen dieser Arbeit beigetragen.

Zur Entstehung eigener Denk-, Empfindungs- und Handlungsmuster spielt, wie hier ausgeführt, die Sozialisation eine große Rolle. Prägend für mich in der Auseinandersetzung mit grundlegenden Fragen waren – lange bevor ich mich dazu entschied, Erziehungswissenschaft zu studieren, gar zu promovieren – Gespräche, für die ich besonders Martina Janssen, Dirk Haring, Dr. Tim Nebelung und Pascal Verhoeven danken möchte. In diesem Zusammenhang danke ich ebenso Anita Bedi-Zahn, Jan Drescher, Sascha Peter, Dr. Gereon Wulftange und Dr. Manuel Zahn von Herzen für die intensive Studienzeit in Hamburg. Gewachsen aus dieser Zeit gilt mein Dank darüber hinaus Prof. Rainer Kokemohr, der mir vieles mit auf meinen Weg gegeben hat und immer noch gibt.

Größter Dank aber gilt meiner Familie: Monika, Werner und Ulla, Conny, Hanne und Heinz, Fabian, Elias und Fine, Hanni, Elisabeth und Manfred, Sylke und besonders Stephan, dem diese Arbeit und ich viel mehr verdanken, als sich hier mit Worten sagen lässt. Ohne ihre Unterstützung wäre die Arbeit nicht entstanden.

Bochum, im September 2014

Inhalt

1   Einleitung

Problemaufriss

In Deutschland ist der Schulerfolg in starkem Maße von der sozialen Herkunft der Schülerinnen und Schüler abhängig, wie der internationale Vergleich zeigt (vgl. z.b. Ehmke & Jude, 2010; Stubbe, Tarelli & Wendt, 2012). Als ein ‚Post-PISA-Phänomen' ist diese Kenntnis von sozialer Ungleichheit und ihrer Reproduktionsmechanismen erneut zur zentralen Frage der aktuellen Bildungsforschung geworden (vgl. z.b. Bauer, 2011; Bauer & Grundmann, 2007; Büchner, 2008). Schon ein Blick in die Forschungsliteratur der 1970er Jahre belegt, dass damals wie heute Antworten auf diese Frage gesucht wurden und werden (vgl. z.b. Bauer, Bittlingmayer & Scherr, 2012; b:e Redaktion, 1971; Berger & Kahlert, 2008; Berkemeyer et al., 2013; Berkemeyer, Manitius & Bos, 2012; Ditton, 2010a, 2011a, 2011b; Gerleigner, 2013; Jürgens & Miller, 2013; Mollenhauer, 1969; Roth, 1970; Solga, 2008). Ursprünglich war jene Diskussion innerhalb der Soziologie und Sozialforschung verortet (vgl. z.b. Bendix, 1974; Bernstein, 1958; Dahrendorf, 1974; Oevermann, 1970, 1973). Als ein „gesellschaftstheoretisches Schlüsselthema" (Kreckel, 2004, S. 21) ist sie hierüber zu einem interdisziplinären Forschungsfeld avanciert, das unterschiedliche Namen trägt und in unterschiedlichen Bereichen behandelt wird: ‚Soziale Ungleichheit' (vgl. z.b. Burzan, 2007; Schwinn, 2007), ‚Ungleichheitsforschung' (vgl. z.b. Eder, 1989), ‚Soziologie der Knappheit' (vgl. Balla, 1978), ‚Bildungssoziologie' (vgl. z.b. Brüsemeister, 2008; Grimm, 1987) und so fort.

Einher mit der Frage der Reproduktion sozialer Ungleichheiten geht die Suche nach strukturellen Bedingungen, die Voraussetzungen dafür schaffen, dass die in der Schule vermittelten Fähigkeiten und Fertigkeiten von Schülerinnen und Schülern chancengerecht, d.h. unabhängig von Determinanten der sozialen Herkunft, erworben werden können. Zwar zeigt sich im Laufe der letzten Jahre die positive Tendenz steigender Chancen für Schülerinnen und Schüler nicht privilegierter Herkunft beim Erwerb eines höheren Bildungsabschlusses – insgesamt betrachtet aber erweist sich der Prädiktor ‚soziale Herkunft' als nach wie vor stabil zur Erklärung von Bildungsungleichheiten (vgl. z.b. Abels & König, 2010; Ditton & Krüsken, 2006; Ditton, 2008; Hertzman & Weins, 1996; Meulemann, 1992; Oevermann, 1973; Rolff, 1997; Vester, 2008).

Auszumachen sind sozialstrukturelle Bedingungen, die mehr oder weniger günstige Voraussetzungen zum Lernen schaffen, in erster Linie in den Familien der Schülerinnen und Schüler. So argumentieren Oswald und Krappmann (2004):

> „Es scheint plausibel, zur Erklärung dieser Verbindung das mehr oder weniger lern- und bildungsfreundliche Klima in der Familie heranzuziehen. Obgleich in jüngerer Zeit mit guten Argumenten auch auf die Verhaltensgenetik [...] und [...] Hirnforschung verwiesen wird, um die unterschiedlichen Bildungswege der Kinder zu erklären [...], bleibt der Blick doch auf die Familie gerichtet. Denn auch die Nutzung der genetischen Potenziale und der Aufbau einer leistungsfähigen organischen Struktur des Gehirns sind offenbar auf Stimulierungen angewiesen und entfalten sich nur in Interaktion von Anlage und Umwelt [...]. Diese Stimulierung erhalten die sich entwickelnden Kinder in unterschiedlichem Ausmaß. Folglich wird die Beziehungs- und Interaktionsstruktur der Familie zugeschrieben und dem Erziehungsstil der Eltern oft auch angelastet, wenn Kinder in der Schule geringen Erfolg haben." (ebd., S. 480)

Die Familie setzt also sozialstrukturell betrachtet den Rahmen für eine Vielfalt an Ressourcen, Einstellungen sowie Denk-, Empfindungs- und Handlungsmustern, wie in dieser Arbeit begrifflich zu schärfen sein wird (vgl. Kapitel 2 bis 5). Dieser Rahmen bringt auch Praktiken und Gebräuche der Sprache mit sich, die in einer Familie von Generation zu Generation reproduziert werden (vgl. Bernstein, 1971; Bourdieu, 1998; Kaesler, 2005). Im Hinblick auf die Schule und den schulischen Erfolg von Schülerinnen und Schülern sind es ganz bestimmte sprachliche Praktiken und Gebräuche, die als „angemessene sprachliche Mittel" (Ehlich, Bredel & Reich, 2008, S. 20) angesehen werden (vgl. auch z.B. Duncker, Scheinflug & Schulteis, 2004; Heller, 2012; Morek & Heller, 2012; Müller & Walzebug, 2012). An dieser Schnittstelle von Sprache und sozialer Herkunft stellt sich die der Arbeit zugrunde liegende, übergeordnete Frage: Lässt sich das Phänomen der sozialen Ungleichheit im Bildungswesen nicht noch präziser beschreiben als eine soziale Ungleichheit, die im schulischen Kontext (also im Unterricht, bei der Bearbeitung von Aufgaben, beim Bestehen von Klassenarbeiten, Klausuren, Tests und Schulleistungstests usw.) wesentlich durch die sozial bedingten Sprachgebrauchsweisen des Einzelnen ausgelöst wird? D.h. konkreter gefragt: Liegt hier eine *sprachlich bedingte soziale Ungleichheit* vor?

Implikation für die vorliegende Arbeit
Um diese Frage vertiefend zu bearbeiten, geht die Arbeit davon aus, dass sich – wie in den Kapiteln 2 und 3 anhand von frühen und aktuellen Ansätzen und Befunden erläutert – der Zusammenhang von sozialer Herkunft und Sprache während des Sozialisationsprozesses in bestimmter Weise zeigt: Je nach sozia-

ler Lage einer Familie, in der eine Schülerin bzw. ein Schüler aufwächst, werden unterschiedliche Spracherwerbskontexte und Ressourcen bereitgestellt, die die Entwicklung von Sprachgebrauchsweisen tendenziell begrenzen oder erweitern können. Mit dem Eintritt in die Schule sind zunehmend solche Sprachgebrauchsweisen relevant, die im Rahmen schulspezifischer Domänen anerkannt und entsprechend praktiziert werden. Definiert und verbindlich festgelegt sind diese etwa in Form von fachspezifischen Bildungsstandards, Kernlehrplänen und Kompetenzen. Mit dem Ziel konkret am Beispiel eines Schulfaches zu argumentieren, richtet sich der Fokus in Kapitel 4 auf das Kernfach Mathematik. Auch hier zeigt sich, wie Wendt, Bos, Selter und Köller (2012) im Rahmen von TIMSS 2011 konstatierten:

> „In Deutschland haben Schülerinnen und Schüler, die berichten, dass ihre Familien mehr als 100 Bücher[1] besitzen, in den mathematischen Kompetenzen gegenüber jenen, die angeben, maximal hundert Bücher zu besitzen, einen signifikanten Vorsprung, der etwa einem Lernjahr entspricht." (ebd., S. 22)

Mit dem Verweis auf die verbindlich definierten mathematischen Kompetenzen sind konsequenterweise Schulleistungsstudien und in ihnen eingesetzte Testaufgaben verbunden, auf die Kapitel 4 am Beispiel der Studie *Trends in International Mathematics and Science Study* (TIMSS 2007) eingeht. Die vorliegende Arbeit setzt also an Schulleistungsstudien an und dabei an jenem Befund, der öffentlich in besonderem Maße für Aufsehen sorgt: dem wiederholt schlechten Abschneiden der Schülerinnen und Schüler nicht privilegierter Herkunft. Erläutert wird zum einen, wie mathematische Testaufgaben beschaffen sind, welchen fachdidaktischen Überlegungen sie sich verdanken, welche bildungspolitische Rahmung ihnen zugrunde liegt und auch, welche Rolle ihnen im bildungspolitischen Kontext zuteil wird. Zum anderen wird anhand dreier Wissensdimensionen (Fach-, Sprach- und Handlungswissen) expliziert, welche Fähigkeiten und Fertigkeiten *jenseits* der in TIMSS 2007 definierten Bereiche für das Lösen von mathematischen Testaufgaben als relevant erachtet werden. Beide Perspektiven zu verfolgen wird als aussichtsreich erachtet, da die Forschung zeigt, dass ein großer Teil der Schülerinnen und Schüler aus nicht privilegierten Familien an den verbindlich vorgegebenen Standards der Schule scheitert (vgl. z.B. Wendt, Bos, Selter & Köller, 2012; Bos, Tarelli, Bremerich-Vos & Schwippert, 2012; OECD, 2012). Um also genauer zu verstehen, warum diese Schülergruppe Schwierigkeiten beim Lösen der Testaufgaben hat, wird anhand der Wissensdimensionen eine erweiterte Perspektiveinstellung auf ihre

---

1   Zur Bedeutung des Indikators Buchbesitz im Elternhaus, vgl. Kapitel 2.1.3.

Bearbeitungsweisen vorgenommen (vgl. Kapitel 4.3). In Rekurs auf die in Kapitel 2 und 3 dargelegten Befunde zeigt sich hieran zudem die Divergenz familial erworbener Sprachlernvoraussetzungen und sprachlicher Anforderungen der Schule (vgl. auch Kaesler, 2005; Müller & Walzebug, 2012), wie sie in Rückbindung an soziologische und soziolinguistische Überlegungen besonders in Kapitel 5 für die Arbeit diskutiert wird. Kapitel 5 bündelt zugleich die Kernelemente der theoretischen Konzeption der Arbeit. In Kapitel 6 finden sich die aus den Kapiteln 1 bis 4 diskutierten Befunde als Forschungsfragen und Hypothesen spezifiziert. Die Frage nach einer sprachlich bedingten sozialen Ungleichheit zeigt sich dabei eng verknüpft mit Fragen der Chancengerechtigkeit. Die Kapitel 7 und 8 beschreiben die der Arbeit zugrunde liegenden Daten und die verwendeten Methoden. Die Ergebnisse der empirischen Analysen werden in Kapitel 9 dargelegt. Kapitel 10 diskutiert die zentralen Befunde im Gesamtüberblick und gibt einen Ausblick für sich anschließende Forschungsarbeiten.

Im Rahmen der vorliegenden Arbeit wird dieses Vorgehen genutzt, um zu diskutieren und zu prüfen, inwieweit eine *sprachlich bedingte soziale Ungleichheit* beim Lösen von mathematischen Testaufgaben im Rahmen der Studie TIMSS 2007 vorliegt. Fokussiert werden nicht privilegierte, monolingual deutsche Schülerinnen und Schüler, wie einleitend in Kapitel 6 begründet dargelegt wird. Den Analysen liegen im Wesentlichen zweierlei Sorten Datenmaterial zugrunde:

- *Interviewdaten* zur Bearbeitung mathematischer Testaufgaben von monolingual deutschen Schülerinnen und Schülern nicht privilegierter und privilegierter Herkunft, die es erlauben, individuelle Bearbeitungsprozesse zu rekonstruieren und schwierigkeitsgenerierende Merkmale zu identifizieren, und
- *Daten der Studie TIMSS 2007*, die herangezogen werden, um mittels *Differential Item Functioning* (DIF) und einer Strukturmodellierung den Blick auf die Beschaffenheit mathematischer Testaufgaben zu schärfen.

Ziele und Relevanz der Arbeit
Ziel der Arbeit ist es, ansetzend an dem wiederkehrenden Befund des schlechten Abschneidens von Schülerinnen und Schülern nicht privilegierter Herkunft in Schulleistungsstudien, Beschreibungs- und Erklärungsansätze zu explizieren, die es ermöglichen, die soziale Herkunft als Prädiktor der Teilhabe an schulischer Bildung theoretisch und empirisch zu beleuchten. Mit dieser Perspektive findet eine differenzierte Analyse der Instrumente, Konzeptionen und Modelle

statt, mittels derer die Befunde in Schulleistungstests – wie hier in TIMSS 2007 für die Domäne Mathematik – ermittelt und begründet werden. Der Fokus liegt auf Testaufgaben, ihrer Beschaffenheit und ihren Anforderungen. Sie stellen den Gegenstand dar, der herangezogen wird, um Ursachen und Wirkungen von sozialer Ungleichheit kritisch zu diskutieren. Denn so konstatiert auch Becker (2004):

> „Aus methodischer Sicht sollte deutlich geworden sein, dass es nicht ausreicht, Bildungsungleichheiten anhand von Bildungsergebnissen zu bemessen und auf den Effekt der sozialen Herkunft zurückzuführen, sondern wir müssen in der Logik der Entstehung von Bildungsungleichheiten die vielfältigen relevanten Ursachen und Wirkungen in angemessener Weise beschreiben und empirisch überprüfen." (ebd., S. 183)

Im Fokus der Arbeit steht die Sprache. Als leitendes Moment ‚der Logik der Entstehung von Bildungsungleichheiten' und zentrales Medium der Vermittlung schulischen Wissens (vgl. z.B. Benner, 1996, S. 268) erlaubt sie den hier angestrebten analytischen Zugriff, nämlich anhand von sozial bedingten Sprachpraktiken der Schülerinnen und Schüler das Verhältnis von Anspruch (z.B. definiertes Kompetenzniveau) und Anforderung (z.B. intendierte und nicht intendierte Aufgabenschwierigkeiten) einer Testaufgabe vertiefend zu analysieren.

Die Relevanz der Arbeit lässt sich mit dem Ziel der Arbeit begründen: Es fehlen nach wie vor Antworten auf die Frage, wie Chancengerechtigkeit im Bildungswesen hergestellt werden kann. Für das hier explizierte Forschungsfeld von sozialer Herkunft, familialer Sprachsozialisation und mathematischer Testleistung können sowohl Anregungen als auch Anknüpfungspunkte für die weitere Forschung abgeleitet werden.

2 Zur sozialen Herkunft von Schülerinnen und Schülern

Ist von der sozialen Herkunft von Schülerinnen und Schülern die Rede, so kann dies je nach Bezugskontext unterschiedliches meinen. Im Zusammenhang mit Ergebnissen aus Schulleistungsstudien, die einen Bezugspunkt der vorliegenden Arbeit darstellen, hat sich die Bezeichnung der sozialen Herkunft in besonderer Weise verfestigt: Der öffentlich prominente Rekurs auf die soziale Herkunft ist auf einen bestimmten Teil der Schülerschaft ausgerichtet, den der Schülerinnen und Schüler *nicht privilegierter Herkunft*. Angesprochen sind die „Bildungsverlierer" (Quenzel & Hurrelmann, 2010), die „Risikoschüler" (Deutsches PISA-Konsortium, 2002), im weitesten Sinne die „Bildungsfernen" (vgl. kritisch hierzu z.B. Liesner, 2012; Ribolits, 2008; Wiezorek, 2009). Was aber impliziert die Bezeichnung ,soziale Herkunft'? Wie wird sie theoretisch gefasst? Und, welche Möglichkeiten ergeben sich für einen empirischen Zugang?

Dieses Kapitel greift zur Beantwortung dieser Fragen theoretische Konzepte und Befunde der Bildungsforschung auf. Es versucht darüber hinaus im Anschluss an bildungssoziologische Ansätze ergänzende Ansatzpunkte herauszuarbeiten: Schritt 1 fokussiert die zentralen Begrifflichkeiten, die im Rahmen empirischer Bildungs- sowie erziehungs- und sozialwissenschaftlicher Forschung zur Erfassung des Konstrukts ,soziale Herkunft' zugrunde gelegt werden. Um die „dauerhaften Dispositionen" (Bourdieu, 1987, S. 97) beschreibbar zu machen, die die soziale Herkunft mitsamt ihren schulrelevanten Partizipationschancen bestimmen, legt dieser Abschnitt den Fokus auf die Bourdieu'schen Konzepte von Kapital und Habitus (vgl. Kapitel 2.1). Schritt 2 zeichnet die Möglichkeiten und Grenzen der Erfassung von sozialer Herkunft nach, wie sie sich zum gegenwärtigen Zeitpunkt in empirischen Studien zeigen (vgl. Kapitel 2.2). In Schritt 3 sind zentrale Aspekte der sozialen Herkunft systematisch für die Arbeit geordnet (vgl. Kapitel 2.3).

2.1 Kapitalorientierte Ressourcen und Habitus

Gegenwärtig stellen Bourdieus theoretische Annahmen einen der meist rezipierten Ansätze der empirischen Bildungsforschung dar (vgl. z.B. Kramer, 2011). Nahezu allen Studien zur empirischen Bildungsforschung liegt zur Beschreibung des sozialen Hintergrunds sein Ansatz der Kapitalformen zugrunde (vgl. Kapitel 2.1.1 & Kapitel 2.2.1). Auf das Konzept des Habitus wird vorwiegend in explorativ angelegten, rekonstruktiven Fallanalysen rekurriert (vgl. Kapitel 2.1.2 & Kapitel 2.2.1). Beide Konzepte sind für diese Arbeit zentral, da mit ihnen die für die Arbeit wesentliche Frage nach dem Passungsverhältnis von sozialer Herkunft und Bildungspartizipation expliziert werden kann (vgl. Kapitel 2.1.4); eine Frage, die für Bourdieu selbst forschungsleitend war (vgl. z.B. Bourdieu & Passeron, 1971; ebenso z.b. Erler, 2007, S. 39f.).

2.1.1 Kapital als Repertoire von handlungsbefähigenden Ressourcen

> „Worauf können Individuen zurückgreifen, wenn sie mit Situationen konfrontiert werden, für die ihre Interpretations- und Handlungsschemata nicht mehr ausreichen?" (Koller, 2012, S. 29)

Diese von Koller formulierte Frage fokussiert die Ressourcen, die Bourdieu (1983) als Kapitalformen beschreibt. An Kapitalien orientierte Ressourcen meint die *Verfügung* über bestimmte Rücklagen, auf die Schülerinnen und Schüler zurückgreifen können, um in bestimmten Kontexten, wie dem schulischen, erfolgreich zu handeln. Gemeint sind auch, wie von Koller hervorgehoben, ressourcengebundene Rücklagen, die zum Tragen kommen, wenn neue Situationen neue Lösungsstrategien erfordern. Ob Schülerinnen und Schüler Zugang zu schulrelevanten Kapitalien haben und welche dabei als schulrelevant gelten, hängt von gesellschaftlichen (Bourdieu selbst spricht von: Macht-) Verhältnissen ab und schließlich von dem Repertoire jener Ressourcen, die ihnen ihre Familien und ihr soziales Umfeld zur Verfügung stellen.

Ökonomisches Kapital als grundsichernde Ressource
Die finanzielle Grundsicherung einer Familie ist durch ökonomisches Kapital bestimmt. Inbegriff ökonomischen Kapitals sind materielle Güter, die aus Geld bestehen (Einkommen, Erspartes etc.) oder in Geld konvertierbar sind (Eigentum etc.). Ökonomisches Kapital bietet damit zugleich die Grundlage für die Aneignung anderer Kapitalformen. Ebenso beeinflussen aber auch kulturelles und soziales Kapital die Akkumulation ökonomischen Kapitals (vgl. Bourdieu, 1983), wie nachfolgend erläutert wird. Erkennbar wird ein solches Zusammenhangsgeflecht mit anderen Kapitalien etwa an der Höhe des Einkommens, das als einer der stärksten Prädiktoren zur Beschreibung der sozialen Lage einer Familie gilt, da es Ausgangslage und Zugangsmöglichkeit für diverse Aktivitäten und Statuszuweisungen (Teilnahme am Unterricht zum Erlernen eines Instruments, Mitgliedschaft in einem Sportverein, Besitz angesehener Kleidung

etc.) ist (vgl. z.B. Vleminckx & Smeeding, 2001). Entsprechend der allgemeinen EU-Definition wird Armut daher auch als relative *Einkommens*armut definiert (vgl. z.B. Grabka & Frick, 2010, S. 4). Armut, d.h. hier: ein Mangel an
ökonomischem Kapital, wirkt sich in vielfältiger Weise auf Kinder aus und
betrifft nicht nur monetäre Bereiche, sondern auch Folgen von (gesundheitli-
cher) Unterversorgung und Formen sozialer Exklusion (vgl. z.B. Alt & Gloger-
Tippelt, 2008, S. 11-17; Bos, Stubbe & Buddeberg, 2010, S. 192f.; Butterwegge, 2010; Holz, 2010, S. 97; Lampert & Kurth, 2007). Insgesamt belegen empirische Studien den Zusammenhang von hohem (sozio-)ökonomischen Status
der Eltern und positiver Kompetenzentwicklung der Schülerinnen und Schüler
(vgl. z.B. Baumert & Schümer, 2002; Ehmke, Siegle & Hohensee, 2005;
Wendt, Stubbe & Schwippert, 2012).

Kulturelles Kapital als Reproduktionsinstrument
Kulturelles Kapital ist Bourdieu zufolge in drei Formen zu differenzieren:
(1.) als *inkorporiertes kulturelles Kapital*, d.h. als kulturelle Fähig- und Fertig-
keit sowie Wissensform und damit im weiten Sinne als Bildung[2] zu bezeich-
nendes, in den Körper eingeschriebenes Kapital, (2.) als *objektiviertes kulturelles Kapital*, d.h. als Besitz von materiellen Gütern als Kulturträger wie Bücher
oder Kunstwerke und (3.) als *institutionalisiertes kulturelles Kapital*, d.h. als
Besitz erworbener Bildungsabschlüsse und Titel, die dauerhafte institutionelle
Anerkennung schaffen (vgl. Bourdieu, 1983). Gemeinsam ist den drei Formen,
dass Zeit und Geld zu investieren sind, um die ihnen inhärenten und als nütz-
lich deklarierten Kenntnisse und Fähigkeiten zu erwerben.

   Für den Kontext der vorliegenden Arbeit kommt dem auch als „Bildungskapital"[3] (Bourdieu, 1994, S. 47) bezeichneten kulturellen Kapital eine zentrale
Stellung zu: Inkorporiertes kulturelles Kapital erfordert in seiner Aneignung
nicht nur Zeit und Geld, sondern ist an die jeweilige Sozialisation, das jeweilige
kulturelle Erbe des Einzelnen gebunden (vgl. Bourdieu, 1992, S. 219). Der
Sozialisationskontext hat eine derart tragende Rolle, weil er im Verständnis
einer Inkorporation die Einschreibung und Verinnerlichung kulturellen Kapitals
determiniert (vgl. Kapitel 2.1.2 & Kapitel 3). Aufgrund der inkorporierten Be-

---

2   Vgl. zu entsprechenden Ansätzen z.B. Koller, 2012; Kokemohr, 2007; Wigger, 2009;
     ebenfalls Walzebug, 2008.
3   Der Rede vom kulturellen Kapital als Humankapital wendet sich Bourdieu ab, da es die
     ökonomischen Investitionen in Bildung in den Vordergrund rücke, wodurch „die am besten
     verborgene und sozial wirksamste Erziehungsinvestition unberücksichtigt [...] [bliebe],
     nämlich die Transmission kulturellen Kapitals in der Familie" (Bourdieu, 1983, S. 186);
     vgl. auch Kapitel 3.

schaffenheit wird diese Form des kulturellen Kapitals nicht direkt weitergege-
ben, sondern folgt unbewussten Prozessen der sozialen Vererbung und hat
daher auch unsichtbare Potenziale der Reproduktion sozialer Ungleichheit zur
Konsequenz. Aber auch objektiviertes und institutionalisiertes kulturelles Kapital gelten als Instrumente der Reproduktion gesellschaftlicher Strukturen. Im
Vergleich zur inkorporierten Form dienen sie jedoch stärker als Statussymbole
und sind weniger subtil.

Insgesamt betrachtet stellt kulturelles Kapital in allen drei Formen eine Voraussetzung für Prozesse der persönlichen Entwicklung und der Aneignung
tradierter Wissens- und Kulturbestände dar (vgl. z.B. Mayer, 1994), die zur
Partizipation an unterschiedlichen gesellschaftlichen Bereichen befähigen (vgl.
auch Grundmann, Hornei & Steinhoff, 2013). Die Anerkennung kulturellen
Kapitals hängt von seinem Stellenwert ab, den es innerhalb einer sozialen
Gruppe genießt. Dieser differente Umgang zeigt sich, wie Georg (2006) herausstellt, sowohl geschlechtsspezifisch, weil etwa der Ausbildungsabschluss
der Mädchen im Gegensatz zu dem der Jungen stark vom Bildungsniveau der
Eltern abhängt, als auch schichtspezifisch, da sich das kulturelle Kapital der
Eltern in schwächerem Ausmaß auf nicht privilegierte Kinder überträgt als auf
privilegierte (vgl. ebd., S. 138-141).

Befunde einer Vielzahl von Studien belegen zudem, dass Indikatoren familial erworbenen kulturellen Kapitals (auch unabhängig von ökonomischen Indikatoren) zur Erklärung ungleicher Entwicklungen schulischer Kompetenzen
beitragen (vgl. z.B. Baumert, Watermann & Schümer, 2003; de Graaf, de Graaf
& Kraaykamp, 2000; DiMaggio, 1982; Jungbauer-Gans, 2006; Rössel & Beckert-Zieglschmid, 2002; Sullivan, 2001; van de Werfhorst & Hofstede, 2007).

Soziales Kapital als Handlungsressource
Bourdieu bezeichnet soziales Kapital als Ressource, die in Bezug auf soziale
Kontakte, Beziehungen und gegenseitige Anerkennung von Bedeutung ist, wie
die Zugehörigkeit zu einer sozialen Gruppe. Soziales Kapital bildet das soziale
Netzwerk des Einzelnen; ein Netzwerk, das in Interaktion mit anderen Hand-
lungsspielräume eröffnet. Als ein „dauerhaftes Netz" (Bourdieu, 1983, S. 190)
ist es gekennzeichnet durch „Beziehungen gegenseitigen Kennens und Aner-
kennens" (ebd.), d.h. um Sozialkapital zu erhalten, bedarf es eines konstanten
Tausches materieller und symbolischer Formen und Güter.

Entscheidend für den Gehalt des sozialen Kapitals ist die Größe des sozialen Netzes, über das verfügt wird, und der Fundus an ökonomischem, kulturellem und sozialem Kapital, über das diejenigen verfügen, zu denen Beziehungen

aufrecht erhalten werden (vgl. ebd., S. 191). Coleman (1988), der – anders als Bourdieu – soziales Kapital in direkter Bezugnahme auf den Kontext Schule diskutierte, spricht von sozialem Kapital als „resource for action" (ebd., S. 95). Er definiert es mit Blick auf die handlungsbefähigenden Momente kapitalorientierter Ressourcen im Wesentlichen über seine Funktion (vgl. ebd., S. 98), die zwar auch im Bourdieu'schen Verständnis von sozialem Kapital integriert ist, nicht aber derart explizit für schulisches Lernen ausgeführt ist wie bei Coleman. In Bezugnahme auf den Ökonomen Ben-Porath (1980) und die von ihm beschriebene „f-connection' (bestehend aus *f*amily, *f*riends & *f*irms), die ökonomischen Austausch vorantreibe, begreift Coleman die Bedingungen von Handlung und Handelndem als ein Geflecht, in dem „social capital not only facilitates certain actions, it constrains others" (Coleman, 1988, S. 105). Für den Bildungserfolg von Schülerinnen und Schülern relevant ist aus seiner Perspektive somit, ob diese in einem Netzwerk sozialer Beziehungen aufwachsen und ob prinzipiell Möglichkeiten bestehen, auf soziales Kapital zurückzugreifen. Colemans funktionalistische Fassung von sozialem Kapital mit der Bourdieu'schen Sichtweise zu verknüpfen eignet sich, um etwa den Blick auf einzelne Personen als *Player* in einem sozialen Netzwerk zu richten und deren Interaktionen und Wirkungsweisen zu beachten.

Beide, Bourdieu und Coleman, stellten die essentielle Rolle des sozialen Kapitals bei der Bildung von kulturellem Kapital[4] heraus. Um aber Wirkungsweisen von Netzwerkarten und -ressourcen in spezifischen Konstellationen analysieren zu können, ist soziales Kapital differenziert zu betrachten (vgl. z.B. Esser, 2000; Jacob & Weiss, 2011; Lai, Lin & Leung, 1998; Lin & Erickson, 2008). Im Kontext von Studien zur empirischen Bildungsforschung geschieht dies bislang kaum. Auch haben sich extrem heterogene und oftmals wenig solide theoriegeleitete Auffassungen herauskristallisiert, die das Konzept als Ganzes, wie Johnston und Percy-Smith (2003) es benennen, als ‚chaotisch' (vgl. ebd., S. 332) erscheinen lassen (vgl. auch Fine, 2001; Haug, 2000; Putnam & Goss, 2001; Schechler, 2002). Es fungiert Euler (2006) zufolge im empirischen Zugriff daher häufig nur als „Platzhalter" (ebd., S. 13) und ist zwingend mit theoretischen Inhalten zu füllen.

Zum Beziehungsgeflecht der Kapitalsorten
Die Beschreibung der Kapitalsorten verdeutlicht, welche gesellschaftliche Relevanz ihnen zuteil wird. Kapital bestimmt – gemäß dem Utilitarismus – über

---

4   Coleman spricht nicht von ‚kulturellem Kapital' sondern von ‚Humankapital' (vgl. Coleman, 1988).

Grenzen und Möglichkeiten gesellschaftlicher Positionierung. Wirken die Kapitalsorten zusammen und entscheiden über Prestige, Rang und Ruhm, so ist die Rede von „symbolischem Kapital"[5] (Bourdieu, 1993, S. 218); symbolisch, weil es „symbolische Garantien" (ebd.) bietet, schlicht: einen „Vertrauenskredit" (Joas & Knöbl, 2004, S. 538). Ziel ist die Akkumulation von Kapital (Kapital*volumen*), wobei einzelne Kapitalsorten miteinander in Wechselwirkung stehen und als Gesamtkomposition (Kapital*struktur*) wirken.

Unter bestimmten Bedingungen geht kulturelles Kapital in institutionalisierter Form in ökonomisches Kapital über, denkt man etwa an einen Schul- oder Hochschulabschluss, der in der Regel benötigt wird, um einen gut bezahlten Beruf auszuüben. Einen Hochschulabschluss zu erreichen, impliziert aber zugleich die Investition von Geld- und Zeitressourcen, d.h. bestehen hier nur begrenzt Möglichkeiten, ist auch der akademische Titel in Gefahr und damit die Aussicht auf einen gut bezahlten Beruf. Besitzt man einen Fundus an Büchern (objektiviertes kulturelles Kapital), ist dies kein Anhaltspunkt dafür, ob diese auch gelesen, gar studiert wurden oder der Leser in den ‚Genuss' der Lektüre gekommen ist bzw. die Lektüre seinen ‚Geschmack' getroffen hat und damit kulturelles Kapital auch in inkorporierter Form vorliegt. Der Buchbesitz sagt aber etwas über die Affinität zu schriftsprachlichen Dokumenten aus und damit zum Verhältnis von Nähe und Distanz zu derartigen symbolträchtigen Gütern. Ist es möglich, aufgrund eines bestimmten finanziellen Rückhalts wohlausgewählte kulturelle Veranstaltungen zu besuchen oder Vereinssport zu betreiben, erweitert dies das eigene soziale Netzwerk, in dem wichtige Kontaktpersonen für weitere Beziehungen enthalten sein können. Auch eignet sich ein breit aufgestelltes soziales Netzwerk, um neben dem in der Schule erworbenen Wissen solches Wissen zu erlernen, das bestimmte sozial angesehene Verhaltens- und Kommunikationsweisen einschließt (z.B. im Theater, auf Empfängen). Solche, zum Teil ungeschriebenen Gesetze und Regeln der Kommunikation und Verhaltensweisen wiederum, die – einmal sozialisatorisch erworben – inkorporiertes Kulturkapital bilden, können maßgeblich den Kontakt zu Anderen (etwa positiver Eindruck beim Vorgesetzten im Rahmen eines Vorstellungsgesprächs, vgl. z.B. Byrne, 1971, 1997) und anderem (etwa erfolgreiche Partizipation am Schulunterricht, vgl. z.B. Ball, 2009) bestimmen. Diese ungeschriebenen Regeln der Kommunikation und Verhaltensweisen bereichern soziales Kapital.

---

5   Bourdieu definiert symbolisches Kapital als „eine beliebige Eigenschaft [eine beliebige Kapitalsorte, physisches, ökonomisches, kulturelles, soziales Kapital], wenn sie von sozialen Akteuren wahrgenommen wird, deren Wahrnehmungskategorien so beschaffen sind, daß sie zu erkennen [wahrzunehmen] und anzuerkennen, ihr Wert beizulegen, imstande sind" (Bourdieu, 1998, S. 108).

Besonders eng verknüpft scheinen in diesem skizzierten Denkmodell ökonomisches und objektiviertes kulturelles Kapital, da sie leicht in Geld konvertierbar sind. Inkorporiertes und institutionalisiertes kulturelles Kapital hingegen muss ein jedes Individuum in Eigentätigkeit erwerben, sodass beide Formen vom *Delegationsprinzip* ausgeschlossen sind. Ökonomisches Kapital genießt eine zentrale Stellung (vgl. Bourdieu, 1983, S. 196), da es Grundlage für das kulturelle und das soziale Kapital ist. Offensichtlich hat aber auch soziales Kapital in besonderer Weise Auswirkungen auf die anderen Kapitalsorten (vgl. auch Allmendinger, Ebner & Nikolai, 2007, S. 489). Alle drei Kapitalien sind eng miteinander verwoben, was den empirischen Zugriff erschwert und die Identifizierung von tatsächlich vorhandenem Kapital verschleiern kann.

Letztlich entscheidet das Repertoire an Kapital, das einer Schülerin bzw. einem Schüler insgesamt zur Verfügung steht, über Chancen, an schulrelevanten Kontexten partizipieren zu können (vgl. z.B. Fuchs & Sixt, 2007). Mit dem Repertoire gehen Strategien einher, die Schülerinnen und Schüler durch Abruf nutzen können, um schulrelevante Leistungen zu erbringen wie das Einsetzen von anerkannten sprachlichen Mitteln in schüler- und lehrerseitigen Interaktionen (vgl. Kapitel 3 & 4). Befunde unterschiedlicher Studien zeigen in diesem Zusammenhang beispielsweise auch, dass systemkonformes, also in der Schule anerkanntes soziales Kapital von Schülerinnen und Schülern dann eine tragende, da positiv unterstützende Rolle für den Schulerfolg spielt, wenn es zu schulischen Schwierigkeiten kommt (vgl. z.B. Smith et al., 1992; Teachman et al., 1996, 1997).

2.1.2 Habitus als strukturierende Struktur

Repertoires an ressourcenorientierten Kapitalien (vgl. Kapitel 2.1.1) werden im Laufe der Sozialisation eines Individuums übernommen und erworben. Sie liegen als Teil gemeinsamer Erfahrungen bzw. Erfahrungsräume für eine soziale Gruppe, wie der Familie (vgl. Kapitel 3), vor und werden ausgehend von den jeweils gemeinsam geteilten Erfahrungsräumen aus neu erworben. Diese Erfahrungsräume bilden ein Gefüge von Rahmung und Ordnung innerhalb der sozialen Wirklichkeit. Insofern werden Individuen in ein bestehendes – gesellschaftliches, kulturelles sowie semiotisch vermitteltes – Ordnungsgefüge hineingeboren, das auf ihre Einstellungen, Haltungen und Sichtweisen wirkt und diese zugleich konstituiert. Diesen Prozess der Sozialisation begreift Bourdieu als Habitualisierung. In der Tradition der Soziologie schließt das Konzept des Habitus an Karl Mannheims *Strukturen des Denkens* (1924/1980) an, wonach jegliches menschliche Denken, Wahrnehmen und Empfinden an den jeweiligen Standort des Einzelnen in der Welt gebunden ist. Kernidee Mannheims ist es dabei, die unterschiedlichen Erfahrungsräume, in denen sich der Einzelne innerhalb seiner sozialen Wirklichkeit bewegt, als ‚konjunktive Erfahrungsräume' zu begreifen; als Erfahrungsräume, in denen gemeinsame Wissens- und Erfahrungsstrukturen durch ihre Mitglieder geteilt und gelebt werden (vgl. ebd., S. 218). Leitendes Medium dieser an ihre Mitglieder gebundenen Erfahrungsräume ist die Sprache. Denn: Die Konjunktivität der Sprache ermöglicht es, eine gemeinsam geteilte Bedeutungswelt aufzubauen und eine für den jeweiligen Erfahrungsraum spezifische kollektive Vorstellung von Welt und Selbst entstehen zu lassen (vgl. ebd., S. 231).

Angesichts dessen, dass sich Sozialisation in Wechselwirkung von Individualität und Interaktion vollzieht (vgl. z.B. Tillmann, 2010), bildet der Begriff des Habitus die Schnittstelle zwischen objektiven, gesellschaftlichen Bedingungen und subjektivem, individuellem Handeln und Verhalten. Bourdieu versteht den Habitus als eine „strukturierende Struktur" (Bourdieu, 1987, S. 97); ein existenzielles System von ökonomischen und sozialen Notwendigkeiten eines Einzelnen oder einer sozialen Gruppe. Habitusformen als strukturierende Strukturen zu fassen liegt in seiner konzeptionellen Vorstellung begründet, nämlich

> „[...] als Erzeugungs- und Ordnungsgrundlage für Praktiken und Vorstellungen, die objektiv an ihr Ziel angepasst sein können, ohne jedoch bewusstes Anstreben von Zwecken und ausdrückliche Beherrschung der zu deren Erreichung erforderlichen Operationen vorauszusetzen, die objektiv ‚geregelt' und ‚regelmäßig' sind, ohne irgendwie das Ergebnis der Einhaltung von Regeln zu sein, und genau deswegen kollektiv aufeinander abgestimmt sind, ohne aus dem ordnenden Handeln eines Dirigenten hervorgegangen zu sein." (Bourdieu, 1987, S. 98f., Hervorhebungen im Original)

Mit diesen Worten verweist Bourdieu auf zwei dem Habitus zugrunde liegende Prinzipien, das Strukturierungs- und das Erzeugungsprinzip. Der im Prozess der Sozialisation erworbene Habitus bildet die strukturelle Grundlage, eine systemisch strukturierte Ausstattung, auf der die eigenen Erfahrungen und Praktiken fortwährend aufbauen (Strukturierungsprinzip). Auch wohnt dem Habitus ein generatives Prinzip (Erzeugungsprinzip) inne, da aus ihm jedwede Handlungen und Wahrnehmungen sozialer Praxisformen entspringen. Ein Habitus bildet also die Lebensumstände des Einzelnen in der Weise ab, dass er vergangene und gegenwärtige Gegebenheiten – wie das familiale Umfeld (vgl. Kapitel 3) – als Struktur, d.h. als Ordnungsgefüge, annimmt und auf der Grundlage dieser

Struktur das Denken, Handeln und Fühlen des Einzelnen lenkt, strukturiert und damit letztlich ein System relativ stabiler Dispositionen konstituiert (vgl. Koller, 2012, S. 24; Kramer, 2011, S. 17; Maton, 2008, S. 53).

Habitus als Bindeglied objektiver Bedingungen und individueller Praktiken
Habitusformen entstehen in sozialstrukturellen Ordnungen, in denen der Einzelne aufwächst. Ein Habitus ist nicht angeboren. Er ist die Basis kollektiver und individueller Erfahrungen und verortet den Einzelnen auf symbolischer Ebene im sozialen Raum: Durch kulturelle Praktiken (z.b. Gewohnheiten der Ernährung, Formen des Zusammenlebens) wird derjenige Lebensstil realisiert, der objektiv (z.b. hinsichtlich zur Verfügung stehender materieller Ressourcen) und subjektiv (z.b. hinsichtlich biographisch geprägter Wahrnehmungsschemata) mit den Bedingungen vereinbar ist, die in einer Gesellschaft als existenziell gelten. Bedingt durch den Habitus konstituiert sich ein systematisches Beziehungsgeflecht von objektiven Bedingungen materieller und kultureller Ressourcen sowie individueller Praktiken. Es handelt sich dabei nicht um konkrete, durch einen Habitus aktivierte Handlungsweisen, sondern um Muster, oder wie Barlösius (2006) schreibt: um Schablonen, die der Einzelne ‚ausformulieren' müsse (vgl. ebd., S. 187). Dass sich dies auch empirisch zeigt, hat etwa *Sinus Sociovision* (2009) facettenreich mit Blick auf milieuspezifische Lebensstile aufgezeigt (vgl. Kapitel 2.2.1).

Aus erkenntnistheoretischer Perspektive dient das Konzept des Habitus der Beschreibung individueller Verhaltens- und Handlungsmuster. Gemeint sind Gewohnheiten, Routinen, Denk- und Wahrnehmungsmuster sowie Handlungs- und Urteilsmuster, die erlernt werden, aber auch durch ein bestimmtes kulturelles Reservoir in einer Gesellschaft vorliegen, daher unbewusst (sozial) übernommen werden. Ein Habitus stellt somit auch implizites Handlungswissen bereit (vgl. Reckwitz, 2010, S. 43); ein ‚stilles', intuitiv erlebtes Wissen, das erfahrungsbasiert individuelle Wahrnehmungen, Urteile und Handlungen steuert (vgl. Neuweg, 1999; Polanyi, 1966). Bourdieu spricht, wie Kramer (2011) ausführt, an dieser Stelle vom ‚Spielsinn', „eine zur Natur gewordene, aber sozial konstituierte Disposition, die intuitiv operiert" (ebd., S. 25). Implizites Wissen wird empirisch zugänglich in dem, *wie* sich soziales Handeln ausdrückt (vgl. Kapitel 4.3.2).

Als wesentliches Medium eines Habitus' gilt die Sprache. Sie bindet objektive Bedingungen und individuelle Praktiken. Mit ihr wird ausgedrückt und dokumentiert, was kollektiv an Vorstellungen innerhalb eines Erfahrungsraumes vorliegt und praktiziert wird (vgl. auch Schütz & Luckmann, 2003,

S. 337). Spracherwerb im Bourdieu'schen Verständnis meint daher den Prozess, „objektivierte sprachliche Ressourcen zu inkorporieren" (Bourdieu, 1990, S. 63); d.h. solche Ressourcen, die im familialen und allgemein sozialen Kontext des Einzelnen vorliegen. Mit dem Spracherwerb wird so auch der Gebrauchskontext bestimmter Redeweisen und Sinnzuweisungen erlernt, d.h. der Gebrauch von sprachlichen Praktiken in bestimmten Situationen und sozialen Gruppen wie in Peergroups, der Familie oder der Schule (vgl. Thompson, 1990, S. 19; vgl. auch Kapitel 2). Gemeinsam mit dem Habitus bildet sich also ein sprachlicher Habitus aus, „eine Untergruppe von Dispositionen, die den Habitus ausmachen [...] und im Zuge des Sprechenlernens in bestimmten Kontexten [...] erworben werden" (ebd.). Beispiele für entsprechende Erscheinungsformen sind u.a. „Akzente, Intonationen und Sprechweisen" (ebd., S. 20) ebenso wie „die Fähigkeit, Ausdrücke gezielt zu produzieren" (ebd.) – wobei Letzteres zugleich dem Repertoire von „sprachlichem Kapital" (ebd.) entspricht, einer Kapitalsorte, „die auf spezifische Art und Weise mit der Verteilung der sonstigen Arten von Kapital (dem ökonomischen, kulturellen usw. Kapital) zusammenhängt, die die Position eines Individuums im sozialen Raum bestimmen" (ebd., S. 20-21, Hervorhebung im Original). Sprachliches Kapital ist demnach unabdingbar mit dem sozialen Leben verbunden (vgl. Kapitel 2.3).

Im Verständnis Bourdieus ist der Einzelne damit „a socialized subjectivity" (Bourdieu & Wacquant, 1992, S. 127), „the social embodied" (ebd., S. 128), oder wie Liebau (1984) festhält: „gewordene Gestalt von Gesellschaft" (ebd., S. 61), d.h. genauer noch: *bestimmter* gesellschaftlicher Lebenswelten. Habitusformen zeigen sich je nach sozialer Lage, Geschlecht, Generation und Beruf. Als ein Set bestimmter Einstellungen und Gewohnheiten steht ein Habitus den Mitgliedern einer sozialen Gruppe zur Verfügung. Ist er einmal erworben, so bleibt er in der Regel ein Leben lang wirksam (vgl. Bourdieu, 2001, S. 207).

Zur Bedeutung des Habitus für schulisches Lernen

Inwiefern aber determiniert ein bestimmter Habitus die Zugangschancen zu schulischen Domänen, wie die erfolgreiche Teilnahme am Schulunterricht, den Erwerb schulisch vermittelten Wissens aus Schulbüchern oder die Bewältigung von Aufgabenstellungen? Friebertshäuser (2005) formuliert einen Zugang zu dieser Frage wie folgt:

> „Der Habitus, als das Produkt des bisherigen Sozialisations- und Vergesellschaftungsprozesses, in dem gesellschaftliche Strukturen, soziale Lagen, die soziale Konstruktion von Geschlecht und biographische Erfahrungen sich verfestigt haben, besitzt für den Prozess der schulischen Sozialisation insofern Rele-

vanz, als sich in ihm Denk-, Wahrnehmungs-, Bewertungs- und Handlungsmuster finden, die eine mehr oder weniger große Nähe oder Distanz zum neuen
Handlungsfeld Schule herstellen." (ebd., S. 136f.)

Das hier aufgestellte Verhältnis von Nähe und Distanz zum ‚Handlungsfeld
Schule' fokussiert die Anforderungen, die Schule an Schülerinnen und Schüler
ab dem Schuleintritt stellt. Die Tatsache, dass sich die Schülerschaft heterogen
zusammensetzt, die Schule als Institution trotz unterschiedlicher Schulformen
und Schulkonzepte aber nur begrenzt Rücksicht auf diese Heterogenität nehmen kann, zudem „monolingual" (Gogolin, 1994) agiert, lässt Fragen nach dem
Passungsverhältnis aufkommen. Eine Kluft zeigt sich zwischen Schülerinnen
und Schülern, deren Familien keine ausreichenden Ressourcen für Habitusformen bereitstellen, die als ‚schulnah' bezeichnet werden können (wie ein früher
Erwerb schriftsprachlicher Kenntnisse durch Vorlesen oder Sprachspiele, vgl.
Kapitel 3.2), und denen, deren Familien einen alltäglichen schriftkulturellen
Umgang, etwa mit Kunst oder Musik, pflegen, daher per se als ‚schulnah' zu
bezeichnen sind (vgl. z.b. Itskowitz, Glaubman & Hoffman, 1988; Rose, Jolley
& Burkitt, 2006). Während schulische Anforderungen für die eine Gruppe von
Schülerinnen und Schülern Unsicherheiten fördert und Verständnisschwierig-
keiten evoziert, werden Anforderungen von der anderen Schülergruppe als
produktive Angebote wie selbstverständlich, da vom Alltagskontext her vertraut, erlebt (vgl. z.b. Bernstein, 1971, 1973, 2000; Böhme, 2000; Bourdieu,
1984; Helsper et al., 2001; Kramer, 2002).

2.1.3 Zwischenfazit und Diskussion I

Bestimmtes Wissen und Kulturgut ebenso wie bestimmte sprachliche Praktiken
und Gebräuche dominieren in einer Gesellschaft gegenüber anderen. Sie gelten
als anerkannt und werden in Bildungsinstitutionen wie der Schule gefordert und
gefördert. Bourdieu bezeichnet sie als Pole legitimer (anerkannter) und illegi-
timer (nicht anerkannter) Kultur. Schülerinnen und Schüler machen je nach
sozialer Prägung, also Habitualisierung, unterschiedliche Erfahrungen mit beiden Polen. Wird die legitime Kultur bereits innerhalb der familialen Sozialisation erlernt, sind Kinder beim Eintritt in die Schule gut vorbereitet für den Erwerb schulischen Wissens. In den Blickpunkt geraten dabei sowohl ungleiche
Startbedingungen, die, wie Ergebnisse der Studien TIMSS und IGLU zeigen,
während der Grundschulzeit noch relativ ausgeglichen sind bzw. durch den
Grundschulbesuch aufgefangen werden (vgl. Bos et al., 2007; Bos et al., 2008),
als auch individuelle Leistungsfähigkeiten der Schülerinnen und Schüler im

Verlauf ihrer Schulbiographie. Denn letztlich führt nicht alleine die Leistungsfähigkeit zu Schulerfolg, sondern vor allem die Passung zur spezifischen Kultur
eines Feldes wie dem der Schule (vgl. auch Friebertshäuser, 2005, S. 137-141).

Maßgeblich beeinflusst wird dieses Passungsverhältnis in der Schule durch
die Sprache; genauer: durch die sprachlichen Praktiken und Gebräuche, die
Schülerinnen und Schüler beim Schuleintritt kennengelernt haben, worauf Kapitel 3 vertiefend eingeht. Sowohl die einer Habitusform anhaftenden spezifischen Lernstrategien und -motivationen als auch das Sprachverhalten eines
Kindes zeigen sich als relevante Aspekte schulischen Lernens. Denn wie auch
andere Denk-, Empfindungs- und Handlungsweisen werden diese kulturellen
Dispositionen im Verlauf familiärer Transmissionsprozesse frühzeitig angeeig-
net (vgl. z.b. Bernstein, 1971, 1973; Bruner, 1977; Vygotsky, 1979). Wirkungsweisen der Mechanismen lassen zugleich einen Erklärungsansatz für die
Herausbildung *primärer Herkunftseffekte* erkennen, wie von Boudon (1974)
dargelegt (vgl. z.B. Maaz, Watermann & Baumert, 2007; Oevermann, 2001;
Vester, 2006). In der empirischen Bildungsforschung wird die Fortdauer sozia-
ler Ungleichheiten im Bildungssystem maßgeblich hinsichtlich *sekundärer
Herkunftseffekte*, d.h. herkunftsbedingter Entscheidungen im Bildungsverlauf
(z.B. Schulformentscheidung beim Übergang von der Grundschule auf eine
weiterführende Schule), in Rekurs auf die Rational-Choice-Theorie (vgl. z.B.
Diekmann, Eichner, Schmidt & Voss, 2008) zu erklären versucht (vgl. z.B.
Becker, 2004; Maaz, Hausen, McElvany & Baumert, 2006; Stubbe, 2009).
Alternative Ansätze, die Bourdieus habituell geprägten ‚Spielsinn' in dem Sin-
ne fassen, dass dieser „im Vorfeld jeder bewussten Bildungsentscheidung"
(Kramer et al., 2009, S. 191) aktiv ist, gehen hingegen nicht von einem spezifi-
schen Entscheidungs- oder Wahlverhalten aus, also keiner so verstandenen
rationalen Wahl. In ihrem – m.E. folgerichtigen – Verständnis von Bourdieus
Arbeiten (vgl. hierzu u.a. Bourdieu, 1998, S. 210; Bourdieu & Wacquant, 1996,
S. 100) entspricht der ‚praktische Sinn' des Einzelnen keiner subjektiven
Zweckausrichtung (vgl. auch z.B. Grundmann et al., 2003; Krais & Gebauer,
2002, S. 43, Kramer & Helsper, 2009), wonach beobachtbare Strategien und
Verhaltensweisen nicht als subjektiv bewusst intendierte Strategien interpretiert
werden können und so auch der Rekurs auf die Rational-Choice-Theorie hinfäl-
lig wird (vgl. auch Grundmann et al., 2006, S. 45).

Einigkeit hingegen besteht darüber, dass sich die kulturell vermittelte Praxis
innerhalb der Familie auf die Einstellung der Kinder zur Schule und auf die
schulischen Leistungen direkt auswirkt (vgl. z.B. Becker, 2004; Maaz, 2006,
S. 52). Wie in Kapitel 2.1.2 beschrieben, formt ein unterschiedlich bestücktes

Repertoire an Kapitalgut eine Habitusform, die wiederum eine bestimmte Sprachkultur, Lernmotivation, Lernstrategie und Einstellung bündelt (vgl. auch Kapitel 3). Soziale Reproduktion findet durch die Transmission der Eltern auf ihre Kinder statt. So ist das von Friebertshäuser (2005, S. 137) angesprochene Verhältnis von Nähe und Distanz (vgl. Kapitel 2.1.3) auch auf die Eltern und ihre Bildung bzw. ihre Nähe und Distanz zum Bildungssystem übertragbar. Und daher, so ließe sich begründen, zeigen sich auch Indikatoren wie die Anzahl der Bücher im Elternhaus (vgl. Kapitel 8) oder die Lesehäufigkeit der Eltern als relevante Determinanten in Bezug auf die Bildungsteilhabe, also als indirekte Übertragungsmechanismen auf die Schulleistung der Kinder (vgl. z.B. auch Moser, Keller & Tresch, 2002).

Begrenzt die in der – vorwiegend statistisch ausgerichteten – Bildungsforschung gewählte Bezugnahme auf Bourdieus Konzepte, die zugespitzt formuliert entweder auf Passung oder Divergenz ausgerichtet ist, die Sichtweise auf Determinanten der sozialen Herkunft für den Bildungserfolg? Rieger-Ladich (2005) beschreibt, dass durch diese Perspektive im analytischen Zugriff lediglich „interessengeleitetes Handeln, nutzenorientierte Kalküle und strategische Praktiken" (ebd., S. 284) identifiziert werden können. Die Gefahr bestehe also darin, dass die weniger gesteuerten Prozesse, die die soziale Lage und entsprechende Auswirkungen auf den Bildungserfolg ebenso mitbestimmen, aus dem Blick geraten. Unter Hinzuziehung von ethnographischen, soziolinguistischen und konversationsanalytischen Perspektiven, so bliebe gleichwohl zu überprüfen wie zu vermuten, hat sich eine genuin offen angelegte Perspektive als Ertragsgewinn zunächst zu beweisen, in der Prozesse *in situ* aufzuspüren und nachzuzeichnen wären. Vorliegende Studien in diesem Forschungsfeld lassen erkennen, wie aussichtsreich entsprechende Bemühungen sein können (vgl. Kapitel 3). Ob und wenn ja welche neuen empirischen Zugangsweisen sich im Anschluss daran für die Messung domänenspezifischer Leistungen im Zusammenhang mit Determinanten der sozialen Herkunft eröffnen, bleibt für die empirische Bildungsforschung und insbesondere den Bereich des Large-Scale-Assessments zu klären.[6]

Es gibt unterschiedliche Ansätze und Instrumente, das Konstrukt ‚soziale Herkunft' empirisch zu erfassen. Abhängig davon sind die Aspekte, Prozesse und Mechanismen, die offen gelegt werden können, wie nachfolgend erläutert wird.

---

6   Rieger-Ladichs (2005) kritische Bedenken scheinen für Fragestellungen in Schulleistungs-
     studien weniger problematisch, weil die Messung domänenspezifischer Leistungen explizit
     auf interessengeleitete Handlungsweisen ausgerichtet ist (vgl. Kapitel 4).

2.2 Empirische Erfassung der sozialen Herkunft von Schülerinnen und Schülern

Bourdieus Konzepte von Kapital und Habitus bieten in theoretischer Absicht ertragreiche Anknüpfungspunkte für die begriffliche Rahmung von sozialer Herkunft. Wie zahlreiche Forschungsarbeiten belegen, bewähren sich seine theoretischen Konstrukte auch im empirischen Zugriff. Es hat sich gezeigt, dass nicht einzelne Merkmale, wie ökonomisches Kapital einer Familie, ausschlaggebend sind, sondern insbesondere die Kombination kapitalorientierter Güter ihre Wirksamkeit für schulische Lernbedingungen zeigten (vgl. z.B. Bonsen, Bos, Gröhlich & Wendt, 2010; Furstenberg & Hughes, 1995; Ehmke & Siegle, 2005). Wie genau sich aber die Transmission von kulturellem und sozialem Kapital innerhalb einer Familie vollzieht und wie sich diesbezügliche Folgen für die schulische Performanz von Kindern ausgestalten, ist nach wie vor ungeklärt (vgl. z.B. Becker, 2004), da empirisch schwer zugänglich (vgl. Kapitel 3).

2.2.1 Operationalisierung und Rekonstruktion von sozialer Herkunft

Die anhand von Indikatoren operativen sowie die anhand von prozessgebundenen Mechanismen und Momenten rekonstruktiven empirischen Zugriffsweisen auf die soziale Herkunft haben eine lange Tradition innerhalb der empirischen Sozialforschung. Sie sind angesichts der komplexer werdenden Gesellschaft und neu etablierter methodologischer Zugriffsmöglichkeiten gegenwärtig so umfangreich wie nie zuvor. Und dennoch bestehen nach wie vor Desiderate, wie nachfolgend erläutert wird.

In quantitativ ausgerichteten Studien werden Informationen, die als Indikatoren für die soziale Herkunft von Schülerinnen und Schülern gelten, in der Regel anhand von Schüler- und Elternfragebögen erhoben. Im Wesentlichen wird dazu der soziale Status einer Person in Abhängigkeit der Dimensionen Bildung, Beruf und Einkommen ermittelt, d.h. letztlich der Annahme gefolgt, dass Einkommen unmittelbar von dem Beruf einer Person abhängt und der Beruf Aufschluss über den Bildungsabschluss gibt (vgl. z.B. Ganzeboom & Treimann, 1996). Ausgehend von dem Beruf eines Befragten geht man seit den 1950ern davon aus, den sozialen Status ermitteln zu können (vgl. z.B. Brandis, 1970; Hall & Jones, 1950). Dieses forschungsökonomisch zwar sinnvolle Verfahren erschien mit dem Anspruch, soziale Wirklichkeit so differenziert wie möglich abbilden zu wollen, zunehmend zu begrenzt. Bis heute wird breit diskutiert, welche Aspekte des sozialen Umfeldes schulische Lehr- und Lernprozesse beeinflussen (vgl. z.B. Baumert, Carstensen & Siegle, 2005; Becker & Schubert, 2011; Ditton & Krüsken, 2006; Jonkmann, Maaz, Neumann & Gresch, 2010; Maaz, Baeriswyl & Trautwein, 2011). Folglich etablieren sich gegenwärtig Modelle und Indizes zur Erfassung der sozialen Herkunft, die Ressourcen der sozialen Herkunft umfassend zu integrieren und zu modellieren versuchen, worauf im Folgenden u.a. eingegangen wird.

Die Art und Weise, wie kapitalorientierte Ressourcen im Rahmen statistisch ausgerichteter Studien operationalisiert werden – wie Eder (1989) beschreibt, nach der „Logik objektiver Merkmale (z.B. Beruf, Bildung, Einkommen)" (ebd., S. 24) – liegt dagegen nicht im Interesse rekonstruktiv ausgerichteter Studien. Sie streben danach, „Verhaltensweisen, Attitüden, Meinungen und Handlungsweisen" (ebd.) nachzuzeichnen, um „deren praktische Logik aus dem theoretisch konstruierten Kontext einer Klassenlage verstehbar" (ebd.) zu machen. Genuiner Gegenstand solcher Studien sind daher keine aus Fragebögen ermittelten Daten, sondern aus Beobachtungen, Interviews oder Diskussionen gewonnenen Transkripte und Dokumente.

Die Perspektive auf empirische Zugangsmöglichkeiten zur sozialen Herkunft ändert sich also je nach methodologisch begründetem Studiendesign und dem Ziel, vorrangig *erklären* oder *verstehen* zu wollen (vgl. z.B. Koller, 2008). Nachfolgend sind aus beiden begründeten Perspektiven empirische Zugänge der Operationalisierung und Erfassung von sozialer Herkunft zusammengestellt. Sie zeigen auf, wie facettenreich sich sozialer Herkunft empirisch anzunähern versucht wird, und auch, auf welch unterschiedliche Weise theoretische Konzeptionen als handlungsleitend für einen empirischen Zugriff gelten. Dabei können sich quantitative und rekonstruktive Zugänge aussichtsreich ergänzen.

Die folgenden Ausführungen zur empirischen Erfassung von Determinanten der sozialen Herkunft gliedern sich nach einzelnen Kapitalsorten und dem Habitus. Teilweise lassen sich Indikatoren nicht ausschließlich einer Kapitalsorte zuordnen wie beispielsweise der Beruf und die berufliche Stellung, die sowohl für die Operationalisierung des ökonomischen Kapitals als auch mit Blick auf den Bildungsabschluss (kulturelles Kapital) bedeutsam sind.

Empirische Erfassung: Ökonomisches Kapital

In Schulleistungsstudien wird die sozioökonomische Lage einer Schülerin bzw. eines Schülers über die bildungsrelevanten Ressourcen erfasst, die im Elternhaus vorliegen. Grundlegender Bestandteil dieser Ressourcen, die den relativen Wohlstand der Eltern in der Gesellschaft abbilden, ist das Einkommen, das in der Regel indirekt über die Frage nach dem Beruf und der beruflichen Stellung ermittelt wird (vgl. z.B. Baumert et al., 2001; Schwingel, 2005, S. 90-91). In einzelnen Studien, wie TIMSS 2007 (vgl. Kapitel 4.2 & Kapitel 8.1.1), werden die Eltern auch direkt nach ihren Einkommensverhältnissen gefragt. Solche Auskünfte sind zwar aufschlussreich, jedoch zeigt sich in der Praxis auch, dass manche Gruppen (besonders die Wohlhabenderen) diese Angaben nur ungern machen, sodass auch mit Verzerrungen der Daten zu rechnen ist.

Es haben sich Standards durchgesetzt, die es ermöglichen, internationale Vergleiche hinsichtlich der Messung des Berufsstatus vorzunehmen. Hierzu werden Berufe erfragt, in – nach (inter-) nationaler Prüfung ermittelte – ähnliche Berufsgruppen zusammengefasst und schließlich – hierarchisch oder kategorial – kodiert:[7]

Zu nennen ist der *International Standard Classification of Occupations* (ISCO-68) (vgl. Ganzeboom et al., 1992; Ganzeboom & Treiman, 1996), der nicht nur international Anwendung findet, sondern auch für nationale Umfragen innerhalb Deutschlands übernommen wird (vgl. Granzeboom & Treiman, 1996, S. 203). Berufe werden hier kodiert und hierarchisch aufgeschlüsselt. Aufgrund gesellschaftlicher Veränderungen, die die Arbeitswelt beeinträchtigten, wurde der ISCO-68 grundlegend modifiziert, ergänzt und im Jahr 1988 als ISCO-88 bzw. zuletzt 2008 als ISCO-08 neu definiert (vgl. ebd., S. 206ff.).

Anders als mit dem ISCO angestrebt, wurde mit dem *Standard Index of Occupational Prestige Scores* (SIOPS) versucht einen international gültigen Index zu entwickeln, der das je geltende Prestige eines einzelnen Berufs fokussiert (vgl. Treiman, 1979). Zusammengefasst wurden 509 Berufsbezeichnungen, die auf eigener Datenbasis aus über 50 verschiedenen Ländern und in Anlehnung an das ISCO-Schema identifiziert wurden (vgl. ebd., S. 147). Nach erfolgreicher Fertigstellung des als ‚Treiman-Index' bekannten SIOPS fand zudem eine Übertragung der Prestigescores auf die Kategorien des ISCO-68 und -88 statt.

Ein Index, der gegenwärtig häufig in internationalen Schulleistungsstudien Anwendung findet, ist der *International Socio-Economic Index of Occupational Status* (ISEI) (vgl. Ganzeboom et al., 1992). Seine Skalenkonstruktion wurde, anders als beim SIOPS, nicht auf der Basis subjektiver Einschätzungen gebildet, sondern „as a weighted sum of the average education and average income of occupational groups, sometimes corrected for the influence of age" (ebd., S. 7). Die Verknüpfung von Einkommen und Berufsausbildung geschieht unter der Annahme, dass dem ISEI zugrunde liegende SEI-Skalen als Berufseigenschaften verstanden werden, die für den Zusammenhang von Ausbildung

---

7   Bei den hier vorgestellten Maßen zum Berufsstatus handelt es sich um eine Auswahl jener,
     die sich in der gängigen Praxis bewährt haben.

und Einkommen wesentlich sind, d.h. konkret Ausbildung in Einkommen umzuwandeln vermögen (vgl. ebd., S. 11).

Anders als der SIOPS und der ISEI, deren Anordnung von Berufen auf einer eindimensionalen Skala angenommen wird, existieren zudem Maße für den Berufsstatus, die von kategorialen Berufsklassen ausgehen, d.h. davon, dass sich Mitglieder einer Kategorie homogen beschreiben lassen, z.b. in Bezug auf ihr Einkommen oder ihre soziale Mobilität (vgl. ebd., S. 3). Prominent in diesem Zusammenhang ist das *Erikson-Goldthorpe-Portocarero-Klassenmodell* (EGP-Klassen) (vgl. Erikson, Goldthorpe & Portocarero, 1979), das häufig Anwendung in (inter-) nationalen Studien findet (vgl. z.B. TIMSS 2007, Kapitel 8). Die EGP-Klassen, bei denen es sich um eine Nominalskala handelt, unterteilen neun Berufsklassen, wobei Berufe gegliedert werden nach der Art der Tätigkeit (manuell, nichtmanuell, landwirtschaftlich), der beruflichen Stellung (selbstständig, abhängig, beschäftigt), den Weisungsbefugnissen (keine, geringe, große) und den Qualifikationen, die erforderlich sind, um den Beruf auszuüben (keine, niedrige, hohe) (vgl. Erikson, Goldthorpe & Portocarero, 1979, S. 420f.). Das Maß der EGP-Klasse wird in vielen gegenwärtigen Schulleistungsstudien verwendet, dann jedoch häufig modifiziert, indem einzelne Klassen zusammengefasst werden (vgl. z.B. Kapitel 8, Tab. 8.1).

Obgleich die Datensätze internationaler Schulleistungsstudien wie PISA, PIRLS und TIMSS die SIOPS-Codes dank nationaler Ergänzungen enthalten und somit auch der Treiman-Index berechnet werden könnte, wird in der Regel nicht der SIOPS, sondern der ISEI für die Berichterstattung verwendet (vgl. z.B. Baumert et al., 2001; Baumert & Schümer, 2002; OECD, 2003). Wie Baumert et al. (2001) im Rahmen der PISA-Berichterstattung begründen, ist vor allem aber das Maß der EGP-Klasse attraktiv, nicht nur weil es „soziologisch aussagekräftiger" (ebd., S. 338), sondern auch „anschaulicher" (ebd.) sei. Da entsprechende Informationen zur Bildung der EGP-Klassen in der Regel nur als nationale Ergänzungen vorliegen, finden sich hierzu jedoch kaum internationale Analysen (vgl. z.B. Bos et al., 2003; Bos et al., 2004; Schwippert, Bos & Lankes, 2003, 2004).

In Elternfragebögen werden neben den Informationen zum Berufsstatus Angaben zum Status der Erwerbstätigkeit erfragt, also, ob eine Vollzeit- oder Teilzeitbeschäftigung vorliegt bzw. ob die befragte Person arbeitslos oder aus anderen Gründen nicht erwerbstätig ist. Diese Information steht einerseits in direktem Zusammenhang mit ökonomischen Ressourcen, die einer Familie zur Verfügung stehen, sie gibt andererseits Aufschluss darüber, wie viel Zeit die Eltern zur Verfügung haben, die sie gemeinsam mit dem Kind nutzen können.

Aufschluss über die sozioökonomische Stellung einer Familie geben darüber hinaus Angaben zum relativen Wohlstand einer Familie. Erfragt wird dieser u.a. anhand des Wohnverhältnisses (Mietshaus, Mietswohnung, eigenes Haus etc.) und vorhandener materieller Güter im Haushalt (Rasenmäher als ein Indikator für ein Haus oder eine Wohnung mit Garten etc.).

Qualitativ ausgerichtete Studien hingegen beschäftigen sich nicht mit der Erfassung ökonomischen Kapitals, sondern fokussieren – ansetzend an sozioökonomisch geprägten Settings (Familien, Stadtteile, Peers) – Auswirkungen, die ökonomisches Kapital auf die Lebens- und Lernbedingungen von Schülerinnen und Schülern haben kann (vgl. z.b. Lareau, 2003; Chassé, Zander & Rasch, 2010).

Empirische Erfassung: Kulturelles Kapital
Kulturelles Kapital ist eine vielschichtige Ressource (vgl. Kapitel 2.1) und entsprechend komplex hinsichtlich ihrer empirischen Zugriffsmöglichkeiten. Dies erklärt u.a., warum insbesondere von qualitativ forschenden Wissenschaftlerinnen und Wissenschaftlern (vgl. z.b. King, 2009; Kramer, 2011; Lareau & Weininger, 2003; Sünker, 2004) die Operationalisierung kulturellen Kapitals, wie im Rahmen von Schulleistungsstudien, kritisch beäugt wird, eben weil konzeptionell strukturelle (Bildungstitel bzw. -abschlüsse) und funktionale (Kompetenzen) Gesichtspunkte im Interesse stehen:

> „Die Operationalisierung bewirkt [...] eine Verdinglichung der eigentlich relational gefassten Konzepte bei Bourdieu, die vielleicht nicht zu vermeiden, aber doch zumindest zu reflektieren ist." (Kramer, 2011, S. 126)

Erfragt wird in Schulleistungsstudien mittels Schüler- und Elternfragebögen zur Erfassung des kulturellen Kapitals das Geburtsland eines Schülers bzw. einer Schülerin und der Eltern (bzw. teilweise auch der Großeltern), ebenso wie die Sprache, die in der Familie gesprochen wird. Diese Angaben sind insbesondere für Analysen relevant, die die Lebens- und Lernbedingungen von Schülerinnen und Schülern mit Migrationshintergrund fokussieren (vgl. z.b. BMBF, 2007). Kulturelles Kapital in inkorporierter Form wird indirekt über die Schul- und die Berufsbildung der Eltern ermittelt. Für den internationalen Vergleich von Bildungsabschlüssen hat sich zudem der *International Standard Classification of Education* (ISCED) im Rahmen von Large-Scale-Studien etabliert (vgl. UNESCO, 2003). Der ISCED ist in unterschiedliche Levels unterteilt, die schulische Abschlüsse auf einer eindimensionalen Skala beginnend beim vorschulischen Niveau bis hin zu Abschlüssen im Anschluss an die Sekundarstufe (z.B.

berufliche Abschlüsse wie das Staatsexamen, die Promotion, die Meisterprüfung) abbilden. Um die kulturelle Praxis des Elternhauses von Schülerinnen und Schülern zu erfassen, wird der Besitz von Kulturgütern (objektivierte kulturelle Kapitalgüter) wie klassische Literatur, Musikinstrumente und Kunstgegenstände erfragt; darunter auch solche, die einen direkten Bezug zum Kontext Schule aufweisen wie Wörterbücher oder ein Internetanschluss sowie die Anzahl der im Elternhaus vorhandenen Bücher. Ermittelt werden zudem Angaben zum gemeinsamen Besuch kultureller Veranstaltungen (Theater, Kino, Museum etc.). Auch finden sich in vereinzelten, inhaltlich ausgerichteten Studien (vgl. IGLU, PISA) Fragen nach dem Vorleseverhalten der Eltern vor Schulbeginn und deren Lesegewohnheiten, die deutlich stärker inkorporierte Formen kulturellen Kapitals in den Blick zu nehmen versuchen (vgl. Kapitel 3). Angenommen wird bei diesen Informationen, dass sie Verweise daraufhin zulassen, inwiefern kulturelles Kapital in einer Familie vorhanden ist. Wie aber, weitergedacht, eine Transmission dieser kulturellen Ressourcen auf die Bildungschancen von Schülerinnen und Schüler wirkt, wird nicht erfasst (vgl. Kapitel 5).

Qualitative Studien, die die ‚relationalen' (vgl. Kramer, 2011, S. 126), konzeptionellen Bezüge zu Bourdieus Theorie im Rahmen ihrer empirischen Erfassung und Analyse aufrecht erhalten, sind im Anschluss an die Bourdieu'sche These zur ‚kulturellen Passung' (vgl. Bourdieu & Passeron, 1971) an der Rekonstruktion inkorporierten kulturellen Kapitals interessiert, d.h. jene Form, die in Schulleistungsstudien kaum bzw. nicht operationalisiert wird.

Das DFG-Forschungsprojekt *Familiale Bildungsstrategien als Mehrgenerationenprojekt. Bildungs- und kulturbezogene Austauschprozesse zwischen Großeltern, Eltern und Enkeln in unterschiedlichen Familienkulturen* hatte zum Ziel, Prozesse kulturellen Kapitalerwerbs, verstanden als „biographische Grunderfahrungen eines Menschen" (Büchner, 2006a, S. 13), zu rekonstruieren (vgl. Büchner & Brake, 2006). Es konnte gezeigt werden, dass Bildungsstrategien, die innerhalb der Familie angestrebt werden, nur zum Teil explizit gemacht werden, daher auch weder direkt abrufbar (Perspektive der Familienmitglieder) noch beobachtbar (Perspektive der Forschergruppe) waren. Mit Blick auf die Bedeutung des inkorporierten kulturellen Kapitals war die Studie unmittelbar mit Prozessen der Habitualisierung beschäftigt. Anhand von Fallbeispielen konnte rekonstruiert werden, dass individuelle Habitusformationen Heranwachsender in konstanter Weise eine Nähe sowohl zum jeweiligen Bezugsmilieu als auch zu Habitusformen der Familie haben (vgl. auch Kapitel 3).

Lareau (2003) konnte dies ebenfalls mit Blick auf die Interaktion von Eltern und Lehrpersonen in einer ethnographischen Studie in Familien der Mittel- und der Arbeiterschicht in den USA zu klassenspezifischen Orientierungsmustern zeigen: Während Eltern aus Mittelschichtfamilien sich offen eingestellt gegenüber Institutionen wie der Schule zeigten und dies vor ihren Kindern demonstrierten (z.b. suchende Gespräche mit Lehrpersonen zur Förderung des Kindes, aktive Beteiligung an Informationsabenden), zeigten sich Eltern aus Arbeiterfamilien an Elternabenden tendenziell schüchtern und misstrauisch, ebenso wie sich auch die beobachteten Kinder der Arbeiterfamilien eher passiv in vergleichbaren schulbezogenen Settings verhielten (vgl. ebd., S. 768-771). Kulturelles Kapital als ‚symbolisches Gut' zeigt sich dabei als Diskrepanz schichtspezifisch erworbener Einstellungen und Orientierungen der Kinder und Anforderungen, die Schule an Kinder und ihre Familien stellt bzw. zur erfolgreichen Teilhabe erwartet.

Ähnlich wie Lareaus Feldstudie versuchen auch andere Studien genauer in den Blick zu nehmen, wie kulturelles Kapital auf Chancengerechtigkeit im Bildungswesen wirkt (z.B. hinsichtlich der Angebote, die Eltern darin unterstützen, Standards der Schule gerecht zu werden, vgl. z.B. Andresen, 2010; Blackledge, 2001; Carter, 2003; Lareau & McNamara Horvat, 1999). Wie bei allen qualitativ angelegten Studien handelt es sich dabei um Fallstudien, die aufschlussreiche Tendenzen beschreiben, aber an größeren Stichproben hinsichtlich ihrer Aussagefähigkeit zu überprüfen sind.

Empirische Erfassung: Soziales Kapital
Sozialkapital wird von Netzwerktheoretikerinnen und -theoretikern als „social networks" (Flap, 2002, S. 35) beschrieben. Es bezeichnet also je nach Perspektive entweder in soziale Netzwerke eingebettete Ressourcen oder aber das Vorhandensein sozialer Netzwerke selbst. Methodologisch eignen sich zur Erfassung von Sozialkapital Netzwerkanalysen, wobei diese sowohl quantitativ als auch qualitativ ausgerichtet sein können bzw. sich insbesondere hier Kombinationen als aussichtsreich herausstellen (vgl. Hollstein, 2002; Hollstein & Straus, 2006). Quantitative Netzwerkanalysen innerhalb der empirischen Bildungsforschung befinden sich in Bezug auf die Erfassung des sozialen Kapitals von Schülerinnen und Schülern noch in den Anfängen (vgl. z.B. Kulin et al., 2012; Stubbe & Lorenz, 2014; Stubbe, Pietsch & Wendt, 2007). Innerhalb der qualitativen Netzwerkanalyse werden drei Ansätze unterschieden: Anhand von *egozentrierten Netzwerkanalysen* werden direkte Netzwerkumgebungen einer befragten Person erhoben, indem nach Netzwerkakteuren (*Generator*-Frage) und deren Beziehungen (*Interpretatoren*-Frage) gefragt wird (vgl. z.B. Diaz-Bone, 1997). Die *Blockmodellanalyse* wird eingesetzt, um sich strukturell ähnliche

Positionen innerhalb eines Netzwerkes anzuschauen. Akteure, die eine strukturell ähnliche Netzwerkposition bilden, werden dabei in Blöcken gegliedert und in einem weiteren Schritt hinsichtlich ihrer Beziehungsstruktur zu anderen Blöcken analysiert (vgl. z.B. Heidler, 2006). Als dritte Variante gilt die *Kohärenzanalyse*, deren Fokus auf die Vernetzung von Akteuren gerichtet ist. Netzwerke in bestimmten Regionen werden mit Netzwerken in anderen Regionen verglichen und analysiert (vgl. z.B. Moody & White, 2003). Rekonstruiert werden kann anhand dieser Analyseansätze, wie sich individuelle Profitchancen hinsichtlich der Reproduktion des ökonomischen und kulturellen Kapitals ergeben, die sich je nach Umfang und Pflege eines sozialen Netzes in unterschiedlicher Ausprägung zeigen.

In Schulleistungsstudien wird zur Erfassung des sozialen Kapitals einer Familie mittels Eltern- und Schülerfragebögen der Fokus nicht auf netzwerkbasierte Ressourcen gerichtet, sondern auf Aspekte der Eltern-Kind-Beziehung und des elterlichen Unterstützungsverhaltens, wie sie vorrangig von Coleman herausgestellt wurden (vgl. Kapitel 2.1.1). Integriert werden etwa Fragen nach der Anzahl der im Haushalt lebenden Personen, zudem interessieren Angaben zur Beziehung zwischen Eltern und ihren Kindern, d.h. investierte Zeit für gemeinsame Aktivitäten wie Kinobesuche oder auch Kontakte, die Eltern zu anderen pflegen, etwa zu den Eltern befreundeter Mitschülerinnen und Mitschülern ihrer Kinder oder Nachbarn (vgl. z.B. Portes, 2000, S. 5ff.; Roth, Salikutluk & Kogan, 2010). In manchen Studien, wie in TIMSS 2007, enthält soziales Kapital zudem das elterliche Verhalten in Bezug auf das schulische Lernen. Inbegriffen sind Kontakte zu Lehrpersonen, unterstützendes Verhalten bei der Bearbeitung von Hausaufgaben und ähnliches (vgl. Kapitel 8.4.2).

Um die allgemeine Verteilung sozialen Kapitals einer Person zu ermitteln, existieren darüber hinaus Maße (vgl. z.B. Franzen & Pointer, 2008; van de Gaag & Snijders, 2004b), die jedoch bislang in Schulleistungsstudien nur selten Anwendung finden. Bei dem von Lin und Dumin (1986) formulierten *Positionsgenerator*, bei dem befragte Eltern oder Schülerinnen und Schüler aus einer Liste von 20 Berufen solche auszuwählen haben, die von Personen aus ihrem sozialen Umfeld ausgeübt werden, geht man davon aus, aufgrund des Prestiges der ausgewählten Berufe Aussagen über vorhandene soziale Ressourcen folgern zu können (vgl. auch Lin, Fu & Hsung, 2001). Van der Gaag und Snijders (2004a) schlagen den *Ressourcengenerator* vor, der konkreter nach den verfügbaren Ressourcen fragt, die auf der Grundlage sozialer Kontakte angenommen werden können. Befragte Eltern haben hier die Möglichkeit anzugeben, wen sie mit welchen verfügbaren Ressourcen kennen, so z.b. jemanden, der ihnen ein Auto oder Fahrrad reparieren oder der ein Musikinstrument spielen kann.

Wie Bos, Stubbe und Buddeberg (2010) darlegen, handelt es sich bei den skizzierten Versuchen der Operationalisierung sozialen Kapitals jedoch um einen nach wie vor begrenzten Zugriff: „Zwar haben sich in den vergangenen Jahren einige Indikatoren etablieren können, die Teilbereiche des sozialen Kapitals einer Familie erfassen [...]; der tatsächlichen Reichweite der Theorie von Bourdieu und Coleman [...] wird dieses Vorgehen jedoch bei weitem nicht gerecht" (ebd., S. 171).

Indizes der sozialen Herkunft

Um die soziale Herkunft von Schülerinnen und Schülern möglichst umfassend zu ermitteln und mit dem Wissen, dass die Kombination einzelner Kapitalgüter für den Lernerfolg der Schülerinnen und Schüler entscheidend ist, werden im Rahmen von Schulleistungsstudien gegenwärtig in zunehmendem Maße Indizes der sozialen Herkunft gebildet (vgl. z.B. Bonsen, Bos, Gröhlich & Wendt, 2010). Dabei handelt es sich um eine Zusammenführung wesentlicher Aspekte, die es erlauben, ihr Zusammenspiel genauer zu betrachten. Attraktiv für empirische Analysen ist die Bildung eines Indexes auch deshalb, weil das Konstrukt ‚soziale Herkunft', das man mit entsprechendem Index zu bilden erzielt, anhand eines einzelnen Kennwertes abgebildet wird und somit für die Berichterstattung anschaulich ist:

Die Hamburger Längsschnittstudie *KESS – Kompetenzen und Einstellungen von Schülerinnen und Schülern* berichtet zur Beschreibung der sozialen Herkunft einen *Sozialindex*, der u. a. zusammengesetzt ist aus dem Bruttojahreshaushaltseinkommen (ökonomisches Kapital), den kulturellen Aktivitäten, dem Buchbesitz im Elternhaus, dem Bildungsabschluss der Eltern (kulturelles Kapital) und den Beziehungen zwischen Schülerinnen und Schülern und ihren Eltern (soziales Kapital) (vgl. Bonsen et al., 2008, S. 131-132; Bos et al., 2006; Bos & Pietsch, 2006).

Auch in internationalen Schulleistungsstudien wie PIRLS und PISA werden soziale Indizes gebildet (vgl. u.a. Gustafsson, Hansen & Rosén, 2013; Trong & Kennedy, 2007). So wurde etwa in PISA der sogenannte *Economic, Social and Cultural Status* (ESCS) gebildet, der sich zusammensetzt aus einzelnen, teilweise eigens modellierten Indizes: (a.) dem PARED (PARental EDucation, Indikator für den höchsten Bildungsabschluss des Vaters oder der Mutter, angegeben in Schuljahren) (kulturelles Kapital), (b.) dem HISEI[8] (ökonomisches Kapital) und (c.) dem HOMEPOS, einem Index der HOME POSsessions, d.h. kulturellen Besitztümern der Familie (ökonomisches Kapital mit kultureller Ausrichtung) (vgl. Ehmke & Siegle, 2005; Ehmke & Baumert, 2007).

Empirische Erfassung: Habitus

Die soziale Herkunft von Schülerinnen und Schülern sowie ihrer Familien umfassend, wie hinsichtlich ihres Habitus, zu erfassen, ist u.a. Teil der Milieu-forschung (vgl. z.b. Berger & Vester, 1998; Berger & Hradil, 1990). Im Unter-schied zu Indizes der sozialen Herkunft wie zuvor skizziert, setzt die Milieufor-schung dazu weniger an objektiven, soziodemographischen Kriterien an, son-dern nutzt vorwiegend subjektive, lebensstilbegründete Kriterien (vgl. z.B. Diaz-Bone, 2003, S. 367). Begründet liegt dies – so hier die Annahme – darin, dass Subjekte sich hinsichtlich ihrer sozioökonomischen Lebensbedingungen ähneln, im Verlauf ihres Lebens aber unterschiedliche ‚Stilwelten' produzieren. Diaz-Bone (2003) stellt heraus, dass sich „[e]inige Stilwelten [...] losgelöst vom Schicht- bzw. Klassenzusammenhang und den ihn[en] strukturierenden Merk-malen [...] entfalten, während andere [...] schicht- bzw. klassenspezifischen [...] Linien folgen" (ebd., S. 376) und dadurch „[s]oziale Zugehörigkeit [...] weniger von schicht- bzw. klassenspezifischen Merkmalen geprägt [sei] als von Lebens-stil-Gemeinsamkeiten" (ebd.). ‚Lebensstil-Gemeinsamkeiten' – bzw. in den Worten Bourdieus der „Raum der Lebensstile" (Bourdieu, 1982, S. 278), der durch die strukturierende Struktur des Habitus (vgl. Kapitel 1.1.2) konstituiert wird – empirisch zu erfassen ist ein komplexes Vorhaben, dem sich in unter-schiedlicher Weise anzunähern versucht wird, wie nachfolgend anhand ausge-wählter Ansätze skizziert.

Die Konsum- und Marktforschung etwa zeigt mit dem Forschungsansatz des Heidelberger Marktforschungsinstituts *Sinus Sociovision* (Sinus Sociovisi-on, 2009), wie sich Menschen in sozialen Gruppen hinsichtlich ihrer Werteori-entierungen unterscheiden. Ein Sinus-Milieu gruppiert Menschen, deren Le-bensweise und Lebensauffassung einander ähneln, z.B. deren Werte- und Normvorstellungen oder Alltagseinstellungen zu Familie, Arbeit und Konsum (vgl. Kalka & Allgayer, 2007, S. 10). Anders als bei soziodemografischen Ziel-gruppendefinitionen versuchen Milieus in diesem Verständnis nicht formale Gegebenheiten abzubilden, die, wie das Phänomen der ‚soziodemographischen

---

8   Dabei handelt es sich um die Erweiterung des ISEI (vgl. Kapitel 2.2), bei dem der höchste Wert von Mutter und Vater entscheidend ist (HISEI = Highest ISEI).

Zwillinge'[9] belegt, zu Überlappungen führen können, da eine vergleichbare soziodemographische Lage mit verschiedenen Wertvorstellungen einhergehen kann, sondern „den ganzheitlichen, lebensweltlichen Hintergrund" (ebd., S. 11) abzubilden.

Zur Beschreibung der Milieus baut Sinus Sociovision auf der bekannten Bezeichnung von sozialer Schicht auf. Differenziert werden drei soziale Lagen, wobei die höchste Ebene die der Oberschicht darstellt, die unterste Ebene die der Unterschicht. Sinus Sociovision fokussiert darüber hinaus die grundlegenden Orientierungen, die sich differenziert in den einzelnen Schichten zeigen können. Diese sind unterteilt in stark traditionelle bis hin zu kaum an Traditionen gebundene Orientierungen. Einzelne Milieus repräsentieren bestimmte Bereiche aufgrund ihrer Größe mehr als andere und auch gibt es Überlappungen zwischen Milieus, wodurch starre Grenzen, wie sie hinsichtlich der konzeptionellen Trennung sozialer Schichten angenommen werden, fraglich erscheinen. So machen die Autoren darauf aufmerksam, dass „[o]bwohl die Werteorientierungen der Menschen [...] in Zeiten gesellschaftlicher Krisen weitgehend konstant bleiben, [...] die Landschaft der sozialen Milieus ständig in Bewegung [ist]" (ebd., S. 15).

Die Sinus-Milieus kombinieren somit objektive, soziodemographische und subjektive, lebensstilbegründete Kriterien, d.h. letztlich habituelle Muster im Bourdieu'schen Sinne. Auch Ansätze wie die an Sinus Sociovision angelehnte *Sozialmilieuanalyse* (Vester et al., 2001) differenzieren soziale Milieus zur Beschreibung von

„Gruppen mit ähnlichem Habitus, die durch Verwandtschaft oder Nachbarschaft, Arbeit oder Lernen zusammenkommen und eine ähnliche Alltagskultur entwickeln. Sie sind einander durch soziale Kohäsion oder auch durch ähnliche Gerichtetheit des Habitus verbunden." (ebd., S. 24-25)

Es gibt aber auch rekonstruktiv ausgerichtete Forschungsansätze, die nicht nur zum Ziel haben gesellschaftliche Strukturen beschreibbar, sondern mikroanalytische Prozesse habitueller Muster auch verstehbar zu machen. Fokussiert werden Muster, die sich in inkorporierter Form einem direkten empirischen Zugriff entziehen (vgl. Kapitel 2.1.2), aber als *modus operandi* (strukturierende Struk-

---

9   Sogenannte soziodemographische Zwillinge, d.h. Menschen mit vergleichbaren soziodemographischen Hintergründen, haben sich, so die Erfahrung der Marktforschung, als höchst unterschiedliche Zielgruppen herausgestellt: „Denn formale Gemeinsamkeiten, eine vergleichbare soziale Lage oder gar eine ähnliche Einstellung zu einer bestimmten Marke können mit völlig unterschiedlichen Wertorientierungen einhergehen – etwa der Bildungsbürger alter Schule im Vergleich zum Alt-68er." (Kalka & Allgayer, 2007, S. 14).

tur) etwa anhand der dokumentarischen Methode (vgl. Bohnsack, 2003) aufge-spürt werden können. Anders als in Befragungen, in denen Befragte dazu auf-gefordert werden, eigene habituelle Schemata zu explizieren, eröffnet die do-kumentarische Methode Möglichkeiten eines vertiefenden Blicks auf die dem Habitus inhärenten dauerhaften Dispositionen. Sie ist als methodisches Verfah-ren auf das implizite handlungsleitende Wissen von Akteuren gerichtet und zielt damit explizit auf Handlungen und habitualisierte Orientierungen (vgl. ebd.). So erhobenes empirisches Material (z.B. Interview-, Gruppendiskussi-onstranskripte) ist daher Ausdruck implizierter kollektiver Wissensbestände und birgt Hinweise auf kollektive und individuelle Habitusmuster (vgl. Kramer et al., 2009, S. 190f.).

Das qualitativ angelegte DFG-Forschungsprojekt *Mikroprozesse schuli-scher Selektion bei Kindern und Jugendlichen* wurde anhand dieser Methode durchgeführt (vgl. Kramer, Helsper, Thiersch & Ziems, 2009). Im Längs-schnittdesign erfasst galt der Habitus als ‚individueller Orientierungsrahmen' für individuelle Schulwahlstrategien. Um die Motive von Schülerinnen und Schülern mit unterschiedlichen Schulwahlstrategien zu verstehen, entwickelten die Autoren ein heuristisches Mehrebenenmodell (vgl. ebd., S 47). Unter Be-rücksichtigung von Biographie, sozialem Erfahrungsraum der Gruppe, Familie und Peers sowie milieuspezifischen Bedingungen versucht das Modell so „den biographischen individuellen Orientierungsrahmen oder den individuellen Ha-bitus" (ebd.) von Schülerinnen und Schülern beschreibbar zu machen.

Kramer et al. (2009) entwickeln darüber hinaus eine „Typologie des Bil-dungshabitus von Schülerinnen und Schülern" (ebd., S. 131), die sie analog zu milieubezogenen Habitustypologien diskutieren.[10] Diese Typologie bildet ein Feld ab, in dem unterschiedliche Habitustypen hinsichtlich ihrer schul- und bildungsbezogenen Affinität angeordnet sind. Der Anordnung entsprechend findet sich am oberen Ende der Achse ein Habitustypus, der als „Bildungsex-zellenz und -distinktion" (ebd., S. 132) bezeichnet wird, am unteren Ende jener der „Bildungsfremdheit" (ebd., S. 135f.). Die Differenzierung von Bildungsha-bitus nutzen die Autoren, um – wie bei Bourdieu angelegt, obgleich nicht für den Kontext Schule ausformuliert (vgl. Bourdieu, 1982) – das Passungsverhält-nis von primär erworbenem Habitus und der Struktur schulischer Anforderun-gen in Bezug auf die milieuspezifischen Schulwahlstrategien vertiefend zu analysieren (vgl. ebd., S. 140f.).

---

10   Empirische Grundlage sind Fallanalysen von Schülerinnen und Schülern an fünf Schulen
      nach dem Übergang in die fünfte Klasse, N=70 sowie vertiefende Analysen kontrastieren-
      der Fälle von n=14.

Hervorzuheben ist auch das von der DFG geförderte Forschungsprojekt *Milieuspezifische Handlungsbefähigung und Lebensführung junger Erwachsener* von Grundmann, Groh-Samberg, Bittlingmayer und Bauer (2003). Auf der Datenbasis des in Island durchgeführten Längsschnittprojekts *Individuelle Entwicklung und soziale Struktur* analysieren sie „jene handlungs- und entwicklungsrelevanten Einflüsse der sozialen Herkunft, die Verdichtungen von spezifischen Handlungsweisen innerhalb sozialer Milieus und die Genese individueller Handlungsbefähigungen" (Grundmann et al., 2006, S. 29) aufweisen. Sie fokussieren die soziale Herkunft von Jugendlichen nicht nur anhand von objektivistischen Merkmalen, sondern auch anhand ihrer Sozialisationsprozesse. Leitend für ihre Analysen ist die Annahme – wie im Konzept des Habitus nach Bourdieu angelegt –, dass Sozialisationsprozesse den Einzelnen vorstrukturieren und Chancen ihrer Handlungsbefähigung determinieren.

Die Forschergruppe um Grundmann beschreibt, wie Bildungsungleichheiten während der primären Sozialisation entstehen und sich im Verlauf der Schulbiographien fortschreiben; der Blick auf die Schulbiographien impliziert dabei nicht alleine den Erwerb schulbezogener Kompetenzentwicklungen, sondern rekurriert zudem auf solche Sozialisationsprozesse, die außerhalb der Schule von Bedeutung sind (vgl. ebd., S. 17). Sie sprechen von der „gesamten *Sozialökologie des Bildungserwerbsprozesses*" (ebd., S. 19, Hervorhebung im Original). Zur Beschreibung einer ‚kulturellen Passung' im Verständnis Bourdieus arbeiten die Autoren vier idealtypische Bildungsmilieus heraus (vgl. Tab. 2.1). Diese knüpfen am Bildungshintergrund der Eltern an, integrieren darüber hinaus aber weitere Indikatoren, die mittels eines Rating-Verfahrens konstruiert und geprüft wurden (vgl. Grundmann, Dravenau, Bittlingmayer & Edelstein, 2006, S. 239-240):

Die *akademischen Milieus*, repräsentiert durch akademische Berufe, verhalten sich nahezu passungskonform zu den Anforderungen, die die Schule an Schülerinnen und Schülern und ihre Familien stellt. Innerhalb der Familie tradierte Denk- und Handlungsmuster decken sich mit dem schulischen ‚Spielsinn', was das Erlernen des ‚Handlungsfeldes Schule' erleichtert. Schule wird als nah erlebt. Das akademische Milieu kann auf ausgebaute soziale Netzwerke zurückgreifen, sowohl im familialen als auch beruflichen Kontext. Schülerinnen und Schüler, die den akademischen Milieus zuzuordnen sind, beschreiben die Autoren als solche mit „besten Schulnoten, [...] [die sich wirksam] erfahren in ihren eigenen Handlungen, [...] optimistisch in die Zukunft [blicken] und [...] die höchste Leistungsmotivation [haben]" (ebd., S. 240).

Tabelle 2.1:   Idealtypische Bildungsmilieus (Grundmann, Dravenau, Bitt-
                lingmayer & Edelstein, 2006, S. 241)

Bildungsmilieus	Sozialisationsbedingungen	Handlungsbedingungen
akademisch Berufe der Eltern: Rechts- anwälte, Ärzte, Professoren	ausgeprägte soziale Netz- werkorientierung der Eltern, kein ambitioniertes, aber selbstbezogenes, akademi- sches Bildungsverständnis, verbalunterstützende Erzie- hungspraxis	hohe Kompetenz- und „reife" Persönlichkeitsentwicklung, hoher Schulerfolg, akademische Bildungsorientierung, akademi- sche Bildungsorientierung, intellektuelle Freizeitorientierung
technisch-bildungsmotiviert Berufe der Eltern: Angestell- te im gehobenen Verwal- tungs- und Dienstleistungs- bereich	ausgeprägte soziale Auf- stiegsorientierung der Eltern, ambitioniertes Bildungsver- ständnis, pädagogisch moti- vierte, durch z.T. kulturell gekennzeichnete Freizeitak- tivitäten, ambivalenter Erziehungsstil (punitiv und verbal unterstützend)	mittlere Kompetenz- und teils belastete Persönlichkeitsentwick- lung, mittlerer Schulerfolg, akademische und fachakademi- sche Bildungsorientierungen, sportliche Freizeitorientierungen
bildungspragmatisch Berufe der Eltern: Handwer- ker und einfache Angestellte	soziale Aufstiegsorientie- rung, gemeinsame Freizeito- rientierung (Sport und Spaß), ausgewogene Erziehungs- praxis, geringe soziokulturel- le Handlungsorientierung	mittlere Kompetenz- und teils belastete Persönlichkeitsentwick- lung, mittlerer Schulerfolg, akademische und berufsbildende Bildungsorientierungen, unbe- aufsichtete selbstgestaltete Freizeitorientierungen
bildungsfern Berufe der Eltern: einfache Arbeiter oder ungelernte Angestellte	ausgeprägte, häuslich orien- tierte Freizeitorientierung, soziale Netzwerke beziehen sich vornehmlich auf Ver- wandtschaft, alltagspragma- tische Bildungsorientierung (was ist für das Leben not- wendig)	niedrige Kompetenz- und belas- tete Persönlichkeitsentwicklung, niedriger Schulerfolg, berufsbil- dende und fachakademische Bildungsorientierungen, unbe- aufsichtete selbstgestaltete Freizeitorientierungen

Ausgezeichnet durch „explizit geäußerte Bildungs- und Aufstiegsaspirationen"
(ebd., S. 242) zeigen sich auch die *Milieus der gesellschaftlichen Mitte*, die
Grundmann et al. ausdifferenzieren in ein *technisch-bildungsmotiviertes* und
ein *bildungspragmatisches Milieu*. Das technisch-bildungsmotivierte Milieu,

repräsentiert durch Berufe im Angestelltenverhältnis, ist explizit am Aufstieg orientiert. Um dieser Orientierung Stand zu halten, werden Kinder mehr noch als in akademischen Milieus entsprechend früh sprachlich gefördert und für Bildung motiviert. Der praktizierte Erziehungsstil lasse sich beschreiben wie derjenige, der auch in akademischen Milieus zu finden sei. Es bestünden aber weitaus mehr Elemente der Sanktionierung unerwünschten Verhaltens als in akademischen Milieus. Durch ihre früh motivierte Nähe zum schulischen Feld und entsprechend hohe Leistungsmotivation gelten sie „als die eigentlichen Profiteure kultureller und institutioneller Privilegierung" (ebd., S. 243).

Auch das bildungspragmatische Milieu, repräsentiert durch Lehrberufe und einfache Angestellte, ist am Aufstieg orientiert. Es ist aber hinsichtlich der Bemühungen von Bildungsaspiration weniger engagiert als technisch-bildungsmotivierte Milieus. Familien aus bildungspragmatischen Milieus leben in breiten sozialen Netzwerken. Sie gestalten aktiv gemeinsam ihre Freizeit. Schülerinnen und Schüler bildungspragmatischer Milieus sind im Vergleich zu Mitschülern aus technisch-bildungsmotivierten Milieus weniger leistungsmotiviert, hinsichtlich „personaler Ressourcen" (ebd.) aber besser aufgestellt.

Die *bildungsfernen Milieus*, repräsentiert durch ungelernte Arbeiter oder wenig prestigereiche Berufe, stellen Grundmann, Dravenau, Bittlingmayer und Edelstein zufolge hingegen die „Kehrseite" (ebd., S. 244) akademischer Milieus dar. Durch ihre Lebensweise, die beispielsweise weniger darauf ausgerichtet ist, Kinder während der primären Sozialisation auf die Anforderungen der Schule vorzubereiten, findet sich ein eng gerahmtes soziales Netzwerk vor, das stark an die Familie gebunden ist. Es besteht weniger Interesse an dem Besuch kultureller Veranstaltungen. Ähnlich wie Schülerinnen und Schüler bildungspragmatischer Milieus teilen jene bildungsferner Milieus „die Erfahrung relativer Diskriminierung durch schlechte schulische Leistungsbewertung, die sie auch bei positivem kognitivem Potential in Verbindung mit verzerrenden Wahrnehmungen des schulischen Verhaltens durch den Lehrer trifft" (ebd., S. 244-245). Es gelingt Schülerinnen und Schülern bildungsferner anders als bildungspragmatischer Milieus seltener, produktive Auswege aus diesen Situationen zu ziehen.

2.2.2 Zwischenfazit und Diskussion II

Die Zusammenschau der empirischen Zugriffsweisen auf Bourdieus Kernelemente Kapital und Habitus belegt, dass sich quantitative und qualitative Befunde aussichtsreich ergänzen können, um den Blick auf das Konstrukt ‚soziale

Herkunft' mitsamt den Auswirkungen auf die Lernbedingungen von Schülerinnen und Schülern zu schärfen. Für den Bereich der empirischen Bildungsforschung wurde aufgezeigt, dass die Operationalisierung bedeutsamer Indikatoren durch die Bildung von Indizes zunehmend besser gelingt als noch vor Jahren. Angesichts der Tragweite von Referenzwerten und Trendaussagen, die
Ergebnisse von Schulleistungsstudien sowohl für die Bildungsforschung als
auch -politik bereitstellen (vgl. auch Kapitel 4.1.4), ist hierin ein enormer Gewinn auszumachen. Aufgezeigt wurde jedoch auch, dass nach wie vor
Schwachstellen in den Versuchen einer umfassenden Operationalisierung im
Anschluss an theoretische Konzepte zu identifizieren sind, denen sich zukünftig
zu widmen ist, nimmt man die Bedeutsamkeit der sozialen Herkunft weiterhin
ernst. Anzunähern wäre sich solchen Schwachstellen im rekonstruktiven Zugriff z.B. durch mikroanalytische Fallstudien zur Erforschung von Transmissi-
ons- und Transformationsprozessen milieuspezifischer Denk-, Empfindungs-
und Handlungsmuster auf die Lernbedingungen von Schülerinnen und Schülern. Wie im Zusammenhang der empirischen Erfassung des Habitus skizziert,
geben die Studien von Kramer u.a. erste gewinnbringende Erkenntnisse hierauf.
Schwachstellen in Bezug auf die gegenwärtig praktizierte Operationalisierung
der Kapitalgüter zeigen sich darüber hinaus in Bezug auf das soziale Kapital.
Um auf die Bedeutsamkeit dieser Kapitalform für den Kontext von Schule und
Unterricht einzugehen, sind zu ihrer Erfassung Modifikationen und die Integration etablierter Skalen wie des Ressourcengenerators erforderlich. Auf der
derzeit im Rahmen von Large-Scale Studien empirisch gewonnenen Grundlage
von als soziales Kapital deklariertem Kapitalgut können somit nur begrenzt und
letztlich unzureichend fundierte Aussagen getroffen werden.

Will man also Determinanten der sozialen Herkunft in Bezug auf Schule
und schulisches Lernen umfassend berücksichtigen, so belegen es die in Kapitel
2.2 skizzierten Ansätze, sind neben sozioökonomischen Gütern auch Aspekte
bedeutsam, die die Einstellungen und Orientierungen der Akteure berücksichtigen und zu einem differenten, milieuspezifischen Handeln befähigen. Sich
dieser Herausforderung anzunehmen ist auch für den Kontext dieser Arbeit
unumgänglich. Gelingt dies im empirischen Zugriff nicht, so sind im Umkehrschluss Ergebnisse und Aussagen im Hinblick auf die Bedeutung der sozialen
Herkunft mit Bedacht zu formulieren und zu bewerten (vgl. Kapitel 10). Konzepte von sozialer Schicht oder Klasse, die mit den operationalisierten Indikatoren der sozialen Herkunft in Verbindung gebracht werden, stellen sich in der
kritischen Gegenüberstellung mit Milieukonzepten – wie anhand der Sinus-
Milieus verdeutlicht – als unzureichend heraus. Letztlich geben sie implizit vor,

soziale Wirklichkeit eindimensional und in trennscharfen Kategorien (sozial niedrige versus sozial hohe Herkunft) abzubilden. Dabei zeigen Studien, die um die Rekonstruktion milieuspezifischer Handlungs- und Orientierungsmuster bemüht sind, dass ein solches Vorgehen lebensweltliche Realitäten nur zum Teil abzubilden vermag (vgl. Grundmann et al., 2006). Wie Vester et al. (2006a) aufgezeigt haben, können, um dem zu entgegnen, qualitative und quantitative Befunde miteinander verknüpft werden, sodass sich sozialstrukturelle, objektiv ‚messbare' Rahmungen und subjektive, milieuspezifisch geprägte Handlungsmuster und Bedeutungshorizonte zusammenführen lassen. Auch die von Grundmann et al. (2006) vorgenommene Spezifizierung der Dimension ‚Bildung' und mit ihr die Verortung der vier idealtypischen Bildungsmilieus bietet Anknüpfungspunkte und Orientierungshilfen für die weitere Forschung, u.a. auch deshalb, weil diese auf Indikatoren beruhen, die Bestandteil vieler (Schulleistungs-) Studien sind, wie der Beruf der Eltern, ihre Bildungsaspiration, praktizierte Erziehungsstile oder die Gestaltung von Freizeitaktivitäten.

2.3 Konsequenzen für die Arbeit

Die erläuterten Konzepte zur theoretischen und empirischen Erfassung von sozialer Herkunft im Verständnis einer Gesamtarchitektur zu betrachten ist hinsichtlich der Frage nach dem Passungsverhältnis von sozialer Herkunft und Bildungspartizipation vielversprechend. Die empirische Bildungsforschung konzentriert sich in der Regel auf objektiv erfassbare Konstrukte, wie sie in Form von messbaren Kapitalgütern zu finden sind. Qualitative Studien fokussieren hingegen Mikrostrukturen und Mechanismen der sozialen Herkunft, wie sie anhand von habituellen Denk-, Empfindungs- und Handlungsmustern rekonstruiert werden können. Trägt man die Befunde beider Forschungstraditionen zusammen, wie hier in Ansätzen ausgeführt, ergibt sich ein komplexes Bild von gesellschaftlichen Reproduktionsmechnismen.

In der Konsequenz ergibt sich für diese Arbeit der Anspruch, die Gesamtarchitektur von Kapital und Habitus hinreichend ernst zu nehmen und Aspekte der sozialen Herkunft möglichst umfangreich zu berücksichtigen. Auf der Grundlage der im Rahmen der Arbeit genutzten empirischen Daten ist dies jedoch nur begrenzt möglich (vgl. Kapitel 8) – eine tatsächlich geeignete Datengrundlage wäre zudem zuallererst in gebotenem Umfang zu erheben. Die hier theoretisch dargelegte Konstruktion der sozialen Herkunft ermöglicht es aber, das fokussierte Themenfeld differenziert einzuordnen, zu interpretieren und im Gesamtkontext der Arbeit zu diskutieren (vgl. Kapitel 10).

In Bezug auf die theoretische Konzeption von sozialer Herkunft wird darüber hinaus zweierlei deutlich: (1.) Bourdieus gesellschaftstheoretische ‚Brille' rahmt analytische Zugriffsweisen auf bestimmte Weise, da diese letzten Endes entweder auf Passung oder Divergenz unterschiedlicher Habitusformen ausgerichtet sind. (2.) Seine Theorie ist aber weitaus differenzierter als manche empirische Studien hinsichtlich der Operationalisierung ihrer zugrunde liegenden Konstrukte in Rekurs auf seinen Ansatz glauben lassen. Lediglich Kapitalsorten empirisch zu erfassen und zu diskutieren reicht nicht aus; die Erfassung der sozialen Lage einer Schülerin bzw. eines Schülers greift dann schlicht zu kurz. Unberücksichtigt bliebe der mit bestimmten Ressourcen (definiert in Kapitalsorten) einhergehende Habitus. Ein Habitus, dessen Nähe oder Distanz zur Schule frühzeitig innerhalb der familialen Sozialisation erworben wird (vgl. Kapitel 3). Und, ein Habitus, der die im Rahmen der Arbeit fokussierten individuellen Bearbeitungsweisen von Testaufgaben als habituelle ‚intuitive Operationen' (vgl. Kapitel 2.1.2) auf Seiten der Schülerinnen und Schüler beschreibbar macht. Verbunden mit dem Habitus eines Schülers bzw. einer Schülerin sind also – wie von Grundmann, Dravenau, Bittlingmayer und Edelstein (2006) herausgestellt (vgl. Kapitel 2.2.1) – bestimmte Bildungsmilieus, die aufzeigen,

> „dass mit hoher Wahrscheinlichkeit von Kindern und Heranwachsenden soziale Praktiken gewählt werden, die aus der Perspektive ihrer Lebenswelt rational und sinnvoll sind [...]. Die Zugehörigkeit zu einem bestimmten Milieu liefert einen bedeutenden Erklärungsfaktor für die Sozialisationsergebnisse [...] [und die] besondere Ausprägung der milieuspezifischen Handlungsbefähigung. Die [...] Bildungsmilieus sind mithin Ausdruck einer lebensweltlich sedimentierten Erfahrung, die den familialen Alltag, die allgemeinen „Einstellungen zur Zukunft" (Pierre Bourdieu) oder die konkreten Bezüge zum institutionalisierten Schulsystem strukturieren." (ebd., S. 245, Hervorhebungen im Original)

Der Habitus als strukturierende Struktur positioniert den einzelnen Schüler bzw. die einzelne Schülerin somit auf bestimmte Weise im gesellschaftlichen Raum und bestimmt ferner, inwiefern er bzw. sie ausgehend von seinen bzw. ihren lebensweltlich verfügbaren Möglichkeiten Zugang zum Schulsystem (und damit zu gesellschaftlich normierten Ansprüchen) erhält. Verbunden mit der sozialen Positionierung ist insbesondere die Sprache, weil sie die objektiven Bedingungen und individuellen Praktiken des Einzelnen bindet (vgl. Kapitel 2.1.2). Mit dem Habitus bildet sich ein sprachlicher Habitus aus, dem als ‚sprachliches Kapitalgut' ein symbolischer Wert – wie Bourdieu sagt: eine *symbolische Macht*, nämlich „eine „unsichtbare" Macht, die als solche „verkannt" und dadurch als legitim „anerkannt" werde" (Thompson, 1990, S. 25, Hervorhebungen im Original, vgl. auch Bourdieu, 1990, S. 99f.) – innewohnt:

> „Die Machtverhältnisse, die auf dem Sprachmarkt herrschen und deren Schwankungen die Schwankungen der Preise bestimmen, die ein- und derselbe Diskurs auf verschiedenen Märkten erzielen kann, manifestieren und realisieren sich in der Tatsache, dass bestimmte Akteure nicht in der Lage sind, auf die von ihnen selbst oder von anderen angebotenen sprachlichen Produkte diejenigen Kriterien anwenden zu lassen, die für ihre eigenen Produkte am günstigsten sind. Die Durchsetzungskraft der Legitimität ist umso größer – und die Gesetze des Marktes schlagen umso mehr zugunsten der Besitzer der größten Sprachkompetenz aus –, je zwingender der Gebrauch der legitimen Sprache geboten ist, das heißt, je offizieller der Anlass ist, und damit günstiger für diejenigen, die mehr oder weniger offiziell zum Sprechen ermächtigt sind, und je umfassender [...] die Anerkenntnis der legitimen Sprache und der legitimen Sprachkompetenz bei den Konsumenten." (ebd., S. 76)

Die *Ökonomie des sprachlichen Tausches* (Bourdieu, 1990) basiert somit auf der Dynamik von Angebot und Nachfrage: Für Schülerinnen und Schüler bedeutet dies, dass sie legitime Sprachkompetenzen erworben haben müssen, um in der Schule – d.h. einem ‚Markt‘, bei dem der ‚Anlass‘ ‚legitime Sprache‘ ‚offiziell‘ zu ‚gebrauchen‘ besonders ‚zwingend‘ ist – partizipieren zu können. Ein akzeptables Repertoire an sprachlichen Kompetenzen erwerben Schülerinnen und Schüler auf verschiedenen sprachlichen Märkten im Zuge ihrer Sozialisation bereits vor dem Eintritt in die Schule. Die Entwicklung des sprachlichen Habitus ist somit eng an Möglichkeiten gekoppelt, überhaupt unterschiedliche sprachliche Märkte kennenzulernen und an ihnen zu partizipieren (vgl. ebd., S. 31f). Je nach sozialem Umfeld, in dem Schülerinnen und Schüler aufwachsen, werden unterschiedliche Erfahrungen mit sprachlichen Märkten (Familienkontext, Nachbarschaft, Peers, Behörden, Sportvereine) gemacht, auf denen jeweils verschiedene Sprachstile und sprachliche Kompetenzen praktiziert werden. Die Familie nimmt eine zentrale Rolle für Schülerinnen und Schüler ein – nicht nur in Bezug auf ihre Sozialisation (Habitualisierung), sondern auch auf ihre sprachliche Entwicklung (sprachliches Kapital), wie im nachfolgenden Kapitel näher erläutert ist.

3 Zum familialen Hintergrund von Schülerinnen und Schülern

„Any learning a child encounters in school has a previous history."
(Vygotsky, 1978, S. 84)

Dieses Kapitel fokussiert die Bedeutsamkeit der Familie. Sie wird hier, wie auch in anderen Studien (vgl. z.B. Büchner, 2006b; Büchner & Brake, 2006, S. 258; Büchner & Krah, 2006; Epstein, 1987; Lange & Xyländer, 2010; Lorenz & Wild, 2007), als einer der einflussreichsten Kontexte im Verlauf der Sozialisation vorgestellt.[11] Insbesondere während der ersten Lebensjahre stellt sie eine grundlegende Rahmung dessen dar, in welchen Relationen Denk-, Empfindungs- und Handlungsmuster von Schülerinnen und Schülern sozial angeordnet werden. Diese Anordnung unterliegt im Verlauf der Biographie Transformationen. Aber auch Transformationen finden in einem Rahmen statt, der nicht völlig losgelöst von bisherigen familial angeeigneten Mustern ist. So ließe sich im Umkehrschluss sagen, dass sich – selbst in der radikalsten Vorstellung – individuelle Transformationsprozesse nie vollkommen losgelöst von der Ordnung vollziehen, in der der Einzelne sozialisiert wurde. Denn, Bourdieus gesellschaftstheoretischen Überlegungen zum Symbolgehalt von Kapital und Habitus folgend (vgl. Kapitel 2), vollzieht sich Sozialisation als Habitualisierung, wonach Schülerinnen und Schüler das innerhalb der Familie vorgelebte Kapital inkorporieren, in ihre späteren Handlungen integrieren und auf diese Weise stets neu reproduzieren. Auch die soziale Lage einer Familie wird über Generationen hinweg reproduziert (vgl. Bourdieu, 1998, S. 129). Sie verbindet ihre Familienmitglieder mit einem je eigenen „Familiensinn" (ebd., S. 126). Dieser ermöglicht im Verständnis eines Ordnungsgefüges Sicherheit. Er setzt aber auch Grenzen, innerhalb derer die Familienmitglieder zu unterschiedlichem Handeln befähigt werden (vgl. Kapitel 2.3.3). Bourdieu stellte in diesem Zusammenhang das kulturelle Kapital heraus (vgl. Kapitel 2), somit sind auch

---

11   Diese Bezugnahme liegt zudem darin begründet, dass sich Teilaspekte der Familie als empirisch zugänglich für die Arbeit erweisen (vgl. Kapitel 8). Nicht außer Acht zu lassen ist jedoch, dass ebenso andere soziale Gruppen und Felder, wie Peers (vgl. z.B. Goodwin & Kyratzis, 2007; Philipp, Gölitz & von Salisch, 2010; Rössel & Beckert-Zieglschmid, 2002; Zimmermann, Gliwitzky & Becker-Stoll, 1996) und ‚Freizeitwelten' (z.B. in organisierter Form in Vereinen, in nicht organisierter Form durch Mediennutzung oder Hobbys, vgl. Grunert et al., 2005) Einfluss auf die Entwicklung Heranwachsender nehmen.

in seinem Verständnis die Lernausgangslagen der Schülerinnen und Schüler als familial prädisponiert zu bezeichnen.

Das vorliegende Kapitel greift die Bedeutung der Familie für den Kontext der Arbeit in einem Dreischritt auf. Es schließt einleitend an Bourdieus Überlegungen zur Familie als „staatlich geschütztes" (Bourdieu, 1998, S. 136), „soziales Artefakt" (ebd.) an: Kapitel 3.1 legt in Rückbezug auf die theoretischen Annahmen zur sozialen Herkunft (vgl. Kapitel 2) dar, in welcher Weise die Familie sich im sozialen Raum aufgrund ihres Kapitalvolumens und spezifischen Habitus positioniert bzw. sozial positioniert wird. Der Schwerpunkt des Kapitels 3.2 liegt in der Frage begründet, welchen Einfluss die Familie auf den Erwerb sprachlicher Kenntnisse von Schülerinnen und Schülern hat. Ergänzend zu den Ausführungen des sprachlichen Kapitals nach Bourdieu (vgl. Kapitel 2) werden zu dessen Beantwortung Ansätze und Befunde aus der Soziolinguistik und Linguistik herangezogen. In Kapitel 3.3 folgt die Fokussierung auf das Passungsverhältnis von Schule und Familie, wobei auch hier der Schwerpunkt auf den sprachlichen Kenntnissen der Kinder liegt.

3.1   Die Familie als Reproduktionskontext von Kapitalgut

> „Sie [die Familie] ist einer der bevorzugten Orte der Akkumulation von Kapital aller Sorten und seiner Weitergabe von Generation zu Generation." (Bourdieu, 1998, S. 132)

Bourdieu stellt die Familie als bedeutsam für den „Zirkel der Reproduktion der sozialen Ordnung" (ebd., S. 129) heraus. Er lenkt den Blick nicht nur auf die unmittelbare Vererbung von Besitztümern innerhalb der Familie, sondern betont die mittelbare Vererbung jener Kapitalgüter, die Partizipationschancen an Bildung ermöglichen und sogenanntes ‚Bildungskapital' (vgl. Kapitel 2) generieren. Auch Zinnecker (1995) konstatiert im Anschluss an diese Überlegungen, dass sich bildungsrelevantes Kapital zunehmend als existenzsicherndes Kapitalgut in Familien etabliert (vgl. ebd., S. 41). Zu erwerbendes Bildungskapital fokussiert er im Verlauf der schulischen Biographie und im „Freizeit- und Konsumbereich" (ebd., S. 4). Eltern sind als ‚signifikante Andere' in der frühen Kindheit die wichtigsten Bezugspersonen für Heranwachsende (vgl. auch Maas, 2008). Sie nehmen Einfluss auf die Entwicklungs- und Sozialisationsbedingungen, unter denen ihre Kinder aufwachsen. Durch bestimmte Erziehungsstile sowie verkörperte Verhaltensmodelle prägen sie die kindliche Entwicklung, indem sie eben so und nicht anders mit ihren Kindern in Interaktion treten, sie zu Gesprächen motivieren, sie belohnen, Dinge verbieten und andere erlauben (vgl. z.b. Böhnisch, 2002; Geulen, 1995; Lareau, 2003; Szagun, 2006). Zinnecker (1995) bezieht aber auch ‚andere Sozialisationsagenten' mit in den Prozess der Sozialisation ein, wie Geschwister und Verwandte, Nachbarn und Peers. Dieser Zirkelschluss sozialer Reproduktion nimmt, ausgehend von habituell verfestigten Handlungskompetenzen und -motiven der Eltern, seinen Lauf, und wirkt auf die Habitusentwicklung ihrer Kinder ein.

3.1.1 Zum Repertoire von familialen Kapitalformen

Das in Kapitel 2 dargestellte Repertoire an Kapitalien, das einer Familie in unterschiedlicher Weise zur Verfügung steht, reproduziert gesellschaftliche Ordnung. Komplementär zu Kapitel 2 werden im Folgenden wesentliche Entwicklungen, Befunde und Aspekte des Repertoires familialer Kapitalformen aufgeführt.

Blau und Duncan waren 1967 eine der ersten Wissenschaftler, die anhand statistischer Methoden die Reproduktion der familialen sozialen Lage untersuchten. Obgleich nicht in Rekurs auf Bourdieus Termini, gingen auch sie von dem Zusammenhang des ökonomischen und kulturellen Kapitals aus. Ihre Analysen gründeten auf der Annahme, dass es sich um einen kausalen Zusammenhang zwischen dem beruflichen Status und der beruflichen Ausbildung des Vaters und der schulischen Ausbildung des Sohnes, seinem ersten Job und späteren Werdegang handelt. Einen Schritt weiter gingen Sewell und Hauser (1976), die wenige Jahre später die sozialpsychologischen Mechanismen sozialer Reproduktion in den Blick nahmen und herausstellten, dass neben den von Blau und Duncan explizierten Aspekten auch die eigenen Aspirationen des Kindes im Hinblick auf Bildung und den späteren Beruf eine Rolle spielen, ebenso wie der Einfluss der Peers und der Anregung durch die Eltern. Im Verständnis von Bourdieus Terminologie handelt es sich hierbei um eine Erweiterung des Blickwinkels von Gütern des ökonomischen und institutionalisierten kulturellen Kapitals hin zu weiteren Teilaspekten des kulturellen Kapitals und des sozialen Kapitals.

Ab den 1990er Jahren richtete sich der Fokus neben messbaren Eigenschaften wie dem Einkommen oder beruflichen Status der Eltern zunehmend auf Gewohnheiten sowie (nichtkognitive) Merkmale und Verhaltensweisen, die für den Kontext Schule als relevant erachtet wurden (vgl. z.B. Farkas et al., 1990; Farkas, 1996, 2003; Jencks et al., 1979). Bourdieus Gesellschaftstheorie genoss in dieser Zeit bereits hohes Ansehen, war aber letztlich nur *ein* möglicher theoretischer Ansatz unter vielen, um gesellschaftliche Strukturen zu beschreiben (vgl. z.b. auch Berger & Luckmann, 1980; Bernstein, 1977, 1990; Bonfenbrenner, 1981; Foucault, 1974, 1977). Bezug auf Bourdieus Theorie wurde dementsprechend nur zum Teil genommen. Im Verständnis seiner Gesellschaftstheorie jedoch bleibend, erweiterte sich die hier skizzierte Forschung ab den 1990er Jahren auf inkorporierte Formen von Kapitalgütern; solche, die letztlich den milieuspezifischen Habitus einer Familie prägen (vgl. auch Kapitel 2.2.1). Eine Vielzahl von qualitativen und quantitativen Studien wurde durchgeführt, um den Zusammenhang von akademischem Ertrag in der Schule und familiärer Mitwirkung analysieren und beschreiben zu können (vgl. zum Überblick Bodovski, 2010). Als empirisch unbestritten gilt es seither, dass die elterliche Unterstützung einen positiven Effekt auf die Fortschritte hat, die Schülerinnen und Schüler in der Schule machen (vgl. z.B. Crozier et al., 2008; Epstein, 2001; Hanson, McLanahan & Thompson, 1997; Lareau, 2000; Muller, 1995; Müller, 2012): Kinder profitieren in Bezug auf ihre akademische Entwicklung davon, wenn ihre Eltern in engem Kontakt mit der Schule stehen, sie bei den Hausaufgaben unterstützen und sie zu Hause anwesend und ansprechbar sind. Lareau (2003) hat eine langjährige ethnographische Forschung vorgelegt, die aufzeigt, wie soziale Herkunft kulturelle Muster, Gewohnheiten und Fertigkeiten schafft und bei unterschiedlicher Erziehung unterstützend wirkt. Sie kontrastiert im Rahmen ihrer Studien Familien der Arbeiterschicht mit jenen der Mittelschicht in den USA. Entscheidende Dimensionen wurden für den Bereich der Bildungsaspiration der Eltern und der strukturierten Gestaltung von (Freizeit-) Aktivitäten außerhalb der Schule gemacht. Ebenfalls untersuchte sie, welche Aufmerksamkeit den Interessen der Familienmitglieder zuteil wird, also inwieweit die Interessen der Kinder wahr- und ernstgenommen wurden.

Letztgenannter Aspekt, die Intensität familialer Beziehungen, schließt an Colemans Konzept des sozialen Kapitals an, das, wie in Kapitel 2.1.1 dargelegt, anschlussfähig an Bourdieus Konzept des sozialen Kapitals ist und in Schulleistungsstudien vorrangig der Operationalisierung dient. Coleman (1995), der in diesem Zusammenhang von einer ‚anhaltenden Zuwendung‘ der Eltern (vgl. ebd., Band II, S. 430) spricht, erachtet die Intensität der Beziehungen als bedeutsam für die kognitive und soziale Entwicklung Heranwachsender. Sie zeige sich in der Empathiefähigkeit der Eltern, der Bindung des Kindes an die Eltern, der gemeinsam geteilten Zeit von Kind und Eltern sowie in kommunikativen Formen zwischen Eltern und Kind. Dies ist durch vielfältige Studien empirisch belegt worden, wie Youniss (1994) im Rahmen einer Metastudie aufzeigt.

Als ‚kapitalträchtig' nach Coleman gilt ein soziales Netzwerk, auf das Kinder im Zuge ihrer familialen Sozialisation zugreifen können, sofern es geschlossen ist. Geschlossenheit meint hier, dass eine intensive Beziehung zwischen Erwachsenen besteht, wie zwischen Vater und Mutter. Gemeint im Sinne Colemans ist aber auch die Beziehung zwischen Eltern und Nachbarn, Eltern und Verwandten und der Kontakt oder die Zusammenarbeit zwischen den Eltern und der (Klassen-) Lehrkraft:

> „Eine Geschlossenheit ist nur dann vorhanden, wenn eine Beziehung zwischen Erwachsenen besteht, die ihrerseits eine Beziehung zu dem Kind haben. Die Erwachsenen können die Handlungen des Kindes unter verschiedenen Umständen beobachten, miteinander über das Kind reden, Erfahrungen austauschen und Normen festsetzen. Die Geschlossenheit des Netzwerkes kann dem Kind Unterstützung und Belohnung von weiteren Erwachsenen verschaffen, die verstärken, was es vom ersten Erwachsenen erfahren hat, und kann Normen und Sanktionen hervorbringen, die durch einen einzelnen Erwachsenen nicht eingeführt werden konnten." (Coleman, 1995, S. 352)

In diesem Verständnis trägt ein geschlossenes Netzwerk auch zu einem Netz sozialer Kontrolle bei (vgl. z.B. Boehnke, Merkens & Hagan, 1996). Wesentlich dabei ist, wie Coleman ergänzt, die „Zeit-Geschlossenheit" (Coleman, 1995, S. 354), also die zeitliche Stabilität der Beziehungen.

Die kapitalorientierten Ressourcen einer Familie verorten die Familie in Relation zu kapitalorientierten Ressourcen anderer Familien innerhalb einer Gesellschaft. Bourdieu selbst spricht in diesem Zusammenhang von ‚sozialem Raum' (vgl. z.B. Bourdieu, 1998, S. 17f.). Familien werden innerhalb dieser Relation sozial positioniert und bilden entsprechende Dispositionen aus. Dispositionen wiederum zeigen sich als habituelle Denk-, Empfindungs- und Handlungsmuster.

3.1.2 Zum familialen Habitus

> „Anders gesagt, was wir alles im Kopf haben, weil wir es infolge einer Sozialisationsarbeit verinnerlicht haben, die in einer selber real nach Familien gegliederten Welt stattfand, ist ein Wahrnehmungs- und Gliederungsprinzip, ein *nomos*." (Bourdieu 1998, S. 128, Hervorhebung im Original)

Die im Rahmen der Familie und der familialen Sozialisation verinnerlichten und inkorporierten (obgleich Bourdieu im genannten Zitat lediglich den ‚Kopf' expliziert) ‚Wahrnehmungen' und ‚Gliederungen', also Strukturierungsprinzipien im weiteren Sinne, benennt Bourdieu als Nomos. Nomos bezeichnet als griechischer Terminus (νόμος) eine „menschliche Ordnung" (Duden, 2001, S. 679), ein „von Menschen gesetztes Recht" (ebd.). Etwas, das als gesetzt gilt und als solches von allen Mitgliedern einer Gruppe anerkannt ist und Gültigkeit besitzt. Diese strukturierende Struktur, die der Familie zuteil wird, gleicht derjenigen des Habitus (vgl. Kapitel 2.1.2). Die Rede eines familialen Habitus meint ein durch ein bestimmtes Repertoire an Kapitalien prädisponiertes – mit Fokus auf die einer Familie inhärenten Sprachgebrauchsweisen vor allem *präfiguriertes* – Ordnungsgefüge, in dem sich für eine Familie leitende Denk-, Empfindungs- und Handlungsmuster ausgestalten und reproduzieren. Der je spezifische familiale Habitus repräsentiert damit die „Verinnerlichung eines bestimmten Typs von sozialen und ökonomischen Verhältnissen" (Bourdieu & Wacquant, 1996, S. 136) und familial geprägten kulturellen und sozialen Praktiken. Medium dieser Praktiken ist die Sprache (vgl. auch Kapitel 2.3). Bourdieu (1982) zufolge sind jene Praktiken klassenspezifisch und daher Inbegriff einer „inkorporierten Klasse" (ebd., S. 686).

Im Hinblick auf die „biographischen Grunderfahrungen eines Menschen" (Büchner, 2006a, S. 14) kommt der Familie damit eine „beachtliche Bildungsleistung" (ebd., S. 13) zu. Angesprochen sind die „individuellen und kollektiven Bildungsleistungen, die im Rahmen der kulturellen Alltagspraxis in Familien erbracht werden" (ebd.). Die Familie, so wie sie im Rahmen des von 2001 bis 2005 geförderten DFG-Projektes *Familiale Bildungsstrategien als Mehrgenerationenprojekt. Bildungs- und kulturbezogene Austauschprozesse zwischen Großeltern, Eltern und Enkeln in unterschiedlichen Familienstrukturen* untersucht wurde, fungiert als Ort der „Weitergabe und Aneignung des familialen Bildungserbes bzw. des kulturellen Familienerbes" (ebd., S. 15).[12] Ergebnisse dieses Forschungsprojekts zeigen auf, dass Mechanismen familial geprägter Prozesse häufig unbewusst und damit auch nur begrenzt zielgerichtet vermittelt werden (vgl. ebd., S. 16). Sie sind eingeschrieben in den familial geprägten Habitus und damit immer auch Teil impliziten Wissens[13] der Familie. Dies wiederum schließt an die genuine Konstitution eines Habitus an, nach der jegliche habituelle Strategien zumeist unbewusster Natur sind (vgl. Kapitel 2.1.2). Sie richten sich also objektiv betrachtet auf bestimmte Ziele, die hinge-

---

12 Kramer (2011) stellt heraus, dass demnach „familiale Bildungsforschung als Habitusforschung anzulegen [sei]" (ebd., S. 145): „Die Familie ist [...] als zentrales Referenzsystem für die individuelle Habitusentwicklung anzusehen, wobei die eigene Herkunftsfamilie immer auch in Relation zu den vielen Herkunftsfamilien der Anderen gesehen werden muss" (Büchner, 2006b, S. 27, zitiert nach Kramer, 2011, S. 146).

13 Zum impliziten Wissen vgl. Kapitel 4.3.2

gen „nicht unbedingt auch die subjektiv [hier: individuell intendiert] angestrebten" (Bourdieu, 1993, S. 113) sein müssen.

Woran sich ein familial geprägter Habitus zeigt, wird im Folgenden exemplarisch für Bereiche skizziert, die für den Kontext Schule, d.h. insbesondere für das kognitive und soziale Verhalten der Schülerinnen und Schüler, bedeutend sind (vgl. z.B. Ecarius, Köbel & Wahl, 2011; Helmke & Schrader, 1998; Pekrun, 2001; Tillmann et al., 1999; Wild & Hofer, 2002; Zinnecker & Silbereisen, 1996). Die soziale Herkunft wird dabei als zwar rahmende, dennoch aber distale Bedingungsgröße der kognitiven Entwicklung betrachtet, anders als beispielsweise leistungsbezogene Einstellungen und Verhaltensmuster der Eltern, die als proximale Variablen mittelbaren Einfluss auf die Kompetenzentwicklung der Schülerinnen und Schüler nehmen (und sich ebenfalls milieuspezifisch zeigen, somit letztlich natürlich mit der sozialen Herkunft in Zusammenhang stehen). Es handelt sich um eine skizzenhafte Beschreibung von Aspekten, deren Auswahl sich wesentlich an dem empirischen Design dieser Arbeit orientiert (vgl. Kapitel 7 & 8). Man kann einem Anspruch auf Vollständigkeit an dieser Stelle nicht gerecht werden.

Erziehungsstile

Eltern erziehen ihre Kinder nach unterschiedlichen Erziehungshaltungen und Erziehungspraktiken, die akzeptierend und unterstützend ebenso wie restriktiv und desinteressiert sein können (vgl. z.B. Baruero & Lange, 2011; Goodnow, 1988, S. 299ff.). Wie Tillmann et al. (1999) aufzeigen, manifestieren sich im Erziehungsstil der Eltern jene Haltungen und Praktiken, die einen bedeutsamen Einfluss auf das soziale Verhalten von Schülerinnen und Schülern haben. Befunde aus der Erziehungsstilforschung stellen insbesondere einen Stil als förderlich für die Entwicklung von Heranwachsenden heraus: den autoritativen Erziehungsstil (vgl. z.B. Schwarz & Silbereisen, 1996, S. 229). Dieser sei u.a. gekennzeichnet durch einen anerkennenden, liebevollen Umgang der Eltern mit ihren Kindern, der zur Selbstständigkeit anleitet, klare Regeln betont und konsequent beachtet und in dem die Eltern gut informiert über die Aktivitäten ihrer Kinder sind. Empirische Studien, die diesen Erziehungsstil untersucht haben, verweisen auf positive Effekte etwa in Bezug auf gute Schulnoten, ein hohes Selbstwertgefühl und hohe Selbstwirksamkeit der Kinder (vgl. ebd.).

Einblicke in gegenwärtige Erziehungsstilpraktiken gibt Liebenwein (2008). Anhand problemzentrierter Interviews mit Eltern von Vorschulkindern untersuchte sie, inwiefern sich Erziehungsstile milieuspezifisch zeigen. Sie nutzte die Konzeption der Sinus-Milieus (vgl. Kapitel 2.2.1), denen sich „Erziehungsstilklassifikationen" (Liebenwein, 2008, S. 245) zuordnen ließen (vgl. ebd.). Ihren Analysen nach „erziehen Traditionsverwurzelte autoritär, die Milieus der Oberschicht mit Ausnahme der Postmateriellen autoritativ, Angehörige der Bürgerlichen Mitte, Postmateriellen und Experimentalisten demokratisch [auch als *Attachment Parenting* bezeichnet], Hedonisten permissiv-verwöhnend und Konsum Materialisten permissiv-vernachlässigend" (ebd.). Ohne ins Detail zu gehen wird hieran eine Milieuspezifik deutlich, die auf unterschiedliche Praktiken im Erziehungsverhalten der Eltern verweist.

Auf der Suche nach empirischen Zusammenhängen von milieuspezifischen Aspekten und mit einem Erziehungsstil einhergehenden Kontrollüberzeugungen zeigten Schellhas, Grundmann und Edelstein (2012) anhand von Pfadanalysen auf, dass ein unterstützendes Erziehungsverhalten vorwiegend in Familien privilegierter Herkunft auftritt und sich positiv auf die Schulleistung auswirkt. Auch Helmke und Schrader (1998) bestätigen einen Zusammenhang zwischen Erziehungsstil und Leistungsverhalten der Schülerinnen und Schüler (vgl. ebd., S. 62f.). Als „besonders gut erforscht" (Hurrelmann, Hammer & Nieß, 1993, S. 39) gilt zudem der Zusammenhang von Leseleistung und Leseverhalten innerhalb der Familie. Ein direkter Einfluss familial etablierter kultureller Praktiken in Bezug auf die Lesebereitschaft und -motivation hat sich hier empirisch bestätigt (vgl. z.B. Groeben & Schroeder, 2004; Neuenschwander et al., 2005). Im Fokus rückt dabei das in Kapitel 1 vorgestellte kulturelle Kapital im Elternhaus. Konkret in Bezug auf das Lesen konnten Hurrelmann, Hammer und Nieß (1993) bei 9- bis 11-Jährigen feststellen, dass ein deutlicher Zusammenhang zwischen einem liberalen und offenen Erziehungsklima und dem Interesse zu Lesen besteht (vgl. ebd., S. 182ff.). Ist der Erziehungsstil hingegen von Inkonsistenz geprägt, so belegt es Walper (1995), nimmt dies negativen Einfluss auf die Entwicklung der Kinder (z.B. bezogen auf soziale Verhaltensweisen oder kognitive Fähigkeiten) (vgl. auch Conger, Patterson & Ge, 1995; Söldner 1994).

Zeit, Interesse und Aufmerksamkeit der Eltern
Coleman (1988) stellt für die Entstehung von sozialem Kapital in der Familie drei Faktoren heraus, nämlich Zeit, Interesse und Aufmerksamkeit (vgl. ebd.). Sie seien entscheidend für die Qualität der Eltern-Kind-Beziehung: die physische Anwesenheit der Eltern und die dadurch gemeinsam verbrachte Zeit sowie ihr Interesse und ihre Aufmerksamkeit gegenüber ihren Kindern. Positive Effekte dieser Faktoren auf den Schulerfolg finden sich empirisch in unterschiedlichen Studien bestätigt (vgl. z.B. Bryant & Zick, 199; Dohle, 1997; Fend,

1998; Freijo et al., 2008). Gekoppelt an das Interesse der Eltern an ihren Kindern ist zudem die besonders in den letzten Jahren stark beforschte Bildungsaspiration der Eltern. Eine Vielzahl an Studien belegt, dass sich eine hohe Bildungsaspiration der Eltern positiv auf den Schulerfolg der Kinder auswirkt (vgl. z.B. Merkens & Wessel, 2002; Schauenberg, 2007; Stamm, 2005; Wild & Wild, 1997). Die Bildungsaspiration der Eltern wirkt insbesondere dann unterstützend auf den Schulerfolg, wie bei Bandura, Barabaranelli, Caprara und Pastorelli (1996) nachzulesen, wenn ansonsten kaum bildungsrelevante Ressourcen im Elternhaus vorhanden sind.

Elterliche Unterstützung bei Hausaufgaben

Mit den Faktoren Zeit, Interesse und Aufmerksamkeit sowie dem elterlichen Erziehungsstil geht im Speziellen betrachtet auch der Aspekt der elterlichen Unterstützung bei der Bearbeitung von Hausaufgaben einher (vgl. z.B. Trautwein, 2007; Wild & Remy, 2002). Hausaufgaben werden in der Schule erteilt, um Unterrichtsinhalte zu üben und zu wiederholen. Sie sollen dem Lernfortschritt der Schülerinnen und Schüler dienen, wobei hinsichtlich der Frage der Effektivität von Hausaufgaben kontroverse Befunde vorliegen (vgl. z.B. Gage & Berliner, 1996, S. 467f.; Wagner & Spiel, 2002). Angenommen wird häufig, dass Schülerinnen und Schüler sozial gut gestellter Familien durch die elterliche Unterstützung der Bearbeitung von Hausaufgaben gegenüber Schülerinnen und Schülern nicht privilegierter Herkunft bevorteilt sind (vgl. z.B. Hoos, 1998). Jedoch konnten beispielsweise weder Dumont, Trautwein und Lüdtke (2012) noch Trautwein, Köller und Baumert (2001) diesen Zusammenhang empirisch bestätigen. Ohne Fokus auf die soziale Herkunft der Familien zeigten Niggli et al. (2007) hingegen empirisch auf, dass die elterliche Kontrolle von Hausaufgaben steigt, je schlechter zuvor die Halbjahresnote des Kindes ausgefallen war. Sie belegten zudem, dass das elterliche Hausaufgabenverhalten im wechselseitigen Verhältnis mit der Leistungsentwicklung steht. Entsprechend resümieren sie, dass zwar schlechte Schulleistungen zu mehr elterlicher Hausaufgabenkontrolle beitragen, die elterliche Kontrolle der Hausaufgaben andersherum betrachtet aber nicht mit schlechten Schulleistungen einhergehen muss (vgl. ebd.). Leistungsförderliche Effekte von elterlicher Unterstützung bei den Hausaufgaben können also zusammenfassend betrachtet nicht konsistent empirisch nachgewiesen werden (vgl. auch Wild, 2004).

2.1.3 Zwischenfazit und Diskussion I

Die Familie beeinflusst die soziale und kognitive Entwicklung von Schülerinnen und Schülern. Der elterliche Erziehungsstil und damit einhergehendes Interaktionsverhalten, z.b. in Bezug auf die Unterstützung bei der Bearbeitung von Hausaufgaben, regt, wie Exeler und Wild (2003) aufzeigen, die Motivation und Freude beim Lernen an. Die Geschlossenheit der familialen Beziehungen sorgt im Sozialisationsprozess für Stabilität und Kontrolle und auch Aspekte wie Zeit, Interesse und Aufmerksamkeit stellen relevante Größen der Eltern-Kind-Beziehung dar. Damit setzt die Familie den entscheidenden Rahmen als Ausgangspunkt für schulisches Lernen (vgl. auch Kapitel 3.3).

Bedingt durch den Wandel familialer Formen des Zusammenlebens bestehen jedoch auch Zweifel an der Wirksamkeit und Bedeutung der Weitergabe habitueller Muster durch die Familie (vgl. z.B. Fuchs-Heinritz & König, 2005, S. 138-139). Strukturelle Mängel wie geringes Einkommen und wenig gemeinsame Zeit, die sich etwa in Ein-Elternteil- und Scheidungsfamilien ergeben können, wenn ein Elternteil alleine für ökonomisches Kapital sorgt und mehr Zeit mit Arbeit bzw. weniger Zeit zu Hause verbringt (vgl. z.B. Brake, 2008, S. 99; BMFSFJ, 2008, S. 10; Statistisches Bundesamt, 2010, S. 5), haben ebenfalls Auswirkungen auf die Persönlichkeitsstruktur von Kindern (vgl. z.B. Hofer, Klein-Allermann & Noack, 1992). So zeigen in Bezug auf die schulischen Leistungen Prong, Dronkers und Hampden-Thompson (2003) wie auch Wößmann (2004) für die Leistungsdomänen Mathematik und Naturwissenschaften einen Leistungsrückstand der Schülerinnen und Schüler Alleinerziehender. Allerdings liegen kontrovers dazu auch Befunde vor, die den vielfach angenommenen Zusammenhang von Familienstruktur und Bildungserfolg empirisch nicht bestätigen können, wie für den Primarschulbereich anhand der Studie TIMSS 2007 von Schmitz, Tarelli, Wendt und Bos (2013) bzw. für den Sekundarschulbereich anhand der PISA-Studie von Tillmann und Meier (2003) aufgezeigt wurde.

Auswirkungen auf die Persönlichkeitsstruktur und generell die Frage, welchen Einfluss die Struktur der Familie auf die kindliche Entwicklung und den schulischen Bildungserfolg hat, sind damit auch kritisch zu betrachten (vgl. z.B. Walper, 1995).

3.2   Die Familie als Spracherwerbskontext

> „Das kulturelle Familienerbe wird vornehmlich oral überliefert."
> (Bremerich-Vos 1999, S. 27)

Bremerich-Vos stellt als „wesentliches Medium" (ebd.) der Familie die „Mündlichkeit" (ebd.) heraus. Ein familiales Gedächtnis bilde und konserviere sich durch das konversationelle Erzählen, das „täglich kommunikative [...] gegenständlich-praktische Miteinander in der Familie" (ebd., S. 28), wie er im Anschluss an Halbwachs (1985) erläutert. Zum ‚kulturellen Familienerbe' zählen – auch wenn dies in der Originalquelle Bremerich-Vos' nicht in diesem inhaltlichen Kontext diskutiert wird – kapitalorientierte Ressourcen sowie habituelle Muster und Praktiken (vgl. Kapitel 2.1). Sie werden durch die Sprache ‚oral überliefert', sodass dieses Medium der Überlieferung als Movens der Reproduktion sozialer Ordnung zu bezeichnen ist.

Anschließen an diese Beschreibung lassen sich einerseits im soziolinguistischen Verständnis die *sprachlichen Register* nach Maas (2008), andererseits die im Rahmen des Projekts *Altersspezifische Sprachaneignung – ein Referenzrahmen* (PROSA) entwickelten *pragmatischen Basisqualifikationen* nach Ehlich, Bredel und Reich (2008). Beide werden nachfolgend vorgestellt. Durch diesen Rekurs fokussiert dieses Subkapitel die Diskrepanz familial geprägter sprachlicher Voraussetzungen und kommunikativer Anforderungen seitens der Schule bzw. damit einhergehender Partizipationschancen an formalen Bildungsprozessen der Schülerinnen und Schüler.

Wie empirische Studien seit Jahren bestätigen sind divergierende Sprachgebrauchsweisen nicht nur zwischen dem Kontext der Familie und dem der Schule zu beobachten (vgl. z.B. Bodovski, 2010; Carter, 2005; Gogolin & Lange, 2010; Pattillo-McCoy, 1999), sondern auch in Familien unterschiedlicher Sozialstrukturen (vgl. z.B. Bernstein, 1958; Müller, 2012; Müller & Walzebug, 2012). Lareaus (2003) Studie etwa belegt, dass Kommunikation zwischen Eltern und ihren Kindern unterschiedlich ausgerichtet ist: sowohl beiläufig, instrumentell und mit vielen Anweisungen verbunden (wie besonders für Familien der Arbeiterklasse identifiziert, vgl. ebd., S. 134) als auch fördernd, wohlüberlegt und unter Verwendung eines reichen Vokabulars und von Argumenten (wie für Familien der Mittelschicht identifiziert, vgl. ebd., S. 107).

3.2.1 Zum Erwerb familialer Sprachpraktiken

Die Familie hat eine konstitutive Funktion für das sprachliche Lernen von Kindern (vgl. z.b. Becker, 2005; Dittmann, 2010; Heath, 1982; McElvany, 2011; Müller, 2012; Snow & Ferguson, 1978; Snow, 1977), die bereits pränatal beginnt (vgl. z.b. Goswami, 2001; Lecanuet, Granier-Deferre & DeCasper, 2005) und sich durch die von der Muttersprache geprägte kommunikative Orientierung weiterentwickelt (vgl. z.b. Bruner, 1977; Werker & Tees, 1999). Für den Erwerb des familial geprägten Spracherwerbs liegt eine Breite an Forschungsliteratur in den Bereichen der *Early Literacy*[14] und *Emergent Literacy*[15] vor, d.h. der zeitlichen Rahmung von der Geburt bis zum Eintritt in die Schule. Als empirisch belegt gilt, dass frühe schriftsprachliche Erfahrungen vor dem Eintritt in die Schule, also vor dem systematischen Schriftspracherwerb, bedeutsam für den Schulerfolg insgesamt, insbesondere aber für die Bereiche Lesen und (Recht-) Schreiben sind (vgl. z.b. Mullis et al., 2007; Richter & Brügelmann, 1992, 1994; Siegler, 2000; Schneider & Näslund, 1993; Whitehurst & Lonigan, 2001).

Im Anschluss an Maas (2008) sind die familial erworbenen Spracherfahrungen als *intim* zu bezeichnen. Es handelt sich dabei um umgangssprachliche Elemente, die in dem begrenzten Kommunikationsfeld der Familie praktiziert werden. Je nach Umfang und Heterogenität familialer Kontakte ihrer Mitglieder fällt die Sprachpraxis mehr oder weniger komplex aus. In Interaktionen wie Versteck- oder Rollenspielen sowie rituell praktizierten Aktivitäten wie dem Singen von Liedern oder dem Vorlesen von Gute-Nacht-Geschichten zum Einschlafen erfahren Kinder einen bestimmten, eben familial geprägten Umgang mit Sprache (vgl. z.b. Andresen, 2002, 2005; Bruner, 1983; Papoušek, Papoušek & Symmes, 1991; ebenso Ehlich, 1979; Tomasello, 2002). In neuen sozialen Sprachräumen wie dem Kindergarten eröffnen sich Gelegenheiten, neue sprachliche Erfahrungen (z.B. mit Personen, die nicht vertraut sind) zu machen. Im Verständnis Bourdieus handelt es sich dabei um neue sprachliche

---

14   Die *Early Literacy*-Forschung geht von einem Schriftspracherwerb aus, der sich als dynamischer Lernprozess beschreiben lässt (vgl. z.b. NRC, 1998, 2000; Siegler, 2000; Thelen & Smith, 1995). Das Kind erlernt in den Jahren vor dem systematischen Schriftspracherwerb im dynamischen Prozess von Hören und Sprechen einen sprachlich vermittelten Zugriff auf die Welt (vgl. z.B. Lewis, 2000).

15   Die *Emergent Literacy*-Forschung geht von einem Schriftspracherwerb aus, der sich als kontinuierlicher Lernprozess beschreiben lässt (vgl. z.b. Miller, 2000). Das Kind erlernt in der Phase vor dem systematischen Schriftspracherwerb in der Schule, wie Whitehurst und Lonigan (1998) beschreiben, sogenannte Vorläuferfähigkeiten für den Schriftspracherwerb, die kontinuierlich aufeinander aufbauen.

Märkte, die eigene Sprech- und Sprachpraktiken enthalten und das sprachliche Kapital des Einzelnen erweitern (vgl. Kapitel 2.3). Maas (2010) spricht – die Bourdieu'sche Sichtweise stützend – bei dieser sprachlichen Entwicklung von einem mit der Umwelt im Austausch stehenden „Ausbau" (ebd., S. 37) auf der Grundlage bereits erworbener Sprachgebrauchsweisen. Strukturelles Moment eines solchen sprachlichen Ausbaus stellt das soziale Umfeld dar, in dem Schülerinnen und Schüler aufwachsen. So schreibt auch Müller (2012) im Anschluss an Maas, dass „[d]ie Sprache zuerst bei den Anderen da [ist] – die Sprachentwicklung ist vor allem die Aneignung der Sprache der andern, also immer auch die Aneignung *einer bestimmten Sprache*, als Entfaltung der allgemeinen Sprachfähigkeit" (ebd., S. 11, Hervorhebung A.W.). Das soziale Umfeld bestimmt also einerseits, wie und in welchem Ausmaße sprachliche Strukturen im Kontext der Familie erlernt werden, und andererseits, wie und in welchem Ausmaße die Schülerinnen und Schüler das erworbene Repertoire von Sprache erweitern, d.h. im Verständnis von Maas ‚ausbauen' können.

Zu unterscheiden sind nach Maas (2008) drei sprachliche Register. Sie unterscheiden sich einerseits hinsichtlich ihrer Ontogenese, ihres Adressatenbezugs und ihrer Situationsangemessenheit, andererseits in Bezug auf ihre Syntax, Grammatik, Lexik und Phonologie:

- das *familiale, intime Register*,
- das *informelle Register* und
- das *formelle Register*.

Im Unterschied zu Koch und Oesterreicher (1985), auf deren Text *Sprache der Nähe, Sprache der Distanz* in der Fachliteratur häufig im Zuge der Unterscheidung von Mündlichkeit und Schriftlichkeit rekurriert wird, differenziert Maas die mediale Beschaffenheit der Sprache (Mündlichkeit vs. Schriftlichkeit) im Hinblick auf soziale, gesellschaftliche Gegebenheiten. Oder anders ausgedrückt: Die Notwendigkeit medialen ‚Switchens' der Sprache zeigt sich Maas zufolge differenziert in den sprachlichen Registern, d.h. je nachdem, in welchen ‚gesellschaftlichen Domänen' (vgl. Maas, 2008, S. 38) Sprache Verwendung findet. Konkret bedeutet dies Folgendes: Der Sprachgebrauch, der innerhalb einer Familie praktiziert wird (*familiales, intimes Register*), ist Maas zufolge *orat* strukturiert. Ebenso derjenige Sprachgebrauch, der auf der Straße, beim Einkaufen, d.h. im informell-öffentlichen Leben (*informelles Register*) Anwendung findet. Als *orat* zu bezeichnen sind Strukturen, die

„[...] auf sprachliche Handlungen mit einem *konkreten Anderen*, einem [wahr-
nehmbaren] Gegenüber bestimmt [sind], [und] dessen Reaktionen in die Pla-
nung der eigenen Aktivitäten einbezogen werden [...]." (Maas, 2008, S. 332,
Hervorhebung im Original)

Orate Sprachstrukturen sind demnach im deiktischen Feld der Sprache (vgl.
Bühler, 1978) einzuordnen. Es handelt sich um zeigende Ausdrücke, wie ‚da‘
oder ‚hier‘, die voraussetzen, dass die Origo, d.h. das Bezugssystem des Zei-
gens, in einem geteilten Wahrnehmungsraum von Sprecher und Hörer liegt. Sie
stehen im Zusammenhang mit Kommunikationsanforderungen, die sich in
direkter Interaktion ergeben. Der referenzielle Bezug auf den ‚konkreten Anderen‘ ermöglicht eine weniger grammatikalisch normierte Sprache. Es setzen
sich sprachliche Konventionen durch, die assoziative und illustrative Elemente
enthalten und sich konform zu denen der alltäglichen Lebenspraxis ausbilden.
Bernstein (1971), auf dessen Verständnis von *public language* und *formal language* Maas' Konzeption der sprachlichen Register u.a. aufbaut – obgleich
differenzierter und fachspezifischer, wie an anderer Stelle ausgeführt (vgl.
Müller & Walzebug, 2012; Walzebug, 2012) –, verweist in diesem Zusammenhang auf das Beispiel der Kommunikation von Eheleuten. Diese nutzen, ebenso
wie Peers, eine Sprachform, die „kurz, prägnant und für alle Beteiligten, d.h.
gebunden an einen bestimmten lebensweltlichen Kontext, verständlich ist"
(Walzebug, 2012, S. 292). Die situative Kommunikationsanforderung und der
konkrete Adressatenbezug machen eine syntaktisch komplexe Sprache weder
notwendig noch wäre sie angemessen.

Der Sprachgebrauch hingegen, der in Institutionen wie der Schule (*formelles Register*) praktiziert wird, ist *literat* strukturiert. Er baut auf Strukturen auf,
die

„[...] sprachliche Aktivitäten [bestimmen], die auf einen *generalisierten Anderen* abgestellt werden [...]." (Maas, 2008, S. 332, Hervorhebung im Original)

Der Bezug auf den ‚generalisierten Anderen‘ hat zur Folge, dass das *formelle
Register* universal ausgerichtet, syntaktisch komplex gestaltet und stark gram-
matisch normiert ist (vgl. ebd.). *Literate* Strukturen sprachlicher Äußerungen
sind weniger an einen konkreten Kontext gebunden und erfordern daher eine
größere lexikalische Eindeutigkeit. Ebenso sind Bezüge explizit herzustellen.
Mit dem Eintritt in die Schule und der Aneignung der Schriftsprache (Lesen
und Schreiben) beginnt der systematische Erwerb *literater* Strukturen der Sprache (vgl. Maas, 2010, S. 38). Aber auch in Institutionen wie dem Kindergarten
begegnen Kinder – mündlich vermittelten – *literaten* Sprachstrukturen, deren

Bedeutung insbesondere in den vergangenen Jahren im Zuge der „durchgängigen Sprachbildung" (Lange & Gogolin, 2010) gefordert und gefördert wird (vgl. z.b. Bremerich-Vos, 2005; Campbell et al., 2001; Eckhardt, 2008; Gogolin & Michel, 2010; Gogolin, 2008; Leisen, 2009; McElvany et al., 2012; McElvany, 2011; Steinig et al., 2009). Gemeint sind Praktiken wie das Vorlesen, das Spielen von Sprachspielen, der Gebrauch von Versen und Reimen etc. (vgl. z.b. Bruner, 1983; Kaderavek & Justice, 2002; Müller, 2009; Tarelli, 2010). Sie dienen der Vorbereitung auf die sprachlichen Anforderungen der Schule und werden nicht nur im Kindergarten und Vorschulbereich systematisch vermittelt, sondern auch informell in bildungsnahen Familien vorbereitend auf die Schule praktiziert (vgl. auch Kapitel 3.3).[16] Sie bieten also im Bereich der Mündlichkeit – eben weil es sich hierbei um mündlich vermittelte *literate* Sprachstrukturen handelt – erste geeignete Zugänge zur Schriftsprache. Dabei gelten insbesondere Vorlesesituationen als positiv beeinflussend, u.a. weil sie ein formales Verständnis von Sprache fördern, etwa bezüglich der lexikalischen, syntaktischen und textuellen Sprachentwicklung (vgl. z.B. Deckner, Adamson & Bakeman, 2006; Lesemann et al., 2007; Maas, 2008; Richman & Colombo, 2007; Röber & Müller, 2008; Sénéchal et al., 2008; Torr, 2007; Verhoeven & van Kuijk, 1991; Wieler, 1997). Empirische Belege liegen aber auch hinsichtlich der Verwendung von Reimen zur frühen Förderung phonologischer Bewusstheit vor, d.h. für den Vorschulbereich die Fähigkeit, „Wörter zu silbifizieren (= phonologische Bewusstheit im weiteren Sinn)" (Bredel, 2008, S. 140, Hervorhebung im Original). Bredel referiert im Anschluss an Stanovich, Cunningham und Cramer (1984), dass „Reimsensibilität bei Drei- bis Vierjährigen hoch mit der späteren Lesefähigkeit [korreliert], während sie bei Vorschulkindern (fünf bis sechs Jahre) kaum noch Aussagekraft hat" (ebd., S. 140, Hervorhebung im Original). In Rekurs auf Wimmer, Landerl und Schneider (1994) ergänzt sie zudem, „dass die Fähigkeit von Vorschulkindern, Reime zu erkennen, Voraussagen über die spätere Lesegeschwindigkeit sowie über die späteren Rechtschreibfähigkeiten zulassen" (Bredel, 2008, S. 140).

Orate und *literate* Strukturen sprachlicher Äußerungen erfüllen also unterschiedliche Funktionen, die sich je nach gesellschaftlichem Anwendungsbereich unterscheiden. Hinsichtlich des ‚materialen Aspekts' (vgl. Maas, 2008,

---

16   Trautmann (2008) resümiert, dass „bisher keinerlei Untersuchungen dazu vor[liegen], ob sich die Sprachaneignung von Kindern im Alter bis zu drei Jahren, die [...] eine Betreuungsinstitution besuchen, charakteristisch von der von Kindern unterscheidet, die zu Hause versorgt werden" (ebd., S. 39).

S. 329) der Sprache, sind *orate* Strukturen als mündlich, d.h. *oral*, zu bezeichnen und *literate* Strukturen als schriftlich[17], d.h. *skribal*.

Im *Referenzrahmen zur altersspezifischen Sprachaneignung* des Bundesministeriums für Bildung und Forschung (vgl. Ehlich, Bredel & Reich, 2008) findet sich die Unterscheidung sprachlicher Register so nicht. Begründet liegt dies darin, dass „[d]as Konzept der Basisqualifikationen [...] in der Expertise „Anforderungen an Verfahren der regelmäßigen Sprachstandsfeststellung als Grundlage für die frühe und individuelle Förderung von Kindern mit und ohne Migrationshintergrund" (Ehlich, 2005) entwickelt [wurde]" (Ehlich, Bredel & Reich, 2008, S. 9), und somit im Unterschied zu den von Maas definierten sprachlichen Registern[18] grundlegend andere Ziele verfolgt. Es lassen sich aber, wie nachfolgend skizziert, Parallelen ziehen, die aufzeigen, wie nahe Maas' Konzept der sprachlichen Register dem des Konzepts der sprachlichen Basisqualifikation ist.

Die *pragmatischen Basisqualifikationen I und II* (vgl. Trautmann, 2008, S. 31-50) decken zweierlei Bereiche der „sprachliche[n] Handlungsfähigkeit von Kindern insgesamt" (ebd., S. 31) ab:

- „das Wissen über sprachliche Handlungserfordernisse und -formen" (ebd.),
- „das Wissen über die zweckmäßige Auswahl und die Kombinatorik der sprachlichen Mittel für den Vollzug sprachlicher Handlungen" (ebd.).

Ziel dieser Beschreibungskategorie von pragmatischer Basisqualifikation ist es, sprachliches Handlungswissen zu fokussieren, das sich in unterschiedlichen Lebensphasen von Kindern bzw. Schülerinnen und Schülern entwickelt. Ontogenetisch betrachtet umfasst die *pragmatische Basisqualifikation I* „die grundlegende Aneignung sprachlicher Handlungsfähigkeit, die das Kind im primären Beziehungskontext bzw. dem Ort der primären Sozialisation (also in den meisten Fällen der Familie) vollzieht" (ebd., S. 31). Die *pragmatische Basisqualifikation II* hingegen beschreibt „das vielfältige Spektrum gesellschaftlich entwickelter sprachlicher Handlungserfordernisse in Institutionen – z.B. in Bildungs-

---

17   *Literate* Strukturen sprachlicher Äußerungen beziehen sich also auf die ‚Schriftförmigkeit' (vgl. auch Gogolin & Schwarz, 2004) der Sprache, die ein spezifisches Merkmal solcher Sprachgebrauchsweisen ist, die im Kontext der Schule (insbesondere im Fachunterricht) Anwendung finden.

18   Vgl. zur Registerkonzeption sprachlich-formaler Mittel und Strukturen ursprünglich Halliday (1978).

einrichtungen [...]" (ebd., S. 31). Vergleichbar zu Maas' (2008) Konzept der *sprachlichen Register* zeigt sich somit, dass

- das *familiale, intime Register* im Aneignungsbereich der *pragmatischen Basisqualifikation I* und
- das *formelle Register* im Aneignungsbereich der *pragmatischen Basisqualifikation II* anzusiedeln sind.

Wie von Maas (2008) für das *formelle Register* beschrieben, so setzt auch nach Trautmann (2008) der Beginn der Aneignung *pragmatischer Basisqualifikation II* mit dem Erstkontakt systematischen Schriftspracherwerbs (d.h. in der (Vor-) Schule) ein (vgl. ebd., S. 32). Bei der Beschreibung pragmatischer Basisqualifikationen geht es nicht um die begriffliche Rahmung sprachlicher Oberflächenmerkmale, sondern – wie genuin für die Pragmatik im linguistischen Verständnis (vgl. z.B. Meibauer, 2001) – um den Inhalt und das Entstehen sprachlicher Äußerungen, wie sie in konkreten Situationen und Kontexten schulischer Bildung vorzufinden sind.

3.2.2 Zur sozialen Rahmung familialer Sprachpraktiken

Zu konstatieren ist, dass der familial geprägte Sprachhabitus die Partizipationschancen von Schülerinnen und Schülern an formaler Bildung mehr oder weniger begünstigen kann (vgl. z.B. Heller, 2012; Kaesler, 2005; Richman & Colombo, 2007; Walzebug, 2014). Abhängig ist dies davon, inwieweit der eigene familial geprägte Sprachhabitus (das *intime Register*) den Anforderungen der *pragmatischen Basisqualifikationen II* (dem *formellen Register*) entspricht bzw. sich als kompatibel erweist.

Empirische Studien, die der Frage nachgehen, wie sich ‚schichtspezifische' oder allgemeiner gesprochen ‚sozial gerahmte' Praktiken der Sprachaneignung von Kindern in Familien vollziehen, sind rar. Auf eine systematische Erforschung dieses Feldes kann, wie auch Trautmann (2008, S. 32) konstatiert, nicht zurückgegriffen werden. Sofern Befunde vorliegen, dokumentieren diese vorwiegend die Sprachaneignung von Kindern der ‚westlichen Mittelschicht' (vgl. ebd., S. 33):

> „Derzeit weiß die Forschung nur für Kinder des westlichen Kulturkreises verlässlich, dass sie sich Sprache in intensiver Interaktion mit einer oder wenigen Bezugspersonen (meist der Mutter) aneignen; dieser Befund ist [...] auf Kinder der Mittelschicht einzuschränken." (ebd., S. 33, Hervorhebung im Original)

Wie an anderer Stelle ausgeführt (vgl. Müller & Walzebug, 2012; Walzebug, 2012), zählt es zu den Verdiensten Bernsteins, den Zusammenhang von Sprache, sozialer Herkunft und Bildungspartizipation theoretisch zu beschreiben und empirisch zu erforschen (vgl. auch Arnot & Reay, 2004; Bauer & Vester, 2008; Kaesler, 2005; Leufer & Sertl, 2010; Littlejohn, 1996). Auch Bourdieus Arbeiten zur *Ökonomie des sprachlichen Tausches* (1990), wie in Kapitel 1.3 skizziert, sind u.a. Bernsteins soziolinguistische Studien entlehnt (vgl. z.B. Bourdieu, 1990, S. 58, ebenso Kapitel 4).[19] Bernstein führte in einem interdisziplinären Forschungsfeld (Soziologie, Psychologie und Linguistik) Studien durch, die die Dialektik von Sprache und Sozialstruktur genauer in den Blick zu nehmen versprachen. Er ging – in Rückbindung an die Ausführungen Lurias (1961) zum Zusammenhang von Verhalten, Denken und Sprache – davon aus, dass sich unterschiedliche Sprachformen (*public language* vs. *formal language*) – bzw. später Sprachcodes (*restringierter Sprachcode* vs. *elaborierter Sprachcode*) – aus dem Bedeutungs- und Beziehungssystem des Sprechers ausbilden (vgl. Bernstein, 1971). Oder wie an anderer Stelle formuliert:

> „Die Sprache, die wir sprechen, d.h. [im Bernstein'schen Verständnis] die sprachlichen Codes, aus denen sich unsere Sprachgebrauchsweisen herausbilden, versteht Bernstein als grundlegende Rahmung dessen, in welchen Bedeutungen und Beziehungen wir zu denken, zu fühlen und zu handeln *sozialisiert* wurden. In seinem Verständnis ist Sozialisation daher konstitutiv für das Denken, Fühlen und Handeln, sowohl als Implikation, d.h. implizit im Denken, Fühlen und Handeln verwoben, als auch als Prädiktor, d.h. normativ verankert im Denken, Fühlen und Handeln." (Walzebug, 2012, S. 293, Hervorhebung im Original)

Mit dem Verweis Bernsteins, dass die Schicht (*class*) zwar in entwickelten Industriestaaten eine hohe Aussagekraft aufweist, sich aber nicht per se als entscheidendes Kriterium erweisen muss (vgl. Bernstein, 1971, S. 81), zeigen seine Studien, dass elaborierte Sprachgebrauchsweisen (ähnlich dem *formellen Register* nach Maas, vgl. Kapitel 3.2.1) vorwiegend bei Sprechern der Mittelschicht und restringierte Sprachgebrauchsweisen (ähnlich dem *intimen* und *informellen Register* nach Maas, vgl. ebd.) vorwiegend bei Sprechern der Arbeiterschicht vorzufinden sind (vgl. z.B. Bernstein & Brandis, 1970; Cook-Gumperz, 1973; Sadovnik, 1995). Hinsichtlich chancengerechter Bildungspartizipation ging er davon aus, dass Kinder der Arbeiterschicht aufgrund ihrer

---

19 Beide arbeiteten während eines Forschungsaufenthaltes Bernsteins an dem von Bourdieu geleiteten *Centre de Sociologie Européenne* in Paris gemeinsam an Fragen der gesellschaftlichen Reproduktion sozialer Ungleichheit (vgl. z.B. Bernstein, 1975, S. 14f.).

vorwiegend restringierten Sprachgebrauchsweisen systematisch benachteiligt sind, wie es als *soziolinguistische These* formuliert wurde. Aufgrund starker Kritik (vgl. zusammenfassend Nemeth, 2008) in Bezug auf sein empirisches Vorgehen (vgl. z.b. Neuland, 1975; Ort, 1976) und fehlender Präzision von Begriffen (vgl. z.b. Dittmar, 1980) gilt diese These bis heute als empirisch nicht bestätigt (vgl. auch Kapitel 4). Gegenwärtige Forschungsergebnisse wie die von Steinig et al. (2009), die explizit Bezug auf Bernsteins begriffliches Instrumentarium nehmen und es somit empirisch prüfen, verweisen im deutschsprachigen Raum indes auf eine Bestätigung seiner These.

Im Hinblick auf die chancengerechte Teilhabe an schulischem Wissen stellte Bernstein nicht nur die sprachlichen Gebrauchsweisen in Familien unterschiedlicher sozialer Herkunft heraus, sondern auch ihre Wirkkraft als „hidden subsidy" (Bernstein, 1977, S. 33). Gemeint ist die ‚verdeckte Unterstützung' seitens der Familie, die in mittelständischen Familien aufgrund ihrer Nähe zum schulischen Habitus (und schulischen Spracherwartungen) zum Tragen komme. Von dieser verdeckten Unterstützung sei es im Wesentlichen abhängig, inwiefern Schülerinnen und Schüler dazu fähig seien, den ‚sprachlichen Code' – im Sinne Maas das *formelle Register* bzw. im Verständnis des Referenzrahmens die *pragmatischen Basisqualifikationen II* (vgl. Kapitel 3.2.1) – der Schule zu entschlüsseln. Dabei handelt es sich, wie Knapp (1999) beschreibt, um „ein[en] kontinuierliche[n] Prozess der zunehmenden Komplexität und Abstraktheit der Begriffsbildung. Die Unterrichtssprache wandelt sich von einer mit Alltagsbegriffen zu einer weitgehend mit wissenschaftlichen Begriffen operierenden" (ebd., S. 33) (vgl. auch Kapitel 4). In gleicher Logik beschreibt Bernstein (1971) die Erfahrungen, die Schülerinnen und Schüler in der Schule machen: Während Schülerinnen und Schüler der Mittelschicht eine Weiterentwicklung (*development*) ihrer Fertig- und Fähigkeiten erleben, sind Schülerinnen und Schüler der Arbeiterschicht mit einem Wechsel (*change*) konfrontiert, d.h. einem Bruch von bisher Erworbenem und nun schulisch Gefordertem (vgl. ebd., S. 136). Und ähnlich argumentiert auch Bourdieu (1983), der anmerkt, dass die familiäre Sozialisation „entweder als positiver Wert, als gewonnene Zeit und Vorsprung [wirkt] oder als negativer Faktor, als *doppelt* verlorene Zeit, weil zur Korrektur der negativen Folgen nochmals Zeit eingesetzt werden" (ebd., S. 186, Hervorhebung im Original) müsste. Je größer also die Schnittmenge zwischen familial erworbenem Habitus und schulischen Anforderungen, desto anschlussfähiger und folglich wahrscheinlicher ist es auch, dass Schülerinnen und Schüler erfolgreich an schulischem Wissen partizipieren können. Auf diesen sich wechselseitig stützenden Prozess der Sozialisation von

Familie und Schule von Kindern ‚bildungsnaher' Familien wird bis heute (auch jenseits von Bourdieu und Bernstein) vielfach hingewiesen (vgl. z.B. Gillies, 2005, 2006; Liebau, 1987; Neuenschwander et al., 2005; Pätzold, 2005; Reay, 1995, 2004):

> „Differences in habitus give individuals different cultural skills, social connections, educational practices, and other cultural resources that translate into different benefits as individuals move out into the world." (Bodovski, 2010, S. 141-142)

Was die Sprache angeht, so ist es im Anschluss an Hasan (2001) in diesem Zusammenhang entscheidend, frühzeitig einen Zugang zu dekontextualisierter Sprache zu eröffnen (vgl. auch Kapitel 4). Dieser Zugang erleichtert den Schriftspracherwerb, wie Andresen (2002) am Beispiel des Rollenspiels im Vorschulalter ausführt:

> „Beim Rollenspiel dekontextualisieren sie [die Vorschulkinder] Sprache in dem Sinne, dass sie ähnliche Äußerungen aus der engen Verflechtung mit dem nichtsprachlichen Kontext der aktuellen Handlungssituation [...] herauslösen. [...] Dekontextualisierung von Sprache ist für das Rollenspiel notwendig, weil Personen, Gegenstände, Handlungen, Ort und Zeit von den Kindern umgedeutet werden, wobei Sprache als zentrales Mittel für die Umdeutungen fungiert. In gemeinsamer Interaktion handeln die Kinder die neuen Bedeutungen aus, die innerhalb des Spiels dann als bekannt vorausgesetzt werden können. Durch explizite Metakommunikation, die gerade am Anfang der Rollenspielentwicklung den Spielvollzug erst ermöglicht, konstruieren die Kinder einen sprachlich erzeugten, daher zeichenhaften Kontext für ihr Handeln im Spiel." (ebd., S. 225)

Im familialen Kontext geht es also um „die an das Kind gerichtete Sprache" (Szagun, 2006, S. 172f.). Die „Inputsprache" (ebd., S. 171), d.h. das Angebot an Sprache und sprachlichen Praktiken, das Heranwachsende in der Familie erfahren, unterscheidet sich, wie im vorliegenden Kapitel dargelegt, je nach sozialer Herkunft. Entsprechende Angebote zur Förderung des Erwerbs dekontextueller Sprache seien, wie sie in Rekurs auf Hoff-Ginsberg (1991) anmerkt, beispielsweise in Bezug auf die Fortführung der von Kindern begonnenen Gesprächsthemen in Mittelschichtsfamilien zu beobachten (vgl. Szagun, 2006, S. 178). Da aber auch in dieser Studie der Vergleich mit Familien anderer Herkunftsmilieus fehlt, ist dieser Befund mit Vorsicht zu interpretieren.

Aufgrund der insgesamt betrachtet dünnen empirischen Befundlage zum systematischen Vergleich von Kindern verschiedener sozialer Herkunftsmilieus (und der Vielschichtigkeit der sozialen Herkunft, vgl. Kapitel 2) im Hinblick auf ihre Praktiken und Erträge für den Schriftspracherwerb bleibt zu konstatieren, dass nach wie vor Forschungsbedarf zur Klärung der Frage nach der ‚sozialen Rahmung' familialer Sprachpraktiken besteht (vgl. auch Foster et al., 2005; Raikes et al., 2006; Müller, 2012; van Kleeck, 1990).

3.2.3 Zwischenfazit und Diskussion II

Die Konzepte der sprachlichen Register nach Maas (2008) und der pragmatischen Basisqualifikationen nach Ehlich, Bredel und Reich (2008) stellen ein breites begriffliches Instrumentarium für die vorliegende Arbeit dar. Sie ermöglichen es zum einen, sprachsozialisatorisch angeeignete sprachliche Praktiken und Gebräuche im Kontext ihrer kommunikativen Anforderungen zu betrachten. Zum anderen gelingt es, dieses Repertoire an sprachlichen Praktiken und Gebräuchen (letztlich sprachliches Kapital, vgl. Kapitel 2.3) durch die inhaltliche Rahmung der pragmatischen Basisqualifikationen im Setting schulischer Gegebenheiten zu deuten. Umrissen ist damit ein Spannungsfeld von familialen Sprachlernvoraussetzungen und schulischen Spracherwartungen.

Gegenwärtig etabliert sich zur Erklärung dieses Spannungsfeldes der Begriff ‚Bildungssprache' (vgl. z.B. Gogolin & Lange, 2011), auf dessen konzeptionelle Güte und Reichweite in Kapitel 4.3.2 eingegangen wird. Seine Bedeutsamkeit scheint offenkundig zu sein, wie die vor allem national aber auch international steigende Popularität widerspiegelt. Mit Blick auf die unterschiedlichen Konzepte, Auslegungen und Definitionen, die für den erziehungswissenschaftlichen Diskurs geltend gemacht werden, zeigt sich aber auch, dass dieser Begriff weiterhin inhaltlich zu schärfen ist (vgl. u.a. „Bildungssprache" nach Gogolin und Lange (2011), „language of schooling" nach Schleppegrell (2004), „Schulsprache" nach Vollmer und Thürmann (2010) oder „cognitive academic language proficiency" nach Cummins (1979)). Zu leicht könnte sich – ähnlich wie es damals Bernstein (1971) hinsichtlich der *formal language* bzw. des *elaborated codes* vorgeworfen wurde – diese begriffliche Hülle als Gefahr entpuppen, etwa wenn sie als eine Einheitsform von Sprache für den Kontext Schule verstanden werden würde. Dass es sich dabei um ein komplexes Konstrukt handelt, das den Gesetzen des sprachlichen Marktes (vgl. Kapitel 2.3) in spezifischen Situationen von Schule und Unterricht unterliegt, ist durch soziolinguistische, diskursanalytische und ethnographische Studien belegt (vgl. z.B. Morek & Heller, 2012; Neuland, Balsliemke & Baradaranossadat, 2009; obgleich aus soziologischer Perspektive theoretisch auch angelegt bei Bernstein, 1977, S. 7 & S. 174) und entsprechend zu beachten.

3.3 Konsequenzen für die Arbeit

Die Zusammenschau der theoretischen Ansätze und empirischen Befunde belegt die Bedeutsamkeit der Familie für das schulische Lernen. Eltern unterstützen ihre Kinder vor dem Hintergrund ihrer zeitlich, monetär, physisch, psychisch und sozial vorhandenen Ressourcen. Bourdieu beschreibt diese Ressourcen in Form unterschiedlicher Kapitalgüter, die ökonomische, soziale und kulturelle Bereiche abdecken. Sie sind konstitutiv für den familialen Habitus, ein ‚Familiensinn', in dem leitende Denk-, Empfindungs- und Handlungsmuster der Familienmitglieder ausgestaltet und über Generationen hinweg reproduziert werden. Es handelt sich um ein prädisponiertes Ordnungsgefüge, wobei in diesem Kapitel nicht nur die in einer Familie verinnerlichten Dispositionen allgemein im Hinblick auf Chancengerechtigkeit diskutiert wurden, sondern insbesondere die sprachlichen Praktiken und Gebräuche einer Familie (weswegen in Kapitel 3.1.2 die Rede von einem *präfigurierten* Ordnungsgefüge ist). Der familiale Habitus, bestehend aus ökonomischem, kulturellem, sozialem und sprachlichem Kapital, stattet Schülerinnen und Schüler im Zuge ihrer Sozialisation mit einem Proviant an (explizitem und implizitem)[20] Wissen aus, der unterschiedliche Lernvoraussetzungen in der Schule schafft (vgl. auch Kapitel 4.3.4). In diesem Zusammenhang sind neben Bourdieus insbesondere Bernsteins Arbeiten zu nennen. Bernstein lieferte vor über fünfzig Jahren einen theoretischen Begründungsrahmen für den geringen Bildungserfolg von Schülerinnen und Schüler nicht privilegierter Herkunft. Familial erworbene Sprachgebrauchsweisen und Praktiken statten Schülerinnen und Schüler für die Teilnahme an schulischen Diskursen aus. Auf dem sprachlichen Markt der Schule entscheiden diese über die Anerkennung ihrer Äußerungen im Unterricht, ihrem Zugang zu sprachlich fixiertem Wissen in Texten oder – wie für die vorliegende Arbeit untersucht wird – das Lösen von (mathematischen) Aufgaben (vgl. auch Kapitel 4.3.2). Sie markieren somit eine wesentliche Ebene des Schulerfolgs.

Für den Kontext der Arbeit bedeutet dies, dass in Kombination der Ansätze von Bourdieu und Bernstein sowie der (sozio-)linguistischen Ansätze von Maas und Ehlich, Bredel und Reich ein Instrumentarium zur Verfügung steht, das zur Beschreibung einer *sprachlich bedingten sozialen Ungleichheit* angewendet werden kann. Bei der hierbei vorgenommenen Fokussierung auf die Domäne Mathematik in Schulleistungstests ist bislang die fachliche Perspektive unbehandelt geblieben. Sie ist der Schwerpunkt des nachfolgenden Kapitels.

---

20   Vgl. auch Kapitel 4.3.3.3.

4   Zur Testleistung in der Domäne Mathematik

Leistungen, die im Rahmen von fach- bzw. domänenspezifischen Schulleistungstests erhoben werden, sind von solchen Leistungen zu unterscheiden, die Schülerinnen und Schüler im Kontext des (Fach-) Unterrichts erzielen. Zwar liegen beiden Leistungsformen curriculare Vorgaben als inhaltliche Orientierung zugrunde, die Bewertung der Leistung, je nachdem ob sie in Schulleistungstests oder im Fachunterricht erteilt wurde, unterliegt aber unterschiedlichen Kriterien: Die auf der Grundlage individueller Leistungen im Unterricht erteilte Schulnote einer Schülerin bzw. eines Schülers ist, wie z.b. bei Lintorf (2012) nachzulesen, bestimmt durch „gesetzliche Regelungen [...], [...] zum Teil einander widersprechende[...] Funktionen, [...] sowie durch die mit ihr intendierten wie nicht intendierten Konsequenzen" (ebd., S. 35). Die Gesetze und Verordnungen der einzelnen Bundesländer lassen Lehrpersonen eine mehr oder weniger große „pädagogische Freiheit" (ebd., S. 36), um Noten im Sinne ihrer pädagogischen Funktion zu vergeben. Schulnoten entstehen im Vergleich zu Testleistungen also im Hinblick auf ihre Rahmenbedingungen auf völlig unterschiedlichem Fundament. Letztere basieren auf psychometrischen Standards und den klassischen testtheoretischen Gütekriterien von Objektivität, Validität und Reliabilität (vgl. Kapitel 8). Spielräume, wie ‚pädagogische Freiheiten', sind in Schulleistungstests nicht gegeben, da mittels standardisierter Verfahren der Testdurchführung und -auswertung ein fairer Vergleich der Leistungen gewährleistet werden soll. Insbesondere Ingenkamp (1995, 1993) hat darauf aufmerksam gemacht, dass Schulnoten subjektiv erteilt werden. Sie basieren auf subjektiven Einschätzungen der Lehrpersonen, die ihre Schülerschaft über einen längeren Zeitraum zu einer Vielzahl an Aktivitäten (z.B. Beteiligung im Unterricht, Leistung in Klassenarbeiten, Hausaufgaben) im Klassenkontext bewerten. Im Gegenzug dazu erlaubt eine durch Schulleistungstests erhobene Leistung „streng genommen nur eine Aussage über die (zumeist) schriftliche Leistung des Kindes an dem einen Tag" (Lintorf, 2012, S. 53, Hervorhebung im Original).

Schulleistungsstudien haben in den vergangenen Jahren stark an gesellschaftlichem Interesse gewonnen. Sie dienen dem Zweck, Trendaussagen über das deutsche Schulsystem zu treffen und Vergleiche zwischen Leistungen bestimmter Schülergruppen zu einem bestimmten Zeitpunkt aufzustellen. Sie haben Einfluss auf die Gestaltung bildungspolitischer Steuerung. Mit dem gesteigerten Interesse ist auch die Erfassung und Modellierung von Kompetenzen mittels Testaufgaben zentral für den bildungspolitischen und erziehungswissenschaftlichen Diskurs geworden (vgl. z.B. Hartig, 2008; Klieme, 2007; Klieme & Leutner, 2006; Thonhauser, 2008a; Weinert, 2001). Testaufgaben haben nicht nur die Funktion, Kompetenzanforderungen zu illustrieren. Sie sollen Thonhauser (2008b) zufolge, den Aufbau von Kompetenzen unterstützen und eine Überprüfung ermöglichen. In Testaufgaben zu prüfende Kompetenzen stellen somit normativ formulierte Ansprüche an allgemeine Bildungsziele dar.

Für das Kernfach Mathematik wurden vergleichsweise früh mit Bildungsstandards einhergehende Bildungsziele formuliert (vgl. KMK, 2004, 2005). Zur begrifflichen Klärung führt dieses Kapitel in Konzepte, in Annahmen und in die Forschung zu mathematischer Testleistung im Grundschulbereich ein (vgl. Kapitel 4.1). Spezifiziert wird dies anhand der Studie TIMSS 2007, der Studie, die die Datengrundlage für die vorliegende Arbeit bildet (vgl. Kapitel 4.2). Erläutert werden u.a. Inhalts- und kognitive Anforderungsbereiche der in TIMSS eingesetzten Testaufgaben. Für die systematische Analyse der Bearbeitung von Testaufgaben werden zudem drei Wissensdimensionen vorgeschlagen, die *jenseits* zu messender Kompetenzen für das Lösen von mathematischen Testaufgaben als relevant erachtet werden (vgl. Kapitel 4.3). Das Kapitel schließt mit Konsequenzen für die Arbeit (vgl. Kapitel 4.4).

4.1 Mathematische Testleistung am Ende der Grundschulzeit

Zur Beschreibung mathematischer Testleistung führt dieses Subkapitel in die ihr zugrundeliegenden Begriffe ein. Der skizzierte Überblick über mathematische Testleistung am Ende der Grundschulzeit befasst sich mit zentralen Konzepten und Terminologien in dem Umfang, wie er für die Arbeit relevant ist. Für vertiefende und umfassende Einführungen und Diskussionen zu Bildungsstandards sei auf die vorliegende Fachliteratur verwiesen (vgl. z.B. Böttcher, 2006; Klieme et al., 2003; Klieme & Leutner, 2006).

4.1.1 Bildungsstandards für das Fach Mathematik

Bildungsstandards beschreiben „die wesentlichen Ziele der pädagogischen Arbeit, ausgedrückt als erwünschte Lernergebnisse der Schülerinnen und Schüler" (Klieme et al., 2007, S. 9). Diese „verbindliche[n] Anforderungen" (ebd.)

gelten für das schulische Lehren und Lernen; wobei vorwiegend das Lernen – also das, was Schülerinnen und Schüler bis zu einem bestimmten Zeitpunkt ihrer Schullaufbahn gelernt haben sollten – Gegenstand der Überprüfung solcher ‚verbindlichen Anforderungen' ist. Erst seit wenigen Jahren wird in Studien wie dem Forschungsprogramm *Professionswissen von Lehrkräften, kognitiv aktivierender Mathematikunterricht und die Entwicklung mathematischer Kompetenz* (COACTIV) (vgl. z.B. Baumert & Kunter, 2006; Kunter et al., 2011) oder der *Teacher Education and Development Study: Learning to Teach* (TEDS-LT) (vgl. z.B. Blömeke, Suhl, Kaiser & Döhrmann, 2012; Döhrmann, Kaiser & Blömeke, 2012) auch die Seite des Lehrens bzw. der Lehrenden in den Blick genommen. Formuliertes Ziel der Konzeption von Bildungsstandards ist die Sicherung und Steigerung der Qualität schulischer Arbeit (vgl. Klieme et al., 2003, S. 9). Dabei sollen sie im Wesentlichen dreierlei gewährleisten:

- Orientierung bieten in der Form, dass verbindliche *Bildungsziele* für alle Schulen geltend gemacht werden,
- Inhalte anhand von *(Kompetenz-) Anforderungen* konkretisieren und in *Kompetenzmodellen* „Aspekte, Abstufungen und Entwicklungsverläufe von Kompetenzen" (ebd., S. 21) anschaulich aufzeigen (vgl. Kapitel 4.1.2), und
- Kompetenzanforderungen anhand von *Kompetenztests* für die Evaluation dessen, was „Schülerinnen und Schüler tatsächlich erreicht haben" (ebd., S. 23), konkretisieren (vgl. Kapitel 4.1.3).

An Bildungsstandards orientierte Kompetenzen sind fachspezifisch definiert, d.h. sie „werden [...] verstanden als Leistungsdispositionen in bestimmten Fächern oder ‚Domänen'" (ebd., S. 22). Von der *Ständigen Konferenz der Kultusminister der Länder in der Bundesrepublik Deutschland* (KMK) definierte Kompetenzen entsprechen also nicht einem im angloamerikanischen Raum tradierten Konzept von *Literacy* im Sinne der Allgemeinbildung, sondern sie beanspruchen ihren jeweiligen Geltungsbereich innerhalb einer Domäne. Hartig (2008) macht darauf aufmerksam, worum es sich bei ‚Kompetenzen' im hier gemeinten Sinne handelt: Kompetenzen sind „theoretische Konstrukte" (ebd., S. 16), also „nicht-beobachtbare Dispositionen" (Heid, 2007, S. 30). Ihnen schließt sich die Frage der Operationalisierung an, d.h. *wie* bzw. „mit welchen Methoden und Instrumenten eine *Messung* erfolgen sollte" (Hartig 2008, S. 16, Hervorhebung im Original). Kompetenzen in diesem Verständnis sind somit auf Messung ausgerichtete Instrumente (vgl. Kapitel 4.1.2).

Tabelle 4.1: Bildungsstandards Mathematik für die Primarstufe (KMK, 2004)

Inhaltsbereiche	Zahlen und Operationen
	Raum und Form
	Muster und Strukturen
	Größen und Messen
	Daten, Häufigkeit und Wahrscheinlichkeit
Allgemeine Kompetenzen	Problemlösen
	Kommunizieren
	Argumentieren
	Modellieren
	Darstellen
Anforderungsbereiche	Reproduzieren
	Zusammenhänge erstellen
	Verallgemeinern und Reflektieren

In Bezug auf das Fach Mathematik sind, geprägt durch die Expertise (vgl. Klieme et al., 2003), Bildungsstandards entstanden, die sich an den amerikanischen Standards des *National Council of Teachers of Mathematics* (2000) orientieren (vgl. Tab. 4.1). Die den Bildungsstandards in Mathematik zuzuordnenden Kompetenzen finden sich in inhaltlicher und allgemeiner[21] Ausrichtung. Sie sind ergänzt worden durch drei Anforderungsbereiche. Beispielaufgaben illustrieren und konkretisieren die definierten Kompetenzen (vgl. KMK, 2004). Bei diesen für den Mathematikunterricht in der Grundschule definierten Kompetenzen handelt es sich um Festlegungen auf normativer Ebene.

4.1.2 Kernlehrpläne und Kompetenzmodelle für das Fach Mathematik

Auf die einleitend skizzierten bildungspolitischen Entwicklungen der letzten Jahre, d.h. die Einbindung verbindlich definierter Kompetenzen als Bildungsstandards, haben die Bundesländer Deutschlands in unterschiedlicher Geschwindigkeit reagiert. Länder wie Nordrhein-Westfalen haben die von der KMK formulierten Bildungsstandards für das Fach Mathematik (vgl. KMK, 2004, 2005) zügig in ihre Curricula-Bestimmungen aufgenommen und als sogenannte Kernlehrpläne definiert. Diese enthalten Kompetenzmodelle, die „wissenschaftlich begründete Vorstellungen darüber [liefern], welche Abstu-

---

21   Die Rede ist hier auch von ‚prozessbezogenen Kompetenzen‘ (vgl. Selter, 2009).

fungen eine Kompetenz annehmen kann bzw. welche Grade oder Niveaustufen sich bei den einzelnen Schülerinnen und Schülern feststellen lassen" (Klieme et al., 2003, S. 74).

Kompetenzmodelle haben also die Funktion, Lerninhalte der Bildungsstandards zu konkretisieren. Kernlehrpläne legen fest, welche Inhalte im (Fach-) Unterricht behandelt werden sollen. Konzeptionell differenzieren lassen sich Kompetenzmodelle als *Niveaumodelle*, die die Inhalte von Kompetenzen sowie die einer Kompetenz zugrunde liegenden Abstufungen beschreiben. Kompetenzmodelle sind ebenso *Strukturmodelle*, die die Dimensionalität einer Kompetenz, d.h. die Zusammenhangsstrukturen auf Ebene der Domäne (Fokus auf Kompetenzbereiche) und ihrer Kompetenzbereiche (Fokus auf Teilkompetenzen der Kompetenzbereiche), beinhalten (vgl. Klieme et al., 2007, S. 11f.).

Die Modellierung mathematischer Kompetenz, wie sie in Schulleistungstests gemessen wird, fokussiert nicht das Wissen über „isolierte Fakten" (Reiss, Heinze & Pekrun, 2007, S. 108), sondern „den erfolgreichen Umgang mit Situationen, in denen spezifisches Wissen in einem sinnvollen Kontext angewendet werden soll" (ebd.). Dementsprechend handelt es sich Reiss, Heinze und Pekrun zufolge bei der mathematischen Kompetenz um „ein komplexes und vielschichtiges Konstrukt" (ebd., vgl. ebenso Reiss & Ufer, 2009, S. 206). Zur Entwicklung von Kompetenzmodellen und Bildungsstandards Mathematik für den Primarstufenbereich wurde in Deutschland besonders Bezug auf Winter (1995) genommen. Wie Blum et al. (2006) ausführen, handelt es sich dabei um eine Konzeption mathematischer Grundbildung. Diese enthält drei Aspekte, die der Mathematikunterricht (an Grundschulen) gewährleisten soll (vgl. Walther, Selter, Bonsen & Bos, 2008, S. 53):

- die Vermittlung einer mathematikspezifischen Wahrnehmung von Phänomenen („aus Natur, Gesellschaft und Kultur", ebd.) der erlebten Welt,
- das mathematikspezifische Erlernen und Begreifen von Dingen und Tatbeständen, repräsentiert durch „Sprache, Symbole[...], Bilder[...] Formeln" (ebd.), und
- den Erwerb mathematikübergreifender „Problemlösefähigkeiten" (ebd.), die mit Hilfe entsprechender Aufgabenstellungen angeregt werden.

Als wegbereitend für die Entwicklung des mathematischen Kompetenzmodells gilt die *Internationale Grundschul-Lese-Untersuchung* (IGLU). Ausgerichtet auf die Domäne Lesen, wurde die Studie im Jahr 2001 in mehreren Bundesländern Deutschlands um Leistungstests in den Domänen Mathematik und Naturwissenschaft erweitert (vgl. Bos et al., 2004). Sie ist die erste bedeutende Studie in Deutschland, die die mathematischen Kompetenzen von Viertklässlerinnen und Viertklässlern untersucht hat. Mathematische Grundbildung der Schülerinnen und Schüler wurde anhand der Inhaltsbereiche *Arithmetik, Größen und Sachrechnen* und *Geometrie* erhoben. Grundlage des Tests bilden u.a. Testaufgaben, die in TIMSS 1995 im Primarstufenbereich eingesetzt wurden (vgl. Mullis et al., 1997). Zur Darstellbarkeit der erhobenen Kompetenzen wurde ein fünfstufiges Kompetenzmodell entwickelt, dem die Fähigkeitswerte der Schülerinnen und Schülern in Inhaltsbereichen zugeordnet wurden (vgl. Walther, Geiser, Langeheine & Lobemeier, 2003). Das Modell wurde also als Produkt der inhaltlichen Auseinandersetzung mit den Ergebnissen konstruiert, d.h. es lag nicht als leitendes Studienkonzept bereits zu Beginn der Erhebung vor.[22] Insgesamt wurden folgende Kompetenzstufen definiert:

- *Kompetenzstufe I*: Rudimentäres schulisches Anfangswissen,
- *Kompetenzstufe II*: Grundfertigkeiten zum Zehnersystem, zur ebenen Geometrie und zu Größenvergleichen,
- *Kompetenzstufe III*: Verfügbarkeit von Grundrechenarten und Arbeit mit einfachen Modellen,
- *Kompetenzstufe IV*: Beherrschung der Grundrechenarten, Bewältigung von Aufgaben der räumlichen Geometrie und begriffliche Modellentwicklungen,
- *Kompetenzstufe V*: Problemlösen bei Aufgaben mit innermathematischem oder außermathematischem Kontext.

Dieses in IGLU 2001 formulierte Kompetenzmodell ist insofern wegbereitend, als es strukturgebend für die weitere Entwicklung der Beschreibung mathematischer Kompetenzen war. Ein Modell, das neben den zu erreichenden Kompetenzen für Schülerinnen und Schüler am Ende der Grundschulzeit auch solche Kompetenzen zu definieren versucht, die tragend für alle Jahrgangsstufen im Primarbereich sind, wurde von Reiss (2004) formuliert. Hier war das Vorgehen ein anderes, da zunächst durch theoretisch fundierte Erkenntnisse eine Spezifi-

---

22 Nachteil dabei war, dass das Kompetenzmodell nicht durch die Daten validiert werden konnte, durch das es gewonnen wurde. Ein vergleichbares Vorgehen wurde in der PISA-Studie 2001 gewählt; auch hier wurden im Anschluss an die empirischen Ergebnisse *a posteriori* Kompetenzstufen aufgestellt und durch die Analyse zugehöriger Testaufgaben spezifiziert (vgl. Deutsches PISA- Konsortium, 2001).

kation von Kompetenzen und ihrer Entwicklung erstellt wurde, eben weil das Modell auf die theoretische Beschreibung von Kompetenzen abzielte. Erst im Nachhinein wurde es in Teilbereichen empirisch überprüft (vgl. Reiss, Heinze & Pekrun, 2007, S. 116f.; Ufer, Reiss & Heinze, 2008, S. 72f.). Unter Berücksichtigung der Entwicklung mathematischen Wissens im Verlauf der vier Grundschuljahre differenziert es fünf Stufen. Diese stellen – anders als noch im Verständnis von IGLU 2001 – hierarchische ,Niveaus der Kompetenzentwicklung' dar (vgl. Reiss, Heinze & Pekrun, 2007, S. 114):

- *Niveau I*: Numerisches und begriffliches Grundlagenwissen ohne Anwendungsbezug (Routineprozeduren),
- *Niveau II*: Grundfertigkeiten im Umgang mit dem Zehnersystem, der Ebenen Geometrie und Größen,
- *Niveau III*: Sicheres Rechnen in curricularem Umfang und einfaches Modellieren,
- *Niveau IV*: Beherrschung der Grundrechenarten unter Nutzung der Dezimalstruktur und begriffliche Modellierung,
- *Niveau V*: Problemlösen in mathematischen Kontexten.

Die letztlich verbindlichen *Bildungsstandards Mathematik für den Primarbereich* der KMK (2004) wurden anknüpfend an die in IGLU formulierten Kompetenzstufen und nachfolgende Präzisierung festgelegt (vgl. Kapitel 4.1.2). Nutzbar gemacht werden konnte insbesondere der in IGLU angelegte Zusammenhang zwischen Kompetenzstufen und Testverfahren. Es wurden psychometrischen Standards entsprechende Tests entwickelt und Modelle der *Item Response Theory*[23] (IRT) genutzt, die eine gleichzeitige Beschreibung von Schwierigkeiten der Testaufgaben und Fähigkeitswerten der Schülerinnen und Schüler auf einer gemeinsamen Skala ermöglichen (vgl. Rost, 2004). Dieses Verfahren ermöglicht es bis heute, eine unter empirischen Gesichtspunkten valide Stufenanordnung mathematischer Kompetenz für die vierte Jahrgangsstufe festzulegen (vgl. z.B. Reiss & Winkelmann, 2008). Das hieraus entstandene, für alle Inhaltsbereiche der Mathematik im Primarbereich geltende Kompetenzstufenmodell ist in fünf Stufen gegliedert (vgl. KMK, 2004):

- *Kompetenzstufe I*: Technische Grundlagen,
- *Kompetenzstufe II*: Einfache Anwendungen von Grundwissen,

---

23   Zur *Item Response Theory* vgl. auch Kapitel 7.

- *Kompetenzstufe III*: Erkennen und Nutzen von Zusammenhängen in einem vertrauten (mathematischen und sachbezogenen) Kontext,
- *Kompetenzstufe IV*: Sicheres und flexibles Anwenden von begrifflichem Wissen und Prozeduren im curricularen Umfang,
- *Kompetenzstufe V*: Modellieren komplexer Probleme unter selbstständiger Entwicklung geeigneter Strategien.

Letztlich, so fassen es Reiss und Ufer (2009) zusammen, handelt es sich bei allen diesen Kompetenzmodellen um idealtypische Modelle. Es wird nicht angenommen, „dass individuelles Lernen [...] immer diesen (idealen) Modellen folgt" (ebd., S. 206, Hervorhebung im Original). Als Forschungsdesiderat für den Bereich der Mathematik betont Reiss (2008) vielmehr, dass die für den Primarbereich definierten Kompetenzbereiche für die Zukunft noch detaillierter beschrieben werden müssten, da sie Grundlage des mathematischen Lehrens und Lernens darstellen (vgl. ebd., S. 119). Sie sieht Potenziale solch umfassender Modelle dann weniger ausschließlich in der als „Katalog von Kompetenzen" (ebd.) vorliegenden Beschreibung, sondern durchaus auf anderen Ebenen: als „Grundlage einer präzisen Kompetenzdiagnostik" (ebd.), als „Basis für [...] individuelle Förderung auf einem angemessenen Niveau" (ebd.) und insgesamt betrachtet „bei entsprechender didaktischer Aufbereitung [als] nützliche Instrumente für Lehrkräfte und gegebenenfalls auch für Eltern" (ebd.).

4.1.3 Bildungsziele und ihre Evaluation

Die Steuerung des Bildungssystems (Bildungsmonitoring) als Maßnahme der Qualitätssicherung und -entwicklung verstanden, sie steht in direktem Zusammenhang mit den in Bildungsstandards definierten Bildungszielen (vgl. Kapitel 4.1.1) wird. Dabei geht es, wie Böttcher, Holtappels und Brohm (2006) beschreiben, „wesentlich darum, Antworten auf die Fragen zu finden, ob pädagogische Interventionen oder – breiter gefasst – pädagogische Systeme ihre Ziele erreichen (Effektivität) und ob dieses vom Ressourceneinsatz her günstig proportioniert ist (Effizienz)" (ebd., S. 7, Hervorhebung im Original). Und sie führen weiter aus, dass es sich „[a]ls zentrale Aufgabe [...] für die mit zunehmender organisatorischer und pädagogischer Autonomie ausgestatteten Einrichtungen des Bildungs- und Sozialwesens [erweist], Belege dafür zu liefern (Evidenz), dass die „Bildungsproduktion" erfolgreich ist" (ebd., Hervorhebung im Original). Die Schulen erhalten entsprechende empirische Belege durch die

Teilnahme an Schulleistungsstudien oder Lernstandserhebungen, wie in diesem Kapitel weiter ausgeführt wird.

Um evidenzbasierte Forschung zu ermöglichen sind vielfältige Forschungsprogramme initiiert worden, die sich mit der Modellierung von Kompetenzen und der Evaluation von Standards beschäftigen.[24] Beispielsweise wurde in den Jahren 2005 und 2006 am *Institut zur Qualitätsentwicklung im Bildungswesen* (IQB) die Studie *Evaluation der Standards Mathematik in der Grundschule* (ESMaG) zur Entwicklung geeigneter mathematischer Testaufgaben durchgeführt, mittels derer die von der KMK formulierten Bildungsstandards überprüfbar gemacht werden sollten (vgl. Granzer, van den Heuvel-Panhuizen, Köller & Walther, 2008). Das Schwerpunktprogramm der DFG namens *Kompetenzmodelle* wurde ausgerichtet, um geeignete Modelle zur Beschreibung von Kompetenzen zu entwickeln und diese anhand von validen Messinstrumenten zu überprüfen. Insgesamt haben sich also eine Reihe von Forscher (-gruppen) in Bezug auf einzelne Domänen mit der Zielvorgabe beschäftigt, geeignete Testaufgaben zu konstruieren, die in Form standardisierter Tests im Bereich des Bildungsmonitorings eingesetzt werden oder aber der individuellen Kompetenzdiagnostik im Bereich individueller Förderung dienen können (zur Übersicht über die Domäne Mathematik, vgl. Heinze, 2010). Auch das Projekt *Steigerung der Effizienz des mathematisch-naturwissenschaftlichen Unterrichts* (SINUS), das als Reaktion auf das nur mittelmäßige Abschneiden Deutschlands in TIMSS 1995 für den Sekundarschulbereich initiiert wurde, beschäftigt sich mit der Entwicklung von (Test-) Aufgaben. Für den Grundschulbereich wurde das Pendant *SINUS Transfer Grundschule* ins Leben gerufen. In Zusammenarbeit mit ausgewählten Grundschulen aus vierzehn Bundesländern Deutschlands werden hier bis heute Themen aus einem breit angelegten Modulkatalog, wie die Auswertung und Nutzung von Unterrichtsevaluation, die Umsetzung von Bildungsstandards oder die didaktische Entwicklung individueller Förderkonzepte von Wissenschaftlerinnen und Wissenschaftlern und Lehrpersonen bearbeitet und mit Blick auf die Gestaltung des Übergangs von der Grundschule in die Sekundarstufe diskutiert (vgl. z.B. Demuth, Walther & Prenzel, 2011). Der internationale Forschungsstand zeigt, dass zwar einzelne Studien vorliegen, die die Entwicklung und Modellierung mathematischer Kompetenzen fokussieren,

---

24   Darüber hinaus beschäftigen sich Forschungsprojekte mit der Leitfrage, welche Bedeutung Bildungsstandards im Allgemeinen zugesprochen werden kann, wo ihre Grenzen und wo ihre Möglichkeiten liegen (vgl. z.B. Benner, 2007; Eder, Gastager & Hoffmann, 2006). Die mit der Formulierung von Bildungsstandards einhergehende Notwendigkeit, umfassend geeignete und qualitativ hochwertige Aufgaben zur Evaluation der Standards zu formulieren, konnte, wie Eder und Thonhauser (2007) zeigen, bislang nur unzureichend erfüllt werden.

dass aber – vergleichbar zu den hier skizzierten Entwicklungen in Deutschland – kaum eine von ihnen explizit als Ziel definiert, Kompetenzmodelle zu generieren oder zu spezifizieren (vgl. z.b. Brown et al., 2003; Fosnot & Dolk, 2001; van den Heuvel-Panhuizen & Fosnot, 2001).

In Deutschland gibt es eine Breite an bundesweiten Initiativen und Studien zur Verbesserung des Unterrichts. Für die Domäne Mathematik im Grundschulbereich werden nachfolgend einzelne Evaluationsprojekte vorgestellt; dem Anspruch auf Vollständigkeit kann an dieser Stelle nicht gerecht werden.

Internationale Schulleistungsstudien
Zur Überprüfung und Sicherung der Leistungsfähigkeit des deutschen Bildungssystems ist für Grund- und Sekundarschulen in regelmäßigen Zyklen die Teilnahme an internationalen Schulleistungsstudien verbindlich vorgeschrieben. Für den Grundschulbereich handelt es sich um die *Internationale Grundschul-Lese-Untersuchung* (IGLU)/*Progress in International Reading Literacy Study* (PIRLS) und *Trends in International Mathematics and Science Study* (TIMSS), für den Sekundarschulbereich um das *Programme for International Student Assessment* (PISA). Die Stichproben der Studien setzen sich bundesweit zusammen, sie sind repräsentativ. Ihre Ergebnisse dienen der Bildungsberichterstattung von Bund und Ländern. Für Entwicklungen im Bildungsbereich haben sie eine bedeutende Reichweite.

Exemplarisch für eine der internationalen Schulleistungsstudien stellt Kapitel 4.2 die Studie TIMSS 2007 ausführlich vor. Befunde der Studie TIMSS 2011 zeigten, dass Schülerinnen und Schüler in Deutschland einen Leistungsmittelwert in der Domäne Mathematik von 528 aufweisen[25] (vgl. Wendt, Bos, Selter & Köller, 2012, S. 14). Der internationale Vergleich zeigt, dass Deutschland signifikant über den mittleren Leistungsmittelwerten der teilnehmenden EU-Mitgliedstaaten[26] von 519 Punkten und der teilnehmenden OECD-Mitgliedstaaten[27] von 521 Punkten liegt. Zu den Staaten an der Leistungsspitze bestand aber noch ein beachtlicher Abstand (darunter z.B. Singapur (606 Punkte), Taiwan (591 Punkte) und Nordirland (562)) (vgl. ebd., S. 15).

---

25   Dieser Wert unterscheidet sich nicht signifikant von dem in TIMSS 2007 ermittelten (vgl. Wendt, Bos, Selter & Köller, 2012, S. 15).

26   Zu den teilnehmenden Mitgliedstaaten der *Europäischen Union* (EU) an TIMSS 2011, vgl. Wendt, Tarelli, Bos, Frey & Vennemann, 2012, S. 39, Tab. 2.2.

27   Zu den teilnehmenden Mitgliedstaaten der OECD an TIMSS 2011, vgl. vgl. Wendt, Tarelli, Bos, Frey & Vennemann, 2012, S. 39, Tab. 2.2.

Nationale Schulleistungsstudien

Neben internationalen wurden auch nationale Schulleistungsstudien als zentral gesteuerte Erhebungen zur Überprüfung des Erreichens von Bildungsstandards entwickelt. Ursprünglich handelte es sich dabei um nationale Ergänzungsstudien, wie IGLU-E (vgl. Bos et al., 2008) und PISA-E (vgl. z.B. Prenzel, 2008), d.h. ausgehend von den internationalen Studienkonzepten IGLU und PISA erweiterte Studiendesigns für einen Vergleich der Länder der Bundesrepublik Deutschland. Seit 2009 findet die zentrale Überprüfung der Bildungsstandards nicht mehr in Form von Ergänzungsstudien statt, sondern als *Ländervergleich*. Um nach wie vor die dabei national erhobenen Daten mit den internationalen Daten vergleichen zu können, findet der *Ländervergleich* – wenn möglich – im zeitlichen Rahmen internationaler Studien statt (wie der *Ländervergleich* 2009 in der Sekundarstufe I parallel zur PISA-2009-Erhebung). Die wissenschaftliche Verantwortung liegt beim IQB. Im Primarbereich (vierter Jahrgang) findet der *Ländervergleich* im Zyklus von fünf Jahren, im Sekundarschulbereich I (Hauptschulabschluss im achten Jahrgang, Mittlerer Schulabschluss im neuen Jahrgang) im Zyklus von sechs Jahren statt.

Im Primarbereich fand der letzte *Ländervergleich* 2011 statt, d.h. auch in diesem Fall im gleichen Jahr wie TIMSS 2011. Identifiziert werden konnten hierbei vier Bundesländer, bei denen die mittleren Kompetenzen in Mathematik signifikant über dem bundesdeutschen Mittelwert lagen: Bayern, Sachsen, Sachsen-Anhalt und Baden-Württemberg (vgl. Haag & Roppelt, 2012, S. 118). Mit Blick auf die getesteten Inhaltbereiche, d.h. die in den Bildungsstandards Mathematik für die Primarstufe definierten Bereiche (vgl. Kapitel 4.1.1, Tab. 4.1), wiesen die mittleren Leistungswerte der einzelnen Länder lediglich leichte Änderungen auf (vgl. Haag & Roppelt, 2012, S. 118).

Vergleichsarbeiten/Lernstandserhebungen

Zusätzlich zu internationalen und nationalen Schulleistungsstudien werden zur landesweiten Qualitätssicherung Vergleichsarbeiten eingesetzt, die im gleichnamigen Projekt *Vergleichsarbeiten* (VERA)[28] entwickelt und durchgeführt werden. Dabei handelt es sich um schriftliche Tests für die dritte und achte Jahrgangsstufe (VERA-3 und VERA-8), die bundesweit ermitteln, ob Schülerinnen und Schüler in diesen beiden Jahrgangsstufen jene von der KMK definierten Bildungsstandards erfüllen. In dem dritten Jahrgang wird das Fach

---

28   Nicht in allen Bundesländern hat sich die Bezeichnung Vergleichsarbeiten (VERA) durchgesetzt, sodass z.B. in Nordrhein-Westfalen und Hessen von ‚Lernstandserhebungen' die Rede ist, in Hamburg von ‚KERMIT – Kompetenzen ermitteln' und in Sachsen und Thüringen schlicht von ‚Kompetenztests' (vgl. http://www.iqb.hu-berlin.de/vera).

Deutsch (mit jährlich rotierenden Kombinationen der Bereiche *Lesen*[29], *Zuhören, Orthographie, Sprache & Sprachgebrauch untersuchen*)[30] oder das Fach Mathematik (zu einer Auswahl zweier der insgesamt fünf Bereiche *Zahlen und Operationen, Raum und Form, Muster und Strukturen, Größen und Messen, Daten, Häufigkeit und Wahrscheinlichkeit*) obligatorisch getestet (vgl. z.B. Peek & Dobbelstein, 2006). Im achten Jahrgang wird VERA neben den Fächern Mathematik und Deutsch in der Ersten Fremdsprache (Englisch oder Französisch) durchgeführt. Auch hier gliedern sich Kompetenzbereiche nach den von der KMK formulierten Bildungsstandards.

VERA dient nicht nur der bundesweiten Überprüfung von Bildungsstandards, sondern eröffnet Lehrerinnen und Lehrern, die an der Durchführung der Leistungserhebung ihrer Schülerinnen und Schüler beteiligt sind, auch die Möglichkeit, die eigene Diagnosefähigkeit im Hinblick auf die Leistungen ihrer Klasse zu überprüfen. Dazu erhalten die Lehrpersonen die Gelegenheit, vor Durchführung des Tests die Lösungshäufigkeiten ihrer Schülerschaft zu den einzelnen Aufgaben der Vergleichsarbeit einzuschätzen. Dies ermöglicht es nach Rückmeldung der VERA-Ergebnisse die eigene Diagnosegenauigkeit zu überprüfen (vgl. z.B. Groß Ophoff, Koch, Helmke & Hosenfeld, 2004; Helmke, Hosenfeld & Schrader, 2004; Metzeld et al., 2009).

Ergänzende Schulleistungsstudien
Ergänzende Schulleistungsstudien werden von Bund und Ländern, von der *Deutschen Forschungsgemeinschaft* (DFG) oder durch Stiftungen finanziert. Sie knüpfen zumeist an Befunde internationaler oder nationaler Schulleistungsstudien an, sind hinsichtlich ihrer Reichweite aber regional begrenzt. Ihre Zielausrichtung orientiert sich an der Entwicklung erziehungswissenschaftlicher, fachdidaktischer und allgemein schulbezogener Forschung.

Die *Longitudinalstudie zur Genese individueller Kompetenzen* (LOGIK) konnte u.a. aufzeigen, dass sich die mathematische Kompetenz im Grundschulalter (zweiter Jahrgang) als guter Prädiktor für die mathematische Kompetenz von Schülerinnen und Schülern in der weiteren Schullaufbahn (elfter Jahrgang) erweist (vgl. Stern, 2005). Sie verweist auf die Bedeutsamkeit der Entwicklung mathematischer Kompetenz im Grundschulalter für den Prozess der gesamten Schullaufbahn (vgl. auch Gamsjäger & Sauer, 1996; Weinert & Helmke, 1997).

---

29   Der Kompetenzbereich *Lesen* ist immer Teil der Lese-Vergleichsarbeiten, d.h. nur die anderen Bereiche werden abwechselnd zusätzlich zum Kompetenzbereich *Lesen* eingesetzt.
30   Vgl. auch Bremerich-Vos, Böhme und Robitzsch (2009) bzgl. der Bedeutsamkeit der Teilkompetenzen Zuhören, Schreiben, Lesen, Sprachgebrauch und Orthografie für den Primarschulbereich.

Befunde, wie die aus der Studie LOGIK, waren es zudem, die den Anlass dazu gaben, die Beschreibung mathematischer Kompetenzen so detailliert wie möglich zu formulieren (vgl. Kapitel 4.1.2).

Auch die Längsschnittstudie *Schulorganisierte Lernangebote und Sozialisation von Talenten, Interessen und Kompetenzen* (SCHOLASTIK) lieferte aufschlussreiche Ergebnisse hinsichtlich des Erwerbs von mathematischem Wissen über die Grundschulzeit (vgl. Stern, 1997). Analysen zeigten, dass – ähnlich wie im Rahmen der Studie LOGIK – früh entwickelte mathematische Kompetenzen (zweite und dritte Klasse) als Prädiktor für die spätere mathematische Schulleistung (vierte Klasse) herausgestellt werden konnten. Insbesondere die zweite Hälfte der Grundschulzeit hat diesen Befunden zufolge einen starken Einfluss auf das Lernen im Mathematikunterricht, da sich „defizitäre Lernprozesse" (Heinze, Herwartz-Emden & Reiss, 2007, S. 568) in dieser Phase, so die Erklärung, nicht mehr durch „kognitive Grundfähigkeiten und vorschulisches Wissen" (ebd.) ausgleichen lassen.

Die DFG-geförderte Längsschnittstudie *Bildungsprozesse, Kompetenzentwicklung und Selektionsentscheidungen im Vorschul- und Schulalter* (BiKS) richtet den Blick nicht einzig auf den kompetenzbezogenen Erwerbskontext im Schulbereich, sondern setzt bereits im Vorschulalter an. Schwerpunkt der Studie sind soziale Bedingungsfaktoren des Lernens (vgl. z.B. Richter et al., 2011). Analysiert werden einerseits Aspekte der Förderung im Rahmen der Familie, des Kindergartens und der Schule (bei Drei- bis Zehnjährigen), andererseits Übergangsentscheidungen von der Grundschule in den Sekundarschulbereich (bei Acht- bis Vierzehnjährigen).

Mit dem Thema Übergangsentscheidungen beschäftigt sich auch die im Anschluss an die Studie TIMSS 2007 von der DFG geförderte Studie *Übergang – Der Übergang von der Grundschule in die weiterführende Schule – Leistungsgerechtigkeit und regionale, soziale und ethnisch-kulturelle Disparitäten*. Die Gestaltung des Übergangs wird hier aus bildungsgerechtigkeitsorientierter Perspektive beleuchtet (vgl. z.B. Gresch, Baumert & Maaz, 2009). Nennenswert für den Grundschulbereich (vierter Jahrgang) ist zudem das an die *Vergleichsarbeiten* gekoppelte Forschungsprojekt *VERA – Gute Unterrichtspraxis*, das von 2005 bis 2008 in Rheinland-Pfalz durchgeführt wurde. Längsschnittlich wurden auf der Basis leistungsbezogener Tests und videographierter Unterrichtsstunden Veränderungen der fachlichen Leistungen (der Fächer Deutsch & Mathematik) und außerfachlicher Merkmale (wie Lernfreude, Motivation) evaluiert (vgl. z.B. Helmke et al., 2007). Inhaltlich greift das letztgenannte Projekt eine zentrale Frage auf, mit der sich Schulleistungsstudien – international, national oder regional ausgerichtet – prinzipiell konfrontiert sehen: ihre Wirkung auf den Schulstandort. Das Forschungsprojekt *Wirkungsanalyse der Leistungsevaluation: Zielerreichung, Ertrag für die Bildungsqualität der Schule und die Rückmeldung von Evaluationsergebnissen* (WALZER)[31] beschäftigte sich entsprechend mit dem Ertrag von Schulleistungsstudien und der Frage, inwiefern die an teilnehmenden Schulen rückgemeldeten Befunde sich überhaupt dazu eignen, Schulentwicklungsprozesse anzuregen (vgl. z.b. Schrader & Helmke, 2003). Dabei behandelte Themenbereiche fokussieren nicht nur die Rückmeldung von Leistungen, untersucht wird auch, inwiefern Kontextinformationen, wie kollegiales Schulklima oder die Bereitschaft für Innovationen, Prozesse der Qualitätsverbesserung anstoßen können.

4.1.4 Zwischenfazit und Diskussion I

Mit der verbindlichen Einführung von Bildungsstandards wird angestrebt, die Qualität von Schule und Unterricht in Deutschland zu verbessern. Dabei kommt den Bildungsstandards die Funktion zu, dreierlei zu gewährleisten:

a. Orientierung für Bildungsziele an allen Schulen zu geben (vgl. Kapitel 4.1.1),

b. Bildungsziele anhand von Kompetenzanforderungen und Kompetenzmodellen zu konkretisieren (vgl. Kapitel 4.1.2), und

c. auf b) ausgerichtete Kompetenztests zur Überprüfung bereitzustellen (vgl. Kapitel 4.1.3).

Konkret bedeutet dies Folgendes: Die Orientierung, die Bildungsstandards bieten, wird in Form von Kompetenzanforderungen und -modelle(n) definiert. Wie schwierig es ist, solche Kompetenzmodelle oder auch Niveaustufen zu konzipieren, zeigt Kapitel 4.1.2. Bei diesem komplexen Vorgang der Konstruktion von entsprechenden Modellen und Anforderungen ist somit immer auch davon auszugehen, dass zwar versucht wird, sie so umfassend wie möglich zu gestalten, dass sie aber gleichwohl in ihrer Reichweite begrenzt bleiben und diese nicht zuletzt als ‚idealtypisch' (vgl. Reiss & Ufer, 2009) zu bezeichnen sind. Dabei handelt es sich um Anforderungen und Modelle, die die Grundlage

---

31 WALZER ist angegliedert an die Studie *Mathematik-Gesamterhebung Rheinland-Pfalz: Kompetenzen, Unterrichtsmerkmale, Schulkontext* (MARKUS), d.h. ebenfalls auf die Domäne Mathematik ausgerichtet. Sie wurde in den Jahren 1999 bis 2002 durchgeführt (vgl. z.B. Helmke & Jäger, 2002).

zur Entwicklung von Kompetenztests darstellen. Hat also in der Konstruktion von Kompetenzmodellen und der Formulierung von Kompetenzanforderungen bereits eine Reduktion stattgefunden, bleibt diese auch in der Zielausrichtung von Kompetenztests bestehen. Gemessen wird also letztlich nur das, was auch als Kompetenzanforderung und -modell konstruiert werden konnte. Bildungspolitisch und damit gesellschaftlich bedeutsam werden Bildungsziele in ihrer Funktion als Orientierung für den Schulunterricht. Leider fungieren aber auch Kompetenztests als Orientierung, was etwa Phänomene wie *teaching to the test* belegen (vgl. Helmke, 2007, S. 63). Dann sind es nicht einfach nur Tests, die in Schulleistungsstudien oder als Vergleichsarbeiten eingesetzt werden, sondern dann werden jene Inhalte und jene in Tests gesetzten Schwerpunkte zur Orientierung für relevantes – letztlich mit Bourdieu gesprochen: ‚legitimes' – Wissen (vgl. Kapitel 2). Die hier skizzierten Aspekte zeigen auf, welche Bedeutung den Bildungsstandards als Orientierung in einem Fach innewohnt und auch, welche Funktion Testaufgaben in diesem Zusammenspiel zukommt.

4.2   Zur Testdomäne Mathematik in TIMSS 2007

Zur Erfassung mathematischer und naturwissenschaftlicher Kompetenzen wird die *Trends in International Mathematics and Science Study* (TIMSS) international seit 1995[32] in einem regelmäßigen Zyklus von vier Jahren von der *International Association for the Evaluation of Educational Achievement* (IEA) durchgeführt. Deutschland beteiligte sich bislang dreimal an TIMSS: Erstmalig im Jahr 1995 mit der Untersuchung in der Mittel- und Oberstufe (vgl. Baumert et al., 1997; Baumert, Bos & Lehmann, 2000), sowie in 2007 und 2011 mit der Untersuchung an Grundschulen (vgl. Bos et al., 2008; Bos, Wendt, Köller & Selter, 2012). Mit der Beteiligung Deutschlands an TIMSS 2007 war es erstmals möglich, die Mathematikleistungen von Grundschülerinnen und Grundschülern in Deutschland international zu vergleichen (vgl. Kapitel 4.1.3).

Unter Berücksichtigung curricularer Vorgaben des jeweiligen Bildungssystems untersucht TIMSS „die Einflussfaktoren und [...] Möglichkeiten der Verbesserungen schulischer Förderung" (Bonsen, Lintorf, Bos & Frey, 2008, S. 20) für den mathematisch-naturwissenschaftlichen Grundschulunterricht. Eingesetzt werden dazu domänenspezifische Leistungstests, mittels Fragebögen werden Schulleitungen, Lehrpersonal und Schülerinnen und Schüler – sowie in Deutschland ebenso die Eltern – befragt. Curriculum-Experten aus Fachdidak-

---

32   Im Jahr 1995 als *Third International Mathematics and Science Study* (TIMSS) bezeichnet.

tiken und der Bildungsforschung sind in die Konzeption der Studie mit einbezogen (vgl. ebd.). Ziel von TIMSS ist es, „wertvolle Referenzwerte" (ebd.) bereitzustellen, die „den Ertrag von Bildungssystemen" (ebd.) widerspiegeln, um „Empfehlungen für bildungspolitische Bestimmungen und schulische Praktiken aus[zu]sprechen" (ebd., S. 25).

Die vorliegende Arbeit nimmt Bezug auf TIMSS 2007 in der Domäne Mathematik. Die nachfolgenden Ausführungen entsprechen dieser Fokussierung.

4.2.1 Die Rahmenkonzeption

TIMSS liegt ein umfassendes Rahmenkonzept zugrunde (vgl. Mullis et al., 2005), das der systematischen Spezifizierung leistungs- und kontextbezogener Instrumente zur Erhebung dient. Leitend sind dabei drei Bereiche:

- die Entwicklung der Testaufgaben,
- die Qualitätssicherung des Leistungstests, und
- die curriculare Passung des Leistungstests.

Kern des Rahmenkonzepts ist das TIMSS-Curriculum-Modell (vgl. Baumert et al., 2000), an das sich insbesondere Fragen der curricularen Passung anschließen, das aber ebenso entscheidend für die Entwicklung und die Qualitätssicherung der Tests ist. Es umfasst drei curriculare Elemente: das *intendierte Curriculum*, das *implementierte Curriculum* und das *erreichte Curriculum*. Als *intendiertes Curriculum* werden Inhalte und Prozesse beschrieben, die in Kernlehrplänen verankert und als Standards für ein einzelnes Schulfach definiert sind (vgl. Kapitel 4.1). Es entspricht den auf der Ebene eines Staates oder einer Region definierten Kompetenzen, die Schülerinnen und Schüler bis zu einem bestimmten Zeitpunkt ihrer Schulkarriere beherrschen sollten. Erhoben und validiert wird dies durch die Konsultierung nationaler Expertinnen und Experten. Dazu werden u.a. gängige Schulbücher hinsichtlich unbekannter Elemente überprüft: z.B. „graphische[...] Darstellungsformen" (Walther, Selter, Bonsen & Bos, 2008, S. 56), „mathematische[...] Begriffe, Sachverhalte, Verfahren" (ebd.) und „Bezeichnungen, Termini" (ebd.). Als ‚unbekannt' wird ein Element bezeichnet, wenn es „höchstens in wenigen Schulbüchern behandelt wird und in Lehrplänen in der Regel nicht vorgesehen ist" (ebd.). Anders als das *intendierte Curriculum*, das also die normativen Bildungsvorgaben eines Landes berücksichtigt, fokussiert das *implementierte Curriculum* „den tatsächlich unterrichteten Lehrstoff" (Bonsen, Lintorf, Bos & Frey, 2008, S. 22). Mittels des

Lehrer- und des Schulleitungsfragebogens wird dazu erfasst, unter welchen Gegebenheiten der Schule und der einzelnen Klassen Unterricht im Fach Mathematik stattfindet. Mit Hilfe des TIMSS-Tests und der Schülerfragebögen soll schließlich das *erreichte Curriculum* ermittelt werden, das heißt die Frage beantwortet werden, inwieweit Schülerinnen und Schüler tatsächlich entsprechende Leistungen und Einstellungen im Fach Mathematik erreichen.

Die Entwicklung des Mathematiktests
Das TIMSS zugrunde liegende Rahmenkonzept versucht nicht nur die curriculare Validität der erhobenen Leistungsdaten zu sichern, es systematisiert zudem die Entwicklung der Testaufgaben. Bonsen et al. (2008) beschreiben die Testentwicklung sinnbildlich als „kooperatives Unternehmen" (ebd., S. 30), da die Rahmenkonzeption für Testaufgaben mehrschrittig zwischen nationalen Projektkoordinatoren (*National Research Coordinators*, NRCs), nationalen Experten und einem Gremium bestehend aus Experten unterschiedlicher Teilnehmerstaaten (*Science and Mathematics Item Review Committee*, SMIRC), diskutiert wird. Die Entwicklung der Testaufgaben beginnt auf der Grundlage einer vereinbarten Rahmenkonzeption (vgl. Mullis et al., 2005):

Zur Entwicklung von Testaufgaben reichen die Teilnehmerstaaten Vorschläge für Aufgaben ein, die durch das SMIRC gesichtet, überarbeitet sowie durch die NRCs im Feld erprobt werden. Ein solcher Feldtest wird in jedem Teilnehmerstaat durchgeführt. Nach der Auswertung des Feldtests finden diejenigen Aufgaben Eingang in den Test, die fachdidaktisch und psychometrisch definierten Kriterien entsprechen. Aus fachdidaktischer Perspektive wird z.B. geprüft, inwiefern die curricularen Vorgaben im Abgleich mit den internationalen Standards zufriedenstellend berücksichtigt wurden. Hingegen wird z.B. aus psychometrischer Perspektive ermittelt, inwiefern die ausgewählten Aufgaben als ausreichend disjunkt einzuschätzen sind, um die definierten Kompetenzstufen des Tests tatsächlich abbilden zu können. Nach dem Feldtest erfolgt ein Haupttest, der anhand einer repräsentativen Stichprobe in jedem der teilnehmenden Staaten durchgeführt wird. Dieser wird nach statistischen Kriterien ausgewertet, z.B. nach Auffälligkeiten bzgl. der Varianz des Schwierigkeitsgrades von Aufgaben zwischen den Staaten (vgl. Bonsen et al., 2008, S. 31).

Der Test muss also vielfältige Kriterien erfüllen, damit er international einsetzbar ist. Denn, anders als beispielsweise in Vergleichsarbeiten (vgl. Kapitel 4.1.3), in denen die Breite inhaltlicher und kognitiver Bereiche einzig anhand von für Deutschland definierten Bildungsstandards getestet wird, spiegelt sich die Güte eines TIMSS-Tests darin wider, dass dieser eine Schnittmenge des *intendierten Curriculums* aller teilnehmenden Länder berücksichtigt.

Die Qualitätssicherung des Mathematiktests
Damit sich die in TIMSS eingesetzten Testaufgaben zum fairen Vergleich zwischen den Teilnehmerstaaten eignen, wird im Zuge der *Test Curriculum Matching Analysis* (TCMA), d.h. in der Prüfung der curricularen Validität, auch „die durchschnittliche Leistung jedes Staats im Gesamttest jeweils der durchschnittlichen Leistung in einem staatenspezifischen Subtest mit ausschließlich curricular validen Aufgaben gegenübergestellt" (Bonsen, Lintorf, Bos & Frey, 2008, S. 32). Dieser Abgleich hat in TIMSS 2007 gezeigt, dass die durchschnittliche Lösungswahrscheinlichkeit im curricular validen Subtest circa bis zu zwei Prozentpunkten höher liegt als im Gesamttest. Für die Aussagekraft des Tests im internationalen Vergleich bedeutet dies, dass der Gesamttest die durchschnittliche Lösungswahrscheinlichkeit in den einzelnen Teilnehmerstaaten zwar leicht senkt, dieser Prozentsatz aber so gering und über alle Staaten ähnlich verteilt ist, dass ein fairer Vergleich zwischen den Staaten gewährleistet werden kann. Dieser setzt zudem voraus, dass der Test in den teilnehmenden Staaten in vergleichbarer Weise durchgeführt wird (vgl. ebd., S. 32-33):

- *Instrumente:* Es wird sichergestellt, dass sowohl die Form (z.B. gleiches Layout der Testhefte und Fragebögen) als auch der Inhalt (z.B. Überprüfung der Testaufgaben und ihrer inhaltlichen Ausrichtung im Anschluss an Übersetzungen) der Aufgaben vergleichbar ist.
- *Testdurchführung:* Vergleichbarkeit wird durch standardisierte Vorgaben (z.B. standardisierte Schulung der Testleiterinnen und Testleiter, Durchführung des Tests anhand eines einheitlichen Manuals) und Kontrolle unabhängiger Experten, die stichprobenartig Testungen während der Durchführung beobachten (durchgeführt vom *Quality Control Monitoring*), gewährleistet.
- *Auswertung:* Eine standardisierte Kodieranweisung und umfassende Schulung der Kodiererinnen und Kodierer gewährleistet eine vergleichbare Bewertung der Testlösungen. Die Auswertung offener Antwortformate erfolgt nach Richtlinien, die in der Kodieranweisung hinsichtlich von Beispiellösungen formuliert sind (vgl. IEA, 2009; ISC, 2006) und gemäß dem Anspruch der Intercoder-Reliabilität die Güte der Kodierungen sichern.

Die curriculare Passung des Mathematiktests

Walther, Selter, Bonsen und Bos (2008) resümieren für Deutschland, dass von den 179 in TIMSS 2007 eingesetzten mathematischen Testaufgaben rund ein Viertel (25.9 Prozent) als curricular nicht valide zu bezeichnen ist (vgl. ebd., S. 57). Sie führen weiter aus, dass jedoch unter der Annahme, dass manche der als ‚unbekannt' herausgestellten Elemente in den Testaufgaben aus dem Kontext der Aufgabe oder aus den Antwortoptionen in den Multiple-Choice-Aufgaben heraus erschlossen werden könnten, dieser Prozentsatz weiter auf 16 Prozent sinken würde.

Da die zu erzielende curriculare Validität für alle Teilnehmerstaaten gelten soll, ist unvermeidbar, „dass der Grad der Übereinstimmung zwischen dem TIMSS-Test und den national spezifischen Curricula von Staat zu Staat variiert" (Bonsen et al., 2008, S. 31). Um dennoch curricular valide Testaufgaben zu gewährleisten, wird seit 1995, d.h. von Beginn an, eine *Test Curriculum Matching Analysis* (TCMA) durchgeführt (vgl. Mullis et al., 1998), bei der die „Teilnehmerstaaten [...] jede einzelne Aufgabe hinsichtlich ihrer Validität für das nationale Curriculum" (Bonsen, Lintorf, Bos & Frey, 2008, S. 31-32) selbst bewerten. Dies wiederum ist Teil des gesamten Entwicklungsprozesses des Leistungstests, wie hier für die Rahmenkonzeption des TIMSS-Tests beschrieben.

4.2.2 Die strukturelle Konzeption

Hinsichtlich struktureller Kriterien lässt sich die Testdomäne Mathematik in TIMSS 2007 nach ihrem Aufbau, d.h. der Anordnung von mathematischen Testaufgaben im Gesamttest, und ihren Formaten, in denen die Testaufgaben dargestellt sind, beschreiben.

Der Aufbau des Mathematiktests

Der TIMSS-Test in Mathematik besteht aus insgesamt 179 Testaufgaben, die auf 14 Aufgabenblöcke verteilt sind. Jeder Aufgabenblock besteht aus zwei Mathematik- und zwei Naturwissenschaften-Aufgabenblöcken. Davon sind je zwei der Aufgabenblöcke aus Trenditems der Studie TIMSS 2003, d.h. aus dem bereits in TIMSS 2003 eingesetzten Aufgaben-Sample, und je zwei Aufgabenblöcke aus Testaufgaben, die erstmalig eingesetzt werden, d.h. für TIMSS 2007 neu entwickelt wurden. Ein einzelner Aufgabenblock enthält zwischen 10 bis 15 Testaufgaben und ist innerhalb der vorgegebenen Zeit von 20 Minuten zu bearbeiten.

Die Aufgabenformate des Mathematiktests

Die mathematischen Testaufgaben sind in zwei Formaten gestaltet (vgl. Abb. 4.1), wobei sich die Gesamtanzahl von 179 Testaufgaben in etwa gleich auf beide Formate verteilt: Insgesamt 96 Testaufgaben sind im Multiple-Choice-Format und 83 Testaufgaben im offenen Antwortformat (vgl. Olson, Martin & Mullis, 2008, S. 28; Walther et al., 2008, S. 58). Da bei Multiple-Choice-Aufgaben die richtige Antwort unter „vier ähnlich plausiblen" (Bonsen et al., 2008, S. 31) Antwortmöglichkeiten vorgegeben ist, müssen die Schülerinnen und Schüler bei dem offenen Antwortformat eine Kurzantwort eigenständig, etwa als Lösungssatz, formulieren.

Abbildung 4.1:   Exemplarisch ausgewählte freigegebene Testaufgaben (Multiple-Choice-Format vs. offenes Antwortformat)

Multiple-Choice Format

An einem Tisch haben 4 Personen Platz.
Wie kannst du herausfinden, wie viele Tische man für 28 Personen braucht?

(A)   28 mit 4 multiplizieren.

(B)   28 durch 4 dividieren.

(C)   4 von 28 subtrahieren.

(D)   4 zu 28 addieren.

Offenes Antwortformat

P   Q   R

S   T   U

Schreibe die Buchstaben von allen Figuren auf, die Dreiecke sind.

Antwort: _____

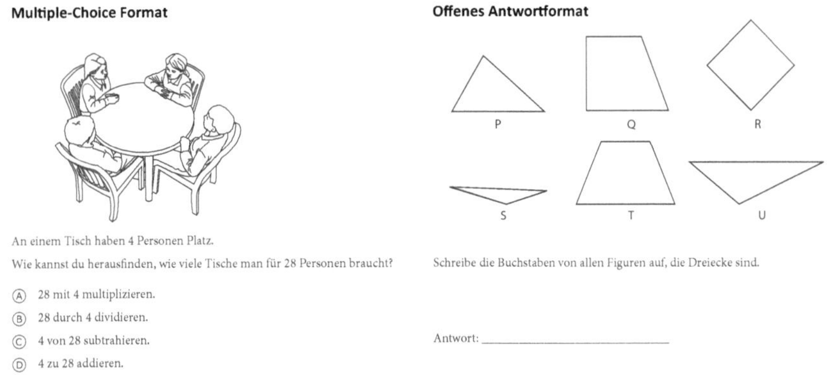

Beide Formate finden sich standardmäßig in Schulleistungsstudien. Wie Studien zum Leseverständnis belegen, ist allerdings nach wie vor ungeklärt, ob auch durch beide Aufgabenformate das gleiche Konstrukt erfasst werden kann (vgl. Rost & Sparfeld, 2007; Rupp, Ferne & Choi, 2006). Untersuchungen belegen, dass sich das Antwortverhalten je nach Format unterscheidet, und dass insbesondere Multiple-Choice-Formate Strategien und kognitive Fähigkeiten zu evozieren scheinen, die über die intendierten Kompetenzen hinausgehen oder aber lediglich Teile dieser Kompetenz betreffen (vgl. ebd.). In Bezug auf den Schwierigkeitsgrad von Aufgaben stellen In'nami und Koizumi (2009) zudem am Beispiel von Lese- (und Hör-)Verstehen im Rahmen einer Metaanalyse über 237 Primärstudien fest, dass Multiple-Choice-Formate im Vergleich zu offenen Antwortformaten insgesamt leichter zu lösen sind.

4.2.3 Die inhaltliche Konzeption

Die inhaltliche Konzeption des Mathematiktests formuliert den konzeptionellen Rahmen dessen, was als mathematische Grundbildung für Schülerinnen und Schüler am Ende der vierten Jahrgangsstufe festgelegt wurde (vgl. Kapitel 4.1.2). Dazu differenziert TIMSS zwischen inhaltlichen und kognitiven Bereichen (vgl. Bonsen et al., 2008, S. 23).

Die Inhaltsbereiche des Mathematiktests
Das TIMSS-Rahmenkonzept definiert drei domänenspezifische Inhaltsbereiche (vgl. Bonsen et al., 2008, S. 22): (a.) *Arithmetik*, (b.) *Geometrie/Messen* und (c.) *Daten*.[33] Zu jedem dieser Inhaltsbereiche sind inhaltsbezogene Kompetenzen formuliert, die beschreiben, was Schülerinnen und Schüler am Ende des vierten Jahrgangs im Fach Mathematik beherrschen sollten. Walther, Selter, Bonsen und Bos (2008) führen etwa an, dass „[i]m Teilgebiet natürliche Zahlen [...] Kinder zum Beispiel Zahlen durch Worte, Zeichnung oder Symbole darstellen, Stellenwertverständnis demonstrieren, Zahlen vergleichen und ordnen, die vier Grundrechenarten verständig ausführen oder überschlagend rechnen können" (ebd., S. 51) sollten. Hinsichtlich der prozentualen Verteilung der Testaufgaben in TIMSS 2007 sind insbesondere die Bereiche *Arithmetik* und *Geometrie/Messen* stark vertreten (vgl. Tab. 4.2).

In Bezug auf die verbindlich definierten KMK-Bildungsstandards für das Fach Mathematik (vgl. Kapitel 4.1.1) zeigt sich, dass die inhaltsbezogenen Kompetenzbereiche (*Zahlen und Operationen, Raum und Form, Muster und Strukturen, Größen und Messen, Daten, Häufigkeit und Wahrscheinlichkeit*) im Rahmenkonzept enthalten sind. Auch wenn im Rahmen von TIMSS 2007 nur drei von fünf Inhaltsbereichen unterschieden werden, zeigen Walther, Selter, Bonsen und Bos (2008), dass sich die in den Standards formulierten Leitideen vollständig den TIMSS-Inhaltsbereichen zuordnen lassen. Dem Inhaltsbereich *Arithmetik* zuzuordnen ist die Leitidee von *Muster und Strukturen, Zahlen und Operationen* sowie *Größen und Messen*[34]. Die Inhaltsbereiche *Geome-*

---

33   Zur Vollständigkeit ist anzumerken, dass – anders als in Deutschland üblich – in der TIMSS-Rahmenkonzeption „die Größenbereiche der Geldwerte, Gewichte und Zeitspannen" (Walther, Selter, Bonsen & Bos, 2008, S. 51) dem Inhaltsbereich *Arithmetik* und „Längen, Flächeninhalte und Volumina" (ebd.) dem Inhaltsbereich *Geometrie/Messen* zugeordnet sind.

34   Bei der Leitidee *Größen und Messen* könnten Aufgaben nur dann dem Inhaltsbereich *Arithmetik* zugeordnet werden, „sofern es sich nicht um die geometrischen Größen Länge, Flächeninhalt, Rauminhalt und Winkelgröße handelt" (Walther, Selter, Bonsen & Bos, 2008, S. 54).

trie/Messen und *Daten* umfassen Aufgaben zu den Leitideen von *Raum und Form* sowie *Daten, Häufigkeit und Wahrscheinlichkeit* (vgl. ebd., S. 54).

Tabelle 4.2: Prozentuale Verteilung der Testaufgaben auf Inhaltsbereiche in TIMSS 2007 (Olson, Martin & Mullis, 2008, S. 38)

Inhaltsbereiche	Anteile
Arithmetik (*Number*)	52 %
Geometrie/Messen (*Geometric Shapes and Measures*)	34 %
Daten (*Data Display*)	15 %

Befunde aus TIMSS 2007 ergaben, dass der Inhaltsbereich *Arithmetik* den Grundschulkindern in Deutschland die größten Schwierigkeiten bereitet, der Inhaltsbereich *Daten* hingegen am wenigsten (vgl. Walther et al., 2008, S. 73-75). Befunde aus TIMSS 2011 bestätigten die Schwierigkeiten von Schülerinnen und Schülern mit dem Inhaltsbereich *Arithmetik* (vgl. Selter, Walther, Wessel & Wendt, 2012, S. 107). Sie zeigten aber auch auf, dass sich die Leistungen in den Bereichen *Geometrie/Messen* und *Daten* signifikant verbessert haben. In allen drei Inhaltsbereichen lagen die Leistungswerte der Schülerinnen und Schüler signifikant über dem internationalen Mittelwert (vgl. ebd.). Im geschlechtsspezifischen Vergleich zeigte sich in TIMSS 2007, dass Jungen gegenüber Mädchen höhere Leistungswerte im Bereich *Arithmetik* aufweisen, Mädchen aber leistungsstärker in den Inhaltsbereichen *Geometrie/Messen* und *Daten* sind (vgl. Walther et al., 2008, S. 77). Dieser Befund bestätigte sich in TIMSS 2011 weiterhin für den Bereich *Arithmetik* (vgl. Brehl, Wendt & Bos, 2012, S. 210). Im Inhaltsbereich *Geometrie/Messen* haben die Jungen aufgeholt und schnitten besser als die Mädchen ab. Bezüglich des Inhaltsbereichs *Daten* zeigten sich keine geschlechtsspezifischen Unterschiede (vgl. ebd.).

Die kognitiven Anforderungsbereiche des Mathematiktests
Das TIMSS-Rahmenkonzept definiert zu den drei Inhaltsbereichen drei, hierarchisch aufeinander aufbauende, kognitive Anforderungsbereiche, die als „Querstruktur" (Walther et al., 2008, S. 52) in Testaufgaben aller Inhaltsbereiche enthalten sind (vgl. Tab. 4.3). Die kognitiven Anforderungsbereiche liegen den Testaufgaben der vierten (sowie der achten) Jahrgangsstufe zugrunde. Es handelt sich dabei um: (a.) *Reproduzieren von Wissen, Fertigkeiten und Grundvorstellungen*, (b.) *Anwenden von Wissen, Fertigkeiten und Grundvorstellungen beim Bearbeiten von Standardaufgaben* und (c.) *Lösung komplexer Berech-*

nungs-, Anwendungs- und Begründungsprobleme (vgl. Walther et al., 2008, S. 52). Ihre Grenzen gelten als nicht trennscharf (vgl. ebd.).
Der Anforderungsbereich des *Reproduzierens* (a.) meint, dass Schülerinnen und Schüler Kenntnisse des arithmetischen Basiswissens beherrschen und „Definitionen, Bezeichnungen, Eigenschaften von Zahlen und geometrischen Figuren sowie die Bedeutung gebräuchlicher mathematischer Zeichen ins Gedächtnis rufen können" (ebd., S. 52). Der Bereich des *Anwendens* (b.) bezeichnet die kognitive Fähigkeit, einen passenden Lösungsweg für eine Aufgabenstellung auswählen oder relevante Informationen in unterschiedlichen Darstellungsformen (z.b. Tabellen, Diagramme, Abbildungen) übertragen zu können. Der Anforderungsbereich des *Problemlösens* (c.) bezieht sich auf die Transferleistung von Schülerinnen und Schülern, z.b. um „Beziehungen zwischen mathematischen Objekten beschreiben und nutzen, Erkenntnisse auf verwandte Aufgabenstellungen übertragen, Vermutungen aufstellen und begründen oder verschiedene Teilschritte zur Lösungsfindung miteinander kombinieren [zu] können" (ebd.).

Tabelle 4.3: Prozentuale Verteilung der Testaufgaben auf kognitive Anforderungsbereiche in TIMSS 2007 (Walther et al., 2008, S. 58)

Kognitive Anforderungsbereiche	Anteile
Reproduzieren von Wissen, Fertigkeiten und Grundvorstellungen (*Knowing*)	39 %
Anwenden von Wissen, Fertigkeiten und Grundvorstellungen beim Bearbeiten von Sachaufgaben (*Applying*)	39 %
Lösung komplexer Berechnungs-, Anwendungs-, und Begründungsprobleme (*Reasoning*)	22 %

Die Ergebnisse aus TIMSS 2007 zeigten, dass die Grundschulkinder in Deutschland am schwächsten in dem kognitiven Anforderungsbereich des *Anwendens*, hingegen stärker in den Bereichen *Reproduzieren* und *Problemlösen* sind (vgl. Walther et al., 2008, S. 75). Hinsichtlich der Bereiche des *Anwendens* und *Problemlösens* ergaben sich auch in TIMSS 2011 keine Unterschiede im Vergleich zu TIMSS 2007 (Selter, Walther, Wessel & Wendt, 2012, S. 112). Positiv hat sich gezeigt, dass die Leistungsmittelwerte im Bereich des *Reproduzierens* in 2011 signifikant angestiegen sind (vgl. ebd.). In 2007 wurde zudem deutlich, dass die Jungen in allen drei Bereichen gegenüber den Mädchen besser abschneiden (vgl. ebd., S. 78), ein Befund, der sich auch in 2011 bestätigte (vgl. Brehl, Wendt & Bos, 2012, S. 212).

Die Kompetenzstufen des Mathematiktests
Da die in TIMSS eingesetzen Testaufgaben also unterschiedliche Inhalte und Prozesse kognitiver Aktivierung ansprechen, deckt die Leistungsskala insgesamt betrachtet ein breites Kompetenzspektrum ab. Zur Interpretation der erreichten Kompetenzwerte der Schülerinnen und Schüler werden Kompetenzstufen gebildet (vgl. Walther, Selter, Bonsen & Bos, 2008, S. 68; ebenso Bos, Wendt, Köller & Selter, 2012, Anhänge B und C). Zentrale Bezugspunkte der Kompetenzstufen bilden die vier sogenannten *Benchmarks* (400, 475, 550, 625), durch die die Leistungsskala in insgesamt fünf Kompetenzstufen eingeteilt wird. Die Benchmarks markieren die Grenzen zwischen den Kompetenzstufen, so liegt z.B. die niedrigste Benchmark bei 400 Punkten und markiert so die Grenze zwischen der Kompetenzstufe I und II:

- *Kompetenzstufe I (unter 400)*: Die Schülerinnen und Schüler verfügen über rudimentäres schulisches Aufgabenwissen.
- *Kompetenzstufe II (400-474)*: Die Schülerinnen und Schüler verfügen über elementares mathematisches Wissen sowie elementare mathematische Fertigkeiten und Fähigkeiten.
- *Kompetenzstufe III (475-549)*: Die Schülerinnen und Schüler wenden elementares mathematisches Wissen sowie elementare mathematische Fertigkeiten und Fähigkeiten in einfachen Situationen an.
- *Kompetenzstufe IV (550-624)*: Die Schülerinnen und Schüler wenden ihre mathematischen Fertigkeiten und Fähigkeiten verständig beim Lösen einfacher Probleme an.
- *Kompetenzstufe V (ab 625)*: Die Schülerinnen und Schüler wenden ihre mathematischen Fertigkeiten und Fähigkeiten verständig beim Lösen verhältnismäßig komplexer Probleme an und erläutern ihr Vorgehen.

Im Vergleich von TIMSS 2007 und TIMSS 2011 zeigen die Ergebnisse, dass sich das mittlere Niveau der Mathematikkompetenzen in Deutschland kaum verändert hat (2007: 525 Punkte, 2011: 528 Punkte). 81 Prozent der Grundschulkinder in Deutschland erreichten in 2011 mindestens die Kompetenzstufe III, weitere drei Prozent jedoch lediglich die Kompetenzstufe I und verfügen daher nur über rudimentäres mathematisches Wissen. Kompetenzstufe V erreichten fünf Prozent der Schülerinnen und Schüler.

4.2.4 Zwischenfazit und Diskussion II

Die Studie TIMSS 2007 ermöglichte es erstmalig einen internationalen Vergleich mathematischer Kompetenzen von Viertklässlerinnen und Viertklässlern in Deutschland durchzuführen. TIMSS ist als internationale Schulleistungsstudie konzipiert, was zur Folge hat, dass auch ihre Ergebnisse im entsprechenden Bezugsrahmen zu deuten sind. Obgleich also curricular valide, aufwendig und mehrschrittig entwickelte Tests eingesetzt werden, ist man sich der Grenzen der Aussagekraft der Testinstrumente insofern bewusst, als diese vorrangig in allen 43 beteiligten Ländern/Regionen ‚funktionieren' sollen, nicht aber zugleich in vollem Umfang den Vorgaben der fachdidaktischen Erkenntnisse in den einzelnen Ländern gerecht werden können (vgl. Kapitel 4.2.1). Für die Analyse von mathematischen Testaufgaben und ihrer Bearbeitung ist dies zu beachten. Mathematische Leistungsfähigkeit wird nach Inhalts- und Anforderungsbereichen differenziert erhoben, die sich den von der KMK formulierten Bildungsstandards zur mathematischen Grundbildung zuordnen lassen (vgl. Kapitel 4.1 & Kapitel 4.2.3). Mathematische Testaufgaben aus TIMSS 2007 sind also angepasst an die verbindlichen Bildungsziele für den Mathematikunterricht an Grundschulen in Deutschland, d.h. sie dienen der Überprüfung ihrer Inhalte. Die in TIMSS fokussierten Inhalts- und kognitiven Anforderungsbereiche decken dazu eine Breite an relevanten Aspekten des Mathematikunterrichts ab.

Die hier benannten Grenzen der Testinstrumente, die sich aufgrund des internationalen Bezugsrahmens ergeben, machen es für den Kontext der vorliegenden Arbeit erforderlich, weitere Aspekte zu erläutern, die über die in TIMSS definierten Bereiche hinaus für das Lösen mathematischer Testaufgaben als bedeutsam erachtet werden. Diese bilden den Schwerpunkt des folgenden Subkapitels.

4.3 Zur Bearbeitung von mathematischen Testaufgaben

Wie bereits benannt, ist die in Schulleistungstests erbrachte Leistung von derjenigen Leistung zu unterscheiden, die Schülerinnen und Schüler im Fachunterricht erzielen. Es sind nicht nur die Bewertungskriterien, die diesen Unterschied ausmachen, sondern auch die den jeweiligen Kontext (Testsituation vs. Unterricht) betreffenden Aufgaben und ihre Formate. Im Kontext von Schule und Unterricht haben Aufgaben allgemein betrachtet zweierlei Bedeutung: Sie gelten zum einen mit Blick auf das *Lernen* als „spezifische unterrichtliche Maßnahmen" (Thonhauser, 2008b, S. 13), sie haben zum anderen mit Blick auf die *Leistung* die Funktion zur „Evaluation des Unterrichtsertrags" (ebd.). Es geht folglich um die Frage, welches Wissen und welche Fähigkeiten Schülerinnen und Schüler benötigen, um mathematische Testaufgaben korrekt lösen zu können. Obwohl in der englischsprachigen Diskussion[35] (und im Zusammenhang der PISA-Studie[36]) dieses Repertoire an Wissen und Fähigkeiten allgemein als *mathematical literacy* (vgl. z.b. OECD, 2003) definiert wird, greift die vorliegende Arbeit diese begriffliche Rahmung nicht auf, sondern unterscheidet – wie nachfolgend erläutert – zwischen den folgenden drei Wissensdimensionen:

- *mathematikspezifischem Wissen,*
- *sprachlichem Wissen* und
- *Handlungswissen für das Lösen von Testaufgaben.*

4.3.1 Zur Bedeutung des mathematikspezifischen Wissens

Um die Bedeutung mathematikspezifischen Wissens systematisch zu beschreiben, bietet die Mathematikdidaktik hilfreiche Ansätze. Fachdidaktische Forschung, die Lernprozesse der Schülerinnen und Schüler verstehen will (und nicht alleine den *Outcome* der Schülerinnen und Schüler erfasst), differenziert fachspezifisches Wissen derart, wie es in internationalen Schulleistungsstudien nicht umsetzbar (oder gewollt) wäre. Für das dieser Arbeit zugrunde liegende Ziel, einen Beitrag zur Erklärung des schlechten Abschneidens von monolingual deutschen Schülerinnen und Schülern nicht privilegierter Herkunft zu leisten, ist anzunehmen, dass sich genau solche differenzierten Forschungsperspektiven als dienlich erweisen.

Barzel, Hußmann, Leuders und Prediger (2012) differenzieren drei Wissensarten, um sich ihrer Bedeutung und damit verbundene Handlungsarten für das mathematische Lernen in systematischer Weise anzunähern. In Anlehnung

---

35 Vgl. z.B. Thompson & De Bortoli, 2008; oder in kritischer Diskussion z.B. Gellert, Jablonka & Keitel, 2001.

36 Im Kontext der PISA-Studie wird der Begriff *mathematical literacy* synonym zur Konzeption *mathematischer Grundbildung* für den Sekundarschulbereich verwendet, d.h. konzeptionell vergleichbar (angegliedert an Bildungsstandards und Kompetenzmodelle) mit den in Kapitel 4.1 für den Primarbereich vorgestellten Konzept *mathematischer Grundbildung* (vgl. z.B. Deutsches PISA-Konsortium, 2001).

an Hiebert (1986) und Hiebert und Carpenter (1992) unterscheiden sie klassisch zwischen *konzeptuellem* und *prozeduralem Wissen*. Hinsichtlich der Nachhaltigkeit von Lernprozessen ergänzen Barzel et al. (2012) in Anlehung an Schoenfeld (1987) eine dritte Wissensform, die des *metakognitiven Wissens*.

4.3.1.1 Konzeptuelles Wissen

Wenn Schülerinnen und Schüler mit einer (Test-)Aufgabe konfrontiert sind, müssen sie verstehen, wovon die Aufgabe handelt. Dafür benötigen sie *konzeptuelles Wissen*. Es enthält Wissen über Fakten, Konzepte, Zusammenhänge und Vorstellungen. Gemeint ist z.B. das Wissen über Vorstellungen von Größen, das Wissen über Eigenschaften, die Zahlen und Operationen zugrunde liegen oder auch das Wissen über Relationen, in denen Zahlen angeordnet oder dargestellt werden können (vgl. Barzel et al., 2012). Kondensiert wird dieses Wissen in logischen Zusammenhängen in Form von sprachlich fixierten (mathematischen) Definitionen, Sätzen, Konventionen und fachspezifischen Termini.

Die Bedeutung der Kontexte, in denen eine (Test-)Aufgabe inhaltlich eingebettet ist, ist auf der *konzeptuellen* Ebene daher besonders ausgeprägt. So kann beispielsweise das Konzept von ganzen Zahlen einen konkreten Kontext gebunden sein (z.B. nur an den Kontext von Temperaturen, d.h. auf der Ebene des lebensweltlichen Wissens) oder aber situationsübergreifend mathematisch sein (z.B. in Bezug auf die Zahlengerade, d.h. auf der Ebene des fachlichen Wissens). Meist handelt es sich hier um Mischformen, die je nach Entwicklungsstand unterschiedlich ausgeprägt sind.

4.3.1.2 Prozedurales Wissen

Mathematikspezifisches Wissen beinhaltet aber auch die Ebene der Verfahren, also die Umsetzung *konzeptuellen Wissens* in ‚mathematische Verfahren und Algorithmen' (vgl. Barzel et al., 2012) und ‚handwerkliche Verfahren' (vgl. ebd.). Gemeint ist das Wissen über operationale Vorgehensweisen (z.B. Addition von Brüchen) und technische Anwendungen und Umgangsweisen (z.B. Gebrauch von Lineal und Zirkel). Zusätzlich zum *konzeptuellen Wissen* benötigen Schülerinnen und Schüler somit *prozedurales Wissen*, das es ihnen ermöglicht, ihr Repertoire an *konzeptuellem Wissen* in ein operationales mathematisches Prozedere zu übertragen. *Prozedurales Wissen* ist damit an vorhandenes *konzeptuelles Wissen* gebunden. Es stellt bewusst erlebte Fertigkeiten des Handelns dar und ist ein fachspezifisches, dynamisches Handlungswissen (vgl.

auch Lorenz, 2011). Auf der *prozeduralen* Ebene liegt der Schwerpunkt tendenziell auf dem mathematischen Kontext, da der Aufbau und die Verwendung prozeduralen Wissens eines tragfähigen konzeptionellen Fundaments bedarf. Zu wissen, wie man beispielsweise eine Division durchführt, lernt man weniger an situativen Kontexten (also rückgebunden an lebensweltliches Wissen) als viel mehr abstrakt, d.h. aus einer allgemein mathematischen Perspektive (also der Einübung dessen, wie Divisionsaufgaben berechnet werden).

Prozedurales Wissen lässt sich in Tests wie TIMSS mühelos testen, eben weil es hier vorwiegend darum geht zu ermitteln, ob Schülerinnen und Schüler wissen, wie eine Division durchführt wird (vgl. Kapitel 4.2). Im Umkehrschluss bedeutet dies aber zugleich, dass Testaufgaben, die rein auf die prozedurale Wissensart fokussieren, nur wenig Aufschluss darüber geben, inwieweit die Schülerin bzw. der Schüler Begriffe wie Division auch konzeptionell durchdrungen hat, also ob prinzipiell auch die Idee der Division verstanden wurde.

4.3.1.3 Metakognitives Wissen

Metakognitives Wissen hilft – vereinfacht dargestellt – Schülerinnen und Schülern eine Aufgabe strategisch sinnvoll und den Anforderungen der Aufgabenstellung passend zu bearbeiten. Es unterstützt z.B. dabei, die geeignetste Strategie für einen Lösungsplan auswählen zu können. *Metakognitives Wissen* baut dazu auf *konzeptuellem* und *prozeduralem Wissen* auf. Es dient den Schülerinnen und Schülern als „Hintergrundwissen für bewusstes Vorgehen" (Prediger et al., 2011, S. 164), d.h. es hilft einer Schülerin bzw. einem Schüler beispielsweise Arbeitsprozesse zu strukturieren und zu bearbeiten. *Metakognitives Wissen* beschreibt somit ein Strategie- und Aufgabenwissen im weiteren Sinne. Auf der *metakognitiven* Ebene gibt es spezifische Strategien und allgemeines ‚Metawissen' wie mathematikspezifisches Wissen, je nach Bezugsrahmen der gegebenen Situation und dem Entwicklungsstand der Schülerinnen und Schüler.

Das Repertoire an *mathematikspezifischen Wissen* (bestehend aus *konzeptuellem, prozeduralem* und *metakognitivem Wissen*) stellt insgesamt betrachtet die fachliche Ressource für Schülerinnen und Schüler dar, um mathematische (Test-)Aufgaben zu lösen. Systematisiert wird es vorsätzlich im Mathematikunterricht. In diesem Zusammenhang verweist Thonhauser (2008b) in Rekurs auf Dörner (1976) auf die Unterscheidung von ‚Problem' und ‚Aufgabe'. Diese zeige sich anhand der einer Aufgabenstellung zugrunde liegenden Bestandteile von

1. „unerwünschte[m] Ausgangszustand" (Thonhauser, 2008b, S. 14),
2. „erwünschte[m] Endzustand (die Lösung)" (ebd.) und
3. „Transformation, durch die der erwünschte Endzustand erreicht werden kann" (ebd.)

wie folgt: Ist für den Prozess der Transformation das notwendige Wissen bekannt, weil es im Unterricht besprochen und geübt wurde, so handelt es sich um
eine ‚Aufgabe'. Ist derartiges Wissen hingegen zuvor nicht im Unterricht behandelt worden, handelt es sich um ein ‚Problem' (vgl. ebd.). Mit dieser Unterscheidung verbunden zeigt sich auch die Schwierigkeit einer Testaufgabe, die
bei der Beschreibung und Bewertung der Messqualität von Aufgaben eine zentrale Entscheidungsgrundlage darstellt (vgl. Rost, 2004). Das Sample von Testaufgaben in Schulleistungsstudien besteht in diesem Verständnis also aus ‚Aufgaben' und ‚Problemen', da explizites Ziel nicht nur die Überprüfung von Leistung ist, sondern auch der Umgang mit mathematischen Problemstellungen
(vgl. Kapitel 4.1). Wann eine Testaufgabe allerdings als ‚Aufgabe' und wann
als ‚Problem' von einer Schülerin bzw. einem Schüler identifiziert wird, hängt
– trotz verbindlicher Standards – letztlich vom bearbeitenden Individuum ab.

Darüber hinaus wird *mathematikspezifisches Wissen* auch vorschulisch und
außerhalb der Schule akkumuliert (vgl. z.B. Acar Bayraktar & Krummheuer,
2011; Anders et al., 2012; Carruthers & Worthington, 2006; Clemens & Sarama, 2007; Hannula, Mattinen & Lehtinen, 2005; Pound, 2006; Stern, 1998;
Tiedemann, 2012). Carpenter und Lehrer (1999) haben herausstellen können,
dass Schülerinnen und Schüler beim Eintritt in die Grundschule bereits über
grundlegendes arithmetisches Wissen verfügen. Und auch wenn noch keine
Kenntnisse über symbolische Repräsentationsformen von Addition oder Sub-
traktion vorliegen, so werden mathematische Operationen als Teil ihrer Spiel-
und Freizeiterfahrungen außerhalb der Schule begriffen. Schülerinnen und
Schüler sind also zum Schuleintritt bereits mit Additions- und Subtraktionsvor-
stellungen vertraut, wenngleich auch weniger hinsichtlich fachspezifischer
Terminologien (vgl. Vandermaas-Peeler, Nelson, Bumpass & Sassine, 2009).

Mathematikspezifisches Wissen ist die Verstehensgrundlage für Schülerinnen und Schüler beim Bearbeiten mathematischer Aufgaben. Es beeinflusst ihre
Aufmerksamkeit und ihr Vermögen mathematische Vorstellungen zu aktivieren, zu interpretieren und zu begründen.

4.3.2 Zur Bedeutung des sprachlichen Wissens

Die Vermittlung mathematischen Grundwissens in der Grundschule baut vorwiegend auf handlungsorientierte Ansätze auf, indem mathematische Begriffe und Vorgehensweisen *enaktiv* (handelnd), *ikonisch* (bildlich) und *symbolisch* (verbal oder formal) erlernt werden (vgl. z.b. Schipper & Selter, 2001; Steinweg, 2004, 2006). Dies bedeutet, dass die Vermittlung *mathematikspezifischen Wissens* im Primarschulbereich weniger fokussiert auf das Erlernen spezifischer Fachtermini ausgerichtet ist, sondern auf der Vermittlung von Vorstellungen und Konzepten arithmetischer Grundoperationen aufbaut. Dennoch besteht der Mathematikunterricht aus einer eigenen, fachspezifischen Semantik. Schon im mathematischen Anfangsunterricht haben Worte eine eigene Bedeutung. Sie verweisen auf eine spezifische Art, mathematisch zu denken und mathematische Operationen durchzuführen (vgl. z.b. Lorenz, 1998; Morgan, 2005; Pimm, 1987; Selter, 2009; Sfard, 2001; Verschaffel, Greer & de Corte, 2000). Dies impliziert, dass der gleiche sprachliche Ausdruck in einem anderen fach- oder alltagsbezogenen Kontext eine andere Bedeutung haben kann (vgl. z.b. Gorgorió & Planas, 2001). So stellen u.a. Heinze, Herwartz-Emden und Reiss (2008) heraus, dass „die Mathematik bzw. die Anleitung zu mathematischen Denkprozessen über die Unterrichtsprache mediiert wird" (ebd., S. 569).

Die zweite Wissensdimension zur Bearbeitung mathematischer Testaufgaben ist somit die des *sprachlichen Wissens*. Sie ist grundlegend für *mathematikspezifisches Wissen* (vgl. Kapitel 4.3.1), nicht zuletzt, weil die Sprache, wie von Maier und Schweiger (1999) herausgestellt, neben einer kommunikativen immer auch eine kognitive Funktion erfüllt. Schülerinnen und Schüler benötigen Sprache beim Aufbau von mathematischen Kompetenzen und Vorstellungen, etwa um eigenes Wissen zu strukturieren und zu erweitern oder Ergebnisse und Bearbeitungsstrategien zu reflektieren (vgl. ebd., z.B. S. 71). Dies hat auch Auswirkungen auf den Unterricht, da ihr Repertoire an sprachlichen Mitteln – im Folgenden als *bildungssprachliches Wissen* bezeichnet – über die Teilnahme am Fachunterricht entscheidet (vgl. auch Kapitel 3). Nur so können beispielsweise Fachtermini in Aufgabenstellungen dekodiert werden, wie hinsichtlich des *konzeptuellen Wissens* angesprochen (vgl. Kapitel 4.3.1). Darüber hinaus bedarf es, um Wörter, ihre Beziehungen untereinander und die Verknüpfung von Sätzen und Satzinhalten entschlüsseln zu können, eines *Lese- und Textverstehens* seitens der Schülerinnen und Schüler. Beide Teilaspekte *sprachlichen Wissens*, das *bildungssprachliche Wissen* und das *Lese- und Textverstehen*, werden nachfolgend für den Rahmen dieser Arbeit erläutert.

4.3.2.1 Bildungssprachliches Wissen

Der Begriff ‚Bildungssprache' erfreut sich derzeit großer Beliebtheit (vgl. Kapitel 3.2.3). Systematisch wird sich ihm jedoch nur selten angenähert. Er dient vielmehr allzu häufig als Hülle unterschiedlicher Konzepte und Annahmen. Eine Ausnahme stellt der von Morek und Heller (2012) verfasste Beitrag dar, auf den im Folgenden zur Beschreibung des *bildungssprachlichen Wissens* einleitend rekurriert wird. Die Autorinnen differenzieren drei Funktionen des Begriffs: die kommunikative, die epistemische und die sozialsymbolische Funktion der Bildungssprache (vgl. ebd., S. 70). Während die beiden letztgenannten Funktionen hier bereits in Rekurs auf Bourdieu, Bernstein und andere ausgeführt und diskutiert wurden (vgl. Kapitel 2 & 3), konzentrieren sich die folgenden Ausführungen auf die erstgenannte, kommunikative Funktion, die „Bildungssprache als Medium von Wissenstransfer" (ebd.) beleuchtet.

Die Autorinnen beschreiben die kommunikative Funktion der Bildungssprache anhand der von Halliday (1978) bezeichneten *Register*. Diese ähneln[37] den in Kapitel 3.2.1 vorgestellten *sprachlichen Registern* nach Maas (2008). Unter der Annahme, „dass der Gebrauch registerspezifischer sprachlicher Formen funktional ist für die Art der jeweiligen sozialen Akteure" (Morek & Heller, 2012, S. 71), erfüllt Bildungssprache somit in dem situativen Kontext Schule einen bestimmten Zweck. Anknüpfend an Bourdieu meint dies, dass Regeln eines bestimmten sprachlichen Marktes, nämlich der Schule, als legitim betrachtet und praktiziert werden (vgl. Kapitel 3). Die ‚legitime Sprache' (vgl. Bourdieu, 1990) – hier also als Bildungssprache gefasst – zeigt sich bei Schülerinnen und Schülern, wie in Referenz auf Ortner (2009, S. 2228) in Morek und Heller (2012, S. 71) dargestellt, in dem Wissen über die

- „Unabhängigkeit des Textverständnisses von der unmittelbaren Kommunikationssituation (‚Komplexität'),
- referenzielle Eindeutigkeit und textstrukturelle Transparenz (‚Explizitheit'),
- inhaltliche Kondensiertheit (‚Komplexität') sowie
- Ausgewogenheit der Darstellung bzw. argumentative Klarheit" (ebd.).

---

37 Halliday (1978) sowie Halliday und Hasan (1976) verfassten einflussreiche Schriften für die (sozio-)linguistischen Arbeiten von Maas (vgl. Maas, 2008, S. 673). So hat die Rede von *sprachlichen Registern* bei Maas ihren Ursprung bei Hallidays *Registern*. Auch stützen sich Maas' konzeptionelle Arbeiten, etwa zur Unterscheidung von oraten und literaten Strukturen, wesentlich auf Hallidays Überlegungen (vgl. ebd., S. 673). Auf einen weiterführenden Vergleich beider Ansätze wird an dieser Stelle verzichtet.

Mit der Bildungssprache ist demnach nicht nur ein bestimmtes Repertoire an sprachlichen Mitteln verbunden, sondern auch ein Wissen darüber, wie diese sprachlichen Mittel angemessen zum Einsatz kommen können (vgl. auch Ehlich, Bredel & Reich, 2008, S. 20). Ortner (2009) verweist daher auf die mit der Bildungssprache einhergehende (fachspezifische) Wissensdimension:

> „Bildungssprache ist die Sprache, in der besonderes Wissen auf eine besondere Weise behandelt wird. *Besonderes Wissen* heißt: Wissen, das über das Alltagswissen hinausgeht – sowohl was die Herkunft des Wissens betrifft als auch im Hinblick auf die Breite und Tiefe der Verarbeitung." (Ortner, 2009, S. 2227, Hervorhebung im Original, zitiert nach Morek & Heller, 2012, S. 74)

Das Repertoire angemessener sprachlicher Mittel der Bildungssprache lässt sich anhand von „sprachliche[n] (und zumeist satzbasierte[n]) Oberflächenmerkmale[n]" (Morek & Heller, 2012, S. 73) beschreiben, wie in Tabelle 4.4 dargestellt. Enthalten sind in dieser Zusammenstellung neben *literaten* Elementen – d.h. Strukturen der Sprache, die sich auf einen generalisierten Anderen beziehen und daher eine größere lexikalische Eindeutigkeit erfordern (vgl. Kapitel 3.2.1) – ebenfalls fachspezifische Elemente wie normierte Fachbegriffe, die u.a. aus nominalen Zusammensetzungen bestehen können (vgl. auch Hußmann, 2003).

Im Kontext der Mathematikdidaktik spricht Zevenbergen (2000) in diesem Zusammenhang von „mathematics as register" (ebd., S. 205). Sie hebt dabei drei Bereiche der von Morek und Heller (2012) zusammengetragenen Merkmale aus Tabelle 3.5 für den Mathematikunterricht hervor: das spezifische Vokabular, die semantische Struktur und die lexikalische Dichte (vgl. Zevenbergen, 2000). Das spezifisch mathematische Vokabular beschreibt sie als technisch und häufig ungewohnt im Vergleich zu der Alltagssprache (vgl. *intimes Register*, Kapitel 3.2.1) der Schülerinnen und Schüler. Es sei mehrdeutig in Bezug auf die Kontexte, auf die sich die Problemstellung einer Aufgabenstellung inhaltlich beziehe. Entscheidend seien in den Aufgabenstellungen enthaltene Schlüsselwörter[38] (*trigger words*) (z.B. ‚weniger', ‚mehr', ‚insgesamt'). Sie stellen Zevenbergen zufolge relevante Hinweise dar und geben Orientierung, was genau in der Aufgabe erfordert wird (vgl. ebd., S. 206).

Die Schwierigkeit einer Aufgabe korreliert Zevenbergen zufolge mit der Struktur, in der die Sätze angeordnet sind. Sie können je nach Anforderungsniveau mehr oder weniger komplex gestaltet sein. Ist das Anforderungsniveau einer mathematischen Operation relativ niedrig, wie die Aufgabe '3+2=?', kann

---

38   Vgl. auch Nesher und Teubal (1975).

die entsprechende Aufgabenstellung wie folgt lauten: "John has 3 cars. Jenny gave him 2 more. How many did he have altogether?" (ebd., S. 206).

Tabelle 4.4: Merkmale von Bildungssprache als Register (Morek & Heller, 2012, S. 73)

Lexikalisch-semantische Merkmale

Qualität der Lexik: differenzierend, spezifizierend, z.B.

    Präfixverben (z.B. *erhitzen, sich entfalten, sich beziehen*)

    nominale Zusammensetzungen (z.B. *Winkelmesser*)

    normierte Fachbegriffe (z.B. *rechtwinklig, Dreisatz*)

Hohe lexikalische Dichte, z.B.

    lexikalische Subjekte statt Pronomen

    ausgebaute Nominalphrasen und Nominalisierungen (z.B. *Die Entstehung der Säure ...*)

Syntaktische Merkmale

Segmentierung von Propositionen in Sätze (statt prosodisch)

Herstellung lokaler Kohärenz durch

    Kohäsionsmarkierungen (z.B. Konnektivpartikel, Konjunktoren)

    Satzgefüge (z.B. Konjunktionalsätze, Relativsätze, erweiterte Infinitive)

    umfängliche Attribute (z.B. *die nach oben offene Richter-Skala*)

    Funktionsverbgefüge (z.B. *zur Explosion bringen, einer Prüfung unterziehen*)

Modus der Repräsentation

    Konjunktiv

    Deklarativsätze

    unpersönliche Konstruktionen (z.B. Passiv)

Diskursive Merkmale

---

eine klare Festlegung von Sprecherrollen und Sprecherwechsel

ein hoher Anteil monologischer Formen (z.B. Vortrag, Referat, Aufsatz)

fachgruppentypische Textsorten (z.B. Protokoll, Bericht, Erörterung)

stilistische Konventionen (z.B. Sachlichkeit, logische Gliederung, angemessene Textlänge)

Ist die Aufgabenstellung hingegen anspruchsvoller, wie '?+2=5', sähe eine entsprechende Aufgabenstellung folgendermaßen aus: "John had some cars. Jenny gave him 2 more so that he now has 5 cars. How many cars did John have to start with?" (ebd.). Jedoch, Zevenbergen in diesem Punkt widersprechend, können auch wenig anspruchsvolle mathematische Rechnungen in komplexen und damit schwierigen Satzkonstruktionen formuliert werden (z.B.

‚3+2=?' formuliert als ‚John adores cars and spends his whole leisure time in polishing his 3 cars. Once a year in June his uncle Fred who lives in the neighbourhood goes on holiday. Fred is as fascinated by cars as John and grateful that John takes care of his 2 cars during his holidays. How many cars does John have to polish in June?'). Es kann daher, anders als von Zevenbergen implizit erdichtet, keinesfalls kausal angenommen werden, dass komplexe mathematische Operationen auch zwingend mit komplexen Satzstrukturen einhergehen.

Den dritten Aspekt, die lexikalische Dichte von Aufgabenstellungen, definiert Zevenbergen als "the number of lexical items as a ratio of the number of clauses" (ebd., S. 207) im Anschluss an Halliday (1975). Der Gebrauch von Wörtern in mathematischen Aufgabenstellungen habe häufig eine spezifische Bedeutung, sei mit Bedacht ausgewählt und selten redundant. Wie allgemein aus der Fachsprachenforschung bekannt ist, zeigt sich im Zusammenhang des Deutschen zudem das Merkmal des erhöhten Passivgebrauchs, mit Hilfe dessen Aussagen entpersonifiziert werden (vgl. z.B. Schwitalla, 2003).

Die Bedeutsamkeit *bildungssprachlichen Wissens* beim Mathematiklernen wird im internationalen Kontext insbesondere in den Arbeiten von Sfard und Morgan diskutiert (vgl. z.B. Ben-Yehuda, Lavy, Linehevski & Sfard, 2005; Morgan, Tang & Sfard, 2011; Morgan, 2006, 1996; Sfard, 2007, 2005, 2000; Sfard, Fornan & Kieran, 2001). Sie rekurrieren überwiegend auf diskursive Praktiken, die sich im Mathematikunterricht rekonstruieren lassen (vgl. Tab. 4.5); ein Themenfeld, das für diese Arbeit zwar von Interesse ist, nicht aber im Fokus der Forschungsfrage liegt und daher nicht weiter ausgeführt wird.

Auch in der deutschsprachigen Mathematikdidaktik wurde die Bedeutsamkeit der Sprache früh erkannt (vgl. z.B. Gallin & Ruf, 1990; Pimm, 1987; Maier & Schweiger, 1999). Der Aspekt der Bildungssprache aber findet sich derzeit nur in Arbeiten, die sich im Zusammenhang von Zweitspracherwerb und Fachunterricht verorten lassen (vgl. z.B. Prediger, 2013; Prediger & Wessel, 2013; Prediger & Özdil, 2011; Gürsoy et al., 2013). Studien in diesem Bereich, wie die Grundschuluntersuchung *Sozialisation und Akkulturation in Erfahrungsräumen von Kindern mit Migrationshintergrund* (SOKKE), gehen z.B. der Frage nach, welchen Einfluss die sprachlichen Kenntnisse von Schülerinnen und Schülern mit Migrationshintergrund auf das Lernen von Mathematik haben (vgl. z.B. Heinze, Herwartz-Emden & Reiss, 2007; Ufer, Reiss & Mehringer, 2013). In Bezug auf die an 556 Erstklässlerinnen und Erstklässlern durchgeführten Tests (Mathematikleistung, kognitive Grundfähigkeiten, Sprachstand) wurde die Annahme der Bedeutsamkeit der Sprache für den mathematischen Wissensaufbau während der Grundschulzeit bestätigt. Dabei heben die Autoren

„den Aufbau mentaler Repräsentationen" (ebd., S. 577) hervor; „ein internes Quasi-Objekt mit Eigenschaften, die [analog zu] den [...] repräsentierenden Eigenschaften des Wissensgegenstandes [...]" (Schnotz, 1996, S. 976, vgl. auch Paivio, 1986) stehen. Die Ergebnisse dieser Studie zeigen darüber hinaus, dass sich Lösungen eines niedrigen Anspruchsniveaus, in denen etwa „einfache Additions- und Subtraktionsaufgaben in symbolischer Darstellung" (ebd.) getestet werden, nur im geringen Maße auf die sprachlichen Kenntnisse der Schülerinnen und Schüler zurückführen lassen.

Auch das DFG-Forschungsprojekt *Mathematiklernen im Kontext sprachlich-kultureller Pluralität* beschäftigte sich mit vergleichbaren Fragestellungen (vgl. z.b. Duarte, Gogolin & Kaiser, 2013; Gogolin & Kaiser, 2001, 2003). Befragt und getestet wurden in der vorwiegend qualitativ ausgerichteten Studie Schülerinnen und Schüler mit und ohne Migrationshintergrund im siebten Jahrgang. Es zeigte sich, dass in Bezug auf die Verwendung von Verbformen während der Aufgabenbearbeitung ein deutlicher Unterschied zu Ungunsten der Schülerinnen und Schüler mit Migrationshintergrund zu verzeichnen war. Die Verwendung von Verben wurde im Rahmen dieser Studie generell als „ein sehr klarer Indikator für Leistungsdifferenz" (Gogolin & Schwarz, 2004, S. 848) herausgestellt. An der Art und Weise der Verwendung von Verben der untersuchten Schülerinnen und Schüler habe sich ein Leistungsunterschied „sowohl zwischen leistungsschwächeren und leistungsstärkeren monolingualen als auch zwischen monolingualen und bilingualen Schülerinnen und Schülern" (ebd.) gezeigt. Kaum Unterschiede zwischen den Schülergruppen wurden hingegen bei dem Gebrauch fachsprachlicher Termini sichtbar.

Diese rudimentär skizzierten Befunde lassen erkennen, dass sprachliche Herausforderungen in Testaufgaben vorhanden sind, aber subtiler als vielfach angenommen. Um Aufgaben hinsichtlich ihrer sprachlichen Schwierigkeiten beschreiben zu können, fasst Astleitner (2008) im Anschluss an Nunan und Koebke (1995) relevante Aspekte in einer Tabelle zusammen (vgl. Tab. 4.5). Die aufgeführten Aspekte decken sich teilweise auch mit jenen, die im Bereich von Deutsch als Zweitsprache (DAZ) als schwierigkeitsbestimmend herausgestellt werden; weiß man auch hier „[i]n Bezug auf Lernschwierigkeiten [...], dass es die Fachtermini häufig gerade nicht sind, die den Lernerfolg bremsen, sondern die komplexen sprachlichen Formen v.a. der schriftlichen Texte in Schulbüchern und anderen Quellen" (Ahrenholz, 2010, S. 16f.). Bei der Tabelle 4.6 handelt es sich daher um ein allgemeines Beschreibungsmuster, das je nach fachspezifischer Ausrichtung variiert, also nicht mathematikspezifisch ist.

Tabelle 4.5: Sprachliche Schwierigkeit von Aufgaben (Astleitner, 2008, S. 67)

leichter	schwieriger
hat wenig detaillierte Fakten	enthält viele Details
ist klar strukturiert	ist unklar strukturiert
enthält kontextuelle Hinweise	enthält keine Hinweise
betrifft vertraute Inhalte	betrifft unbekannte Inhalte
präsentiert Information sequenziert	präsentiert Information in keiner bestimmten Folge
enthält graphische Hilfen	enthält keine zusätzlichen Hilfen
ist erzählend	ist argumentativ
hat einen Sprecher	hat mehrere Sprecher
hat eine einfache Syntax	hat eine komplexe Syntax
hat spezifisches Vokabular	hat allgemeines Vokabular
hat eine temporäre Struktur	hat keine temporäre Struktur

Auch die von Morek und Heller (2012) zusammengetragenen Merkmale der Bildungssprache als Register (vgl. Tab. 4.4) lassen sich den in der Spalte schwieriger Aufgaben benannten Beschreibungen zuordnen. Unterscheidungen zwischen leichten und schwierigen Aufgaben aus sprachstruktureller Sicht zeigen sich in der Zusammenschau betrachtet demnach insbesondere auf den folgenden Ebenen:

- der Syntax, d.h. der Anordnung und dem strukturellen Aufbau der verwendeten Sätze (vgl. auch z.B. Dürscheid, 2010),
- den Propositionen, d.h. dem Inhalt und dem Kontext, die durch einen Satz vermittelt werden (vgl. auch z.B. Müller, 2002), und
- den Repräsentationsformen, d.h. den zusätzlichen Darstellungen wie Diagramme, Tabellen, Abbildungen (vgl. auch z.B. Goldin, 2007; Karmiloff-Smith, 1992; Schnotz, Baadte, Müller & Rasch, 2010; Schnotz, 2005).

4.3.2.2 Lese- und Textverständnis

Wie sehr Sprachfähigkeit – in empirischen Studien zumeist operationalisiert über die Lesekompetenz – mit der Mathematikleistung im Zusammenhang steht, belegen für den Grundschulbereich die Studien IGLU (vgl. Bos et al., 2003) und jüngst IGLU/TIMSS 2011 (vgl. Bos, Wendt, Köller & Selter, 2012; Bos, Tarelli, Bremerich-Vos & Schwippert, 2012) sowie für den Sekundar-

schulbereich die Studie PISA (vgl. z.B. Artelt & Schlagmüller, 2004). Schülerinnen und Schüler benötigen, um schriftlich formulierte Leistungstests zu
bearbeiten, die Kompetenz zu lesen (vgl. Bremerich-Vos & Böhme, 2009). In
Sekundäranalysen bestätigten Mullis, Martin und Foy (2013) im Kontext von
IGLU/TIMSS 2011 die Hypothese, dass – in nahezu allen Teilnahmeländern,
darunter Deutschland – Schülerinnen und Schüler mit hohen Lesekompetenzen
in mathematischen Testaufgaben klare Vorteile gegenüber ihren Mitschülerinnen und Mitschülern mit niedrigen Lesekompetenzen haben, und dementsprechend auch, dass Schülerinnen und Schüler mit mittleren und niedrigen Lesekompetenzen Testaufgaben mit erhöhten Leseanforderungen in dieser Domäne
weniger gut lösen können als solche mit niedrigen Leseanforderungen. Für die
Bearbeitung von mathematischen Testaufgaben zeigt sich *sprachliches Wissen*
in Form von *Lese- und Textverständnis* somit als bedeutsam.

Es gibt eine Vielzahl an Konzepten, Modellen und Ansätzen, die Lese- und
Textverständnis systematisch beschreiben (vgl. z.B. Guthrie, 2002; Kintsch,
2008, 1992; Kintsch & Vipond, 1979; van Dijk & Kintsch, 1983; Verhoeven &
Snow, 2001; Verhoeven & Perfetti, 2008). Da in dieser Arbeit der Prozess des
Lese- und Textverstehens nicht vertiefend analysiert werden soll, wird im Folgenden im Anschluss an die *literalen Basisqualifikationen I und II*[39] (Bredel,
2008) zusammenfassend skizziert, welche Merkmale für das *Lese- und Textverstehen* entscheidend sind, nicht aber anhand konkreter Modelle beschrieben,
wie sich Textverstehen vollzieht. *Literale Basisqualifikationen* umfassen mediale und mentale Lese- und Schreibkompetenzen. Die medialen Kompetenzen
sind jene Fähig- und Fertigkeiten „von Auge und Hand" (ebd., S. 136), z.B. die
Fähigkeit mit der Hand schreiben oder die Oberflächenstruktur eines Textes
dechiffrieren zu können. Die mentalen Kompetenzen hingegen sind Fähig- und
Fertigkeiten der „Produktion und Rezeption sprachsystem- und textbezogener
sprachlicher Einheiten" (ebd.), etwa das Lesen oder Schreiben eines Textes.

Die Dimension des Lesens, genauer noch: die des *Lese- und Textverstehens*,
kommt im Unterschied zur Dimension des Schreibens für das Lösen mathematischer Testaufgaben häufiger und im größeren Umfang vor. Die Schreibleistung der Schülerinnen und Schüler ist bei Aufgaben im Multiple-Choice-
Format auf das Setzen eines Kreuzes begrenzt. Bei Aufgaben im offenen Antwortformat ist sie hingegen erforderlich, allerdings handelt es sich dabei in der
Regel um die Anforderung, einen kurzen Antwortsatz zu formulieren (die aber,

---

39   Dabei handelt es sich, wie schon bei den in Kapitel 3 vorgestellten *pragmatischen Basis-
      qualifikationen I und II*, um wesentliche Bestandteile des *Referenzrahmens zur altersspezi-
      fischen Sprachaneignung* (vgl. Ehlich, Bredel & Reich, 2008) des BMBFs.

z.B. in Bezug auf mathematisches Begründen oder Argumentieren, dennoch nicht trivial ist). Der Vergleich von Lese- und Schreibleistung in der Bearbeitung von mathematischen Testaufgaben macht deutlich, dass eine Leseleistung bei jeder Testaufgabe unabhängig ihres Formats zu erbringen, eine Schreibleistung hingegen ausschließlich in offenen Antwortformaten erforderlich ist.

Kognitionsanalytisch betrachtet werden beim Lesen aktiv Informationen verarbeitet (vgl. z.B. Groeben & Hurrelmann, 2002). Texterschließung geht dabei nicht nur mit der Rekonstruktion von Bedeutungsinhalten eines Textes einher, sondern vollzieht sich, wie von van Dijk und Kintsch (1983) herausgestellt, als aktives Zusammenspiel von textimmanenten Informationen und von Vorwissen, in dem Strategien des Lesens sowie textbezogene Verarbeitungsprozesse zum Tragen kommen (vgl. z.B. Streblow, 2004). Dieser Prozess enthält interagierende Teilprozesse auf unterschiedlichen Ebenen: nämlich auf Wort-, Satz- und Textebene (vgl. z.B. Gross, 2000; Steinhauer, 2003). Für das Satzlesen stellt Bredel (2008, S. 157-158) folgende Aspekte heraus:

- das *graphemische Lexikon* zur Orientierung an Buchstaben und Buchstabenformen,
- *syntaktisch basierte orthographische Markierungen* zur Identifizierung von u.a. „de[m] Wortzwischenraum als Indikator für das Vorliegen syntaktischer Wörter; die satzinterne Großschreibung als Indikator für das Vorliegen von Nominalphrasen; Punkt + satzinitiale Großschreibung als Indikator für einen syntaktischen Neustart; Komma, Doppelpunkt und Semikolon als Indikatoren für spezifische syntaktische/ textuelle Verknüpfungen" (ebd., S. 157),
- den Rückgriff auf semantisch vorliegende Kontextinformationen (*Kontexteinfluss*),
- das Erkennen von *Konnektoren* zur Identifizierung „kausale[r] Verknüpfungen von Propositionen in Texten" (ebd., S. 158), sowie
- das *Hörverstehen/Leseverstehen*, die das zu Lesende auditiv/visuell unterstützen.

Für das Textlesen sind, wie Bredel (2008) im Anschluss an Schneider, Körkel und Weinert (1989) anführt, „das Wissen um Textsorten, um prototypische Abläufe, Szenarien etc. (Weltwissen)" (ebd., S. 158, Hervorhebung im Original) als „relevante Interpretationsraster" (ebd.) entscheidend. Auch die Kenntnis über Informationen, von denen ein Text handelt, unterstützt den Prozess des *Lese- und Textverstehens*. Bredel (2008) fasst dies als „Vorinformiertheit" (ebd., S. 159), die sich auch in Abhängigkeit vom Interesse der Leserin bzw. des Lesers zeige.[40] Zudem beeinflusst die Oberfläche eines Textes – Bredel nennt sie die „mediale Dimension des Textes" (ebd., S. 160) – die Leseleistung, etwa in Bezug darauf, was Leserinnen und Leser an Informationen behalten, wie viel Zeit sie zum Lesen benötigen und wie gut sie den Inhalt eines Textes verstehen (vgl. ebd.).

Als wesentlicher Prädiktor für die Leseleistung gilt zudem das Wissen der Schülerinnen und Schüler über Lesestrategien, mit denen u.a. auch die Ausbildung von Leseflüssigkeit bzw. Lesegeläufigkeit einher geht (vgl. z.b. Gold, Nix, Rieckmann & Rosebrock, 2010; Ennemoser, 2008; Rosebrock, Nix, Rieckmann & Gold, 2011). Schwachen Leserinnen und Leser wird das Textverstehen häufig massiv erschwert, eben weil sie beispielsweise für basale Prozesse wie das Dekodieren einzelner Wörter zu viel Aufmerksamkeit aufbringen müssen (vgl. z.b. Klicpera & Gasteiger-Klicpera, 1994). Der Einsatz von Lesestrategien bezieht sich hier also auch auf die Frage, inwieweit diese im Unterricht ausgebildet wurden und inwieweit sie dann sinnvoll und flexibel aktiviert werden können (vgl. Artelt et al., 2005). Wie Bredel (2008) in Rekurs auf Crämer und Schumann (2002) erläutert, zeigt sich dies bei leseschwachen Schülerinnen und Schülern z.B. in mangelnden ‚Korrekturstrategien', wenn diese sich verlesen (vgl. Bredel, 2008, S. 160). Die von Holle (2006) formulierten ‚Progressionsstufen' geben anschaulich wieder, wie feingliedrig sich solche Strategien im Entwicklungsverlauf des Leseerwerbs beobachten lassen:

1. „Achten auf isolierte Texthinweise; beginnendes synthetisches Lesen,
2. Sicheres Erkennen von Texthinweisen: Ausbildung von Erwartungsverhalten; Selbstkorrekturen bei Verlesungen,
3. Integration der Hinweissysteme; Aufbau eines Sichtwortschatzes,
4. Anwenden verschiedener Strategien zum Erlesen von Texten und Aufsuchen von Textinformationen,
5. Adaptives Lesetempo; Koppeln von Lesestrategien und Lesezwecken,
6. Bewusster Einsatz und routinierte Anwendung von Lese- und Verstehensstrategien zu verschiedenen Lesezielen und -intentionen,

---

40   Zu vermuten ist, dass sich das Interesse zugleich positiv auf die Motivation auswirkt, einen Text lesen zu wollen – wobei die Forschung hier weiß, dass sich Lesemotivation nicht direkt, sondern vermittelt über die Lesehäufigkeit, auf das Textverstehen auswirkt (vgl. z.b. McElvany, Kortenbruck & Becker, 2008). Die Lesehäufigkeit, so ist bei Stanovich (2000) nachzulesen, begünstigt die Entwicklung von Lesefähigkeiten und somit auch das Lese- und Textverstehen.

7. Wiederholendes Lesen von Texten als Quelle für das Entdecken neuer Aspekte an bekannten Texten; Lesen als normaler Bestandteil des täglichen Lebens mit routiniertem Strategiepotential" (ebd., S. 90f, zitiert nach Bredel, 2008, S. 159-160).

Zusammenfassend für das *sprachliche Wissen* ist festzuhalten, dass Schülerinnen und Schüler *bildungssprachliches Wissen* und *Lese- und Textverständnis* benötigen, um erfassen zu können, wovon eine mathematische Testaufgabe inhaltlich handelt. *Sprachliches Wissen* ist damit die Grundlage, um *mathematikspezifisches Wissen* und, wie im nächsten Abschnitt beschrieben, *Handlungswissen zum Lösen von Aufgaben* aktivieren zu können.

4.3.3 Zur Bedeutung des Handlungswissens

Die als *Handlungswissen für das Lösen von Aufgaben* bezeichnete Wissensdimension schließt drei Bereiche ein: (1.) das *Verstehen von Operatoren einer Aufgabe*, (2.) das *adäquate und adressatenorientierte Lösen einer Aufgabe* und (3.) das *implizite Wissen als Handlungsorientierung*.

4.3.3.1 Das Verstehen von Operatoren einer Aufgabe

Sehen sich Schülerinnen und Schüler mit einer Testaufgabe konfrontiert, müssen sie die darin verwendeten Operatoren erkennen, wie ‚erklären' in der Aufgabenstellung ‚Erkläre deine Antwort' oder ‚zeige' in ‚Zeige, wie du vorgegangen bist'. Diese müssen verstanden werden in dem Sinne, dass sie (1.) begriffen werden als wesentliches Ziel, dass (2.) gut geplante Handlungen von ihnen abzuleiten sind, und dass (3.) im Anschluss an die Bearbeitung der Testaufgabe eine Schülerin bzw. ein Schüler dazu fähig ist reflektieren zu können, ob die ausgewählte Handlung auch tatsächlich zu dem definierten Ziel geführt hat.

4.3.3.2 Adäquates und adressatenorientiertes Lösen einer Aufgabe

Handlungswissen für das Lösen von Aufgaben besteht ferner aus dem Wissen, wie eine Testaufgabe in adäquater und adressatenorientierter Weise zu bearbeiten ist. Dies schließt z.B. ein – wie teilweise in Testaufgaben gefordert –, dass Schülerinnen und Schüler zur Kenntnis zu nehmen haben, dass die Lösung als

Antwortsatz, nicht aber alleine die Zahl als das richtige Ergebnis niederzu-
schreiben ist.

Auch die Testsituation spielt eine Rolle in Bezug darauf, eine Testaufgabe
adäquat und adressatenorientiert lösen zu können (vgl. Kapitel 5). Der Bearbeitungsprozess der Kinder findet eingebunden in einen bestimmten sozialen Kontext statt, der die Bearbeitungsweise nicht nur beeinflusst, sondern auch so
mitbestimmt, dass in bestimmter Weise konstruiertes Wissen und Praktiken
aufrechterhalten werden. Eine solche Perspektive, die die soziale und kontextuelle Natur von Wissen beschreibt, wird in der Fachliteratur als ‚situated‘ (vgl.
z.B. Núñez, Edwards & Matos, 1999) bezeichnet. Von einer, wie in dieser
Arbeit u.a. vorgeschlagenen (sozio-)linguistischen Perspektive aus betrachtet
(vgl. Kapitel 3), ist es daher entscheidend zu beleuchten, in welcher Situation
die Bearbeitung von Testaufgaben stattfindet, damit ein Zugang zu dem "complex of situated, context-embedded communicative practices" (Cook-Gumperz,
2006, S. 3) gelingen kann. Dies schließt an das an, was Lindblom und Ziemke
(2002) als ‚social situatedness‘ bezeichnen: die Art, wie kognitive Prozesse von
Schülerinnen und Schülern durch ihre Interaktion innerhalb sozialer und kultureller Strukturen determiniert werden und umgekehrt. Von diesem Standpunkt
aus betrachtet ist die Bearbeitung von Testaufgaben weder vollständig isoliert,
noch gänzlich determiniert von äußeren Einflüssen. So schließt auch das Spezi-
fikum einer Testsituation mit ein, dass jegliche Interaktion nur begrenzt erlaubt
ist: Jede Schülerin bzw. jeder Schüler hat ein Sample von Testaufgaben in Eigentätigkeit zu lösen (vgl. Kapitel 4.2). Sie erhalten eine allgemeine Einführung
in den Test, danach sind die Schülerinnen und Schüler auf sich alleine gestellt
(vgl. Kapitel 7.1.2). Mit ihrem Repertoire an *sprachlichem Wissen* erschließen
sie sich die in der Testaufgabe enthaltenen Informationen (vgl. Kapitel 4.3.2),
und auf der Grundlage des Repertoires an *mathematikspezifischem Wissen*
versuchen sie die Aufgabe zu lösen (vgl. Kapitel 4.3.1). Sowohl *sprachliches*
als auch *mathematikspezifisches Wissen* sind Wissensdimensionen, die dabei im
Kontext Schule in bestimmter Weise konstruiert und praktiziert erlernt wurden.

4.3.3.3 Implizites Wissen[41] als Handlungsorientierung

Das, was im Unterricht an Wissen und Praktiken erlernt und eingeübt wird und
ebenso das, was bereits vorschulisch im Zuge der Sozialisation akkumuliert

---

41   Implizitem Wissen liegt eine vielschichtig und breit diskutierte Forschung zugrunde, auf
      die hier nicht eingegangen werden kann. Verwiesen sei vor allem auf Polanyi (1964, 1966,
      1969) und Neuweg (1999, 2000, 2008).

wird, besteht sowohl aus explizitem als auch implizitem Wissen. Explizit ist Wissen, wenn es eindeutig mittels Sprache kommuniziert werden kann (vgl. Polanyi, 1966). Fachspezifische Termini und Sätze etwa, die im Unterricht eingeführt, an Beispielen veranschaulicht und als solche angewendet werden, sind explizit vorhandene Wissensbausteine. Auch alltagspraktische Handlungen, die mit Grundvorstellungen zu mathematischen Operationen verbunden sind, wie der Vorgang des ,Hinzufügens' als Vorstellung für Additionsaufgaben, gehören dazu, sofern sie explizit als solche kommuniziert werden können.

Implizit hingegen ist Wissen, wenn es als nichtkommunizierbarer Bestandteil im eigenen Können vorhanden ist. Wissen zeigt sich in dieser Form als Können oder „Könnerschaft" (Neuweg, 1999) und meint „den erfolgreichen Transfer des Gelernten in praktische Anforderungssituationen" (Neuweg, 2008, S. 84). Übertragen auf Testaufgaben bedeutet dies, dass es in Aufgabenstellungen „weniger darauf ankommt, viel Explizites zu wissen" (ebd.), also einer expliziten Wissensabfrage gerecht zu werden, als darauf, „implizit zu wissen, wie [...] [das] geht" (ebd.), worauf die Aufgabenstellung konkret abzielt. Implizites Wissen, dass somit in der Bearbeitung von Testaufgaben zum Tragen kommt, bezieht sich also darauf, wie eine Aufgabe gedeutet wird und welche Entscheidungen und Handlungen auf der Grundlage dieser subjektiven Deutung folgen. Es bildet (ebenso wie explizites Wissen) damit zugleich die Schnittstelle zwischen *konzeptuellem* und *prozeduralem Wissen* (vgl. Kapitel 4.3.1), da es konzeptuell erworbenes Wissen („ich weiß, dass ...") zu ,prozeduralisieren' („ich weiß, wie...") vermag.

> „In diesem Sinne ,impliziert' eine als regelmäßig wahrnehmbare Praxis [...]
> Wissen – ganz so, wie wir auch im Alltagssprachgebrauch sagen, dass jemand
> ,weiß, wie es geht'." (Neuweg, 2008, S. 85, Hervorhebungen im Original)

Zusammengefasst beschreibt das *Handlungswissen für das Lösen von Aufgaben* also ein übergeordnetes Wissen des fachspezifischen Bearbeitungsprozesses. Es befähigt Lernende, gegebene Operatoren in Aufgabenstellungen zu verstehen, diese in eine adäquate und adressatenorientierte Antwort zu übertragen und mit implizit enthaltenen Anforderungen (vgl. z.B. Schütte, 2009) und der spezifischen Testsituation umzugehen.

4.3.4 Zwischenfazit und Diskussion III

Die drei skizzierten Dimensionen von Fach-, Sprach- und Handlungswissen bieten ein Instrumentarium, das die Bearbeitungsweisen mathematischer Test-

aufgaben von Schülerinnen und Schülern ergänzend zu den in TIMSS definierten Inhalts- und kognitiven Anforderungsbereichen (vgl. Kapitel 4.2) beschreibbar macht. *Jenseits* von zu messenden Kompetenzen ermöglichen sie
einen differenzierten Blick auf die Bearbeitungsprozesse der Lernenden. Es ist
anzunehmen, dass sie während des Prozesses der Aufgabenbearbeitung in unterschiedlicher Weise aktiviert werden und sich gegenseitig bedingen; auch
wenn sicherlich in weiteren Forschungsarbeiten zu klären sein wird, wie konkret sich entsprechende Interaktionen vollziehen.

   Inhaltlich finden sich die Elemente des *mathematikspezifischen Wissens* in
den Konzeptionen auf Bundesebene (vgl. KMK, 2004) sowie der TIMS-
Studienebene wieder (vgl. Kapitel 4.1 & Kapitel 4.2) – wobei, wie angeführt
(vgl. Kapitel 4.3.1), insbesondere das *prozedurale Wissen* als Teil des *mathematikspezifischen Wissens* in TIMSS erhoben wird. Nicht explizit in den In-
halts- und kognitiven Anforderungsbereichen von TIMSS 2007 zu finden sind
das *sprachliche Wissen* und das *Handlungswissen für das Lösen von Aufgaben*,
wobei sich das Handlungswissen prinzipiell als empirisch nur begrenzt zugänglich erweist und sich somit kaum im Rahmen von Tests messen lässt (vgl. Kapitel 4.3.3). Hervorzuheben aber ist das *sprachliche Wissen* als zentrale Wissensdimension für das Lösen von mathematischen Testaufgaben – zumal auch
explizit als Teil *mathematischer Grundbildung* in den Bildungsstandards für
den Mathematikunterricht an Grundschulen in Deutschland aufgeführt (vgl.
Kapitel 4.1.2). Daher bleibt am empirischen Material zu prüfen und zu diskutieren, inwiefern es lohnenswert sein kann, auch in Tests wie TIMSS expliziter
darauf zu fokussieren (vgl. Kapitel 10.3.1).

   Mit Blick auf das Repertoire an *implizitem Wissen* als Teil des *Handlungswissens für das Lösen von Aufgaben* zeigt sich auch ein Anknüpfungspunkt an
das in Kapitel 1 beschriebene Habitus-Konzept nach Bourdieu. Der Habitus, als
,strukturierte und strukturierende Struktur' (vgl. Kapitel 2.1.2), ist, wie von
Bourdieu und Wacquant (1996) ausgeführt, „konstant auf praktische Funktionen ausgerichtet" (ebd., S. 154). Gemeint sind u.a. Denk-, Empfindungs- und
Handlungsmuster, die z.B. in der Schule zum Tragen kommen. Sie zeigen sich
als „eine[...] situationsangepasste Rationalität, [als] ein[...] praktische[r] Sinn
[...], der ,weiß', was in welcher Situation zu tun und was zu lassen ist" (Liebau,
2009, S. 47). Je nach sozial bedingter, habitueller Prägung ist also auch hier
von einer Passung oder Divergenz zum schulischen Habitus auszugehen. Für
die hier fokussierten mathematischen Testaufgaben und ihre Bearbeitung bedeutet dies, dass neben der Ebene des *sprachlichen Wissens* auch auf der Ebene
des *Handlungswissens für das Lösen von Aufgaben* von einer sozial bedingten

Prägung auszugehen ist. Beide Dimensionen beeinträchtigen das *mathematik-spezifische Wissen*, da sie konzeptuell erworbenes Wissen ('ich weiß, dass...') zu prozeduralisieren ('ich weiß, wie ...') vermögen.

4.4   Konsequenzen für die Arbeit

Dieses Kapitel zeigt auf, dass Testaufgaben in Schulleistungsstudien unabding-bar mit verbindlichen Standards verknüpft sind. Ein Blick in den Forschungs-und Diskussionsstand hat verdeutlicht, dass sich, obgleich es eine Vielzahl von Projekten gibt, die sich mit der Formulierung von Standards und der Entwick-lung von Testaufgaben und Teilkompetenzen mathematischer Grundbildung beschäftigen, die Entwicklung geeigneter mathematischer Testaufgaben als ein herausforderndes Feld herausstellt (vgl. z.B. Eder & Thonhauser, 2007). Mit Blick auf die Wissensdimensionen zum Lösen von mathematischen Testaufga-ben wird ein Instrumentarium vorgeschlagen, das sich über die Grenzen inten-dierter, 'messbarer' Inhalts- und kognitiver Anforderungsbereiche der Studie TIMSS 2007 erstreckt. Es findet hier Anwendung, um einen Beitrag zur Erklä-rung der geringen Leistung von Schülerinnen und Schülern nicht privilegierter Herkunft zu leisten. Denn, wie einleitend in diese Arbeit als Problemaufriss skizziert, zeigt sich nicht nur allgemein, sondern insbesondere in Bezug auf das Fach Mathematik ein (nach wie vor) hoher Einfluss der 'sozialen Herkunft' auf die Leistungsentwicklung der Schülerinnen und Schüler (vgl. Bonsen, Frey & Bos, 2008; Ehmke & Jude, 2010; Richter, Kuhl & Pant, 2012; Stubbe, Tarelli & Wendt, 2012).

5 Zur Trias von sozialer Herkunft, familialer Sprachsozialisation und mathematischer Testleistung

Schülerinnen und Schülern nicht privilegierter Herkunft wird in dieser Arbeit ein besonderes Augenmerk gewidmet, weil ein Großteil von ihnen, wie empirisch vielfach belegt (vgl. Kapitel 2 bis 4), über unzureichende schriftsprachliche Fähigkeiten verfügt und dieser Mangel ihren Schulerfolg determiniert. Der Zusammenhang von *literalen Basisqualifikationen* (vgl. Kapitel 4.3.2) am Beispiel des Lesens und mathematischen Kompetenzen ist durch die Studien IGLU 2001 und PISA 2000 sowie PISA 2009 empirisch belegt (vgl. Adams & Carstensen, 2002; Bos et al., 2003; OECD, 2012). Gleiche Tendenzen zeigen die Ergebnisse der Studien IGLU 2011 und TIMSS 2011 auf, deren zeitgleiches Erhebungsdesign es erstmalig in Deutschland ermöglichte, anhand einer gemeinsamen Stichprobe die Kompetenztests in den Domänen Mathematik, Naturwissenschaften und Lesen bei Schülerinnen und Schülern am Ende der vierten Jahrgangsstufe durchzuführen und in der Analyse miteinander in Beziehung zu setzen (vgl. Bos, Wendt, Köller & Selter, 2012; Bos, Tarelli, Bremerich-Vos & Schwippert, 2012). Vertiefende Analysen verdeutlichten hier, „dass zwischen allen drei Bereichen [Lesen, Mathematik und Naturwissenschaften] substanzielle Zusammenhänge bestehen und dass die Leistungen im naturwissenschaftlichen Test (.74) noch stärker als die im Mathematiktest (.54) mit dem Leseverständnis zusammenhängen" (Bos et al., 2012, S. 280). Die Autoren ergänzen folgerichtig – und wie in Kapitel 4.3.2 anknüpfend an das *sprachliche Wissen* skizziert –, dass „[d]ies [...] auch auf das Aufgabenformat zurückzuführen [ist], denn das Verständnis und die Lösung der naturwissenschaftlichen Aufgaben setzen das Leseverständnis in stärkerem Maße voraus" (ebd.). Identifiziert werden können zudem sieben Leistungstypen hinsichtlich des erzielten Leistungsniveaus in den drei Domänen, wobei auch hier „eine sehr enge Kopplung mit der Zuordnung der Schülerfamilien zur Sozialschicht" (ebd., S. 296) sichtbar wird. „Zusätzlich zeigt sich, dass etwa jedes zweite Kind der Leistungstypen mit geringen und sehr geringen Leistungen von Armut gefährdet ist. In den Leistungstypen mit sehr hohen und herausragenden Leistungen betrifft dies maximal jedes zehnte Kind" (ebd.).

Mit dem Blick auf die Bedeutung der Sprache im Zusammenhang von sozialer Herkunft und Schulleistung knüpft diese Arbeit an Diskussionen an, die nicht neu sind. Bereits zu Beginn des 20. Jahrhunderts (vgl. Hetzer & Reindorf, 1928), vor allem aber in den 1950er und 1960er Jahren durch Bernstein und Mitarbeiter (vgl. Bernstein, 1971) prominent gewordene Fragen nach dem Passungsverhältnis von schulischen Spracherwartungen und familial erworbenen Sprachlernvoraussetzungen bilden historisch betrachtet Initialmomente dieses Themenfeldes. Die Arbeiten Bernsteins sind aufgrund ihrer empirisch unzureichenden Erforschung und begrifflich unscharfen theoretischen Begründung stark – und in vielen Aspekten zu Recht – kritisiert worden (vgl. z.B. Dittmar, 1980; Schütze, 1975; Kokemohr, 1985; Neuland, 1975). Bernstein (1971) selbst räumte allerdings in der Einleitung zu seinem frühen Werk *Class, Codes and Control I. Theoretical Studies towards a Sociology of Language* ein, dass weder das theoretische noch das empirische Werkzeug ausreichend gut entwickelt seien, um fundierte Befunde zu erhalten (vgl. ebd., S. 1-20). Neugierig und mit der Möglichkeit, in einem interdisziplinär aufgestellten Forschungsteam und gut ausgestatteten Bedingungen arbeiten zu können, folgte er seinem Forschungsinteresse aber trotz dieser Einschränkungen aktiv. Aus heutiger Perspektive (ebenso wie aus kritischer Perspektive damals) ist hierin ungebrochen ein Manko auszumachen. Und dennoch bzw. obwohl bis zu 50 Jahre alt: Viele entscheidende Überlegungen, auf die Bernstein damals aufmerksam machte, zeugen von aktueller Relevanz (vgl. auch Bauer, 2011). Was er aus unterschiedlichen Gründen[42] somit selbst nicht hinreichend empirisch bearbeiten konnte, scheint gegenwärtig an Bedeutung nicht verloren zu haben und sich empirisch zu bestätigen (vgl. z.B. Steinig et al., 2009). Zufriedenstellende Antworten auf Fragen nach dem Passungsverhältnis von schulischen Spracherwartungen und familial erworbenen Sprachlernvoraussetzungen fehlen bis heute.

Die vorliegende Arbeit greift die Frage nach dem Passungsverhältnis erneut auf. Dazu wird in den Kapiteln 2 bis 4 neben den Bourdieu'schen Konzepten von Kapital und Habitus auch Rekurs auf die frühen Arbeiten Bernsteins genommen. In den 1970ern, so belegen es Ausführungen (vgl. Bernstein, 1973, 1977, 1990), hat es eine sich gegenseitig wertschätzende Zusammenarbeit beider Soziologen gegeben. Ihnen ist gemein, dass sie an gesellschaftliche Macht- und Klassenverhältnisse als konstitutive strukturelle Rahmung von Chancenge-

---

42   Kaesler (2005) erläutert dazu im Anschluss an Robinson (2001b): „Noch bevor wirklich beurteilt werden konnte, ob sich die Lage der Unterschichtenkinder durch *educational programs* dauerhaft verbessern würde, wurden die dafür notwendigen Mittel von der britischen Regierung unter ihrer Premierministerin Margret Thatcher gestrichen" (ebd., S. 140, Hervorhebung im Original). Und, so ergänzt sie, damit „entfiel die Einlösung der von Bernsteins geforderten theoretischen Fundierung und empirischen Erforschung, die erst die solide Grundlage für derartige Programme abgegeben hätte " (ebd.).

rechtigkeit und Bildungspartizipation innerhalb ihrer theoretischen Ansätze dachten. Neben Bernsteins frühen soziolinguistischen Arbeiten, wie hier bislang referiert, beschäftigte er sich aber auch in späteren Arbeiten (ab 1977) mit dem hier fokussierten Passungsverhältnis, indem er die soziolinguistischen Konzepte auf die Ebene institutionalisierter, pädagogischer Diskurse übertrug (vgl. Bernstein, 1996, 1999b, 2001). Mit diesem Schritt grenzte sich sein Forschungsinteresse zunehmend von demjenigen Bourdieus ab:

> „Whereas they [Bourdieu and his colleagues] were concerned with the *structure* of reproduction and its *various* realizations, I was essentially concerned with the *process* of transmission." (Bernstein, 1977, S. 15, Hervorhebung im Original)

Die unterschiedliche Fokussierung von Struktur und Prozess ist auch für die vorliegende Arbeit relevant. Denn um Erklärungsansätze für Chancenungleichheit – hier verstanden als Konsequenz von Divergenz – formulieren zu können, sind neben Strukturen der Reproduktion und aus ihr entstehende Phänomene auch die Prozesse zu beschreiben, die den Strukturen vorauseilen, letztlich Strukturen strukturieren und (re-) produzieren. Leitendes Moment solcher Prozesse ist, wie in Kapitel 2 bis Kapitel 4 dargelegt, die Sprache.

Um also die Prozessebene der Reproduktion sozialer Ungleichheit in den Blick zu nehmen, wird im Folgenden der Kerngedanke pädagogischer Diskurse nach Bernstein referiert. Dieser rahmt die theoretische Gesamtkonzeption der Arbeit mit Blick auf die mit dem Eintritt in die Schule bedeutsam werdenden *pragmatischen Basisqualifikationen II* (vgl. Kapitel 3.2), die in Kapitel 4.3.2.1 als *bildungssprachliches Wissen* weiter ausdifferenziert wurden. Hierbei geht es, wiederholend zusammengefasst, um die Fähig- und Fertigkeiten

> „zwischen dem Zweck einer Lehrerfrage im Unterricht und dem Zweck einer Frage der Eltern zu Hause oder anderer Kinder auf dem Spielplatz zu unterscheiden. Die Aneignung angemessener sprachlicher Mittel für den Einsatz in unterschiedlichen sozialen Wirklichkeitsbereichen stellt für das Kind einen wichtigen Schritt in seiner sprachlichen Entwicklung dar. Umgekehrt muss mit erheblichen Schwierigkeiten gerechnet werden, wenn eine solche Aneignung nicht gelingt." (Ehlich, Bredel & Reich, 2008, S. 20)

Die ‚Aneignung angemessener sprachlicher Mittel' in ‚sozialen Wirklichkeitsbereichen' der Schule hängt Bernstein zufolge von der Unterschiedlichkeit und der Beschaffenheit der Bereiche ab. Diesbezüglich im Fach Mathematik auftretende Schwierigkeiten, die also das Zusammenspiel von Alltagserfahrung und Verhalten bei der Bearbeitung mathematischer Aufgaben aufzeigen, wurden bereits in empirischen Arbeiten eruiert: So zeigen musterhaft vor allem Cooper und Dunne (2000) am Beispiel realitätsbezogener Aufgaben (*realistic items*) für Schülerinnen und Schüler nicht privilegierter Herkunft, dass diese erhebliche Probleme im Umgang mit Kontextwechseln ‚sozialer Wirklichkeitsbereiche' haben. Ähnliche Befunde sind auch bei Lubienski (2000) und Leufer und Sertl (2010) nachzulesen.

Von einer strukturalistischen Perspektive aus betrachtet sind für Bernstein sowohl die ‚Aneignung sprachlicher Mittel' als auch ‚soziale Wirklichkeitsbereiche' eng an Wissen geknüpft. Er unterscheidet zwischen einem *horizontalen Diskurs* und einem *vertikalen Diskurs*, denen Wissensformen und sprachliche Handlungsstrategien immanent seien (vgl. Bernstein, 1999a). *Horizontale Diskurse* verortet Bernstein in Variation „je nach Art und Weise, wie Tätigkeiten und Praktiken kulturell segmentiert und spezialisiert werden" (Bernstein, 2012, S. 65). Ihr inhärente Wissensformen sind als solche des alltäglichen Lebens zu bezeichnen und zu beschreiben als

> „likely to be oral, local, context dependent and specific, tacit, multi-layered, and contradictory across but not within contexts. However [...] the crucial feature is that it is [...] segmentally organized." (Bernstein 1999a, S. 159)

Wissen differenziert sich im *horizontalen Diskurs* also segmentär aus. Er erläutert hierzu den Begriff der „segmentären Pädagogik" (Bernstein, 2012, S. 68); ein Aneignungsmodus, in dem der *horizontale Diskurs* „zum bedeutendsten Überträger kultureller Tradition" (ebd., S. 67) werde. Entsprechende Aneignungsprozesse finden in Abgrenzung zu ‚institutioneller Pädagogik' in der Familie und unter gleichaltrigen Peers statt:

> „Die Pädagogik kann hierbei unterschwellig durch modellhaftes Handeln und „Vormachen" oder durch explizite Modi vermittelt werden. Anders als bei offizieller oder institutioneller Pädagogik überdauert der pädagogische Prozess nie den zeitlichen Rahmen des Kontexts oder des Segments, in dem er ausgeführt wird. Die Pädagogik erschöpft sich in dem Kontext ihrer Ausführung oder wird so lange wiederholt, bis die zu erwerbende Fertigkeit angeeignet wurde: lernen sich anzuziehen, etwas zu besorgen, das Wechselgeld zu zählen, unterschiedliche Personen anzusprechen, ein Telefon zu benutzen, ein Video auszuwählen." (ebd., S. 68, Hervorhebung im Original)

Den *vertikalen Diskurs* beschreibt er in Abgrenzung zum *horizontalen Diskurs* als

„form of a coherent, explicit, and systematically principled structure, hierarchically organized as in the sciences, or it takes the form of a series of specialised languages with specialised modes of interrogation and specialised criteria for the production and circulation of texts, as in [...] humanities." (Bernstein, 1999a, S. 159)

Ein *vertikaler Diskurs* wird also beispielsweise durch die Wissensvermittlung in der Schule bzw. den fachspezifischen Unterricht hervorgebracht. In Bezug auf die mit Diskursen und Wissensformen einhergehende Sprache hat insbesondere Hasan (2001) Bernsteins Unterscheidung von *vertikalem* und *horizontalem Diskurs* aufgearbeitet. Im Rahmen einer Studie zum Gebrauch unterschiedlicher Diskursformen von Vorschulkindern zeigte sie auf, dass in einem *horizontalen Diskurs* kontextuelle Sprache evoziert werde; eine Sprachform, deren Gebrauch eng mit den materiellen und situativen Gegebenheiten in Zusammenhang stehe, in denen sprachlich agiert werde (z.B. ,lernen sich anzuziehen, etwas zu besorgen, das Wechselgeld zu zählen, unterschiedliche Personen anzusprechen'). Ein *vertikaler Diskurs* hingegen evoziere eine dekontextuelle Sprache, da – anders als im *horizontalen Diskurs* – hier keine enge Verbindung mehr zu konkreten, lokalen Gegebenheiten bestünde (vgl. auch Kapitel 3.3). Diskurse evozieren somit nicht nur bestimmte Sprachgebrauchsweisen, sondern bestimmte Sprachgebrauchsweisen sind zugleich notwendiges Repertoire, um an Diskursen teilnehmen zu können: So benötigen Schülerinnen und Schüler kontextuelle Sprache, um an einem *horizontalen Diskurs*, und dekontextuelle Sprache, um an einem *vertikalen Diskurs* zu partizipieren. Letztgenannter verweist, wie Gellert (2011) schreibt, „auf eine Wissensorganisation, die nicht durch erfahrbare Kontexte strukturiert ist, sondern durch die interne Logik einer spezialisierten Praxis. Offenbar ist diese interne Logik der Wissensorganisation nur intellektuell zu erfassen und es ist nicht möglich, sie mit den Sinnen zu erfahren" (ebd., S. 84). Den Bezug zur ,internen Logik' setzt Gellert im Anschluss an die Unterscheidung von Hasan von *reellen (actual)* und *virtueller (virtual) Referenz* (vgl. Hasan, 2001, S. 53), anhand derer sie die kontextualisierte und dekontextualisierte Sprache differenziert: Während *reelle Referenzen* sinnlich erfahrbar und damit „physically sensed by the interactant(s)" (ebd., S. 53) sind, entziehen sich *virtuelle Referenzen* diesem Bezugssystem:

„For example, „the fruit on the tree" in Carol's garden and the fruit on the ground „all yellow and squashy and horrible" are instances of reference to actual (elements of) context: Carol and her mother have bodily experience of these phenomena. By contrast, a context (or some element of it) is virtual if no possibility exists for experiencing it physically: The phenomena are, in fact, not available to the senses. A discourse is decontextualised/disembedded, not because what it refers to is not physically present to the senses here and now, but because it refers to something that is by its very nature incapable of being present in any spatio-temporal location whatever: It is simply not sensible. The virtual context of situation is an entirely text-based reality, brought into existence by constitutive verbal action." (Hasan, 2001, S. 53-54, Hervorhebungen im Original)

Hasan zeigt an empirischen Dokumenten, wie Schülerinnen und Schüler im Zuge ihrer Sozialisation an dekontextualisierte Sprache herangeführt werden und dabei differenziert frühzeitig sowohl *reelle* als auch *virtuelle Referenzen* ausbilden.

Das in dieser Arbeit fokussierte Passungsverhältnis von sozial und familial erworbenen Sprach- und Lernausgangslagen auf der einen und schulischen Sprach- und Lernanforderungen auf der anderen Seite verortet Hasan somit an der Schwelle zum *vertikalen Diskurs* und *virtuellen Referenzen*, d.h. letztlich der Frage, inwiefern eine Transformation von konkreten Kontexten und kontextueller Sprache (*horizontaler Diskurs*) hin zu intellektuell erfahrbaren, abstrakten Kontexten und dekontexteller Sprache (*vertikaler Diskurs*) gelingt. Wie für Bourdieu und Bernstein so ist auch für Hasan die primäre Sozialisation in der Familie entscheidend. Sie kann entweder einen positiven Wert annehmen und „als gewonnene Zeit und Vorsprung" (Bourdieu, 1983, S. 186) oder aber „als doppelt verlorene Zeit, weil zur Korrektur der negativen Folgen nochmals Zeit eingesetzt werden muß" (ebd.), zum Tragen kommen (vgl. Kapitel 2 & 3). Welches Gesetz hier letztlich trägt, ist das des sprachlichen, schulischen Marktes (vgl. auch Bourdieu, 1983, S. 187) bzw. im Verständnis Bernsteins das des *symbolic control* (vgl. Bernstein, 2000, 2001). Es geht also folglich um die Frage, *wer* in einer pädagogischen Beziehung *was* kontrolliert (vgl. auch Singh, 2001, S. 158)?

Das in Kapitel 4.3.2 vorgestellte *bildungssprachliche Wissen* ermöglicht nicht nur das Verstehen der Aufgabenstellung seitens der Schülerinnen und Schüler (vgl. ebd.), sondern stellt somit zudem ein leitendes Moment zur Partizipation am *vertikalem Diskurs* dar, durch den die Bearbeitung von mathematischen Testaufgaben in Testsituationen geprägt ist. Die diskursiven Merkmale der Bildungssprache, wie in Tabelle 4.5 im Anschluss an Morek und Heller (2012) dargestellt (vgl. Kapitel 4.3.2.1), rahmen letztlich jene Bestimmungen, die während der Durchführung von Schulleistungstests einzuhalten sind:

- *eine klare Festlegung von Sprecherrollen und Sprecherwechsel*: Die Testleitung gibt eine Einführung in den Test, benennt die Formate von Testaufgaben und gibt den Zeitplan bekannt. Danach haben die Schülerinnen und Schüler die Möglichkeit Verständnisfragen zu stellen. Sind diese geklärt, beginnt der Test. Lediglich die Testleitung übernimmt fortan das Wort, um Testphasen und Pausen zu beginnen und zu beenden.

- *ein hoher Anteil monologischer Formen*: Der Testleitung liegt ein Manual vor, das zur Sicherstellung der Vergleichbarkeit der Testdurchführung dient. Darin enthalten sind Textabschnitte, die den Schülerinnen und Schülern wörtlich vorgelesen werden.

- *fachgruppentypische Textsorten*: Bei den im Manual enthaltenen Textabschnitten handelt es sich um (kindgerechte) sachliche Beschreibungen und Erörterungen.

- *stilistische Konventionen*: Die im Manual enthaltenen Textabschnitte sind sachlich strukturiert und logisch gegliedert.

In Bezug auf die Wissensdimensionen von Fach-, Sprach- und Handlungswissen verweist Bernstein (1999) darüber hinaus auf den von Foucault (1973) eingeführten ‚Blick' (*gaze*):

„A ‚gaze' has to be acquired, i.e. a particular mode of recognising and realising what counts as an ‚authentic' sociological [hier: mathematical] reality. Perhaps this is why the acquirer has such difficulty in recognising what he/she is speaking or writing, for to know is to ‚gaze'." (Bernstein, 1999a, S. 165, Hervorhebung im Original)

Um die ‚mathematikspezifische Wirklichkeit' zu erkennen und in dieser (erfolgreich) agieren zu können, muss also ein bestimmter ‚Blick' erworben werden. Dieser ‚Blick' bezieht sich am hier gewählten Beispiel der Bearbeitung mathematischer Testaufgaben auf den *vertikalen Diskurs*, der alle drei Wissensdimensionen betrifft: das *mathematikspezifische Wissen*, das *sprachliche Wissen* und das *Handlungswissen zum Lösen von Aufgaben*.

6 Leitende Forschungsfragen und Hypothesen

Ziel der Arbeit ist es – ausgehend von Schulleistungstests – zu verstehen, welche Benachteiligungen sich auf sprachlicher Ebene für Schülerinnen und Schüler nicht privilegierter Herkunft beim Lösen von mathematischen Testaufgaben ergeben können. Mangelnde Sprachkenntnisse werden fächerübergreifend als eine Ursache für beobachtbaren Misserfolg herausgestellt (vgl. z.B. Dehn, 2011; Dollmann & Kristen, 2010). Dabei zeigt sich jedoch, dass an vergleichbaren Fragestellungen interessierte Forschungsprojekte in der Bildungs- und Schulforschung vor allem jene Schülerinnen und Schüler fokussieren, die einen Migrationshintergrund aufweisen. Mangelnde Sprachkenntnisse werden damit m.E. vor dem Hintergrund zweier, sich einander überschneidender Herausforderungen betrachtet: des Erwerbs der deutschen Sprache als zweite oder dritte Sprache *und* des Erwerbs ‚sprachlich angemessener Mittel' (vgl. Ehlich, Bredel & Reich, 2008, S. 22). Darüber hinaus spielt die soziale Lage ihrer Familien als ein Erklärfaktor mit in dieses Geflecht hinein. Wie ethnographisch angelegte Studien erkennen lassen (vgl. zuletzt z.B. Heller, 2012; Müller, 2012), handelt es sich bei Schülerinnen und Schülern mit Migrationshintergrund nicht um eine einheitliche, sondern um eine in hohem Maße heterogene Gruppe, die es weiter zu erforschen gilt (vgl. z.B. Allemann-Ghionda & Pfeiffer, 2008; Karakaşoğlu, 2011).

Die vorliegende Arbeit richtet den Fokus daher auf monolingual deutsche Schülerinnen und Schüler. Postuliert wird, wie an anderer Stelle angeführt (vgl. Walzebug, 2012),

> „[...] dass nicht der Sprachstand im Deutschen als Zweitsprache (L2) alleine als Prädiktor gilt, sondern auch andere, wie sprachsozialisatorische Merkmale Einfluss nehmen [...]. Aussichtsreich erscheint es daher, eine Perspektive einzunehmen, die zwar weiterhin den Fokus auf die *Sprache* als zentrales Medium der Vermittlung schulischen Wissens legt, die Ursache des geringen Schulerfolgs jedoch nicht in der Herausforderung des Erwerbs einer neuen Sprache (L2) sucht, sondern innerhalb der Erstsprache (L1) verortet." (ebd., S. 289, Hervorhebung im Original)

Im Zentrum der Arbeit steht die Frage nach dem Zusammenspiel von sozialer Herkunft, familialer (Sprach-) Sozialisation und mathematischer Testleistung. Es finden sich vielfältige theoretische Stränge in den Kapiteln 2 bis 5 skizziert, anhand derer diese drei Themenfelder theoretisch zu fassen versucht werden: Da grundlegend für die gegenwärtige Bildungsforschung (und damit zugleich für die in Schulleistungsstudien ermittelte Testleistung), werden die Konzepte von Kapital und Habitus in Rekurs auf Bourdieu skizziert und durch Verweise auf Befunde quantitativer und qualitativ-rekonstruktiver Forschung als bestätigt ausgewiesen und kritisch diskutiert (vgl. Kapitel 2). Spezifiziert werden die aus kapitalorientierten Gütern entstehenden ‚dauerhaften Dispositionen' am Beispiel der Familie und ihrem Verhältnis zu den sprachlichen Anforderungen der Schule (vgl. Kapitel 3). Am Beispiel mathematischer Testleistung sind neben sprachlichen Anforderungen auch jene herausgestellt, die sich spezifisch für das *Fachwissen* in Mathematik und allgemein für das *Handlungswissen* zum Lösen von Testaufgaben als relevant erweisen (vgl. Kapitel 4). Insbesondere aber dem *sprachlichen Wissen* ist eine tragende Rolle zuzuschreiben, denn: *sprachliches Wissen* ist auch sozial bedingt und trägt – etwa mit Blick auf die ‚institutionelle Pädagogik' und ihr inhärente *vertikale Diskurse* (vgl. Kapitel 5) – zu Chancenungleichheit bei. Im vorliegenden sechsten Kapitel werden in Rückgriff auf die in Kapitel 2 bis 5 dargelegten theoretischen Konzeption die leitenden Forschungsfragen konkretisiert.

Fokus I: Beschaffenheit von Testaufgaben und ihre Bearbeitungsweisen
Mathematische Testaufgaben stellen Instrumente zur Erfassung mathematischer Kompetenzen dar (vgl. Kapitel 4.1). Im Rahmen der hier fokussierten Studie TIMSS 2007 wurde die Testung mathematischer Kompetenzen auf der Basis hochwertiger Standards durchgeführt (vgl. Kapitel 4.2). In TIMSS eingesetzte mathematische Testaufgaben decken ein Spektrum mathematischer Inhalts- und kognitiver Anforderungsbereiche ab (vgl. ebd.). Die erhobenen Ergebnisse mathematischer Leistung von Schülerinnen und Schülern am Ende der Grundschulzeit dienen im Sinne der Qualitätssicherung und -entwicklung, wie in Kapitel 4.1.3 dargelegt, der Steuerung des Bildungssystems. Sie haben eine bedeutende Aussagekraft für bildungspolitische Entscheidungen und Entwicklungen in Bund und Ländern und sind medial präsent. Testaufgaben als ein Kernelement der vorliegenden Arbeit zu analysieren liegt nahe, da insbesondere hieran – d.h. konkret: an den aus der Bearbeitung von Testaufgaben resultierenden Ergebnissen – der geringe Schulerfolg von Schülerinnen und Schülern nicht privilegierter Herkunft diskutiert werden kann.

In Rückbindung an die in Kapitel 2 und Kapitel 3 dargelegten theoretischen Ansätze zeigt sich die Reproduktion sozialer Ungleichheit nicht nur in Form von an monetären Gütern gebundenen Aktivitäten (z.B. privaten Nachhilfeunterricht bezahlen zu können), sondern ebenso an der Weitergabe inkorporierten kulturellen Kapitals, d.h. dem Transfer kultureller Praktiken, die sich im Laufe der – vor allem primären – Sozialisation derart in den Körper einschreiben, dass sie als Automatismen oder (bewährte) Strategien zur Bearbeitung von Problemsituationen eingesetzt werden. Als leitendes Moment solcher Praktiken fokussiert die Arbeit *sprachliche* Praktiken, d.h.

- die Gebrauchsweisen von Sprache, mit denen Schülerinnen und Schüler in Aufgabenstellungen von mathematischen Testaufgaben konfrontiert werden (Aufgabenebene) und
- die Gebrauchsweisen von Sprache, die sie aktiv nutzen, um mathematische Testaufgaben zu bearbeiten (Schülerebene).

Die leitende Forschungsfrage mit Blick auf die Beschaffenheit von mathematischen Testaufgaben und ihrer Bearbeitung im Interesse der vorliegenden Arbeit lautet demnach:

F1: *Gibt es Testaufgaben, die für monolingual deutsche Schülerinnen und Schüler nicht privilegierter Herkunft schwieriger zu lösen sind als für monolingual deutsche Schülerinnen und Schüler privilegierter Herkunft?*

Und wenn ja:
- *Anhand welcher Eigenschaften lassen sich diese Testaufgaben beschreiben? (F1a)*
- *Welche schwierigkeitsbestimmenden Merkmale enthalten diese Testaufgaben? (F1b)*
- *Worin liegen insbesondere sprachlich bedingte Herausforderungen? (F1c)*

Mit diesen leitenden Fragen knüpft die Arbeit an Untersuchungen an, die in anderen Zusammenhängen u.a. von Chen und Henning (1985) und Martiniello (2009, 2008) durchgeführt wurden. Sie sind darüber hinaus Gegenstand regelmäßiger Analysen der *Citogroep*[43] (vgl. z.B. Uiterwijk & Vallen, 2005). Allen diesen Analysen aber ist gemeinsam, dass auch hier der Blick im Wesentlichen auf die Problematik von Schülerinnen und Schülern mit Migrationshintergrund bzw. der Diskrepanz von Mutter- und Testsprache gerichtet ist.

---

43 Bei der *Citogroep* handelt es sich um „eines der weltweit führenden Testentwicklungsinstitute" (vgl. www.de.cito.com) mit Sitz in den Niederlanden.

Folgende Hypothesen sind im Anschluss an Kapitel 4 zu prüfen:

H1: Eine mathematische Testaufgabe weist für monolingual deutsche Schülerinnen und Schüler nicht privilegierter Herkunft eine hohe Aufgabenschwierigkeit auf, wenn

- sie als Textaufgabe formuliert ist (H1a),
- ihre sprachliche Beschaffenheit als komplex einzustufen ist (H1b),
- ihre Lösung wesentlich von der Identifizierung von Schlüsselwörtern
  abhängt (H1c),
- das Aufgabenformat offen ist (d.h. kein Multiple-Choice-Format)
  (H1d).

Da angenommen wird, dass für nicht privilegierte, monolingual deutsche Schülerinnen und Schüler schwierigkeitsgenerierende Merkmale besonders auf
sprachlicher Ebene auszumachen sind, wird zugleich postuliert, dass:

H2: Mathematische Testaufgaben zeigen sich unabhängig

- ihrer Kompetenzstufe, d.h. ihrer im Rahmen von TIMSS 2007 definierten Aufgabenschwierigkeit (H2a),
- ihres Inhaltsbereichs, d.h. *Arithmetik, Geometrie/Messen* und *Daten*
  (H2b),
- ihres kognitiven Anforderungsbereichs, d.h. *Reproduzieren, Anwenden*
  und *Problemlösen* (H2c).

Mit den in Kapitel 4.3 vorgestellten Wissensdimensionen (Fach-, Sprach- und
Handlungswissen) nutzt die Arbeit ein begriffliches Instrumentarium, das das
Verhältnis von Aufgabenbeschaffenheit (Aufgabenebene) und Aufgabenbearbeitung (Schülerebene) differenziert, d.h. hier aus fachlich-kognitiver und
sprachlicher Perspektive, zu fokussieren verspricht. Dies erfolgt anhand exemplarisch ausgewählter Testaufgaben und ihrer Bearbeitungen.
    Anzumerken ist bei diesem gewählten empirischen Zugriff, dass Testaufga-
ben jedoch zugleich ihrem ursprünglichen Design entfremdet werden, da, wie
bei Bonsen et al. (2008) nachzulesen, „[...] TIMSS [...] nicht auf Individualdi-
agnostik abzielt, sondern Aussagen über Gruppen treffen möchte" (ebd., S. 34).
In der Analyse und Auswertung ist dies daher zu berücksichtigen (vgl. Kapitel
9.1.2).

Fokus II: Sozialstrukturelle Zusammenhänge mathematischer Testleistung
Neben der Analyse von Testaufgaben und ihren Bearbeitungsweisen interessiert zudem die empirische Prüfung des Zusammenhangsgeflechts der drei als Kernelemente der Arbeit herausgestellten Aspekte von sozialer Herkunft, Familie (bzw. Unterstützungsmechanismen in der Familie) und mathematischer Testleistung. Relevant werden hier etwa die in Kapitel 2 kritisch diskutierte Frage nach der empirischen Erfassung von sozialer Herkunft und die in Kapitel 3 aufgegriffene Frage nach dem Zusammenhang elterlicher Unterstützungsmechanismen für schulisches Lernen, wie etwa hinsichtlich der Unterstützung bei der Bearbeitung von Hausaufgaben (vgl. Kapitel 3.1). Denn, wie theoretisch hergeleitet, sind sowohl das Repertoire an kapitalorientieren Ressourcen im Elternhaus als auch die familiale Sozialisation für das Entstehen von (Test-) Leistungen bedeutsam. Die mit dem Habitus einer Familie verbundenen ökonomischen, kulturellen und sozialen Ressourcen stellen wesentliche Aspekte des Schulerfolgs dar, die sich milieuspezifisch ausdifferenzieren (vgl. Kapitel 2 & 3). Nachzugehen ist somit folgender Forschungsfrage:

F2: *Welche Aspekte der sozialen Herkunft und Unterstützungsmechanismen einer Familie zeigen sich in strukturellem Zusammenhang mit mathematischer Testleistung?*

Die Analyse schließt die Frage mit ein, inwiefern das Zusammenhangsgeflecht die Schwierigkeit von mathematischen Testaufgaben mitbestimmt.

Zu prüfende Hypothesen finden sich in Kapitel 9.2.1 als *Theoriegeleitete Annahmen zum Zusammenhangsgeflecht* erläutert.

Ergänzend werden neben Aspekten der sozialen Herkunft und dem elterlichen Unterstützungsverhalten weitere, im TIMSS 2007-Datensatz vorliegende Informationen zur fachlich-mathematischen Leistung der Schülerinnen und Schüler untersucht: die Halbjahresnote im Schulfach Mathematik sowie die Einstellung zu Mathematik der Schülerinnen und Schüler. Sie werden kontrastiv zur mathematischen Testleistung diskutiert.

7 Methodisches Vorgehen

Zur Beantwortung der in Kapitel 6 dargelegten Forschungsfragen nutzt diese Arbeit unterschiedliche empirische Zugänge. Daraus ergibt sich ein *Mixed-Methods-Design* der Kombination von quantitativen und qualitativen Methoden. Es handelt sich um Vorstudien zur Beschaffenheit von Testaufgaben und ihrer Bearbeitung (vgl. Kapitel 7.1) und einer Hauptstudie zu sozialstrukturellen Zusammenhängen mathematischer Testleistung (vgl. Kapitel 7.2), an die sich Analysen zur Beschaffenheit und Bearbeitung von Testaufgaben anknüpfen. Das Kapitel schließt mit der zusammenfassenden Erläuterung zur Kombination von Methoden (vgl. Kapitel 7.3).

Für alle quantitativen Forschungsmethoden gelten die klassischen testtheoretischen Gütekriterien der Objektivität, Reliabilität und Validität (vgl. z.B. Rost, 2004). Insbesondere die Validität wird – unter der Annahme einer *sprachlich bedingten sozialen Ungleichheit* beim Lösen mathematischer Testaufgaben für monolingual deutsche Schülerinnen und Schüler nicht privilegierter Herkunft – vertiefend untersucht. Leitende Frage hierbei ist, ob Testaufgaben tatsächlich nur das messen, was intendiert ist, d.h. je spezifisch definierte mathematische Kompetenzen, oder ob nicht zusätzlich andere Fähigkeiten vorhanden sein müssen, die eine richtige Bearbeitung erforderlich machen und somit unumgänglich ebenfalls Teil der Messung werden. Mit dieser Validitätsprüfung ist zudem auch das als viertes Gütemaß bekannte Kriterium angesprochen: die Testfairness (vgl. z.B. Camilli, 2006; Camilli & Shepard, 1994; Kunnan, 2000; Shohamy, 2000). Gütemaße weiterer in der Arbeit angewendeter Methoden werden an entsprechender Stelle ebenfalls vorgestellt.

7.1 Methodisches Vorgehen im Rahmen der Vorstudien

Um einen ersten empirischen Zugriff auf das theoretisch dargestellte Forschungsfeld der Arbeit vorzunehmen, wurden die in TIMSS 2007 freigegebenen Testaufgaben eingeschätzt und die Bearbeitung der Schülerinnen und Schüler analysiert, um Antworten auf die Frage zu erhalten, *wie* sie Testaufgaben bearbeiten und worin aus ihrer Sicht schwierigkeitsbestimmende Merkmale liegen (vgl. Kapitel 4.3). Die Analyse des *Differential Item Functioning* (vgl. Kapitel 7.1.1) ermöglicht es, eine Auswahl an auffälligen Testaufgaben im

Rahmen von Interviews (vgl. Kapitel 7.1.2) und mit Hilfe von Expertenein-schätzungen (vgl. Kapitel 7.1.3) vertiefend zu analysieren.

7.1.1 Differential Item Functioning (DIF)

Die Arbeit greift auf ein Analyseverfahren zurück, durch das Items identifiziert werden können, die in zwei oder mehreren Gruppen innerhalb einer Stichprobe unterschiedlich funktionieren: die Analyse von *Differential Item Functioning* (DIF). Das Verfahren prüft das *relative* Funktionieren von Items; relativ, weil sich die ermittelten Ergebnisse nur in Relation der Subgruppen zur gesamten Gruppe deuten lassen (vgl. Holland & Thayer, 1988). Wird DIF identifiziert, so ist in einem weiteren Schritt nach Gründen für die Benachteiligung der einen gegenüber der anderen Gruppe zu suchen. Die *Item-Bias*-Forschung hat sich dementsprechend zum Gegenstand gemacht, die Abhängigkeit von Itemper-formanz und Gruppenzugehörigkeit genauer zu beschreiben und die für be-stimmte Personengruppen als benachteiligend wirkenden Items zu untersuchen, so etwa in Bezug auf geschlechtsspezifische, kulturelle oder soziale Unter-schiede (vgl. z.B. Artelt & Baumert, 2004; Jurecka, 2010; Kubinger, 2010; Subvokiak, Mack, Ironson & Craig, 1984). Eine systematische Benachteiligung kann beispielsweise aufgrund der Formulierungen der Items oder aufgrund von deren Inhalten entstehen (vgl. z.B. Hambleton & Rodgers, 1995). Formulierun-gen in Items können so gewählt sein, dass sie Sprachgebrauchsweisen einer bestimmten Region repräsentieren und daher Personen aus dieser Region be-vorzugen, wenn der entsprechende Test etwa regionsübergreifend eingesetzt wird (vgl. Stubbe, 2011). Aus geschlechtsspezifischer Perspektive betrachtet können Inhalte, die in Items beschrieben werden, stark auf die Interessen von Jungen ausgerichtet sein und diese bei der Lösung gegenüber Mädchen bevor-zugen (vgl. z.B. Abedalaziz, 2010; Walther, Schwippert, Lankes & Stubbe, 2008). Domänenspezifische Inhalte können aber auch unterschiedlich stark im Fachunterricht vorgekommen sein und zu different ausgeprägten Teilkompe-tenzen führen, wie ein Ländervergleich, durchgeführt von Klieme und Baumert (2001), anhand der TIMSS-Daten aufzeigt.

Befunde wie diese zeigen, dass die in Tests zu gewährleistende Fairness mit dem ‚meritokratischen Legitimationsprinzip' (vgl. Hondrich, 1984, S. 275) einhergeht. Auf der Grundlage dieses Prinzips von Leistung und Gleichheit sollen alle Testpersonen basierend auf ihrer jeweiligen Fähigkeit dieselbe Chance haben, Items in einem Test korrekt zu lösen (vgl. Camilli, 2006). Faire Tests sind demnach solche, die aus einem Sample von Items bestehen, deren

Inhalte und Formulierungen in vergleichbarem Maße für alle teilnehmenden
Personen sowohl bekannt als auch unbekannt sind.

7.1.1.1 Zum Verfahren des Differential Item Functioning

Im Rahmen der Probabilistischen Testtheorie[44] (vgl. z.B. Embretson & Reise,
2000; Rost & Spada, 1982), die Studiendesigns wie TIMSS 2007 zugrunde
liegt (vgl. Bonsen, Lintorf, Bos & Frey, 2008, S. 33), geht man davon aus, dass
alle eingesetzten Testaufgaben in den unterschiedlichen Subgruppen einer Gesamtstichprobe dieselben Parameter haben. Dass also, würde man Schülergruppen hinsichtlich ihres Geschlechts oder ihrer kulturellen Herkunft bilden, diese
Gruppenbildung keinen Einfluss auf das Antwortverhalten spezifischer Items
hätte. Die Analyse von *Differential Item Functioning* überprüft also genau diese
Annahme. Sie ermittelt, ob die Zugehörigkeit zu einer (oder mehreren) Sub-
gruppe(n) einen Einfluss auf das Antwortverhalten einer Person hat, vorausge-
setzt diese Person hat den Fähigkeitswert, der auch unter Anwendung des gewählten Messmodells auf die Daten ermittelt wird (vgl. Lord, 1980, S. 212).
Miteinander verglichen wird, ob sich die Daten der Referenz- und Fokusgruppe
gleich gut durch das Testmodell beschreiben lassen. Nach Camilli (2006) liegt
DIF vor, wenn Testpersonen der Gruppen F (Fokusgruppe) und R (Referenzgruppe) zwar den gleichen Fähigkeitswert in einer Domäne aufweisen, aber
unterschiedliche Wahrscheinlichkeiten haben, Items (hier: Testaufgaben) richtig zu lösen.

Dabei wird auch ermittelt, ob der Einfluss einer Gruppenvariablen signifikant ist, wobei in der Regel ein Signifikanzniveau von fünf Prozent angenommen wird (vgl. z.B. Teresi, Ramirez, Lai & Silver, 2008). Der Grenzwert
(*threshold*) markiert über alle Items hinweg die Schwelle, ab welchem Wert
DIF identifiziert wird. Da mit der Testung auf Signifikanz noch keine Aussage
über das Ausmaß von DIF getroffen werden kann, wird zusätzlich die Effektstärke des Zusammenhangs ermittelt, d.h. wie stark die Gruppenvariable das
jeweilige Item beeinflusst. Konnte ermittelt werden, dass ein ‚non-uniformer'
DIF vorliegt, dass also die Gruppierungsvariablen einen Einfluss auf das Ant-

---

44   Basierend auf dem theoretischen Rahmenkonzept der *Item Response Theory* (IRT), das sich
      aus formalen, mathematischen und probabilistischen Messmodellen zusammensetzt, wird
      postuliert, dass im Rahmen eines Tests einem beobachtbaren Verhalten (manifeste Variab-
      le) eine Fähigkeit oder Disposition (latente Variable) zugrunde liegt, die die Performanz des
      Tests steuert (vgl. Rost & Spada, 1982, S. 60). Anders als in der *Klassischen Testtheorie*
      (KTT) misst die IRT somit nicht direkt das Testverhalten, sondern indirekt das *latente
      Trait*, welches über Indikatoren der manifesten Variablen vermittelt wird.

wortverhalten haben, so sollte in der Konsequenz das entsprechende Item für den Test ausgeschlossen oder aber in anderer Weise eingesetzt werden.

Vergleiche der Messwerte zwischen Gruppen sind nur dann aussagekräftig, wenn Items bei Personen unterschiedlicher Gruppenzugehörigkeit das Merkmal in gleicher Weise messen. Ist das der Fall, spricht man von ‚*Item Impact*‘, d.h. dem tatsächlichen Leistungsunterschied der Gruppen. Als unfair zu deklarieren und damit als ‚*Item Bias*‘ oder DIF zu bezeichnen sind Items in Tests letztlich nur, wenn in unterschiedlichen Gruppen bei gleicher Personenfähigkeit ungleiche Chancen bestehen, ein Item richtig zu lösen. Grundsätzlich können Items durch DIF-Analysen lediglich identifiziert werden. Um aber auch Ursachen eines DIF zu ermitteln, sind – bestenfalls unter Hinzuziehung von Expertenmeinungen – vertiefende Analysen notwendig (vgl. z.B. Klieme & Bos, 2000).

Es gibt unterschiedliche theoretische Ansätze, *Differential Item Functioning* im Rahmen von IRT durchzuführen (für eine Übersicht vgl. Hambleton & Swaminathan, 1985; Osterlind, 2006). Im Folgenden wird der Lord-x^2-Ansatz (Lord, 1980) vorgestellt, da er – ähnlich wie der Mantel-Haenszel-Ansatz (vgl. Holland & Thayer, 1988; Mantel & Haenszel, 1959) – häufig im Rahmen der empirischen Bildungsforschung Anwendung findet.

7.1.1.2 Zum Lord-x^2-Ansatz

Unabhängig von der Schwierigkeit eines Items und der Leistungsstreuung, d.h. sowohl niedrigen als auch hohen Item-Fähigkeitswerten, liegt nach Annahme des Lord-x^2-Ansatzes Chancenungleichheit nur dann vor, wenn ein Item in den beobachteten Gruppen unterschiedliche *Item Response Funktionen* (IRF) aufweist (vgl. Abb. 7.1.1). Alleine die Streuung der Testresultate würde lediglich Gruppendifferenzen eines Tests wiedergeben (*Item Impact*), nicht aber eine durch einzelne Items verursachte Verzerrung (*Item Bias*). Im praktischen Vorgehen der DIF-Analyse nach dem Lord-x^2-Ansatz wird das Modell festgelegt, in dessen Rahmen die Analyse stattfindet, d.h. es wird zwischen 1 PL-, 2 PL- oder 3 PL-Modellen ausgewählt. Gemeint sind Modelle, die die Itemparameter

a.   Rateparameter ($c_i \in [0, 1]$),
b.   Trennschärfeparameter ($\alpha_i \in R^+$) und
c.   Schwierigkeitsparameter ($\beta_i \in R$)

in verschiedener Weise integrieren. Der Rateparameter beschreibt die Wahrscheinlichkeit, mit der eine Person unabhängig von ihrem Fähigkeitslevel zufällig ein Item korrekt löst. Durch den Trennschärfeparameter wird die Genauigkeit eines Items ermittelt, er dient dazu zwischen Personen mit hohem und niedrigem Fähigkeitslevel unterscheiden zu können. Der Schwierigkeitsparameter bildet die Schwierigkeit eines Items ab. Durch die in IRT-Modellen vorhandene Parametrisierung dieser Itemeigenschaften und Personenfähigkeiten ist es möglich, Itemparameter (c_i, α_i und β_i) und Fähigkeitsparameter (θ) auf einer Skala abzubilden. Unter der Annahme einer logistischen Beziehung werden demzufolge drei Modelle unterschieden:

- ein 3-Parameter-Logistisches Modell (3-PL), das aus allen drei Itemparametern besteht: Rateparameter c_i, Trennschärfeparameter α_i und Schwierigkeitsparameter β_i (vgl. Birnbaum, 1968),

- ein 2-Parameter-Logistisches Modell (2-PL), das keinen Rateparameter ($c_i = 0$) enthält, aber den Trennschärfe- (α_i) und Schwierigkeitsparameter (β_i) für alle Items (vgl. ebd.), und

- das als Rasch-Modell (Rasch, 1960) bekannte 1-Parameter-Logistische Modell (1-PL), das die Wahrscheinlichkeit, mit der ein Item korrekt gelöst werden kann (gegeben die Personenfähigkeiten) über den Schwierigkeitsparameter (β_i) bestimmt. Der Trennschärfeparameter (α_i) wird hierbei gleich Eins festgesetzt, der Rateparameter ($c_i = 0$) nicht aufgenommen (vgl. Hambleton, Swaminathan & Rogers, 1991).

Für die Vorstudien wurde zur Beschaffenheit von Testaufgaben und ihrer Bearbeitung das 1-PL Modell festgelegt.[45] Es werden also Differenzen von Fokus- und Referenzgruppe hinsichtlich des Schwierigkeitsparameters (β_i) insofern verglichen, als DIF ausschließlich in Rückgriff auf den Schwierigkeitsparameter (β_i) und die Personenfähigkeit (θ) in den geschätzten IRF's betrachtet wird. Bei 1PL-Modellen liegen die IRF's parallel zueinander und es bestehen keine Unterschiede in ihren Steigungen (vgl. Abb. 7.1). Der Lord-x^2-Ansatz geht dabei von der Nullhypothese (H0) aus, also davon, dass kein DIF im betrachteten Item vorliegt. Ermittelt werden davon abweichend zwei Aspekte eines Effekts von DIF:

- Erstens wird das *Ausmaß* des Effekts berechnet, der sich über den Trennschärfeparameter (α_i) ermitteln lässt. Dieser wird, wie erläutert, in dem 1-PL-Modell gleich Eins gesetzt. Die Unterscheidung von Fähigkeitskontinuum (also IRF) und Trennschärfeparameter ist demnach

---

45 Die folgenden Ausführungen beziehen sich ausschließlich auf diese Auswahl.

unter der Annahme des Rasch-Modells nur bedingt möglich, da die Funktionen durch den einheitlichen (auf Eins festgesetzten) Parameter beeinflusst sind. Magis, Beland und Raiche (2012) erläutern mit Verweis auf Penfield und Camilli (2007), dass der DIF-Effekt unter der Annahme des 1-PL-Modells daher wie folgt berechnet wird: „the effect size measure, [...] is -2.35 times the difference between item difficulties of the reference group and the focal group" (ebd., S. 43).

- Zweitens wird die *Richtung* des Effekts ermittelt, d.h. die Frage, wie sich die IRF's zu allen Fähigkeitsleveln (*θ*) verhalten. Liegt die *Item Response Funktion* (IRF) der Referenzgruppe zu allen beobachteten Fähigkeitsleveln oberhalb der IRF der Fokusgruppe, ist die Referenzgruppe gegenüber der Fokusgruppe bevorteilt das betrachtete Item richtig zu lösen. Abbildung 7.1 zeigt ein anschauliches Beispiel.

Abbildung 7.1:   Exemplarische Darstellung einer ICC

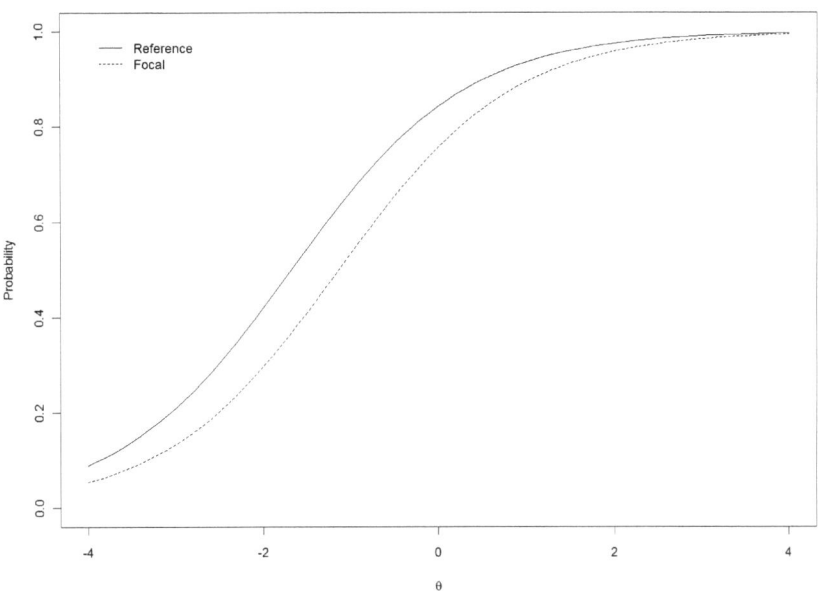

Wie in Abbildung 7.1 dargestellt, eignen sich zur Identifizierung von DIF bei dichotomen Items die *Item-Charakteristic-Curves* (ICC) (vgl. Thissen, Steinberg & Wainer, 1993). Sie bilden die Funktionen der Fähigkeitsparameter (*θ*) für ein Item ab, die für dichotome Items bei richtiger Antwort monoton steigend verlaufen. Steigt also die Personenfähigkeit θ, steigt auch die Wahrscheinlichkeit für eine richtige Antwort. Verlaufen die Funktionen konform, weist dies darauf hin, dass das betrachtete Item für beide Gruppen gleich ‚funktioniert', also uniform ist. Weisen die Kurven einen unterschiedlichen Verlauf auf, verweist dies auf einen non-uniformen DIF (vgl. Lord, 1977, 1980).

Die DIF-Analyse wurde mit der statistischen Software R und dem Paket difR[46] durchgeführt (vgl. Magis, Beland & Raiche, 2012; R Development Core Team, 2009). Dazu mussten alle Items der Domäne Mathematik des vierten Jahrgangs dichotomisiert werden (vgl. Kapitel 8.1.2.1). Die Personenfähigkeit konnte somit nur eingeschränkt berücksichtigt werden, da lediglich hinsichtlich der Frage, ob das Item richtig oder falsch gelöst wurde. Fehlende Werte im Datensatz der Referenz- und Fokusgruppe wurden als NA kodiert und aus der Berechnung der Itemparameter ausgeschlossen (vgl. Magis, Beland & Raiche, 2012, S. 42).

7.1.1.3 DIF als Validitäts-Check?

Die Methode des *Differential Item Functioning* (DIF) dient der Identifizierung nicht intendierter oder übersehener Mehrdimensionalität, die einem Item zugrunde liegen kann. Für die Validität eines Tests sind DIF-Analysen daher bedeutend. Kann DIF identifiziert werden, so können hierfür unterschiedliche Kennwerte als Ursache weiter überprüft werden. DIF prüft also nicht nur die Validität eines Tests, sondern auch deren Güte in verschiedenen Gruppen. Wie Klieme und Baumert (2001) im Rahmen eines Ländervergleichs aufzeigen konnten, hat die Analyse der Identifizierung von DIF somit nicht nur die Funktion, die Konstruktvalidität eines Tests kritisch zu hinterfragen. Weitere Analysen ermöglichen es, aufschlussreiche Hinweise auf eben jene Aspekte eines Konstrukts zu geben, die als bevor- oder als benachteiligend für zwei (oder mehrere) unterschiedliche Gruppen gelten. In diesem Fall enthält die DIF-Analyse sogar eine diagnostische Qualität.

Jedoch wird die DIF-Analyse auch kritisch im Rahmen der Psychometrie diskutiert. So wird angenommen, dass sie bei eindimensionalen Modellen lediglich eine „nuisance dimension" (Ackerman, 1992, S. 67) aufdecke:

„If two different groups of examinees have different underlying multidimensional ability distributions and the item tests are capable of discrimination

---

46 Der Lord-x^2-Ansatz ist im Rahmen der DIF-Analyse in R unter difLord begrifflich markiert (vgl. Magis, Beland & Raiche, 2012, S. 40-46).

among levels of abilities in these multiple dimensions, then any unidimensional scoring scheme has the potential to produce item bias." (ebd.)

Als problematisch wird hier die Eindimensionalität von Modellen herausgestellt, die auch in IRT-Ansätzen angenommen wird und die Interpretierbarkeit ermittelter Unterschiede im Rahmen von DIF-Analysen einschränkt. Die Annahme eindimensionaler Modelle, so die Kritik, verkennt also die Mehrdimensionalität in Tests. Kritikern wie Roussos und Stout (2004) zufolge kann es daher zu keinen eindeutig interpretierbaren Ergebnissen kommen, sodass letztlich durch DIF zwar ein Indiz für Mehrdimensionalität geschaffen wird, dieses Indiz aber mit Vorsicht zu interpretieren ist.

In dieser Arbeit wurde die Validitätsprüfung durch die DIF-Analyse lediglich partiell durchgeführt. Die Ergebnisse der Analyse stellen aber auch nicht das Endresultat, sondern den Ausgangspunkt weiterer Untersuchungen dar. Sie dienen also dem Zweck eines ersten Screenings der Items und möglicher schwierigkeitsgenerierender Merkmale (vgl. Kapitel 7.2 & Kapitel 7.3), die in sich anschließenden Analysen vertiefendend untersucht werden.

7.1.2 Aufgabengeleitete klinische Interviews

Eine Auswahl der durch die DIF-Analyse identifizierten freigegebenen Testaufgaben wurde in einer Interviewstudie eingesetzt, um zu explorieren, *wie* sie von den Schülerinnen und Schülern bearbeitet werden. Die Interviews wurden als klinische Interviews durchgeführt (vgl. z.B. Butcher, Mineka & Hooley, 2009, S. 147-148)[47], die sich in der fachdidaktischen Forschung als besonders geeignet herausgestellt haben, um Erkenntnisse über die Vorstellungen und Bearbeitungsweisen der Schülerinnen und Schülern zu erhalten (vgl. z.B. Selter & Spiegel, 1996, S. 100-109). Das ‚klinische' Interviewsetting wird genutzt, um ein Verstehen des kindlichen Denkens und Handelns zu erhalten. Dazu wurden Elemente problemzentrierter Interviews (vgl. Witzel, 2000) integriert: Nachfragen bei Schwierigkeiten während der Aufgabenbearbeitungen wurden je nach Interviewverlauf in den Prozess integriert und – in den Worten von Mey und Mruck (2010) – im Sinne einer „mitgestaltende[n] Explorationsfunktion" (ebd., S. 425) genutzt, ohne dabei dominant in die individuelle Aufgabenbearbeitung einzugreifen. Die Interviews wurden videographiert und transkribiert.

---

47   Es wurden auch drei Testaufgaben ohne DIF in den Interviews eingesetzt, die aus anderen, inhaltsanalytischen Gründen als herausfordernd für diese Schülergruppe eingeschätzt wurden (vgl. zur Analyse einer dieser Aufgaben: Walzebug, 2012).

Das Sample der interviewten Schülerinnen und Schüler wurde nach privilegierter und nicht privilegierter Herkunft ausgewählt und nach der Zugehörigkeit zu
Haupt- und Gesamtschule zusammengestellt (vgl. Kapitel 8.3.1).

7.1.2.1 Zur Struktur der Interviews

Eingeleitet wurden die Interviews mit einem Einstieg in die Thematik der Arbeit (vgl. Kapitel 9.1.2.1). Die Schülerinnen und Schüler wurden darüber informiert, dass es sich bei der Aufgabenbearbeitung in den Interviews nicht um
einen Test handelt, wenngleich Testaufgaben Gegenstand der Untersuchung
sind. Sie sollten so ausführlich wie möglich offenlegen, wie sie die Aufgaben
lösen. Motivierendes Element war, dass sie explizit als Expertinnen und Experten deklariert wurden, um in Zukunft Testaufgaben besser entwickeln zu können. Strukturiert ist der Verlauf der Interviews durch eine festgelegte Reihenfolge an Aufgaben, die vorgelegt wurden. Diese ist im Interviewleitfaden festgelegt und dient als strukturleitendes Instrument der vergleichbaren Durchführung (vgl. Helfferich, 2005). Die Experteneinschätzungen und die Analysen
schwierigkeitsgenerierender Merkmale in den Aufgaben (vgl. Kapitel 7.1.3)
wurden für die Entwicklung der im Leitfaden integrierten Fragen genutzt. Je
nach Verlauf der Aufgabenbearbeitung konnte auf unterschiedliche Fragen
zurückgegriffen werden. Handlungsspielraum bot darüber hinaus eine Auswahl
an selbstentwickelten Zusatzaufgaben, die hinsichtlich leichter Modifizierungen
zum Schwierigkeitsgrad eigenständig zu jeder Testaufgabe entwickelt wurden.
Sie dienten dem Zweck, Schwierigkeiten der Schülerinnen und Schüler genauer
in den Blick zu nehmen (vgl. Kapitel 9.2.3.3, Aarons Aufgabenbearbeitung).
Die Einzelinterviews variieren in ihrer Gesamtlänge zwischen ca. 35 und 55
Minuten.[48] Leitend für die Interviews war die Methode des Lauten Denkens.

7.1.2.2 Zur Methode des Lauten Denkens

Protokolle des Lauten Denkens (*think aloud protocols*) dokumentieren die
Verbalisierung von laut Gedachtem (vgl. z.B. Konrad, 2010). Die Methode des
Lauten Denkens wird vorwiegend in der kognitiven Psychologie eingesetzt. Sie
findet sich seit einigen Jahren aber auch vermehrt in der fachdidaktischen Forschung (vgl. z.B. in der Deutschdidaktik: Stark, 2010; in der Mathematikdidak-

---

48   Ich danke den Lehrpersonen für die Unterstützung, mir an jedem Schulstandort pro Schüle-
      rin bzw. Schüler je eine Unterrichtsstunde zur Verfügung zu stellen.

tik: Spiegel & Selter, 1997; in der Geschichtsdidaktik: Lange, 2011). Dokumentiert werden konkrete Gedanken (z.B. „ich verstehe das nicht, weil ..."),
Wahrnehmungen (z.B. „ich sehe in der Abbildung ..."), Empfindungen (z.B.
„mich verwirrt, dass ...") und alles, was der Schülerin bzw. dem Schüler darüber hinaus durch den Kopf geht. Ziel der Methode ist es, das Handeln und
Erleben der Interviewten unmittelbar aus dem Interaktionszusammenhang zu
explorieren, d.h. möglichst viele Informationen aus den subjektiven Denkvor-
gängen zu gewinnen. Hierbei ist neben der Lösung der Aufgabe der Lösungsweg von Interesse. Die Fokussierung auf den Prozess der Aufgabenbearbeitung
ermöglicht es, im Detail die Abfolge explizierter Gedanken zu ermitteln.

Die Methode des Lauten Denkens hat aber auch Grenzen: Zu bedenken ist
die Instruktion, da sie den Prozess maßgeblich bestimmt. So muss mitgeteilt
werden, dass alle Gedanken laut ausgesprochen werden sollen, auch die, die
man für unwichtig hält. Bewährt hat sich in der Praxis ein Probe-Gespräch vor
dem Interview, in dem das laute Denken eingeübt werden kann (vgl. Stark,
2010). Auch ist zu berücksichtigen, dass es in der wenig vertrauten, hoch kon-
zentrierten und klinischen (inszeniert durch die Videokamera) Gesprächssitua-
tion ungewohnt ist, das auszusprechen, was parallel getan wird. Die Intervie-
wenden treffen notgedrungen eine Auswahl, die für sie selbst nicht gänzlich
nachvollziehbar ist. Umso entscheidender ist es, im Einstiegsgespräch klar zu
definieren, was für die Forschung relevant ist. Im Falle dieser Arbeit wurde den
Schülerinnen und Schülern explizit mitgeteilt, dass es bei der Lösung der ihnen
vorgelegten Testaufgaben nicht um Schnelligkeit oder die richtige Antwort
geht, sondern darum, *wie* sie solche Aufgaben bearbeiten, *welche* Schwierigkeiten sie sehen und *wie* die Aufgaben verbessert werden könnten. An die Grenzen
dieses methodischen Verfahrens stößt die Frage nach dem Bewusstsein eigener
kognitiver Prozesse, da nicht davon auszugehen ist, dass den Schülerinnen und
Schülern jedwedes Handeln und Denken bewusst ist. Prinzipiell gilt es, eine
möglichst vertrauensvolle und offene Situation herzustellen. Im vorliegenden
Fall wurde versucht, nach längeren Redepausen neue Anregungen durch gezielte offene Fragen zu schaffen und stetig zum Weitersprechen zu ermutigen.

7.1.2.3 Gütekriterien qualitativen Interviewmaterials

Gütekriterien qualitativer Forschungsmethoden folgen nicht den Gütemaßen,
die in der quantitativen Forschung angewendet werden (Objektivität, Reliabilität, Validität) – obgleich dies durchaus diskutiert wird (vgl. z.B. Steinke, 2005).
Weder Objektivität noch Reliabilität werden in der vorliegenden Interviewstu-

die beansprucht, da es hier nur darum gehen kann, den subjektiv gemeinten
Sinn zu rekonstruieren. Solche Sinnkonstruktionen sind Resultat eines „methodisch kontrollierten Fremdverstehen[s]" (Hollstein & Ullrich, 2003, S. 36). Im
Fall dieser Arbeit bedeutet dies, dass zwar ein theoretisch fundiertes Vorverständnis über Bearbeitungsweisen der Schülerinnen und Schüler besteht und
expliziert wurde (vgl. Kapitel 4), dass aber mit Blick auf die Vorläufigkeit
dieses Vorverständnisses maximale Offenheit für den untersuchten Gegenstand,
d.h. die individuellen Bearbeitungsweisen in den Interviews, aufrecht erhalten
wurde. Beansprucht wird Validität, d.h. die Gültigkeit dessen, was in den Interviews erhoben wird. Validität in der qualitativen Forschung bezieht sich vor
allem auf die Interpretation des erhobenen Materials, aber natürlich ebenso auf
die Instrumente, d.h. die Testaufgaben, dem Interviewleitfaden und das inszenierte Interview-Setting.

Als zentrale Gütekriterien qualitativer Forschung definiert Steinke (2005,
S. 324f.) folgende: *Intersubjektive Nachvollziehbarkeit* des untersuchten Phänomens ist durch die Dokumentation des Forschungsprozesses und die Interpretation in Gruppen zu erreichen. Die *Indikation des Forschungsprozesses* bezeichnet die Angemessenheit des methodischen Vorgehens. Das Gütekriterium
der *empirischen Verankerung* ist durch das theoriegeleitete Aufstellen der forschungsleitenden Fragen zu erfüllen. Auch der Aspekt der *Limitation* qualitativer Forschung ist zu reflektieren. Innerhalb des begrenzt untersuchten Falls
kann die Interpretation der Ergebnisse etwa anhand eines vergleichbaren Settings von Interviews gut begründet werden. *Kohärenz* wird durch die Beschreibung der Theorie hergestellt, die als Grundlage für den empirischen Zugang
einer Forschungsarbeit gilt. Auch die *Relevanz* qualitativen Vorgehens ist zu
begründen. Zudem impliziert qualitatives Forschen, sich selbst als Teil der
Forschung zu reflektieren, das Steinke als Kriterium der *reflektierten Subjektivität* formuliert. Allen sieben Gütekriterien wurde in dieser Arbeit entsprochen:

- *Intersubjektive Nachvollziehbarkeit:* Ein Forschungstagebuch diente
  der Dokumentation des Forschungsprozesses und verhalf zur Strukturierung des Prozesses. Auch die sequentielle Transkription der Interviews ist Teil der Dokumentation, durchgeführt nach Transkriptionsregeln. Ausgewählte Interviewsequenzen und ausformulierte Analysen
  wurden ferner in Gruppen[49] diskutiert und interpretiert. Entscheidend

---

49   Ich danke besonders dem Oberseminar-Kreis um Prof. Rainer Kokemohr (Adrienne van
     Wickevoort Crommelin, Dr. Anke Wischmann, Dr. Gereon Wulftange & Dr. Manuel Zahn)
     sowie Dr. Vivien Heller und Jun. Prof. Claudia Müller aus der Research School ‚Education
     & Capabilities' für differente Lesarten, Anregungen und Kritik.

war die Offenlegung des Vorgehens bei der Aufgabenanalyse (vgl. Kapitel 7.1.3). Empirisches Datenmaterial aus der Interviewstudie war zudem Gegenstand für Diskussionen in Seminaren[50], in denen Studierende des Lehramts, der Erziehungs- und der Bildungswissenschaft eigene Lesarten vorstellten.

- *Indikation des Forschungsprozesses:* Interviews wurden gewählt, um ausgehend von quantitativen Referenzwerten (vgl. Kapitel 7.1.1) vertiefend Einblick in individuelle Bearbeitungsweisen zu erhalten. Die Entscheidung, klinische Interviews mit der Methode des Lauten Denkens durchzuführen, erwies sich als ertragreich, um die subjektiven Denk-, Empfindungs- und Handlungsmuster der Lernenden zu rekonstruieren (vgl. Kapitel 7.2.1).
- *Empirische Verankerung:* Theoretische Annahmen wurden hinreichend vorgestellt und diskutiert (vgl. Kapitel 2 bis 5), theoriegeleitet Prognosen für die Bearbeitung der Aufgaben abgeleitet, am empirischen Material überprüft und aus dem empirischen Material generiert (vgl. Kapitel 6 bis 9). Die Prognosen sind ferner in die Hypothesenbildung der quantitativen Analysen eingeflossen.
- *Limitation:* Die Interviews fanden in einem vergleichbaren Setting statt, jedoch entspricht das Interviewsetting nicht dem Setting einer Testsituation (vgl. Kapitel 9.1.2). Für die leitende Frage der Arbeit ist ein Interviewsetting aber dennoch insofern geeignet, als es nicht um die Analyse von Tests in Testsituationen alleine geht, sondern darum, schwierigkeitsgenerierende Merkmale für Schülerinnen und Schüler nicht privilegierter Herkunft in Testaufgaben zu eruieren.
- *Kohärenz:* Die Beschreibung der theoretischen Annahmen (vgl. Kapitel 2 bis 5) gilt als Grundlage für den empirischen Zugang der Arbeit. Elemente der Theorie wurden diskutiert und empirisch geprüft. Die in Kapitel 8 dargestellten Ergebnisse zeigen, dass dabei nicht nur eindeutige Ergebnisse analysiert, sondern auch offene Fragen und Widersprüche dokumentiert wurden, die den Ausgangspunkt für weitere Forschungsarbeiten darstellen.
- *Relevanz:* Die Interviewstudie stellt Datenmaterial für vertiefende Analysen zur Beantwortung der Frage nach den schwierigkeitsgenerierenden Merkmalen aus Schülersicht dar. Sie ermöglicht es zudem,

---

50 Ich danke allen Teilnehmerinnen und Teilnehmern meiner Seminare (a.) ‚Zur Methode des Lauten Denkens' (TU Dortmund), (b.) ‚Testaufgaben und sprachliche Herausforderungen' (Universität Duisburg-Essen), (c.) ‚Methoden der Bildungsforschung: Quantitativ, qualitativ, triangulativ I, II, III' (TU Dortmund, IFS) für ihre Anregungen und Kritik.

Analysen auf der Prozessebene der Reproduktion sozialer Ungleichheit durchzuführen (vgl. Kapitel 5).

• *Reflektierte Subjektivität:* Versucht wurde, Vorannahmen zu vermeiden und jedem Schüler bzw. jeder Schülerin im Interview mit maxi-
maler Offenheit zu begegnen. Dazu wurde die eigene Rolle insbesondere innerhalb der Pilotierung der Interviews reflektiert (vgl. Kapitel
7.1.2), woraus Modifikationen des Leitfadens und der Rahmenbedingungen folgten. Zur kritischen Selbstreflexion diente zudem das Forschungstagebuch.

7.1.3 Vertiefende Analyse der Testaufgaben

Die Analyse der Testaufgaben erfolgte strukturiert und kriteriengeleitet. Sie
wurde in einem Dreischritt pro Aufgabe vollzogen:

1. die *fachliche Perspektive*: Was soll mit der Aufgabe getestet werden?
   Was müssen Schülerinnen und Schüler können, um die Aufgabe zu lösen?,

2. die *sprachliche Perspektive*: Welche sprachlichen Schwierigkeiten
   enthält die Aufgabe? Welche sprachlichen Kenntnisse benötigen die
   Schülerinnen und Schüler, um die Aufgabe zu lösen? und

3. die *Perspektive im Rahmen von Interaktionen*: Welche Möglichkeiten
   ergeben sich im Interviewsetting für die Schülerinnen und Schüler,
   Aufgaben zu bearbeiten?

Anhand der Lektüre mathematikdidaktischer Ansätze zur Beschreibung und
Bewertung von Aufgaben (vgl. Jordan et al., 2006; Hußmann & Prediger, 2007)
wurde zudem die Grundidee eines Rasters entwickelt. Der Fokus liegt dabei
weniger auf den in TIMSS 2007 gemessenen mathematischen Bereichen (vgl.
Kapitel 4.2) als auf den in dieser Arbeit herausgestellten Wissensdimensionen
(vgl. Kapitel 4.3). Dabei haben sich Ansätze aus dem Bereich von Deutsch als
Zweitsprache (DAZ) als aussichtsreich erwiesen, da hier ein Fokus auf Merk-
male gerichtet ist, die das Lesen und Verstehen von deutschsprachigen Texten
erschweren (vgl. z.B. Ahrenholz & Oomen-Welke, 2008; Benholz, Lipkowski
& Iordanidou, 2005; Brindley & Slatyer, 2002; Grießhaber, 2011; Grießhaber,
Merkel & Roll, 2007; Gürsoy et al., 2013; Hoffmann, 2013; Prabhu, 1987;
Tracy, 2008).

7.1.3.1 Zur Struktur der Aufgabenanalyse: Das Aufgabenraster

Zur Beschreibung der Testaufgaben und schwierigkeitsgenerierender Merkmale wurden die nachfolgend skizzierten Kriterien definiert. Die eigene inhaltliche Analyse sowie die Analyse durch die Experten (Einschätzungen der Lehrkräfte) sind nach diesen Kriterien strukturiert. Die Kriterien wurden theoriegeleitet generiert, wobei aus mathematikdidaktischer Perspektive vorwiegend auf Hußmann und Prediger (2007) Rekurs genommen wurde. Reflektiert wurden zusätzlich Ansätze zur Aufgabenschwierigkeit, die auf die sprachliche Komplexität von Aufgaben rekurrieren (vgl. Bremerich-Vos & Böhme, 2009; Leisen, 2009; Nunan & Koebke, 1995; Robinson, 2001a). Die Kriterien an sich vermögen es nicht, Aussagen über die Qualität einzelner Aufgaben zu treffen. Sie dienen ausschließlich der Beschreibung.

Art der kognitiven Aktivitäten
Kognitive Aktivitäten in TIMSS 2007 sind in erster Linie solche, die als kognitive Anforderungsbereiche *Reproduzieren*, *Anwenden* und *Problemlösen* definiert wurden (vgl. Kapitel 4.2). Über diese Anforderungsbereiche hinaus wurden zur Beschreibung der Testaufgaben die in Kapitel 4.3 genannten Wissensdimensionen herangezogen.

Kompliziertheit der Ausführungen des Lösungsplans
Die Lösung einer Aufgabe kann in ihrer Ausführung unterschiedlich kompliziert sein. So ist zu fragen, ob zur Erfassung der erforderlichen mathematischen Operation abstrakte Begriffe integriert werden müssen, ob der Rechenaufwand als eher klein oder groß einzuschätzen ist oder auch, ob die Schülerinnen und Schüler sich der Lösung der Aufgabe ausschließlich über das Probieren unterschiedlicher Operationen nähern können. Letzteres würde z.B. nicht nur Ausdauer erfordern, sondern ebenso Kreativität. Dieses Kriterium bezieht sich zunächst auf das *Handlungswissen für das Lösen von Aufgaben*, ist aber ebenfalls bezogen auf *mathematikspezifisches Wissen* und *sprachliches Wissen* (vgl. Kapitel 4.3).

Komplexitätsgrad
An die Kompliziertheit der Ausführungen des Lösungsplans ist der Komplexitätsgrad einer Aufgabe geknüpft. Hierbei wird in den Blick genommen, wie vielschichtig eine Lösung ist (Anzahl und Art der Lösungsschritte). Von Bedeutung ist auch, wie groß möglicherweise ein nicht intendierter Anteil einer

Aufgabe ist, der das mathematische Basiswissen von Viertklässlerinnen und Viertklässlern überschreitet.

Sprachliche Komplexität der Aufgabenstellung
Die sprachliche Komplexität der Aufgabenstellung meint das sprachlich fixierte Format einer Testaufgabe (z.B. Syntax, Gebrauch von Schlüsselwörtern) und die sprachlichen Anforderungen, die mit ihr verbunden sind (vgl. *sprachliches Wissen*, Kapitel 4.3.2). Muss eine Schülerin bzw. ein Schüler z.B. ausschließlich lesen, d.h. in der Aufgabenstellung und in den Wahlantworten des Multiple-Choice-Formats gegebene Informationen rekodieren, oder gilt es, über das Lesen hinaus einen (begründeten) Antwortsatz zu formulieren?

Vorstrukturiertheit der Lösung – Offenheit
Lösungswege können auf unterschiedliche Art und Weise durch das Format einer Aufgabe vorgegeben sein. Der Grad an Vorstrukturiertheit einer Lösung ist dabei nicht gleichbedeutend mit dem Grad der Aufgabenschwierigkeit: Je nach Perspektive und Wissenstand eines Lernenden fällt möglicherweise das offene Format schwachen Schülerinnen und Schülern leichter, weil sie hier die Möglichkeit haben, eigene Denkwege zu nutzen. Vielleicht ist aber auch das Gegenteil der Fall, weil ihnen bei offen strukturierten Aufgaben notwendige Orientierungsmarkierungen für das eigene Denken fehlen.

Nutzung von Repräsentationsformen
Formate von Testaufgaben sind zu unterscheiden hinsichtlich ihres Antwortformats (Multiple-Choice-Format vs. offenes Antwortformat) und ihrer Repräsentationsformen (z.B. Grafiken, Tabellen, Skizzen, Diagramme). Repräsentationsformen können ein notwendiges Element einer Aufgabe darstellen, z.B. weil in einem Diagramm zum Lösen der Aufgabe entscheidende Informationen enthalten sind. Sie können aber auch einzig zur grafischen Aufbereitung einer Aufgabenstellung ergänzt worden sein, etwa in Form einer Skizze, in der der inhaltliche Kontext einer Aufgabe dargestellt wird. Und auch wenn es sich ‚nur' um eine grafische Aufbereitung handelt, die keine Informationen zur Lösung einer Aufgabe enthält, kann hierdurch eine zusätzliche Schwierigkeit evoziert werden. Denn möglicherweise steht diese Skizze in Kontrast zu jener Vorstellung, die durch die Schülerin bzw. den Schüler aktiviert wurde. Repräsentationsformen können den Prozess der Aufgabenbearbeitung also unterstützen, ihn aber ebenso stören.

7.1.3.2 Zur Bedeutung der Expertenmeinungen

Anhand der Kriterien wurden die in den Analysen identifizierten Testaufgaben näher beschrieben. Die kriteriengeleitete Aufgabenanalyse wurde durch die Einschätzung einer Gruppe von Expertinnen und Experten fundiert und validiert. Es konnten vier Lehrkräfte[51] gewonnen werden, die die Testaufgaben hinsichtlich der Kriterien einschätzten. Die ausgewählten Personen sind als Lehrkräfte im Primar- oder Sekundarschulbereich tätig. Ihre Einschätzungen wichen nur unwesentlich voneinander und von meinen eigenen Analysen ab.[52] Daher wurde von der Notwendigkeit abgesehen, weitere Personen zur Einschätzung der Aufgaben zu rekrutieren. Die vergleichbaren Einschätzungen wurden im Verständnis der Intercoder-Reliabilität, d.h. dem Vergleich von Übereinstimmungen der ‚Codierungen' (hier: die kriteriengeleitete Einschätzung) unabhängiger ‚Coder' (hier: der Lehrpersonen), abgesichert (vgl. auch Bos, 1989); der Reliabilitätskoeffizient beträgt R = 0.89.

7.2 Methodisches Vorgehen im Rahmen der Hauptstudie

Kernstück der Arbeit stellt die Strukturmodellierung dar, anhand derer die theoretisch hergeleiteten Zusammenhangsstrukturen der sozialen Herkunft (vgl. Kapitel 2 & 3) in Bezug auf die mathematische Testleistung (vgl. Kapitel 4) geprüft werden. Damit ähnelt diese Analyse auf den ersten Blick derjenigen der Vorstudie, die auf der Basis des *Differential Item Functiong* durchgeführt wurde (vgl. Kapitel 7.1.1). Auf den zweiten Blick allerdings sowie hinsichtlich der in Kapitel 7.1.1.3 unter dem Titel *DIF als Validitäts-Check?* kritisch diskutierten Frage nach Möglichkeiten und Grenzen der Methode zeigt sich, dass anhand der Strukturmodellierung das oben beschriebene Zusammenhangsgeflecht deutlich umfassender dargestellt werden kann, wie nachfolgend dargelegt wird. Ungeachtet dessen stellt die DIF-Analyse, wie in Kapitel 7.1.1 benannt, einen wichtigen methodischen Zugriff auf die Testaufgaben dar. Aus ihr ermittelte Ergebnisse finden sich in kritischem Abgleich mit den Ergebnissen der Strukturmodellierung (vgl. Kapitel 10.2). Auf die Vorteile der Strukturmodellierung wird im Folgenden eingegangen.

---

51   Ich danke Ramona Jung, Verena Hazenberg, Philip Hörter und Dr. Maike Schindler für ihre Unterstützung.

52   Dies verwundert zunächst, belegt aber wie vergleichsweise eindimensional die Aufgaben im Vergleich zu Übungsaufgaben aus dem Mathematikunterricht strukturiert sind.

7.2.1 Strukturgleichungsmodellierung (SEM)

Strukturgleichungsmodelle (*structural equation models*[53]) ermöglichen es, theoretisch aufgestellte Zusammenhänge zwischen latenten Variablen empirisch zu überprüfen (vgl. Jöreskog, 2003, 1970). Sie zählen damit zu den Strukturen prüfenden Verfahren der multivariaten[54] statistischen Forschungsmethoden (vgl. z.B. Kline, 2004). In der Arbeit ist zu prüfen, inwiefern theoretisch hergeleitete Zusammenhänge zwischen der sozialen Herkunft, der Familie und der mathematischen Testleistung – also drei durch latente Variablen ermittelte manifeste Variablen – erklärt werden können. Überprüft wird, inwieweit die Variablen sich untereinander beeinflussen[55], sei es direkt oder durch andere Variablen vermittelt, also indirekt. Strukturgleichungsmodelle werden kleinschrittig durchgeführt: Schritt für Schritt wird mittels konfirmatorischer Faktorenanalysen, Regressionsanalysen und Pfadmodellen ermittelt, in welchem Verhältnis latente Variablen zueinander stehen, die als manifeste Variablen empirisch fassbar gemacht wurden (vgl. Reinecke & Pöge, 2010).

Ein solches Strukturen prüfendes Modell hat den Vorteil, dass unter expliziter Berücksichtigung von Messfehlern mehrere Hypothesen simultan geprüft werden können, wodurch sich komplexe Abhängigkeitsstrukturen und Interdependenzen zwischen den Variablen untersuchen lassen. Zusammenhänge können im Zusammenspiel der zu untersuchenden Variablen korrekter geschätzt werden als in separaten Regressionsanalysen oder Pfadmodellen (vgl. Geiser, 2010). Insbesondere aber die Berücksichtigung von Messfehlern, durch die sich Strukturgleichungsmodelle von anderen klassischen multivariaten Analyseverfahren unterscheiden (vgl. z.B. Eid, Gollwitzer & Schmitt, 2010, S. 926f.), eröffnet eine für vertiefende Analysen aussichtsreiche Annäherung an Sachverhalte (vgl. z.B. Fassott & Eggert, 2005, S. 32). Strukturen prüfende Modelle dienen so nicht nur der Überprüfung von Hypothesen, sondern weisen auch einen explorativen Charakter[56] auf; im Falle der Falsifikation der Ursprungshy-

---

53   In der englischsprachigen Literatur bekannt als *simultaneous equation models* (vgl. z.B. Fox, 2002). Handelt es sich um generelle Strukturgleichungsmodelle, werden sie auch LISREL-Modelle genannt; das Akronym LISREL steht für *Li*near *S*tructural *Rel*ations und bezeichnet das erste Computer-Programm, mit dem lineare Strukturgleichungsmodelle durchgeführt wurden (vgl. Jöreskog & Sörbom, 1981).

54   Anders als uni- bzw. bivariate Verfahren, die sich auf Merkmalsausprägungen einer bzw. zwischen zwei Variablen konzentrieren, erlauben es multivariate Verfahren, simultan eine größere Menge von Variablen zu untersuchen (vgl. z.B. Riesenhuber, 2007).

55   Ob Ergebnisse von Strukturgleichungsmodellen auch kausale Interpretationen zulassen, ist hingegen bislang nicht hinreichend geklärt und wird kritisch diskutiert (vgl. z.B. Steyer, 2003).

56   In diesem Fall bedarf es der Replikation des Modells an einem unabhängigen Datensatz.

pothesen ergeben sich womöglich bislang unbekannte Strukturen (vgl. Hilde-brandt & Homburg, 1998, S. 24f).

Die Strukturgleichungsmodellierung im Rahmen der vorliegenden Arbeit wurde mit Hilfe des Programms Mplus 6.12 (Muthén & Muthén, 2010) berechnet. Die Ergebnisse der Modellierung werden anhand von Pfaddiagrammen dargestellt, in denen die standardisierten Pfad- und Strukturkoeffizienten abgebildet sind (vgl. Kapitel 9.2).

7.2.1.1 Zum Verfahren der Strukturmodellierung

Um ein Strukturgleichungsmodell aufzubauen, werden fundierte theoriegeleitete Annahmen über vorhandene Beziehungsstrukturen benötigt. Hierzu eignen sich Pfaddiagramme, die darstellen, wie einzelne Variablen einander zugeordnet werden sollen. Zu unterscheiden sind dabei exogene, d.h. ausschließlich unabhängige Variablen, von endogenen, d.h. abhängigen Variablen. Exogene Variablen werden nicht im Modell erklärt, die Ursachen endogener Variablen hingegen werden innerhalb des Modells angenommen; endogene Variablen können daher erklärt werden. Darüber hinaus werden Mediatorvariablen angenommen. Eine Mediatorvariable vermittelt den Einfluss, den die eine auf die andere Variable hat (vgl. Baron & Kenny, 1986); ihre Berücksichtigung im Rahmen der Strukturmodellierung ermöglicht es Interaktionseffekte zu beachten. Die Richtung, in der Beziehungsstrukturen innerhalb eines Modells angenommen werden, wird durch Pfeilmarkierungen visualisiert.

Abbildung 7.2 zeigt ein Beispiel: Dargestellt sind Beziehungen zwischen drei latenten Variablen, einerseits der Variablen ζ_1 und ζ_2 als unabhängige Variablen, andererseits der Variable η_1 als abhängige Variable. Variablen ζ_1 und ζ_2 gelten als unabhängig, weil ihr Wert in keiner Abhängigkeit zu anderen Variablen innerhalb des Strukturmodells steht, anders als es bei der Variable η_1 der Fall ist, die als abhängige Variable in dem Modell erklärt werden soll. Eine Mediatorvariable ist hier nicht abgebildet.

Ein Strukturgleichungsmodell besteht aus Teilmodellen, nämlich Struktur- und Messmodellen: Es kombiniert Messhypothesen (dargestellt in Messmodellen), und es überprüft Substanzhypothesen (dargestellt im Strukturmodell). Im Rahmen der *Messmodelle* werden Beziehungen zwischen manifesten Indikatoren (dargestellt in Kästen) und latenten Variablen (dargestellt in Ellipsen) spezifiziert, um nicht beobachtbare Variablen ‚messbar' zu machen (vgl. auch Kapitel 8.1.2.2). Bei einem Messmodell handelt es sich, wie die Abbildung 7.2 zeigt, um ein faktorenanalytisches Modell, das sowohl für ordinale als auch für metrische Variablen spezifiziert werden kann. Da davon auszugehen ist, dass die hierbei gemessenen Größen Fehler enthalten, sind Residualvariablen (dargestellt als δ und ε) unverzichtbar.

Abbildung 7.2:   Ansicht eines Strukturgleichungsmodells (Fuchs, 2011, S. 6)

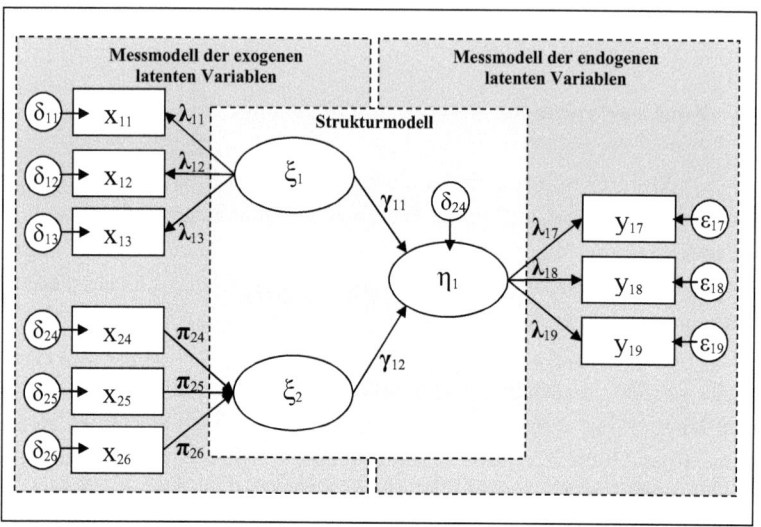

Das *Strukturmodell* prüft durch Schätzung die Struktur- und Wirkbeziehungen der latenten Variablen, dargestellt als Pfaddiagramm. Die Schätzung erfolgt dabei nach dem regressionsanalytischen Prinzip (z.B. Fahrmeir, Kneib & Lang, 2009), wonach die angenommenen Beziehungen zwischen den latenten Konstrukten als Pfad- oder auch Regressionskoeffizienten (γ) bezeichnet werden. Diese bilden die strukturellen Parameter. Latente Variablen, die innerhalb des Strukturmodells andere Variablen erklären, werden – wie einleitend dargestellt – dabei als exogen (ξ) charakterisiert und durch diese exogenen Variablen erklärte Variablen wiederum als endogen (η).

Die Modellgleichung für lineare Strukturgleichungsmodelle lautet:

$$\eta = B\eta + \Gamma\xi + \zeta$$

Die Variable η repräsentiert den Vektor der endogenen Variablen, die Variable ξ den der latenten exogenen Variablen. Da in einem Strukturmodell endogene

Variablen häufig unzureichend durch exogene Variablen erklärt werden können, wird darüber hinaus ergänzend die Variable ζ in die Gleichung integriert.
Die Variable ζ ist als Residualvariable (für latente endogene Variablen) zu
bezeichnen, weil sie für jene Wirk- und Einflussfaktoren innerhalb des Modells
steht, die unberücksichtigt bleiben mussten und sich somit einer direkten Kontrolle entziehen. Die Koeffizientenmatrizen B und Γ bilden die hypothesenge-
leiteten Abhängigkeitsbeziehungen ab, die sich anhand der Pfadkoeffizienten
zeigen. Während die Koeffizientenmatrix B die direkten Abhängigkeitsbeziehungen zwischen den latenten endogenen Variablen darstellt, repräsentiert die
Koeffizientenmatrix Γ die direkten Beziehungen zwischen den latenten exogenen und den latenten endogenen Variablen. Die Parameter des Modells werden
auf der Grundlage theoretischer Überlegungen spezifiziert; ihre Schätzung
anhand von empirischen Daten kann z.B. über die *Maximum-Likelihood-*
Methode[57] erfolgen.

Darüber hinaus wird der *threshold* (θ) für alle im Strukturmodell integrierten latenten Variablen ermittelt. Dieser wird in der vorliegenden Arbeit für die
im Modell integrierten Testaufgaben relevant: Der *threshold* bildet ab, mit
welcher Chance ein Schüler bzw. eine Schülerin eine Aufgabe richtig oder
falsch löst. Bei dichotomen Variablen (wie im vorliegenden Fall) handelt es
sich um die empirisch beobachtbare Personenfähigkeit, also die Fähigkeit der
Schülerinnen und Schüler eine Aufgabe richtig (kodiert mit 1) oder falsch bzw.
nicht (kodiert mit 0) zu lösen, im Abgleich mit der Aufgabenschwierigkeit
einer Aufgabe (inhaltlich begründet z.B. anhand von Kompetenzstufen, vgl.
Kapitel 4.2). Decken sich die latente Personenfähigkeit und die Aufgabenschwierigkeit, besteht eine 50:50 Chance, eine Aufgabe richtig zu lösen. Die
Höhe des *thresholds* einer Aufgabe gibt also ihren Schwierigkeitsgrad an, wobei die Schwierigkeit in Relation zu allen im Modell integrierten Variablen
(d.h. hier: Variablen der sozialen Herkunft, der Eltern-Kind-Beziehung, der
mathematischen Schul- und Testleistung) abgebildet wird. In dieser Arbeit
handelt es sich also entsprechend um eine um sozialstrukturelle und fachliche
Aspekte bereinigte Aufgabenschwierigkeit.

---

57   Die Bezeichnung ‚Maximum-Likelihood' steht wörtlich für ihr statistisches Schätzprinzip,
     weil die Schätzwerte der Parameter die Wahrscheinlichkeit (*likelihood*) für eine gute Pas-
     sung der Verteilung von vorhergesagten Werten der abhängigen Variable und der beobach-
     teten Verteilung der Werte maximieren (*maximum*) (vgl. Gautschi, 2010).

7.2.1.2 Gütemaße der Strukturmodellierung

Ob das Modell hinsichtlich quantifizierbarer Reliabilitäts- und Validitätskriterien empirisch tragfähig ist, entscheidet die Prüfung der Modellkonzeption, wozu Kovarianzmatrizen miteinander verglichen werden: diejenige des angenommenen Modells mit derjenigen, die sich aus den empirischen Daten ergibt. Aus diesem Vergleich wird die Differenz bestimmt, die über den Chi-Quadrat Differenzwert ermittelt wird (vgl. Fornell & Larcker, 1981). Folgende Gütemaße werden in dieser Arbeit zur Prüfung der Güte des Strukturgleichungsmodells herangezogen (vgl. Boomsma, 2000, S. 473; Browne & Cudeck, 1993; Reinecke, 2005, S. 125f):

1. χ^2-Goodnes-of-Fit Indizes (GFI)
2. Comparative-Fit-Index (CFI)
3. Tucker-Lewis-Index (TLI)
4. Root Mean Square Error of Approximination (RMSEA).

Die *χ^2-Goodnes-of-Fit Indizes* (GFI) dienen der Validitätsprüfung des Modells. Dies geschieht über einen Modellvergleich zwischen dem Modell der empirischen Daten und dem zu prüfenden, angenommenen Modell. Das Modell der empirischen Daten stellt dasjenige Modell dar, bei dem keine Kovarianzen und damit auch keine Zusammenhänge zwischen den Variablen angenommen werden. Die Freiheitsgrade geben Informationen über die Identifizierbarkeit des Modells, d.h. je mehr Freiheitsgrade es gibt, desto besser ist das Modell geeignet. Ob es sich um eine signifikante Modellverbesserung handelt, gibt der Chi-Quadrat-Wert wieder, der größer als .05, d.h. nicht signifikant, sein sollte. Ziel der Modellierung ist es also, ein Strukturmodell zu erstellen, das nicht von dem empirischen Modell abweicht.

Auch die Gütemaße *Comparative-Fit-Index* (CFI) und *Tucker-Lewis-Index* (TLI), die statistisch voneinander abhängig sind (vgl. McDonald & Marsh, 1990), prüfen in Abgleich mit dem Basismodell, ob Verbesserungen zugunsten des neuen Modells zu verzeichnen sind. Befinden sich diese Maße nahe Eins, spricht dies für die Qualität des aufgestellten Modells.

Das Gütemaß *Root Mean Square Error of Approximination* (RMSEA) gibt an, wie genau das Modell die Daten beschreiben kann, d.h. inwiefern das Strukturmodell den Daten ausreichend entspricht. Es zeigt die Diskrepanz zwischen der Populationskovarianzmatrix und der am besten angepassten Matrix zur Populationskovarianzmatrix an. Handelt es sich um eine geringe Abweichung zwischen der geschätzten und der empirischen Kovarianzmatrix, somit um ein gut geeignetes Modell, so wird dies durch einen RMSEA von .05 oder kleiner angezeigt (vgl. Browne & Cudeck, 1993, S. 144; Hu & Bentler, 1999). In dem Maße, wie die Werte der empirischen und der geschätzten Kovarianzmatrix übereinstimmen, passt auch das aufgestellte Strukturgleichungsmodell zu den zugrunde liegenden Daten. Darüber hinaus testet das RMSEA eine Nullhypothese, den *null hypothesis of close fit* ($H_0 = RMSEA \leq 0.05$), die den gewöhnlichen Test der Nullhypothese ersetzt (vgl. Reinecke & Pöge, 2010, S. 784; Reinecke, 2005, S. 121).

Geben die Gütemaße insgesamt eine nur unzureichende Anpassung der modelltheoretischen Korrelationsmatrix an, so zeigt dies an, dass die theoretischen Annahmen nicht mit den empirischen Daten übereinstimmen. Es hat zur Folge, dass über eine Modifizierung der angenommenen Hypothesen und des Modells nachzudenken ist, wobei im strengen Sinne durch die Neujustierung des Modells auch der ursprüngliche Wert, die Prüfung angenommener Strukturen und Hypothesen, verloren geht. Modifikationen der theoretischen Grundannahmen auf der Grundlage neu gewonnener Kenntnisse durchzuführen, etwa im Sinne der Fokussierung auf bestimmte Beziehungsstrukturen, ist dennoch als gewinnbringend zu bezeichnen, denn, so resümiert Fuchs (2011):

> „Bei allen methodischen Anstrengungen und Bestrebungen, einen guten Modell-Fit zu erzielen, ist für die theoretische Entwicklung die Falsifikation von Hypothesen häufig sogar von höherem Wert als eine Elimination von Parametern, weil es den Theoriebildungsprozess neu herausfordert." (ebd., S. 12)

7.2.2 Umgang mit fehlenden Werten

Fehlende Werte in quantitativ erhobenen Studien – z.B. aufgrund nicht beantworteter Fragen in Fragebögen oder unlesbarer Antworten – lassen sich kaum vermeiden. Umso wichtiger ist ein angemessener Umgang mit ihnen, damit hinsichtlich der erzielten empirischen Ergebnisse Verzerrungen und Fehlaussagen vermieden werden. Es gibt verschiedene Verfahren, fehlende Werte zu imputieren (vgl. Rubin, 1976; Lüdtke, Robitzsch, Trautwein & Köller, 2007).

Zur Analyse der Strukturgleichungsmodellierung wurde in dieser Arbeit das Verfahren der *Multiplen Imputation* (vgl. Rubin, 1987, 1996) angewendet. Da es sich bei imputierten Werten um mit Unsicherheit behaftete Schätzungen handelt, liegt der Vorteil einer multiplen Imputation im Vergleich zu Einzelimputationsverfahren darin, dass sie bei der Schätzung sowohl die Standardfehler als auch die imputationsbedingte Varianz berücksichtigt. Die multiple Imputation wurde mit dem statistischen Programm R durchgeführt, dem das Paket MICE (*Multivariate Imputation by Chained Equations*, van Buuren & Groothuis-Oudshoorn, 2011) zugrunde liegt. Es wurden insgesamt fünf Datensätze ($m \geq 5$) erzeugt (vgl. Schafer, 1999), denen die für die Modellierung der Strukturgleichung benötigten Variablen zugrunde lagen (vgl. van Buuren, Boshuizen & Knook, 1999). Die multiple Imputation erfolgte unter Berücksichtigung des Skalenniveaus der Variablen im Sinne des Konstrukts. Bei den in Kapitel 8.2.2 vorgestellten Fit-Werten des Strukturgleichungsmodells handelt es sich um die gemittelten Fit-Werte der fünf imputierten Datensätze.

7.3 Zur Kombination von Methoden in d er Arbeit

Die Termini *Mixed-Methods* und Methodentriangulation sind seit einigen Jahren zu Modebezeichnungen avanciert (z.B. Bergman, 2011; Flick, 2008; Gläser-Zikuda et al., 2012; Schreier & Odağ, 2010; Tashakkori & Teddlie, 2003a; Teddlie & Tashakkori, 2009). Sie benennen die Kombination von Methoden unterschiedlicher Forschungsansätze, die sich bereits in einer großen Anzahl von Forschungsarbeiten als aussichtsreich erwiesen hat (vgl. z.B. Bos & Koller, 1996; Mayring & Jenull-Schiefer, 2005; Newman & Benz, 1998). Der Begriff der Triangulation wird aufgrund seiner historischen Entwicklung aus dem Feld der Geometrie innerhalb der empirischen Sozialforschung hingegen kontrovers diskutiert (vgl. z.B. Erzberger & Kelle, 2003), anders als der von *Mixed-Methods*, der sich häufiger findet. Ungeachtet des Avancements zum Modethema bietet ein durch unterschiedliche Methoden eröffneter Zugang zum empirischen Feld vielerlei Vorteile (vgl. z.B. Tashakkori & Teddlie, 2003a). Ziel eines solch facettenreichen Zugangs ist es, den Erkenntnisgewinn zu erhöhen. Die Qualität empirischer Arbeiten, denen ein *Mixed-Methods*-Design zugrunde liegt, ist jedoch nicht per se durch den komplexen Zugang gewährleistet, sondern nur unter Kontrolle der methodologischen Annahmen der miteinander kombinierten Methoden zu erzielen, worauf etwa Shank (2007) oder auch Erzberger und Kelle (2003) kritisch verweisen.

Um dem komplexen Zusammenhang von Aufgabenbearbeitungen und herkunftsbedingten Voraussetzungen der Schülerschaft einerseits und dem Format von Testaufgaben, ihrer Schwierigkeiten und Beschaffenheit andererseits gerecht zu werden, wurde auch in der vorliegenden Arbeit ein Forschungsdesign gewählt, das als *Mixed-Methods*-Design zu bezeichnen ist. Nach Tashakkori und Teddlie (2003b) handelt es sich dabei genauer noch um ein „Concurrent

Mixed Model Design" (ebd., S. 686-688), da zur Beantwortung der Forschungsfragen unterschiedliche Daten vorliegen (vgl. Kapitel 8) und die Fragestellungen unterschiedlichen Typs sind, d.h. sowohl explorativen als auch prüfenden Charakter haben (vgl. Kapitel 6).

Zusammenfassend ist zu konstatieren, dass die im Rahmen der Vorstudien
durchgeführte DIF-Analyse der Auswahl von Testaufgaben dient, die wiederum
in klinischen Interviews vertiefend analysiert werden, um individuelle Bearbeitungsweisen der hier fokussierten Schülergruppe zu explorieren. Schwierigkeitsgenerierende Merkmale wurden mittels Experteneinschätzungen fundiert
und begründet. Die in der Hauptstudie angewendete Strukturmodellierung prüft
darüber hinaus die Zusammenhänge zwischen sozial bedingten Rahmenbedingungen von Schülerinnen und Schülern in Bezug auf die mathematische Testleistung und ermöglicht es, eine hinsichtlich der hier fokussierten Aspekte ‚bereinigte' Aufgabenschwierigkeit zu ermitteln.

Der methodische Zugriff der Arbeit erfolgt wesentlich über die Daten der
Studie TIMSS 2007, die im nachfolgenden Kapitel 8 vorgestellt werden.

8 Datengrundlage

Es wurden Sekundäranalysen durchgeführt, wie im Fall der Studie TIMSS 2007 (vgl. Kapitel 4.2 & Kapitel 8.1.1) und der Studie PARS (vgl. Kapitel 8.1.2). Darüber hinaus ist in der Interviewstudie und zur Analyse der Testaufgaben zusätzliches qualitatives Datenmaterial erhoben worden (vgl. auch Kapitel 7.1.2 & Kapitel 7.1.3). Im Folgenden findet sich die Dokumentation der Studien, der Fälle und der verwendeten Instrumente.

8.1 Vorstellung der genutzten Studien

8.1.1 TIMSS 2007

Die *Trends in International Mathematics and Science Study* (TIMSS) wird alle vier Jahre von der *International Association for the Evaluation of Educational Achievement* (IEA) durchgeführt. Untersucht werden in den vierten und achten Jahrgängen die Fachleistungen von Schülerinnen und Schülern in den Bereichen Mathematik und Naturwissenschaften (vgl. z.B. Bos et al., 2008). Im Jahr 2007 beteiligte sich Deutschland erstmalig an der TIMSS- Grundschuluntersuchung. Nationaler Projektkoordinator (*National Research Coordinator*, NRC, vgl. Kapitel 4.2) ist in Deutschland Prof. Wilfried Bos am Institut für Schulentwicklungsforschung (IFS) der Technischen Universität Dortmund. Prof. Martin Bonsen oblag die Projektleitung und Koordination der Studie für Deutschland.

Es nahmen weltweit 36 Staaten und 7 Regionen (darunter 14 Mitgliedsstaaten der *Europäischen Union* (EU) und 16 Mitgliedsstaaten der *Organisation for Economic Co-operation and Development* (OECD)) mit insgesamt 183.150 Schülerinnen und Schülern an TIMSS 2007 teil. In Deutschland haben 5200 Schülerinnen und Schüler an 246 Schulen teilgenommen. Die Gesamtteilnahmequote liegt damit sowohl für Schülerinnen und Schüler als auch für Schulen bei 96 Prozent (inkl. Schulen im Nachrückverfahren). Die Rücklaufquoten bei den Schulleitungs- und Lehrerfragebögen liegt bei jeweils mindestens rund 95 Prozent (vgl. Bonsen, Lintorf, Bos & Frey, 2008, S. 29), die der Elternfragebögen bei 73.6 Prozent (vgl. Lintorf, 2012).

Es liegen folgende Datensätze vor, auf die diese Arbeit zurückgreift:

- die *leistungsbezogenen Mathematikdaten* von Viertklässlerinnen und Viertklässlern in Deutschland (erhoben mittels Leistungstests),
- die *Hintergrunddaten* der Viertklässlerinnen und Viertklässler zu ihren Einstellungen und Meinungen zum Fach Mathematik sowie ihren familiären und außerschulischen Aktivitäten (erhoben mittels Schülerfragebögen), und
- die *Lebensbedingungen* der Viertklässlerinnen und Viertklässler und ihrer Familien (erhoben mittels des Elternfragebogens).

8.1.2 PARS

Bei der Studie PARS (*Panel Study at the Research School School ‚Education and Capabilities' in North Rhine-Westphalia*) handelt es sich um eine Panelstudie, die in den Jahren 2009 bis 2011 an insgesamt 50 Sekundarschulen in Nordrhein-Westfalen Kompetenzen der Schülerinnen und Schüler in den Domänen Mathematik, Lesen, Naturwissenschaften und Computerwissen untersucht hat (vgl. Bos et al., 2014). Durchgeführt wurden drei Erhebungen an allen Schulformen, d.h. Haupt-, Real-, Gesamtschulen, Gymnasien und Förderschulen. Bei dem für die vorliegende Arbeit relevanten ersten Messzeitpunkt nahmen insgesamt 1.927 Schülerinnen und Schüler (Rücklaufquote 81.3 Prozent) und 1.240 Eltern (Rücklaufquote 52.3 Prozent) teil (vgl. ebd.).

Initiiert wurde PARS als Studie der internationalen Forschungsschule ‚*Education and Capabilities*' (EduCap). Ziel ist es, den beteiligten Wissenschaftlerinnen und Wissenschaftlern Längsschnittdaten bereitzustellen, anhand derer Qualifikationsarbeiten verfasst und weitere wissenschaftliche Forschungsfragen bearbeitet werden können. Im Zentrum der Studie stehen Ansätze der Bildungs- und Schulentwicklungsforschung sowie – wie grundlegend für die Forschungsschule EduCap – des *Capability Approachs* (vgl. z.B. Otto & Ziegler, 2010). Die wissenschaftliche Leitung liegt bei Prof. Wilfried Bos, die Projektleitung bei Prof. Tobias C. Stubbe. Die Erhebungen der leistungsbezogenen Kompetenzen wurden in zwei Kohorten durchgeführt, beginnend im fünften und neunten (bzw. an Förderschulen auch teilweise im achten) Jahrgang. Neben den Schülerinnen und Schülern wurden in dem Erhebungszeitraum von 2009 bis 2012 die Schulleitungen, die Lehrkräfte, das weitere pädagogisch tätige Personal an den Schulen und die Eltern der teilnehmenden Schülerschaft befragt (vgl. auch Bos et al., 2014).

Die in dieser Arbeit genutzten Daten beziehen sich auf folgende Datensätze:

• die *leistungsbezogenen Mathematikdaten* der Fünftklässlerinnen und Fünftklässler an Haupt- und Gesamtschulen (erhoben mittels Leistungstests zum ersten Messzeitpunkt),

• die *Lebensbedingungen* der Fünftklässlerinnen und Fünftklässler an Haupt- und Gesamtschulen und ihrer Familien (erhoben mittels des Elternfragebogens).

8.2 Datengrundlage im Rahmen der DIF-Analyse

Die DIF-Analyse bezieht sich auf die für Deutschland repräsentative Stichprobe der Viertklässlerinnen und Viertklässler und die mathematischen Leistungstests der Studie TIMSS 2007. Die Stichprobe besteht aus Schülerinnen und Schülern, „die sich im vierten Jahr formaler Beschulung befinden" (Bonsen, Lintorf, Bos & Frey, 2008, S. 25).

In Deutschland ausgeschlossen wurden – entsprechend der internationalen Vorgabe – Schülerinnen und Schüler, „die aus körperlichen, emotionalen oder geistigen Gründen nicht in der Lage sind, den Test selbstständig zu bearbeiten, sowie Schülerinnen und Schüler, die weniger als ein Jahr in der Testsprache unterrichtet wurden und deren Muttersprache nicht die Testsprache ist" (ebd., S. 25-26). Daran anknüpfend wurden jene Schulen ausgeschlossen, deren Schülerpopulation den genannten Ausschlusskriterien entspricht. Weitere Kriterien zum Ausschluss von Schulen sind außergewöhnlich geringe Schülerzahlen und geographisch bedingt besonders schwer erreichbare Schulen (vgl. ebd., S. 26).

8.2.1 Fallauswahl

Die Stichprobe der DIF-Analyse besteht aus monolingual deutschen Schülerinnen und Schülern. Die Fallauswahl erfolgte in zwei Schritten: Zunächst wurden (a.) im Elternfragebogen die Antworten zu der Frage „In welchem Land/Gebiet sind Sie und Ihr Kind geboren?" (vgl. Bos et al., 2009, S. 29) ermittelt. Wurde als Geburtsort Deutschland angegeben (bei Vater, Mutter und Kind), wurde die entsprechende Schülerin bzw. der entsprechende Schüler in die Stichprobe aufgenommen. Angenommen wird bei dieser Gruppe, dass sie vorwiegend monolingual deutsch innerhalb ihrer Kernfamilie aufwächst. Um die Richtigkeit dieser Annahme zu überprüfen, wurden (b.) die Angaben im Elternfragebogen bzgl. der Fragen „Wenn Sie mit Ihrem Kind zu Hause sprechen, welche Sprache benutzt der Vater des Kindes (oder Stiefvater des Kindes oder männlicher Erziehungsberechtigter) dabei meistens?" (vgl. Bos et al., 2009, S. 31) und „Wenn Sie mit Ihrem Kind zu Hause sprechen, welche Sprache benutzt die Mutter des Kindes (oder Stiefmutter des Kindes oder weibliche Erziehungsberechtigte) meistens?" (vgl. ebd., S. 32) zum Abgleich herangezogen.

Es handelt sich bei dieser Stichprobe also um eine Schülergruppe, deren Eltern als ‚gebürtig deutsch' zu bezeichnen sind und die meiste Zeit mit ihren Kindern zu Hause Deutsch sprechen. Es kann allerdings auf der Grundlage des TIMSS-Datensatzes nicht entnommen werden, wie es sich mit einem Migrationshintergrund in der Generation der Großeltern verhält. Ein Migrationshintergrund in dritter Generation könnte ebenfalls Einfluss auf die Sprachfähigkeiten der Schülerinnen und Schüler haben (vgl. z.B. Albrecht, 2010, BMBF, 2007; Röhner, 2008). Bezüglich dieser Stichprobe bleibt daher ungeklärt, ob und, wenn ja, in welchem Umfang die Schülerinnen und Schüler etwa mit ihren Großeltern eine andere Sprache als Deutsch sprechen.

Weiterhin wurde die Stichprobe hinsichtlich ihrer nicht privilegierten und privilegierten Herkunft unterteilt, wobei diese Differenzierung einzig auf der Grundlage eines Konstrukts durchgeführt wurde: der EGP-Klassifizierung (vgl. Kapitel 2.2.1 & Tab. 8.1). Da es sich bei der DIF-Analyse um eine Vorstudie handelt, lag der Fokus weniger auf einer differenzierten Operationalisierung. Diese Vorgehensweise ist folglich als pragmatisch zu bezeichnen, gleichwohl im Anschluss an Bonsen, Frey und Bos (2008) damit zu begründen, dass „die berufliche Stellung der Eltern [gemeinhin] als Indikator der Wahl zur Bestimmung der sozialen Lage von Schülerinnen und Schülern [gilt]" (ebd., S. 150), wie bereits in Kapitel 1 angeführt. Angenommen wird, dass Angaben über die berufliche Stellung „Hinweise auf das ökonomische Familienkapital [liefern], da ein höherer Bildungsabschluss in der Regel auch ein höheres Einkommen bedeutet" (ebd.).

Analysen anhand der EGP-Klassifizierung haben sowohl im Rahmen von IGLU-E (vgl. Kapitel 4.1.3) als auch von TIMSS 2007 (vgl. Bonsen, Frey & Bos, 2008) gezeigt, dass die Leistungen in der Domäne Mathematik in den einzelnen Dienstklassen unterschiedlich ausgeprägt sind. Obgleich es sich, wie in Kapitel 2.2.1 dargestellt, bei den EGP-Klassen nicht um eine hierarchische Abstufung einzelner Dienstklassen handelt, lassen Analysen von Bonsen, Frey und Bos (2008) dennoch erkennen, dass signifikante Leistungsunterschiede bei den Schülerinnen und Schülern Rückschlüsse auf das ‚ökonomische Familienkapital' erlauben.

Tabelle 8.1: Klassifizierung der EGP-Klassen in TIMSS 2007 (Bonsen, Frey & Bos, 2008, S. 151)

Dienstklasse	Bezeichnung und Beispiele
I	*Obere Dienstklasse*: Hierzu gehören Angehörige von freien akademischen Berufen, führende Angestellte und höhere Beamte, selbstständige Unternehmer mit mehr als 10 Mitarbeitern und alle Hochschul- und Gymnasiallehrer.
II	*Untere Dienstklasse*: Hierzu zählen Angehörige von Semiprofessionen, Angehörige des mittleren Managements, Beamte im mittleren und gehobenen Dienst, technische Angestellte mit nicht manueller Arbeit.
III a-b	*Routinedienstleistungen in Handel und Verwaltung*: Hierzu zählen die klassischen Büro- und Verwaltungsberufe mit Routinetätigkeiten, Berufe mit niedrig qualifizierten, nicht manuellen Tätigkeiten wie Verkaufs- und Servicetätigkeiten.
IV a-c	*Selbstständige (...) und selbstständige Landwirte*: Hierzu zählen alle Selbstständigen aus manuellen Berufen mit und ohne Mitarbeiter. Freiberufler werden dieser Klasse zugeordnet, wenn sie keinen hoch qualifizierten Beruf ausüben.
V, VI	*Facharbeiter und Arbeiter mit Leitungsfunktion sowie Angestellte in manuellen Berufen*: Dazu gehören Vorarbeiter, Meister, Techniker, die in manuelle Arbeitsprozesse eingebunden sind sowie Aufsichtskräfte im manuellen Bereich und unabhängig Beschäftigte mit manueller Tätigkeit.
VII a-b	*Un- und angelernte sowie Landarbeiter*: Hier zugeordnet werden alle un- und angelernten Berufe aus dem manuellen Bereich, einige Dienstleistungstätigkeiten mit weitgehend manuellem Charakter und geringem Anforderungsniveau, ferner alle Arbeiter, gelernt oder ungelernt, der Land-, Forst- und Fischwirtschaft sowie Jagd.

Zusammenfassen lassen sich den Analysen zufolge drei Gruppen: (a.) die *Obere Dienstklasse* und die *Untere Dienstklasse*, (b.) die *Routinedienstleistenden*, *Selbstständige* sowie *Facharbeiter und leitende Angestellte*, und (c.) *Un- und angelernte Arbeiter/Landarbeiter* (vgl. ebd., S. 152). Bonsen, Frey und Bos (2008) zeigen anhand dieser Differenzierung von Leistungsgruppen, dass Schülerinnen und Schüler der *Oberen Dienstklasse* und *Unteren Dienstklasse* fast durchgängig mindestens Kompetenzstufe II erreichen (vgl. ebd., S. 154). Den größten Anteil der Kinder, die lediglich Kompetenzstufe I erreichen, machen mit sieben Prozent jene Schülerinnen und Schüler aus, die der elterlichen Dienstklasse der *un- und angelernten Arbeiter/Landarbeiter* zuzuordnen sind.

Angesichts dieser Befunde bezieht sich die DIF-Analyse auf zwei Gruppen:

- die Referenzgruppe, operationalisiert anhand der *Oberen Dienstklasse* und *Unteren Dienstklasse*, die die Schülerinnen und Schüler privilegierter Herkunft darstellt, und
- die Fokusgruppe, operationalisiert anhand der *un- und angelernten Arbeiter/ Landarbeiter* und *Facharbeiter und leitenden Angestellten in manuellen Berufen*, die die Schülerinnen und Schüler nicht privilegierter Herkunft abbildet.

Die Dienstklasse der *Facharbeiter und leitenden Angestellten in manuellen Berufen* ist aus inhaltlichen Gründen in der Fokusgruppe integriert, weil hier angenommen wird, dass die in Tabelle 8.1 ausgeführten Tätigkeiten (z.B. Vorarbeiter) dieser Dienstklasse ebenfalls der beruflichen Stellung sozial schwächer gestellter Familien entsprechen.

Tabelle 8.2: Übersicht zur Fallauswahl der DIF-Analyse

n=3036	Referenzgruppe	Fokusgruppe
Anzahl	1393	1643
Prozent	45.9	54.1
Berufliche Stellung der Eltern	EGP V, VI	EGP I, II
Sprachlicher Hintergrund:		
Geburtsland beider Eltern	Deutschland	
Geburtsland des Kindes	Deutschland	
Sprache zu Hause	Deutsch	

Anmerkung: Dieser Stichprobe liegen vollständige Angaben für alle aufgelisteten Merkmale zugrunde. Fälle mit fehlenden Angaben wurden aus der Stichprobe ausgeschlossen; anders als in der Strukturmodellierung wurden sie also nicht imputiert (vgl. Kapitel 6).

Alle Schülerinnen und Schüler, die den elterlichen EGP-Klassen der *Routinedienstleistungen in Handel und Verwaltung* sowie *Selbstständige (...) und selbstständige Landwirte* zuzuordnen sind, wurden aus der Stichprobe ausgeschlossen. Dieser Fallauswahl nach ergibt sich eine Größe von n = 3036 Schülerinnen und Schülern, von denen etwas mehr als die Hälfte der Referenzgruppe zugehörig ist (vgl. Tab. 8.2).

8.2.2 Instrumentenauswahl

Der DIF-Analyse lagen 177 Testaufgaben der Domäne Mathematik aus der Studie TIMSS 2007 zugrunde. Von den ursprünglich insgesamt 179 mathematischen Testaufgaben mussten zwei Testaufgaben aufgrund fehlender Werte ausgeschlossen werden. In den 177 Aufgaben enthalten sind die freigegebenen und die nicht freigegebenen Aufgaben. Das Aufgabensample besteht aus insgesamt 79 freigegebenen und 105 nicht freigegebenen Items. Wie in Kapitel 4.2 dokumentiert, liegen die Testaufgaben im Multiple-Choice-Format und offenem Antwortformat vor. Sie decken drei Inhaltsbereiche und drei kognitive Anforderungsbereiche ab (vgl. ebd.). Für die DIF-Analyse wurden alle polytomen Testaufgaben, d.h. Aufgaben, für die kein, ein oder zwei Punkt(e) erzielt werden konnte(n), dichotomisiert.[58] Entscheidend dabei war also lediglich die Information, ob die Aufgabe richtig oder falsch gelöst wurde. Demnach wurde bei den oben genannten Aufgaben die volle Punktzahl als richtig (1), teilweise richtig gelöste und falsch gelöste Aufgaben hingegen als falsch kodiert (0).

8.3   Datengrundlage im Rahmen der Interviewstudie

Um die Art und Weise der Bearbeitung von Testaufgaben genauer verstehen zu können, wurden aufgabengeleitete Interviews an Haupt- und Gesamtschulen in Nordrhein-Westfalen durchgeführt (vgl. Kapitel 7.1.2). Dass nicht Schülerinnen und Schüler am Ende der Grundschulzeit befragt wurden, hatte mehrere Gründe. Zum einen geht man davon aus, dass Aufgaben, die für die vierte Klasse konzipiert worden sind, auch problemlos in fünften, gar sechsten Klassen eingesetzt werden können. Dies zeigt sich auch im vorliegenden Fall (vgl. Kapitel 9.1). Zum anderen liegt die Auswahl dieses Jahrgangs von Schülerinnen und Schülern in meiner wissenschaftlichen Tätigkeit am Institut für Schulentwicklungsforschung begründet. Durch die Mitarbeit in der Studie PARS (vgl. Kapitel 8.1.2) konnte der Kontakt zum Feld genutzt werden, um die Schülerinnen und Schüler zu rekrutieren.

8.3.1 Fallauswahl

Um sicherzustellen, dass es sich bei der Auswahl um monolingual deutsche Schülerinnen und Schüler handelt, wurde auf der Grundlage der Angaben der

---

58   Dabei handelt es sich um insgesamt 11 Testaufgaben.

Eltern im Elternfragebogen unterschieden zwischen

a. Schülerinnen und Schülern mit und ohne Migrationshintergrund: Hier fand nur Eingang in die Stichprobe, wenn die Eltern angaben, dass sie selbst und ihr Kind in Deutschland geboren wurden,

b. Schülerinnen und Schülern, die nur Deutsch zu Hause sprechen: Hier fand nur Eingang in die Stichprobe, wer angab, dass er oder sie zu Hause meistens Deutsch spricht.

Die soziale Herkunft der Schülerinnen und Schüler wurde über die Angaben der Eltern im Elternfragebogen zu den im Haushalt vorhandenen Büchern[59] und über die EGP-Dienstklassen[60] ermittelt. Um ferner einen Schulformeffekt zu vermeiden, wurde eine zufällige Auswahl an Schülerinnen und Schülern an Haupt- und Gesamtschulen gezogen (vgl. Tab. 8.3). Bei dieser Auswahl konnte auf die in PARS ermittelten leistungsbezogenen Kompetenzen in den Domänen Mathematik und Deutsch zurückgegriffen werden.

Tabelle 8.3: Übersicht zur Fallauswahl in PARS

n=14	Mädchen	Jungen
Anzahl	6	8
Prozent	42.9	57.1
Sprachlicher Hintergrund		
Geburtsland beider Eltern	Deutschland	
Geburtsland des Kindes	Deutschland	
Sprache zu Hause	Deutsch	
Soziale Herkunft		
nicht privilegiert	3	5
privilegiert	3	3
Schulform		
Gesamtschule	2	3
Hauptschule	4	5

---

59 Dabei wurde die fünfstufige Skala wie folgt modifiziert: Ausprägung 1 und 2 = nicht privilegierte Herkunft, Ausprägung 3 = mittlere soziale Herkunft, Ausprägung 4 und 5 = privilegierte Herkunft. Da nur Schülerinnen und Schüler aus privilegierter und nicht privilegierter Herkunft Eingang in die Stichprobe erhalten sollten, wurde Ausprägung 3 nicht berücksichtigt.

60 Die EGP-Klassen wurden dabei, wie auch in Kapitel 8.2.1 dargestellt, wie folgt modifiziert: EGP V, VI = privilegierte Herkunft, EGP I, II = nicht privilegierte Herkunft.

Die finale Auswahl der Schülerinnen und Schüler erfolgte vermittelt über die PARS-Schulkoordinatorinnen und -koordinatoren, sofern Elterneinverständniserklärungen vorlagen. Sie erstellten eine Liste mit Schüler-IDs (aus PARS) von denjenigen Schülerinnen und Schülern, die für die Interviews zur Verfügung standen. Es wurden 14 Interviews an insgesamt drei Hauptschulen und einer Gesamtschule geführt. Während die Gesamtschule sich in einer Großstadt Nordrhein-Westfalens befindet, liegen die drei Hauptschulen in mittelgroßen Städten des Ruhrgebiets.

8.3.2 Instrumentenauswahl

Im Rahmen der Interviewstudie wurden fünf mathematische Testaufgaben mit DIF genutzt (vgl. Kapitel 8.2.2). Die Auswahl der Aufgaben erfolgte nach Ausschluss aller nicht freigegebenen Aufgaben aus aufgabenanalytischen Gründen. Im letztgenannten Fall wurde auf der Grundlage der Experteneinschätzungen (vgl. Kapitel 7.1.3) und eigenen Aufgabenanalysen entschieden, welche Aufgaben als geeignet eingeschätzt wurden. So hatten sich z.B. im Rahmen der Pilotierung der Interviews (vgl. Kapitel 7.1.2) einzelne Aufgaben als wenig aussagekräftig herausgestellt, weil ihre Schwierigkeit an Aspekten festzumachen war, die außerhalb der hier fokussierten Thematik zu verorten waren.

8.4   Datengrundlage im Rahmen der Strukturgleichungsmodellierung

Die Strukturgleichungsmodellierung bezieht sich auf eine Teilstichprobe der für Deutschland repräsentativen Schülerstichprobe und umfasst die mathematischen Aufgabenblöcke eines Testhefts. Die Auswahl der Instrumente (vgl. Kapitel 8.4.2) erfolgte auf der Grundlage der erläuterten theoretischen Annahmen und nach Prüfung der Güte der Daten für die Strukturmodellierung. Erwiesen sich einzelne Items aus theoretischer Warte als aussagekräftig, nicht aber hinsichtlich ihrer statistischen Güte, wurden diese ausgeschlossen.

8.4.1   Fallauswahl

Auch für die Strukturmodellierung wurden alle Schülerinnen und Schüler ausgeschlossen, deren Eltern angaben, dass sie selbst und/oder ihre Kinder nicht in Deutschland geboren seien. Als Grundfilter diente die Frage „In welchem Land/Gebiet sind Sie und Ihr Kind geboren?". Nur die Fälle, bei denen für

Vater, Mutter und Kind Deutschland angegeben wurde, wurden für die Analysen ausgewählt. Die Annahme, dass es sich bei dieser Stichprobe um eine monolingual deutsche Schülerschaft handelt, wurde anhand der Frage nach der
gesprochenen Sprache zu Hause abgeglichen (vgl. Bos et al., 2009, S. 31-32).

Ein weiteres Ausschlusskriterium ergibt sich aufgrund des TIMSS 2007 zugrunde liegenden *Multi-Matrix* Designs (vgl. Mullis et al., 2005). Dabei handelt
es sich um ein – vor allem zeitökonomisch sinnvolles und damit für den Kontext Schule praktikables – randomisiertes Verfahren, bei dem jede Schülerin
bzw. jeder Schüler nur einen Teil der Testaufgaben, die insgesamt für TIMSS
2007 entwickelt wurden, bearbeitet (vgl. Kapitel 4.2). Um Aussagen über den
Zusammenhang von Hintergrundmerkmalen einer Schülergruppe und der im
mathematischen Test erbrachten Leistung treffen zu können, wurde sichergestellt, dass die Strukturmodellierung auf Daten von Schülerinnen und Schülern
basiert, die dasselbe Testheft zur Bearbeitung vorgelegt bekommen hatten. Dies
hat jedoch auch zur Konsequenz, das sich die Analysen auf lediglich ein Testheft beziehen konnten. Aufgrund dieser Ausschlusskriterien liegt der in Kapitel
8 vorgestellten Strukturmodellierung eine Teilstichprobe von n = 224 zugrunde.
Der Anteil von Mädchen und Jungen ist ausgeglichen, wie Tabelle 8.4 zeigt.

Tabelle 8.4: Übersicht zur Fallauswahl der SEM

n=224	Mädchen	Jungen
Anzahl	115	109
Prozent	51.1	48.8
Sprachlicher Hintergrund		
Geburtsland beider Eltern	Deutschland	
Geburtsland des Kindes	Deutschland	
Sprache zu Hause	Deutsch	
Domäne	Mathematik; Testheft 5	

Anmerkung: Die Angaben für alle aufgelisteten Merkmale waren vollständig und sind für alle imputierten Datensätze gleich. Fälle mit diesbezüglich
fehlenden Angaben wurden aus der Stichprobe ausgeschlossen.

8.4.2 Instrumentenauswahl

Im Folgenden sind die der Strukturmodellierung zugrunde liegenden Instrumente getrennt nach inhaltlichen Bereichen dargestellt. Dabei wurden Items
teilweise im Hinblick auf ihre mehrstufige Skala im Sinne des Konstrukts um-

kodiert. Hinsichtlich der Transparenz dieses Vorgangs sind alle vorgestellten Items mit einem ‚(-)' oder ‚(+)' versehen, wodurch Folgendes bezeichnet wird:

- Alle mit ‚(-)' versehenen Items wurden im Sinne des Konstrukts so umkodiert, dass ihre Skala und die Häufigkeiten in umgekehrter Reihenfolge zu deuten sind. Zur Veranschaulichung ein Beispiel des Konstrukts ‚soziale Herkunft': Das Item „Meine Eltern kennen die Eltern anderer Kinder, mit denen ich befreundet bin." wurde so kodiert, dass die ursprüngliche Skala von 1 („Stimmt genau") bis 4 („Stimmt gar nicht") so umgeschrieben wurde, dass ein hoher Wert, in diesem Fall „4", im Sinne des Konstrukts nicht mehr ablehnend („Stimmt gar nicht"), sondern zustimmend ist („Stimmt genau"). Die Umkodierung ist für die Modellierung bzw. Interpretation des Strukturmodells insofern entscheidend, als ein hoher Wert – in diesem Beispiel bleibend – auf ein hohes ‚soziales Kapital' verweist, ein niedriger Wert entsprechend auf ein niedriges ‚soziales Kapital'.
- Alle mit ‚(+)' versehenen Items wurden hingegen nicht umkodiert. Sie haben im Rahmen der Strukturmodellierung in ihrer ursprünglichen Kodierweise Bestand.

Die hier berichteten Skalen wurden darüber hinaus aus Gründen zu geringer Häufigkeiten in einzelnen Ausprägungen zusammengefasst. Nachfolgend ist dies dokumentiert. Berichtet werden die Skalen also in der Form, wie sie in der Strukturmodellierung verwendet wurden.

Instrument zur Erfassung der mathematischen Testleistung
Wie einleitend benannt (vgl. Kapitel 8.1.1.2), wurde aufgrund des in TIMSS 2007 zugrunde liegenden *Multi-Matrix* Designs (vgl. Mullis et al., 2005) der Fokus auf lediglich eines der insgesamt 14 Testhefte gelegt (vgl. Kapitel 4.2.2). Diese Auswahl wurde im Anschluss an die Ergebnisse der DIF-Analyse hinsichtlich zweierlei Kriterien getroffen: Es wurde jenes Testheft ausgewählt, in dem (1.) die Anzahl von DIF-identifizierten und freigegebenen Testaufgaben insgesamt am höchsten war und in dem (2.) insbesondere solche Testaufgaben enthalten waren, die einen besonders hohen DIF-Wert aufwiesen. Das so ausgewählte Testheft enthält in der Domäne Mathematik insgesamt 25 Testaufgaben, davon vier Aufgaben mit DIF.[61] Im Zuge der Strukturmodellierung redu-

---

61 Von den 25 Testaufgaben sind 11 freigegeben (inkl. 3 mit DIF) und 14 nicht freigegeben (inkl. 1 mit DIF).

zierte sich die Anzahl der Testaufgaben auf 14. Die weiteren zehn Testaufgaben trugen nämlich zur Erklärung der Testleistung nicht weiter bei und wurden somit zur Verbesserung der Modellgüte aus dem Modell extrahiert. Bei den 14 Aufgaben handelt es sich um Aufgaben aus allen drei Inhalts- und allen drei kognitiven Anforderungsbereichen.[62] Tabelle 8.5 gibt einen Überblick. Von den 14 Testaufgaben sind fünf Aufgaben im Multiple-Choice-Format und neun Aufgaben im offenen Antwortformat formuliert.

Tabelle 8.5: Übersicht der aus Testheft 5 verwendeten Testaufgaben

Inhaltsbereiche	Häufigkeit
Arithmetik (*Number*)	9
Geometrie/Messen (*Geometric Shapes and Measures*)	3
Daten (*Data Display*)	2
Kognitive Anforderungsbereiche	
Reproduzieren von Wissen, Ferigkeiten und Grundvor-stellungen (*Knowing*)	4
Anwenden von Wissen, Fertigkeiten und Grundvorstel-lungen beim Bearbeiten von Sachaufgaben (*Applying*)	7
Lösung komplexer Berechnungs-, Anwendungs-, und Begründungsprobleme (*Reasoning*)	3

Instrumente zur Erfassung der ,sozialen Herkunft'

Die soziale Herkunft wurde anhand von drei Konstrukten gebildet: dem ökonomischen, kulturellen und sozialen Kapital (vgl. Kapitel 2). Sie werden nachfolgend hinsichtlich der ihnen zugrunde liegenden Indikatoren vorgestellt. Alle angegebenen Werte basieren auf Daten der fünf imputierten Datensätze (vgl. Kapitel 7.2.2).

Es gibt unterschiedliche Vorstellungen dazu, wie ökonomisches Kapital im Speziellen oder die soziale Herkunft im Allgemeinen operationalisiert werden kann (vgl. Kapitel 2.2.1). Standards wie die EGP-Klasse sind eine Möglichkeit. Die Daten aus TIMSS 2007 enthalten einige der in Kapitel 2 vorgestellten Standards zur Erfassung des beruflichen und sozioökonomischen Status der Schülerinnen und Schüler, wie die EGP-Klasse, dem SIOPS, ISCO oder ISEI

---

62   Die freigegebenen Aufgaben des Testhefts 5 stehen in englischer Version als Download zur Verfügung: http://timssandpirls.bc.edu/TIMSS2007/items.html

(vgl. ebd.). Wie Tabelle 8.6 zeigt, wurde im vorliegenden Fall aber auf diese Standards verzichtet. Das hier operationalisierte ökonomische Kapital basiert somit nicht auf Standards, die von normativen Grundannahmen ausgehen, sondern nutzt die Informationen der elterlichen Angaben nach (1.) dem familialen Wohnverhältnis, (2.) der Selbsteinschätzung zum familialen Wohlstand und (3.) dem durchschnittlichen monatlichen Nettoeinkommen im Haushalt.

Tabelle 8.6: Items des Konstrukts ‚ökonomisches Kapital' (n=224)

1. Item:	Wie wohnen Sie mit Ihrer Familie? - Eigenes Haus (+)	
	Ja	32.6 %
	Nein	67.4 %
2. Item:	Wie wohlhabend würden Sie Ihre Familie im Vergleich zu anderen Familien einschätzen?[1]	
	Überhaupt nicht wohlhabend	11.0 %
	Eher nicht wohlhabend	22.0 %
	Etwas wohlhabend	52.9 %
	Eher bis sehr wohlhabend	14.1 %
3. Item:	Wie viel Geld steht Ihrem Haushalt monatlich zur Verfügung? (+)[2]	
	Unter 1.300 Euro	14.1 %
	1.300 bis unter 2.000 Euro	15.9 %
	2.000 bis unter 3.200 Euro	37.4 %
	3.200 Euro und mehr	32.6 %

[1] Ursprünglich handelt es sich bei dieser Skala um 5 Stufen: 1 = Überhaupt nicht wohlhabend, 2 = Eher nicht wohlhabend, 3 = Etwas wohlhabend, 4 = Eher wohlhabend, 5 = Sehr wohlhabend. Aufgrund zu geringer Häufigkeiten in den einzelnen Ausprägungen wurden die Stufen 4 und 5 zusammengefasst.

[2] Dieses Item wurde ergänzt durch folgende Erläuterung: „Bitte geben Sie das **gemeinsame durchschnittliche monatliche Nettoeinkommen** (Einkommen abzüglich Steuern und Sozialabgaben) aller Haushaltsmitglieder an. Rechnen Sie bitte auch **regelmäßige Zahlungen** wie Renten, Arbeitslosengeld, Hartz IV, Wohngeld, Kindergeld, BAföG, Unterhaltszahlungen, Einkommen aus Vermietungen etc. dazu" (vgl. Bos et al., 2009, S. 40, Hervorhebungen im Original).
Ursprünglich handelt es sich bei dieser Skala um 21 Stufen. Aufgrund zu geringer Häufigkeiten in den einzelnen Ausprägungen wurden die Stufen wie folgt zusammengefasst: 1 = unter 1.300 Euro, 2 = 1.300 Euro bis unter 2.000 Euro, 3 = 2.000 bis unter 3.200 Euro, 4 = 3.200 Euro und mehr.

Kulturelles Kapital wurde, wie in Tabelle 8.7 dargestellt, hinsichtlich seiner institutionellen und objektivierten Ausprägung anhand von drei Indikatoren operationalisiert, die ebenfalls dem Elternfragebogen entstammen. Es besteht (1.) aus dem höchsten Schulabschluss[63] der Mutter, (2.) des Vaters und (3.) der Anzahl der Bücher im Haushalt der Familie.

Tabelle 8.7: Items des Konstrukts ‚kulturelles Kapital' (n=224)

1. + 2. Item:	Welchen Schulabschluss haben Sie?[1]	Mutter	Vater
	Kein Abschluss oder Sonderschulabschluss	26.4 %	6.2 %
	Abschluss der Polytechnischen Oberstufe nach der 8. Klasse	39.6 %	31.3 %
	Haupt- oder Volksschulabschluss	8.8 %	23.3 %
	Realschulabschluss, Fachhochschulreife oder Abitur	25.2 %	11.9 %
	Anderer Abschluss	0.0 %	27.3 %
3. Item:	**Wie viele Bücher gibt es in Ihrem Haushalt ungefähr? (+)[2]**		
	0 bis 10 Bücher	7.0 %	
	11 bis 500 Bücher	75.8 %	
	über 500 Bücher	17.2 %	

[1] Dieses Item wurde ergänzt durch die Erläuterung: „Bitte geben Sie für Mutter und Vater jeweils nur den höchsten Abschluss an" (vgl. Bos et al., 2009, S. 35, Hervorhebung im Original). Ursprünglich handelt es sich bei dieser Skala um 8 Stufen: 1 = keinen Schulabschluss oder Abgangszeugnis, 2 = Abschluss einer Sonderschule/ Förderschule, 3 = Abschluss der Polytechnischen Oberschule nach der 8. Klasse, 4 = Hauptschulabschluss/ Volksschulabschluss, 5 = Realschulabschluss/ Mittlere Reife/ Abschluss der Polytechnischen Oberschule nach der 10. Klasse, 6 = Fachhochschulreife, 7 = Hochschulreife/ Abitur, 8 = Anderer Abschluss. Aufgrund zu geringer Häufigkeiten in den einzelnen Ausprägungen wurden die Stufen 1 und 2 sowie 5, 6 und 7 zusammengefasst.

[2] Dieses Item wurde ergänzt durch die Erläuterung: „Auf einen Meter Regal passen ungefähr 40 Bücher. Bitte rechnen Sie Zeitschriften nicht mit und kreuzen Sie nur ein Kästchen an" (vgl. Bos et al., 2009, S. 45, Hervorhebung im Original).

Soziales Kapital basiert im Unterschied zu ökonomischem und kulturellem Kapital auf Angaben der Schülerfragebögen. Es wurde anhand von vier Items operationalisiert: der Fragen, inwiefern (a.) die eigenen Eltern die Eltern befreundeter Kinder kennen, (b.) die Eltern wissen, wo das Kind nach der Schule ist, (c.) mit den Eltern über Dinge gesprochen wird, die das Kind nach der Schule mit Freunden zu tun plant und ob (d.) die Eltern darauf achten, wie viel Zeit das Kind mit Fernsehen verbringt (vgl. Tab. 8.8). Wie in Kapitel 2 bemerkt, zeigt sich anhand dieser Itemauswahl, dass die Konstruktbildung des

---

63   Damit liegen indirekt Angaben über das inkorporierte kulturelle Kapital der Eltern vor.

sozialen Kapitals ausschließlich im Hinblick auf die Eltern-Kind-Beziehung und das elterliche Supervisionsverhalten gelungen ist.[64]

Tabelle 8.8: Items des Konstrukts ‚soziales Kapital' (n=224)

1. Item:	Meine Eltern kennen die Eltern anderer Kinder, mit denen ich befreundet bin. (-)[1]	
	Stimmt genau	11.9 %
	Stimmt eher bis stimmt eher nicht	22.0 %
	Stimmt gar nicht	66.1 %
2. Item:	Meine Eltern wissen immer, wo ich nach der Schule hingehe. (-)[2]	
	Stimmt genau bis stimmt eher nicht	18.9 %
	Stimmt gar nicht	81.1 %
3. Item:	Ich rede mit meinen Eltern über Dinge, die ich mit meinen Freunden vorhabe. (-)[3]	
	Stimmt genau	12.8 %
	Stimmt eher bis stimmt eher nicht	22.9 %
	Stimmt gar nicht	64.3 %
4. Item:	Wie lange ich fernsehen darf, legen meine Eltern fest. (-)	
	Stimmt genau	16.7 %
	Stimmt eher	18.1 %
	Stimmt eher nicht	23.8 %
	Stimmt gar nicht	41.1 %

[1] Ursprünglich handelt es sich bei dieser Skala um 4 Stufen: 1 = Stimmt genau, 2 = Stimmt eher, 3 = Stimmt eher nicht, 4 = Stimmt gar nicht. Aufgrund zu geringer Häufigkeiten in den einzelnen Ausprägungen wurden die Stufen 2 und 3 zusammengefasst.

[2] Ursprünglich handelt es sich bei dieser Skala um 4 Stufen: 1 = Stimmt genau, 2 = Stimmt eher, 3 = Stimmt eher nicht, 4 = Stimmt gar nicht. Aufgrund zu geringer Häufigkeiten in den einzelnen Ausprägungen wurden die Stufen 1, 2 und 3 zusammengefasst.

[3] Ursprünglich handelt es sich bei dieser Skala um 4 Stufen: 1 = Stimmt genau, 2 = Stimmt eher, 3 = Stimmt eher nicht, 4 = Stimmt gar nicht. Aufgrund zu geringer Häufigkeiten in den einzelnen Ausprägungen wurden die Stufen 2 und 3 zusammengefasst.

Instrumente zur Erfassung des elterlichen Unterstützungsverhaltens

---

64   Da soziales Kapital in Schulleistungsstudien in der Regel anhand genau dieser Variablen erfasst wird, sind Interpretationen auf der Grundlage der hier vorgestellten Auswahl dennoch anschlussfähig an bestehende Diskurse. Es bleibt aber zu konstatieren, dass weder Informationen zu bestehenden Netzwerken noch zu netzwerkbasierten Ressourcen der Schülerinnen und Schüler und ihrer Eltern vorliegen, die das Kernstück sozialen Kapitals aus theoretischer Perspektive darstellen (vgl. Kapitel 2).

Das elterliche Unterstützungsverhalten im Lernen wurde anhand von vier Merkmalen operationalisiert (vgl. Tab. 8.9).

Tabelle 8.9: Items des Konstrukts ‚elterliches Unterstützungsverhalten im Lernen' (n=224)

1. Item:	Sind Sie zurzeit erwerbstätig? Mutter (-)	
	Ja	71.4 %
	Nein	28.6 %
2. Item:	Hat Ihr Kind im Kalenderjahr 2006 zusätzlichen Unterricht erhalten, um seine Leistungen zu verbessern? Gemeinsames Üben im Elternhaus (+)[1]	
	Nie bis monatlich	22.9 %
	Wöchentlich	39.6 %
	Täglich	37.4 %
3. Item:	Wie oft kommt es vor, dass Sie (Vater oder Mutter) die Mathematikhausaufgaben Ihres Kindes kontrollieren? (+)[1]	
	Nie bis monatlich	12.3 %
	Wöchentlich	27.3 %
	Täglich	60.4 %
4. Item:	Wie lang ich von zu Hause weg sein darf, bestimmen meine Eltern. (-)[2]	
	Stimmt genau bis stimmt eher	16.3 %
	Stimmt eher nicht	24.2 %
	Stimmt gar nicht	59.5 %

[1] Bei dieser Skala handelt es sich um fünf Stufen: 1 = Nie, 2 = Seltener als monatlich, 3 = Monatlich, 4 = Wöchentlich, 5 = Täglich. Aufgrund zu geringer Häufigkeiten in den einzelnen Ausprägungen wurden die Stufen 2 und 3 zusammengefasst.

[2] Ursprünglich handelt es sich bei dieser Skala um 4 Stufen: 1 = Stimmt genau, 2 = Stimmt eher, 3 = Stimmt eher nicht, 4 = Stimmt gar nicht. Aufgrund zu geringer Häufigkeiten in den einzelnen Ausprägungen wurden die Stufen 1 und 2 zusammengefasst.

Es handelt sich um Aussagen, die auf elterliche Ressourcen zur Unterstützung im Lernen rekurrieren. Ein Item wurde zusätzlich aus dem Schülerfragebogen ergänzt, weil es deutlich zur Modellgüte beigetragen hat. Wesentlich für die Operationalisierung sind folgende aus dem Elternfragebogen entnommene Fragen: (a.) ob die Mutter zum Zeitpunkt der Befragung erwerbstätig war, (b.) ob die Eltern gemeinsam mit ihrem Kind im Elternhaus für die Schule üben und (c.) wie häufig die Eltern die Mathematikhausaufgaben ihres Kindes kontrollieren. Aus dem Schülerfragebogen ergänzt wurde die Frage, (d.) inwieweit die Eltern bestimmen, wie lange das Kind von zu Hause weg sein darf.

Tabelle 8.10:   Items des Konstrukts ‚elterliche Kontrolle' (n=224)

1. Item:	Wenn es in der Schule mit meinem Kind Probleme gibt, erwarte ich, dass die Schule sich mit mir in Verbindung setzt. (+)[1]	
	Trifft überhauput nicht zu bis trifft eher zu	16.3 %
	Trifft völlig zu	87.7 %
2. Item:	Wie lange ich von zu Hause weg sein darf, bestimmen meine Eltern. (-)[2]	
	Stimmt genau bis stimmt eher	16.3 %
	Stimmt eher nicht	24.2 %
	Stimmt gar nicht	59.5 %
3. Item:	Wie viel Zeit verbringst du an einem normalen Schultag vor oder nach der Schule mit jedem der folgenden Dinge? Ich spiele Computerspiele. (-)[3]	
	Keine Zeit bis 1 bis 2 Stunden	33.0 %
	Mehr als 2, aber weniger als 4 Stunden	43.6 %
	4 Stunden und mehr	23.3 %

[1] Ursprünglich handelt es sich bei dieser Skala um 4 Stufen: 1 = Trifft überhaupt nicht zu, 2 = Trifft eher nicht zu, 3 = Trifft eher zu, 4 = Trifft völlig zu. Aufgrund zu geringer Häufigkeiten in den einzelnen Ausprägungen wurden die Stufen 2 und 3 zusammengefasst.

[2] Ursprünglich handelt es sich bei dieser Skala um 4 Stufen: 1 = Stimmt genau, 2 = Stimmt eher, 3 = Stimmt eher nicht, 4 = Stimmt gar nicht. Aufgrund zu geringer Häufigkeiten in den einzelnen Ausprägungen wurden die Stufen 1 und 2 zusammengefasst.

[3] Ursprünglich handelt es sich bei dieser Skala um 5 Stufen: 1 = Keine Zeit, 2 = Weniger als 1 Stunde, 3 = 1 bis 2 Stunden, 4 = Mehr als 2, aber weniger als 4 Stunden, 5 = 4 Stunden und mehr. Aufgrund zu geringer Häufigkeiten in den einzelnen Ausprägungen wurden die Stufen 1, 2 und 3 zusammengefasst.

Ergänzend zum elterlichen Unterstützungsverhalten wurde ein Konstrukt zur elterlichen Kontrolle operationalisiert (vgl. Tab. 8.10). Es enthält (a.) die Information zum Interesse der Eltern an schulischen Vorkommnissen, die Teil des Elternfragebogens sind. Zwei weitere Items wurden den Schülerfragebögen entnommen, die das Kontrollverhalten der Eltern aus Sicht der Schülerinnen und Schüler beschreiben: (b.) die Kontrolle hinsichtlich des Wegbleibens vom Elternhaus, z.B. zum Spielen mit Freunden, und (c.) die Frage nach der Zeit, die Eltern für das Spielen am Computer ihrer Kindern erlauben (vgl. ebd.).

Instrumente zur Erfassung der Einstellung zur Mathematik
Das Konstrukt ‚Einstellung zum Fach Mathematik' wurde – entgegen der gängigen Regel, dass mindestens drei manifeste Variablen eine latente Variable bilden sollten (vgl. z.B. Rindskopf 1984) – lediglich anhand von zwei Merkmalen operationalisiert (vgl. Tab. 8.11).

Tabelle 8.11:   Items des Konstrukts ‚Einstellung zu Mathematik' (n=224)

1. Item: Ich mag Mathematik. (-)	
Stimmt genau	13.2 %
Stimmt eher	11.9 %
Stimmt eher nicht	35.7 %
Stimmt gar nicht	39.2 %
2. Item: Mathematik ist langweilig. (-)[1]	
Stimmt genau	11.5 %
Stimmt eher bis stimmt eher nicht	44.9 %
Stimmt gar nicht	43.6 %

[1] Ursprünglich handelt es sich bei dieser Skala um 4 Stufen: 1 = Stimmt genau, 2 = Stimmt eher, 3 = Stimmt eher nicht, 4 = Stimmt gar nicht. Aufgrund zu geringer Häufigkeiten in den einzelnen Ausprägungen wurden die Stufen 2 und 3 zusammengefasst.

Eingegangen sind die Einschätzung der Schülerinnen und Schüler zu den Aussagen (a.) „Ich mag Mathematik" und (b.) „Mathematik ist langweilig". Variablen, die darüber hinaus in Bezug auf das mathematische Selbstkonzept hätten operationalisiert werden können, hatten sich im Zuge der Modellierung des Strukturmodells in ihrer Aussagekraft als redundant herausgestellt und wurden entsprechend entfernt.

Instrument zur Erfassung der mathematischen Schulleistung
Die Halbjahresnote im Fach Mathematik wurde aufgenommen, um Aussagen über die mathematische Schulleistung der Schülerinnen und Schüler treffen zu können (vgl. Tab. 8.12). Die Halbjahresnote entstammt der Schülerteilnahmeliste, einem Dokument, indem zusätzliche Informationen wie eben etwa Noten in einzelnen Schulfächern oder auch Übergangsempfehlungen zu weiterführenden Schulformen, spezifische Förderbedarfe usw. zu jedem teilnehmenden Schüler bzw. jeder teilnehmenden Schülerin festgehalten werden. Die Schülerteilnahmeliste wird in der Regel von den Klassenlehrkräften oder den Schulkoordinatorinnen und Schulkoordinatoren ausgefüllt.

Aufgrund zu geringer Häufigkeiten wurden auch hier Aussagen zusammengefasst. Eine Umkodierung im Sinne des Konstrukts fand nicht statt, d.h. der niedrige Wert ‚1' steht in diesem Fall für die hohe Bewertung ‚sehr gut'.

Tabelle 8.12:   Häufigkeitsverteilung   der   Halbjahresnote   Mathematik
                 (n=224)

Schulhalbjahresnote Mathematik[1]	
Sehr gut	8.4 %
Gut	35.7 %
Befriedigend	37.0 %
Ausreichend bis ungenügend	18.9 %

[1] Ursprünglich handelt es sich bei dieser Skala um 6 Stufen: 1 = sehr gut, 2 = gut, 3 = befriedigend, 4 = ausreichend, 5 = mangelhaft, 6 = ungenügend. Aufgrund zu geringer Häufigkeiten in den einzelnen Ausprägungen wurden die Noten 4, 5 und 6 zusammengefasst.

8.5   Zur Integration von Daten in der Arbeit

Die vorliegende Arbeit greift, wie in diesem Kapitel dargestellt, auf unterschiedliches Datenmaterial zu. Die Daten aus TIMSS 2007 stellen den wesentlichen Bezugspunkt der gesamten Analysen dar. Darüber hinaus wird die Studie PARS genutzt, um eine Fallauswahl zu treffen, deren Kriterien anschlussfähig an die Fallauswahl der DIF-Analyse in TIMSS 2007 sind.

Diese Arbeit nutzt so vorliegende quantitative Daten in Ergänzung zu eigenständig erhobenen qualitativen Daten. Durch diese Kombination von quantitativem und qualitativem Datenmaterial wird ein breiter Zugang zu dem hier fokussierten Forschungsfeld geschaffen (vgl. auch Flick, 2008, S. 86f.; sowie Kapitel 7.3).

9 Empirische Analysen

Das vorliegende Kapitel umfasst die Beschreibung der Analysen und ihrer Ergebnisse. Die in Kapitel 6 entwickelten Forschungsfragen sind strukturgebend: Zunächst wird anhand der DIF-Analyse die Beschaffenheit mathematischer Testaufgaben thematisiert und es werden anhand exemplarisch ausgewählter Interviewsequenzen zwei Testaufgaben hinsichtlich ihrer Beschaffenheit und Bearbeitungsweisen vertiefend diskutiert (vgl. Kapitel 9.1). Hergeleitet werden anschließend sozialstrukturelle Zusammenhänge mathematischer Testleistung anhand der Strukturmodellierung (vgl. Kapitel 9.2). Anknüpfend hieran finden sich vertiefende Analysen der in der Strukturmodellierung skalierten Testaufgaben (vgl. Kapitel 9.2.3), die komplementär zu den in Kapitel 9.1 dargelegten Befunden zur Beschaffenheit und Bearbeitung mathematischer Testaufgaben zu betrachten sind.

9.1 Zur Beschaffenheit von Testaufgaben und ihrer Bearbeitung

Im Folgenden steht die Frage nach der Beschaffenheit mathematischer Testaufgaben und ihrer Bearbeitung im Vordergrund. Wie theoretisch hergeleitet (vgl. Kapitel 4), lassen sich Aufgaben vor dem Hintergrund ihrer Zweckgebundenheit und ihrer Güte differenziert beschreiben. Die DIF-Analyse (vgl. Kapitel 7.1.1) schärft den ersten Zugriff auf die in TIMSS 2007 eingesetzten mathematischen Testaufgaben. Folgende Forschungsfragen strukturieren die nachfolgende Darstellung der Ergebnisse (vgl. Kapitel 6, *Fokus I*):

- Gibt es Testaufgaben, die für monolingual deutsche Schülerinnen und Schüler nicht privilegierter Herkunft schwieriger zu lösen sind als für monolingual deutsche Schülerinnen und Schüler privilegierter Herkunft? Und wenn ja, anhand welcher Eigenschaften lassen sich diese beschreiben (vgl. Kapitel 9.1.1)?
- Welche schwierigkeitsbestimmenden Merkmale enthalten diese Testaufgaben und worin liegen insbesondere sprachlich bedingte Herausforderungen (vgl. Kapitel 9.1.2)?

9.1.1 Analyse der mathematischen Testaufgaben

Die Ergebnisse der DIF-Analyse bestätigen, dass es unter den mathematischen Testaufgaben in TIMSS 2007 Aufgaben gibt, die in der Gruppe der monolingual deutschen Schülerschaft nicht privilegierter Herkunft (Fokusgruppe) anders ,funktionieren' als in der Gruppe der monolingual deutschen Schülerschaft privilegierter Herkunft (Referenzgruppe). Wie in Kapitel 7.1.1 erläutert, betrachtet die Analyse des relativen Funktionierens dabei nicht die Aufgabenschwierigkeit, die sich anhand der Lösungshäufigkeiten einer Testaufgabe ermitteln lässt, sondern sie fokussiert die Wahrscheinlichkeit, mit der eine Subgruppe innerhalb der Gesamtstichprobe eine Testaufgabe richtig löst.

Abbildung 9.1: DIF-Statistik der identifizierten mathematischen Testaufgaben

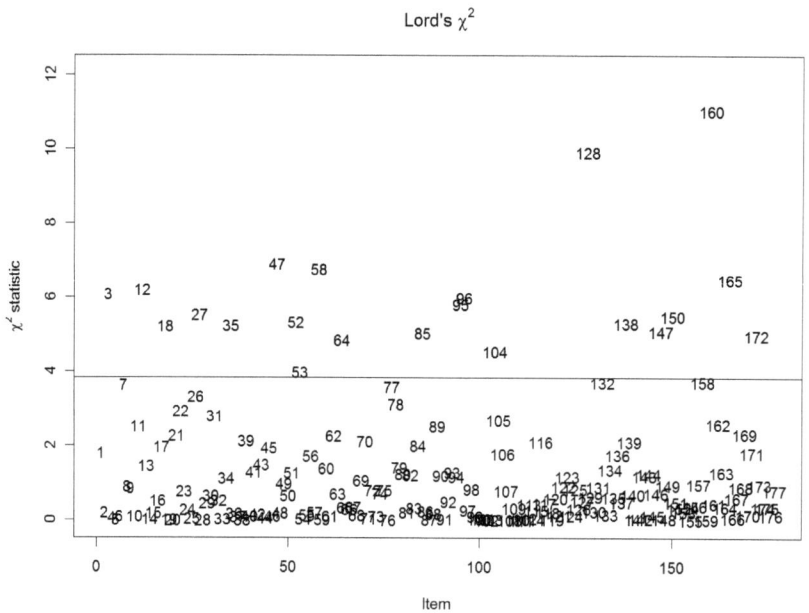

Wie in Abbildung 9.1 dargestellt, differiert diese Wahrscheinlichkeit bei insgesamt 21 von 177 mathematischen Testaufgaben: Auf der x-Achse sind die Testaufgaben abgetragen, d.h. von der Testaufgabe 1 beginnend bis zur Testaufgabe 177. Die y-Achse dokumentiert die x^2-Statistik, die nach Lord ermittelt wurde (vgl. Kapitel 7.1.1). Der *threshold* liegt bei 3.84 ($p < .05$) und ist durch eine waagerechte Linie markiert. *Differential Item Functioning* liegt bei allen Testaufgaben oberhalb des *thresholds* vor. Die Befunde weisen insgesamt betrachtet Werte von 4.00 bis 11.03 mit einer Effektstärke von moderat (*moderate*) (B) bis groß (*large*) (C) auf (vgl. Tab. 9.1). Der Vergleich beider Gruppen in den *Item-Characteristic-Curves* belegt DIF zu Ungunsten der Fokusgruppe in allen 21 Fällen.

Um diesen Befund vertiefend zu analysieren, wird im Folgenden die Abhängigkeit von Itemperformanz und Gruppenzugehörigkeit beschrieben und damit zugleich eruiert, inwiefern sich die identifizierten Testaufgaben als benachteiligend für die fokussierte Schülergruppe herausstellen. Im Anschluss an die soziolinguistischen, linguistischen und bildungssoziologischen Annahmen (vgl. Kapitel 2 bis 5) ist somit empirisch zu prüfen, ob und, wenn ja, inwiefern die Beschaffenheit von mathematischen Testaufgaben zu einer Benachteiligung der hier fokussierten Schülergruppe führt. Beschaffenheit meint in erster Linie die sprachliche Beschaffenheit von Testaufgaben, d.h. in ihr verwendete Syntax und Propositionen sowie Repräsentationsformen (vgl. Kapitel 4.3.2). Mit Blick auf die in TIMSS 2007 vorliegenden Informationen zum inhaltlichen und kognitiven Anforderungsbereich mathematischer Testaufgaben (vgl. Kapitel 4.2) und den anhand der Kompetenzstufen ermittelten Aufgabenschwierigkeiten liegen aber auch Kriterien zur Beschreibung vor, die die Beschaffenheit der Testaufgaben aus fachlich-kognitiver Perspektive ermöglichen. Mit Letztgenanntem beginnt die nachfolgende Beschreibung der Ergebnisse.

9.1.1.1 Beschaffenheitsanalyse aus fachlich-kognitiver Perspektive

Mit Blick auf die in TIMSS definierten Inhaltsbereiche (vgl. Kapitel 4.2.3) zeigt sich, dass Testaufgaben mit DIF am häufigsten den Bereichen *Geometrie/Messen* (9 von insgesamt 60, anteilig 15.0 Prozent) und *Arithmetik* (12 von insgesamt 93, anteilig 12.9 Prozent) zuzuordnen sind. Im Gegensatz dazu wurden keine Testaufgaben des Inhaltsbereiches *Daten* identifiziert (vgl. Tab. 9.1). Das Aufgabenformat gibt keinen Hinweis darauf, ob eine Aufgabe für die fokussierte Schülergruppe schwieriger oder leichter zu lösen ist.

Auch zeigt sich, dass DIF insbesondere bei den Testaufgaben des Inhaltsbereichs *Arithmetik* groß (C) ist. Insgesamt aber überwiegt der Anteil moderater Effekte (B) denjenigen starker Effekte (C). Angesichts der in Kapitel 7.1.1 geringen Aussagkraft des Effekts im Rahmen des gewählten PL-1-Modells wird hinsichtlich der Effektstärke an dieser Stelle keine weitere Interpretation vorgenommen.

Tabelle 9.1 stellt zudem die Ergebnisse zu den kognitiven Anforderungsbereichen dar: die meisten der DIF-Aufgaben sind dem Bereich *Anwenden* zuzuordnen (9 von insgesamt 70, anteilig 13.9 Prozent), dicht gefolgt von den Bereichen *Problemlösen* (5 von insgesamt 40, anteilig 12.5 Prozent) und *Reproduzieren* (7 von insgesamt 69, anteilig 10.1 Prozent).

Tabelle 9.1: Verteilung der Testaufgaben mit DIF nach Inhalts- und kognitiven
Anforderungsbereichen

Inhaltsbereiche			
		Effekt	
	Anzahl	**B**	**C**
Arithmetik	**12 (93)**	**6**	**6**
Multiple Choice Format	*6 (50)*	*2*	*4*
Offenes Antwortformat	*6 (43)*	*4*	*2*
Geometrie/Messen	**9 (60)**	**7**	**2**
Multiple Choice Format	*6 (32)*	*4*	*2*
Offenes Antwortformat	*3 (28)*	*3*	*0*
Daten	**0 (26)**	**0**	**0**
Kognitive Anforderungsbereiche			
		Effekt	
	Anzahl	**B**	**C**
Reproduzieren	**7 (69)**	**2**	**5**
Multiple Choice Format	*7 (44)*	*2*	*5*
Offenes Antwortformat	*0 (25)*	*0*	*0*
Anwenden	**9 (70)**	**7**	**2**
Multiple Choice Format	*5 (47)*	*4*	*1*
Offenes Antwortformat	*4 (33)*	*3*	*1*
Problemlösen	**5 (40)**	**4**	**1**
Multiple Choice Format	*0 (14)*	*0*	*0*
Offenes Antwortformat	*5 (26)*	*4*	*1*

Testaufgaben mit DIF weisen im Anforderungsbereich *Reproduzieren* aus-
nahmslos ein Multiple-Choice-Format auf. Bei den DIF-Aufgaben im Bereich

Problemlösen handelt es sich dagegen ausschließlich um DIF-Aufgaben mit offenen Antwortformaten.

Die Bestimmung der Aufgabenschwierigkeit ist im Rahmen von TIMSS 2007 unter anderem anhand der Beschreibung von fünf Kompetenzstufen erfolgt (vgl. Kapitel 4.2). DIF wurde bei Aufgaben aller Kompetenzstufen identifiziert (vgl. Tab. 9.2). Relational zu allen in TIMSS 2007 eingesetzten Testaufgaben betrachtet, ist der Anteil bei den Testaufgaben der Kompetenzstufen I (3 von insgesamt 14, anteilig 21.4 Prozent) und IV (9 von insgesamt 48, anteilig 18.7 Prozent) am höchsten.

Tabelle 9.2: Übersicht der Testaufgaben mit DIF nach Kompetenzstufen im Verhältnis zu allen untersuchten Testaufgaben

Kompetenzstufe	Anzahl ingesamt	Anzahl DIF-Items
V	10	1
IV	48	9
III	65	4
II	42	4
I	14	3

In Tabelle 9.3 sind die identifizierten DIF-Aufgaben in ihrer Rangfolge aufgelistet. Dabei wird deutlich, dass die mathematische Testaufgabe mit dem höchsten DIF (11.03) der niedrigsten Kompetenzstufe I entspricht. Im Hinblick auf die Inhaltsbereiche *Arithmetik* (A) und *Geometrie/Messen* (G) und die kognitiven Anforderungsbereiche *Reproduzieren* (R), *Anwenden* (A) und *Problemlösen* (P) ist das Bild heterogen. Letztlich ergibt sich auch beim Zusammenspiel von Kompetenzstufe (KS) und Aufgabenformat (Multiple-Choice-Format (MC) versus offenes Antwortformat (OA)) kein erwähnenswerter weiterer Befund.

Die Analyse zur Aufgabenbeschaffenheit aus fachlich-kognitiver Perspektive lässt insgesamt betrachtet erkennen, dass monolingual deutsche Schülerinnen und Schüler nicht privilegierter Herkunft nicht per se an komplexen mathematischen Testaufgaben scheitern. Die Befunde deuten vielmehr darauf hin, dass schwierigkeitsgenerierende Merkmale auch unter anderen Gesichtspunkten zu eruieren sind; solchen, die sich – so wie hier angenommen wird – nicht vollständig aus der fachlich-kognitiven Perspektive erschließen lassen. Im Folgenden wird daher die sprachliche Beschaffenheit der identifizierten Testaufgaben näher beschrieben.

Tabelle 9.3: Zusammenfassung wesentlicher Befunde in fachlich-kognitiver Perspektive

DIF-Items	Lord-1 PL	Effekt[1]	Kompetenz-stufe	Inhalts-bereich[2]	Anforderungs-bereich[3]	Format[4]
M01	11.03	C	I	A	A	OA
M02	9.91	C	IV	A	R	MC
M03	6.90	B	III	G	P	OA
M04	6.77	C	V	A	P	OA
M05	6.48	C	II	A	R	MC
M06	6.20	C	II	A	R	MC
M07	6.09	B	IV	A	P	OA
M08	6.00	C	I	G	R	MC
M09	5.80	B	IV	A	A	MC
M10	5.54	B	IV	A	P	OA
M11	5.48	B	IV	G	A	OA
M12	5.33	C	II	A	A	MC
M13	5.31	B	II	G	A	MC
M14	5.24	B	IV	G	A	OA
M15	5.22	B	III	G	A	MC
M16	5.07	B	IV	G	R	MC
M17	5.04	C	I	G	R	MC
M18	5.00	B	III	G	R	MC
M19	4.84	B	IV	A	A	MC
M20	4.54	B	IV	A	P	OA
M21	4.00	B	III	A	A	OA

[1] Effekte: Effektstärke B = moderat, Effektstärke C = groß
[2] Inhaltsbereiche: A = Arithmetik, G = Geometrie/Messen
[3] Anforderungsbereiche: A = Anwenden, R = Reproduzieren, P = Problemlösen
[4] Format: MC = Multiple-Choice-Format, OA = Offenes Antwortformat

9.1.1.2 Beschaffenheitsanalyse aus sprachlicher Perspektive

Die Annahme, dass die sprachliche Beschaffenheit einer mathematischen Test-aufgabe die Bearbeitung beeinflusst, wird durch folgenden Befund gestützt: DIF zeigt sich nur dann, wenn eine mathematische Testaufgabe als Textaufgabe formuliert ist. Oder konkreter gefasst: Mathematische Testaufgaben, die rein numerisch mittels Zahlen und mathematischer Symbole (z.B. ‚+' oder ‚:') formuliert sind (z.B. ‚63:__=7'), zeigen innerhalb der Stichprobe von TIMSS 2007 kein *Differential Item Functioning* für die fokussierte Schülergruppe.

Die vertiefende Analyse der sprachlichen Beschaffenheit der identifizierten Testaufgaben, aufbauend auf sprachlichen Details wie Syntax, Propositionen und Wortschatz, kann nur ansatzweise vollzogen werden. Das liegt unter anderem daran, dass nur knapp die Hälfte (in der Summe zehn) der identifizierten DIF-Aufgaben freigegeben ist. Sie beziehen sich auf

- die Anzahl der Wörter,
- die Länge der Sätze (bzw. Anzahl der Wörter in einem Satz),
- den Anteil schwieriger Wörter (z.B. nominale Zusammensetzungen, Fachtermini),
- den Anteil an Schlüsselwörtern (entscheidende Wörter zur Lösung der Aufgabe, z.B. ‚insgesamt').

Tabelle 9.4: Sprachliche Beschaffenheit der freigegebenen DIF-Aufgaben

DIF-Items	Lord-1 PL	Anzahl Wörter	Anzahl Wörter in Sätzen	Anzahl der Sätze	Anzahl Schlüssel-wörter	Anzahl schwieriger Wörter
M03	6.90	23	5,4	2	1	0
M04	6.77	43	9,13, 8, 8, 4	5	3	2
M06	6.20	12	12	1	2	0
M07	6.09	40	10, 10, 15, 4	4	2	0
M10	5.54	24	6,8, 4, 6	4	2	0
M12	5.33	16	4, 5, 7	3	1	0
M14	5.24	206	10, 10, 12, 5, 8, 17, 12, 5, 9, 20, 16, 16, 14, 16, 12, 16, 5	17	4	0
M15	5.22	7	7	1	0	1
M17	5.04	39	5, 5, 5, 6, 14	5	1	0
M21	4.00	17	10, 5	2	1	0

Tabelle 9.4 zeigt die zehn Testaufgaben gereiht nach der Größe der DIF-Werte. In der Zusammenschau wird deutlich, dass nicht ein einzelnes Merkmal für den DIF verantwortlich ist. Zu vermerken ist aber auch, dass sich auf der Grundlage dieser geringen Fallzahl an Testaufgaben ohnehin nur Tendenzen beschreiben

lassen, die an einer größeren Fallzahl hinsichtlich ihrer Tragfähigkeit überprüft werden müssten. Alle Aufgaben außer der 06 und 15 bestehen aus mehr als einem Satz. Weder mit steigender Satzanzahl noch steigender Satzlänge (gemessen an der Anzahl der Wörter in einem Satz), steigt allerdings die Höhe des DIF-Wertes. Ebenso wenig aussagekräftig in diesem Zusammenhang ist die Anzahl der Schlüsselwörter (vgl. Kapitel 4.3.2.1), obgleich festzuhalten ist, dass mit Ausnahme der Testaufgabe 15 in allen Aufgabenstellungen Schlüsselwörter enthalten sind.

Die Befunde zur sprachlichen Beschaffenheit mathematischer Testaufgaben geben somit nur wenig Aufschluss. Die Länge der Sätze oder die Anzahl der Wörter ebenso wie die Anzahl schwieriger Wörter scheinen für die identifizierten Testaufgaben mit DIF tendenziell eher Nebenschauplätze darzustellen.

9.1.2 Analyse der Bearbeitung mathematischer Testaufgaben

Um ein vertiefendes Verständnis der Art und Weise der Aufgabenbearbeitung von monolingual deutschen Schülerinnen und Schülern nicht privilegierter Herkunft zu erhalten, richtet sich der Fokus nachfolgend auf exemplarisch ausgewählte Interviewsequenzen (vgl. Kapitel 7.1.2). Vorgestellt und diskutiert werden zwei der zehn freigegebenen Testaufgaben mit DIF. Die Bearbeitung der Aufgaben wird entlang von Interviewsequenzen zweier Schüler nicht privilegierter Herkunft erläutert und diskutiert, maskiert mit den Namen Levin und Marco. Um die Analysen begründen zu können, wird der vertiefenden Aufgaben- und Interviewanalyse die Beschreibung der inszenierten Interviewsituation vorgeschaltet. Angenommen wird, dass diese – wie in Kapitel 4.3.3 in Bezug auf die Bedeutsamkeit des *Handlungswissens für das Lösen von Aufgaben* dargelegt – den Bearbeitungsprozess der Kinder wesentlich beeinflusst.

9.1.2.1 Zur ‚social situatedness' der Interviews

Um die spezifische Situiertheit – hier als ‚social situatedness' bezeichnet – zu beschreiben, in der die Interviews stattgefunden haben, ist zwischen der inszenierten Interviewsituation und einer genuinen Testsituation zu differenzieren (vgl. Kapitel 5): Testsituationen können, wie während mancher Testdurchführung von Schulleistungsstudien zu beobachten ist, Schülerinnen und Schüler in Stress versetzen, (sozialen) Erwartungs- und/oder Zeitdruck, Versagensängste, Nervosität, oder aber auch Desinteresse auslösen. Natürlich ist bei manchen Schülerinnen und Schülern auch zu beobachten, dass sie mit Freude die Aufgaben und Fragen beantworten. In Bezug auf die Interviewsituation ist davon auszugehen, dass auch die interviewten Schülerinnen und Schüler einem gewissen Stress ausgesetzt waren und der neuen Situation nervös gegenüber standen: Eine unbekannte Person der Universität interessiert sich dafür, wie sie Testaufgaben bearbeiten, und bittet sie, all das laut auszusprechen, was sie im Prozess der Aufgabenbearbeitung denken, während eine Videokamera alles dokumentiert, was gesagt und getan wird (vgl. Kapitel 7.1.2). Aber: Im Zuge der Einführung in die Interviews wurde den Schülerinnen und Schülern explizit mitgeteilt, dass es sich um keinen Test handelt, und auch, dass es nicht darum gehe zu beobachten, wie gut sie die ausgewählten Testaufgaben lösen können. Ihnen wurde mitgeteilt, dass das Ziel der Studie darin liegt zu verstehen, was Schülerinnen und Schüler über die Formulierung von Testaufgaben denken, über ihre grafische Darstellung und darüber, wie leicht oder wie schwer diese Aufgaben bearbeitet werden können. Als zentrales Ziel wurde explizit herausgestellt, die Meinung der Schülerinnen und Schüler zu erheben, um Testaufgaben für zukünftige Studien besser zu gestalten. Sofern es in den Interviews sichtbar werden konnte, waren die interviewten Schülerinnen und Schüler motiviert und interessiert. Sie fühlten sich wertgeschätzt und – sofern beobachtbar – in der Interviewsituation wohl. Auch Zeitdruck kam nicht auf, da die Schülerinnen und Schüler eine Testaufgabe so lange bearbeiten konnten, wie sie wollten. Die Phase des Nachfragens im Anschluss an die Aufgabenbearbeitungen wurde von den meisten der Schülerinnen und Schüler genutzt, um darzulegen, wie sie vorgegangen waren. In dieser Phase der Interaktion reflektierten die Schülerinnen und Schüler ihre Lösungen, teilweise kam es dabei zu Revisionen.

9.1.2.2 Die Testaufgabe ‚Dreiecke' und ihre Bearbeitung

Die Testaufgabe ‚Dreiecke', wie in Abbildung 9.2 dargestellt, weist einen DIF von 6.90 und eine moderate (B) Effektstärke auf (vgl. Tab. 9.3 & Tab. 9.4: Item M03). Es handelt sich um die Aufgabe mit dem höchsten DIF-Wert unter den freigegebenen mathematischen Testaufgaben.

Die Aufgabe ist dem Inhaltsbereich *Geometrie/Messen* zuzuordnen und besteht aus den Teilaufgaben A und B, wobei ausschließlich die Teilaufgabe B als DIF identifiziert wurde. *Problemlösen* stellt den kognitiven Anforderungsbereich dar; demnach sind ‚komplexe Berechnungs-, Anwendungs- und Begründungsprobleme zu lösen' (vgl. Tab. 4.5). Eingestuft wurde die Aufgabe als Testaufgabe der Kompetenzstufe III. Hier sind die Schülerinnen und Schüler dazu fähig, ‚elementares mathematisches Wissen sowie elementare mathematische Fertigkeiten und Fähigkeiten in einfachen Situationen anzuwenden' (vgl. Kapitel 4.2). Formuliert ist die Aufgabe in einem offenen Antwortformat.

Abbildung 9.2:   Freigegebene Testaufgabe ‚Dreiecke'

Du siehst hier zwei Figuren. Nenne ein Merkmal, das beide Figuren gemeinsam haben, und ein Merkmal, das sie unterscheidet.

Figur P 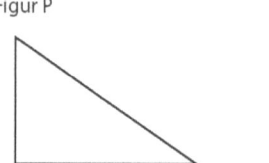   Figur Q

a. Gemeinsam:

b. Unterschiedlich:

Getestet wird mit der Aufgabe, ob die Schülerinnen und Schüler über Wissen zur Beschreibung von Gemeinsamkeiten und Unterschieden zweier dargestellter geometrischer Figuren verfügen. Bei TIMSS ist nicht intendiert, dass die Schülerinnen und Schüler zwingend Fachtermini wie ‚Dreieck' oder ‚Winkel' (*formelles Register*, vgl. Kapitel 3.2) als Repertoire ihres *bildungssprachlichen Wissens* zur Beschreibung der Lösung beherrschen, da zur erfolgreichen Bearbeitung dieser Testaufgabe ebenfalls Umschreibungen aus dem *familialen Register* (vgl. Kapitel 3.2) zulässig sind. Dies belegen, wie bei der IEA (2009) nachzulesen, folgende als richtig definierte Antworten: „One has a right angle, one does not" (ebd., S. 80), „One has 2 sides/angles the same size/is isoceles/has a line of symmetry (the other does not)" (ebd.), „One is bigger/longer/wider/has a larger area than the other or equivalent statement about size" (ebd.). Mit dieser Testaufgabe soll also die Fähigkeit getestet werden, ob Merkmale – unabhängig von einem bestimmten sprachlichen Register – zur Charakterisierung beider Figuren benannt werden können.

Was benötigen Schülerinnen und Schüler, um diese Aufgabe zu lösen? Aus fachlich-kognitiver Perspektive benötigen sie *konzeptuelles Wissen*, d.h. Wissen über die Eigenschaften geometrischer Figuren, die Vorstellung von Prototypen geometrischer Figuren und Abweichungen, ebenso wie sprachliche Konventionen, gegebenenfalls zudem – wenngleich nicht zwingend, wie bereits benannt – auch fachspezifische Termini zur Beschreibung von Figuren. Um dieses Wissen umsetzen zu können, brauchen die Schülerinnen und Schüler *prozedurales Wissen*. Dabei kommt es nicht auf ‚mathematische Verfahren und Algorithmen' (vgl. Kapitel 4.3.1) im Speziellen an, sondern generell auf die Handlungsfertigkeit, das *konzeptuelle Wissen* umzusetzen.

Zur Erfassung dieser Problemlöseaufgabe sind insgesamt zwei Sätze zu lesen, wobei der erste kurz und einfach zu entschlüsseln ist, vergleichbar mit dem zweiten, obgleich dieser länger ist. Schülerinnen und Schüler benötigen somit *sprachliches Wissen*. Die Fragen nach ‚Merkmalen' sowie ‚Gemeinsamkeiten' und ‚Unterschieden' verweisen dabei auf den *vertikalen Diskurs*, da es sich bei diesen spezifizierenden Begriffen um eine explizite Sprache auf der Ebene lexikalisch-semantischer Merkmale (vgl. Kapitel 4.3.2.1) *bildungssprachlichen Wissens* handelt. Dabei bleibt offen zu klären, warum die Frage nach Gemeinsamkeiten (Teilaufgabe A) leichter zu lösen ist als diejenige nach Unterschieden (Teilaufgabe B). In Bezug auf den Begriff ‚Merkmal' ist zumindest anzunehmen, dass dieser eine – wenngleich auch nicht intendierte – sprachlich bedingte Aufgabenschwierigkeit evoziert. Denn: Möglicherweise verleitet der Begriff ‚Merkmal' dazu, nach fachspezifischen bzw. bildungssprachlichen Termini zu suchen, auch wenn dies gar nicht explizit in der Aufgabenstellung erfragt wird. So ist es möglich, wie zuvor skizziert, den Begriff ‚Merkmal' auf der Grundlage des *konzeptuellen Wissens* im *formellen Register* zu beschreiben, z.B. indem Begriffe wie ‚Winkel' oder Beschreibungen wie ‚symmetrisch' verwendet werden. Möglich ist es aber auch, ein ‚Merkmal' aus dem Repertoire des *familialen Registers* zu benennen, z.B. anhand von Wörtern wie ‚größer' oder ‚länger' (bzw. auch im *formellen Register* nach entsprechenden Wörtern zu suchen) (vgl. Tab. 9.4). Die fokussierte Schülergruppe wird, so kann vermutet werden, also durch den Begriff ‚Merkmal' wohlmöglich auf eine falsche Fährte gelockt; jene, die dazu verleitet, fachspezifische Termini zu benennen, die aus dem Mathematikunterricht mehr oder weniger bekannt sind. Der Begriff ‚Merkmal' begrenzt hier also möglicherweise die Wahl zwischen *familialem* und *formellem Register*. Aufgrund seiner im *vertikalen Diskurs* zu verortenden Rahmung verleitet er zum *formellen Register*, wodurch die Lösung der Aufgabe insofern erschwert wird, als passende, als ‚Merkmale' erlernte Beschreibungen nicht im Sprachgebrauch der Schülerinnen und Schüler nicht privilegierter Herkunft parat liegen. Dies wäre in Bezug auf den Vergleich von Schülerinnen und Schülern mit unterschiedlicher sozialer Herkunft anhand des sprachlich bedingten ‚gap' zu erklären, also der Divergenz von schulischen Sprachanforderungen und ihrer sozial erworbenen Sprachvoraussetzungen. Der *vertikale Diskurs* ist darüber hinaus durch zwei weitere Besonderheiten markiert:

a. In sprachlicher Hinsicht: Die Aufforderung „*Nenne ein Merkmal, das [...] und ein Merkmal, das*", d.h. die explizite Frage nach je *einem* Merkmal, verweist auf die im traditionellen Mathematikunterricht häufig praktizierte Hinführung auf die *eine richtige* Lösung einer Aufgabe; auch wenn diese hier, wie oben angeführt, gar nicht gesucht wird, eben weil eine Vielzahl von Antworten möglich ist. Vorstellbar wäre es also, dass Schülerinnen und Schüler zwar Merkmale zur Unterscheidung der beiden Figuren erkennen, sich aber unsicher sind, ob es sich dabei tatsächlich um die hier geforderte *eine* richtige Lösung handelt.

b. In fachlicher Hinsicht: Die Figuren P und Q sind abstrakt dargestellt, d.h. sie repräsentieren einen Grad von Allgemeinheit. Deutlich wird dies daran, dass die Seiten der Figuren beispielsweise nicht mit Zahlen beschriftet sind, die die Länge der Seiten angeben und dadurch den Allgemeinheitsgrad der Figuren auf ein konkretes Beispiel herunterbrechen würden. Bestünde, im Umkehrschluss betrachtet, die Testaufgabe aus konkreten Figuren (vgl. Abb. 9.3), so würde sich – dem Argument von *horizontalem* und *vertikalem Diskurs* folgend – ein Zugang zur Beschreibung von Unterschieden (Teilaufgabe B) deutlich einfacher gestalten. Schülerinnen und Schüler hätten dann die Möglichkeit, Zahlen miteinander zu vergleichen, und müssten nicht auf der abstrakten Ebene zwei Figuren miteinander vergleichen.

Abbildung 9.3:   Modifizierte Version der Testaufgabe ‚Dreiecke'

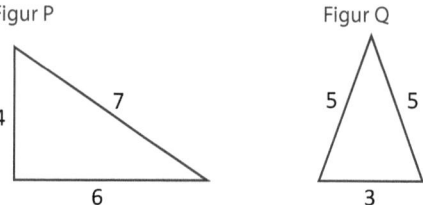

Wie haben Kinder in Deutschland, also alle an TIMSS 2007 teilnehmenden Schülerinnen und Schüler, diese Testaufgabe gelöst? Wie in Tabelle 9.5 dargestellt, gibt es drei als richtig und zwei als falsch kodierte Lösungen. Eine richtige Lösung ergibt einen Punkt, falsche Lösungen werden mit 0 Punkten kodiert.

Tabelle 9.5: Lösungshäufigkeiten der freigegebenen Testaufgabe ‚Dreiecke‘ (vgl. IEA, 2007, S. 47; IEA, 2009, S. 81-82)

Lösungen	Punkte	Lösungshäufigkeiten in Prozent	
		Deutschland (n=735)	Internationaler Durchschnitt (n=638)[1]
Richtige Lösung[R1]	1	6.1	14.3
Richtige Lösung[R2]	1	4.7	3.7
Richtige Lösung[R3]	1	27.7	17.8
Falsche Lösung[F1]	0	19.1	9.5
Falsche Lösung[F2]	0	25.7	31.8
Nicht bearbeitet	0	3.3	4.8
Fehlend	0	13.4	18.1

[1] Die Anzahl entspricht dem Mittelwert der Fälle und mittleren Lösungshäufigkeiten
[R1] One has a right angle, one does not.
[R2] One has 2 slides/ angles the same size/ is isosceles/ has a line of symmetry (the other does not)
[R3] One is bigger/ longer/ wider/ has a larger area than the other, or equivalent statement about size.
[F1] They are different shapes/ they are not the same shape.
[F2] Andere falsche Lösungen (inkl. Durchgestriches, Gelöschtes, Unleserliches)

Die Tabelle zeigt die Häufigkeiten der Schülerantworten für Deutschland im Vergleich zum internationalen Durchschnitt an. Die angegebene Fallzahl des internationalen Durchschnitts ist aus dem Grund geringer als diejenige für Deutschland, da es sich um den Mittelwert der Länderwerte handelt. Die berichteten Häufigkeiten des internationalen Durchschnitts stellen somit die mittleren Länderlösungshäufigkeiten dar. Die Mehrheit der Schülerinnen und Schüler in Deutschland konnte diese Aufgabe nicht richtig lösen (zusammen 48.0 Prozent). Ein vergleichbares Bild zeigt sich bezüglich des internationalen Durchschnitts (zusammen 45.9 Prozent). Die Teilaufgabe B weist demnach eine besondere Schwierigkeit auf, nicht nur mit Blick auf die hier fokussierte Schülergruppe, sondern auch allgemein betrachtet. Im Anschluss an den Befund der DIF-Analyse (vgl. Kapitel 9.1.1) ist vertiefend zu eruieren, warum es monolingual deutschen Schülerinnen und Schülern nicht privilegierter Herkunft schwer fällt, die Aufgabe zu bearbeiten.

9.1.2.3 Die Aufgabenbearbeitung von Levin

Ein vertieftes Verstehen der Bearbeitungsweisen der Testaufgabe ‚Dreiecke'
wird nachfolgend entlang der Aufgabenbearbeitung von Levin entwickelt. Er
wurde exemplarisch ausgewählt. Seine Bearbeitungsweise repräsentiert nicht
die Bearbeitungsweisen der Gruppe der interviewten Schülerinnen und Schüler
nicht privilegierter Herkunft insgesamt, ermöglicht aber einen differenzierten
Blick auf potenzielle schwierigkeitsgenerierende Merkmale der Testaufgabe. In
Bezug auf die interviewten Schülerinnen und Schüler insgesamt ist zu konstatieren, dass diejenigen nicht privilegierter Herkunft Teilaufgabe B zumeist
unbeantwortet ließen. Levin ist einer der wenigen Schüler dieser Gruppe, die –
wie sich zeigen wird: angeregt durch das Interview – Teilaufgabe B bearbeiten.

Levin liest die Aufgabe zunächst leise für sich, versucht die Aufgabe leise
zu lösen und beginnt dann laut zu denken:

```
Levin: Ja ...(2 Sek.)... mm dass sie alle drei Ecken ha-
ben ist gleich/ ok/ aber ...(4 Sek.)... ja was nicht
gleich ist ist diese Seite hier ...(48 Sek.)...
Interviewerin: [nickt]
L: [denkt weiter über die Aufgabe nach]
```

Es folgt eine längere Redepause. Levin schaut in dieser Zeit immer wieder
erwartungsvoll zu der Interviewerin. Er wartet auf ihre Bestätigung. Dann
schreibt er seine Antwort für Teilaufgabe A auf, also die Teilaufgabe, deren
Lösung er als gesetzt und sicher vorgibt. Sie schien einfach zu bearbeiten zu
sein, da die Identifizierung von Gemeinsamkeiten anhand der drei Ecken für
Levin relativ offensichtlich gewesen zu sein war. Teilaufgabe B lässt er unbeantwortet. Dann beginnt er erneut zu sprechen:

```
L: Die rechte sieht so ähnlich aus wie ein Dreieck.
I: Die Figur Q?
L: Ja und sonst kann ich nichts finden [und beginnt er-
neut darüber nachzudenken]
```

Auch wenn Levin eine Antwort ausgesprochen hat, schreibt er sie nicht als
Teilaufgabe B auf. Stattdessen definiert er die Testaufgabe als beendet, indem
er sagt: Ok, das ist alles. Er wiederholt, dass es nicht mehr gibt, was er
als Unterschied zwischen den beiden Dreiecken finden kann. Erst in der Phase
des Nachfragens im Anschluss an das Interview spricht die Interviewerin erneut

mit Levin über die Testaufgabe ‚Dreiecke'. Sie fragt ihn ein zweites Mal nach dem Unterschied zwischen beiden Dreiecken:

```
I: Du hast gesagt, dass Figur Q so ähnlich wie ein Drei-
eck aussieht. Kannst du mir sagen, wie du denn die Figur
P beschreiben würdest?
L: Ja das ist halt so ein aufgestelltes Dreieck...(4
Sek.)... also so ähnlich ...(3 Sek.)... aber Dreiecke
wenn wir sie hinstellen würden ...(4 Sek.)... hm/ sie
hätten ja eine Seite die gerade ist und eine die nicht
so lang ist ...(2 Sek.)... ein Dreieck hat immer drei
Ecken und diese Ecke [zeigt mit dem Finger auf die Spit-
ze von Figur Q] ist immer ein bisschen spitzer nach oben
hin...(21 Sek.)...
I: Ok ...(3 Sek.)... und was meinst du ist in Figur P
anders?
L: Ja das ...(5 Sek.)... ja das könnte so'n bisschen ein
Dreieck sein, auch wenn die Seite nicht so lang ist
I: Ah
L: Ja ...(2 Sek.)... und die Figur Q stelle ich mir im-
mer als Pyramide vor/ und dann passt das
```

Die Unterhaltung über die Unterschiede zwischen den beiden Dreiecken macht deutlich, dass Levin durchaus dazu in der Lage ist, Unterschiede zu beschreiben – zunächst unabhängig davon betrachtet, ob seine Vorstellungen von Dreiecken richtig oder falsch sind. Die Interviewerin wiederholt zum Einstieg Levins zuvor geäußerte Festlegung dass Figur Q so ähnlich wie ein Drei-eck aussieht. Damit versucht sie seine Vorstellung von Figur Q als Kontrast der Figur P gegenüberzustellen. Ohne diese Gelegenheit über die Testaufgabe zu reflektieren, so zeigt das Interview, hätte Levin keine Antwort in Teilaufgabe B eingetragen oder lediglich diejenige, dass die Figur Q ähnlich wie ein Dreieck aussieht – eine Antwort, die falsch ist und entsprechend in TIMSS 2007 mit 0 Punkten kodiert worden wäre (vgl. Tab. 9.5).

Möglicherweise war hier tatsächlich das Problem leitend, wie vorstehend formuliert, dass Levin vorwiegend darauf konzentriert war, passende Begriffe innerhalb des *formellen Registers* zu finden. Dies würde erklären, warum er nicht auf die Idee gekommen ist bzw. nicht den ‚Blick' dafür hatte (vgl. Kapitel 5), einen Unterschied mit Hilfe des Repertoires des *familialen Registers* zu benennen, wie er es in der Phase des Nachfragens konnte. Bestätigt werden kann diese Vermutung auch durch seine Antworten, die sehr eng an den Termi-nus ‚Dreieck' gebunden sind: Figur Q sei ähnlich wie ein Dreieck oder ein bisschen wie ein Dreieck zu beschreiben. Hieraus resultierende

Missinterpretationen haben somit zur Folge, dass Schülerinnen und Schüler wie Levin nicht erkennen, dass es für die Beschreibung von Unterschieden beider Figuren eine Alternative zum *formellen Register* gibt. Vermutet werden kann auch, dass Levin sich in seinem *konzeptuellen Wissen* noch nicht sicher war, d.h. sich nicht festlegen und somit auch nicht aussprechen konnte, eben weil es noch keine passenden Wörter für seine Ideen gab.

Im Hinblick auf die *‚social situatedness'* des Interviews lässt sich festhalten, dass es für Levins Lösung entscheidend war, im Anschluss an die Bearbeitung über seinen Lösungsweg reden zu können. Dies gab ihm die Möglichkeit, über seine Bearbeitung zu reflektieren, aber auch, neue Wörter zur Beschreibung von Unterschieden zu finden. Die Ansprache hierzu war es, die ihm einen neuen Diskurs eröffnet hat: Ist die Aufgabenbearbeitung während des stillen Lesens der Aufgabenstellung und der anschließenden Formulierung einer Lösung eindeutig im *vertikalen Diskurs* zu verorten, so leitet die in der Nachfragephase initiierte Reflexion anhand der Frage der Interviewerin Du hast gesagt, dass Figur Q so ähnlich wie ein Dreieck aussieht. Kannst du mir sagen, wie du denn die Figur R beschreiben würdest? einen neuen Diskurs ein, der *horizontal* angeordnet ist. Es ist dabei nicht mehr explizit die Rede von ‚Merkmal', aber erst hier gelingt es Levin, Merkmale zur Beschreibung aufzuführen: ...ein aufgestelltes Dreieck..., ...Dreiecke wenn wir sie hinstellen würden..., ...eine Seite die gerade ist und eine die nicht so lang ist..., ...als Pyramide.... Dabei handelt es sich um eine kontextuelle Sprache, d.h. eine Sprachform, die eng an die situativen Gegebenheiten gebunden ist (vgl. Kapitel 4). Diese ermöglicht es Levin beispielsweise, das Gesprochene durch Zeigen zu unterstreichen: ...diese Ecke [zeigt mit dem Finger auf die Spitze von Figur Q] ist immer ein bisschen spitzer nach oben hin.... Empirisch sichtbar wird anhand dieser Aufgabenbearbeitung damit zugleich der von Gellert (2011) konstatierte und in Kapitel 4 referierte Bruch von ‚erfahrbarem Kontext' im *horizontalen Diskurs* und ‚interner Logik einer spezialisierten Praxis des *vertikalen Diskurses*. Solange er auf sie ‚sinnlich erfahrbar' Bezug nehmen kann (z.B. ...die Figur Q stelle ich mir immer als Pyramide vor... und ...wenn wir sie hinstellen würden...), findet er Worte zur Beschreibung. Bleibt der Diskurs hingegen auf der Ebene einer internen, d.h. hier mathematikspezifischen Logik verortet, fehlen ihm schlicht die Worte und es fallen Ausdrücke wie Ja und sonst kann ich nichts finden. Dass Levin in der Nachfragephase zwar im *horizontalen Diskurs* reagiert, dennoch aber gedanklich nicht völlig losgelöst vom *vertikalen Diskurs* versucht zu argumentieren, zeigt sich mitunter an der Verwendung des Plurals von `Dreiecke` in seinen Ausführungen: `...Dreiecke wenn wir sie hinstellen würden...`, `...hm sie hätten ja eine Seite die gerade ist...`, ebenso wie die Verwendung des Wortes `immer` in: `...ein Dreieck hat immer drei Ecken....` Beide sprachlichen Verwendungen verweisen auf einen Allgemeinheitsgrad, wie er bezeichnend für den *vertikalen Diskurs* ist.

Erst die Phase des Nachfragens hat Levin dazu veranlasst, als Lösung aufzuschreiben, dass die Figur P Seiten hat, die länger sind als diejenigen der Figur Q. Auch wenn diese Antwort auf einer falschen Argumentation beruht (da sich sein Argument auf eine begrenzte Vorstellung von Dreiecken auf der Grundlage seines *konzeptuellen Wissens* stützt, nämlich einen Prototyp von Dreiecken), hat diese ihn dennoch dazu bewogen, eine Antwort in Teilaufgabe B aufzuschreiben, wie Abbildung 9.2 zeigt. Demnach hätte der erste Satz seiner Antwort `Bei Figur P hat die Seiten länger` einen Punkt im Rahmen von TIMSS 2007 erzielt, wenngleich der zweite Satz `Figur Q ähnelt ein Dreieck` keinen Punkt erbracht hätte (vgl. Abb. 9.4). Ob der für den ersten Satz vergebene Punkt durch den zweiten, falschen Satz nichtig geworden wäre, wäre genauer bei der TIMSS-Studienleitung zu erfragen.

Abbildung 9.4:   Levins Bearbeitung der Testaufgabe ‚Dreiecke'

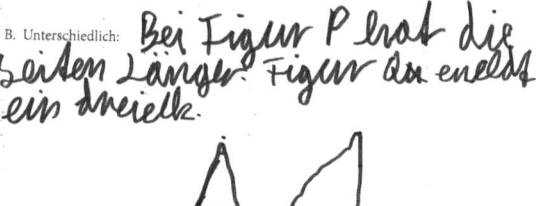

Aus fachlicher Perspektive betrachtet ist fragwürdig, ob Levin zeigen konnte, dass er die Teilaufgabe B hat lösen können. Denn wie seine Aufgabenbearbeitung sowohl von Teilaufgabe A als auch B zeigt, ist seine Vorstellung von Dreiecken sehr begrenzt, was letztlich dazu führt, dass seine Lösungen in beiden Teilaufgaben fehlerhaft sind. Seine Vorstellung eines Prototyps von Dreiecken als Pyramide kann Folge des zum Zeitpunkt der Interviews erfahrenen Fachunterrichts sein, da eine große Anzahl weiterer interviewter Schülerinnen und Schüler aus Levins Klasse in vergleichbarer Weise argumentierten. Es fehlen darüber hinaus andere Fähigkeiten, wie das Erkennen des rechten Winkels, das Vergleichen von Flächeninhalten oder der Beschreibung der Lage im Raum etc. Die Schwierigkeit dieser Aufgabe zeigt sich im Fall von Levins Aufgabenbearbeitung somit auf der fachlichen und auf der sprachlichen Ebene. Darüber hinaus beeinflusst die (soziale) Rahmung der Situation, in der er die Aufgabe bearbeitet, wesentlich den Lösungsweg (vgl. Kapitel 4.3.3).

9.1.2.4 Die Testaufgabe ‚Laufen' und ihre Bearbeitung

Ein weiteres Aufgabenbeispiel stellt die freigegebene Testaufgabe ‚Laufen' dar. Sie wurde mit einem DIF von 5.54 und einer moderaten Effektstärke (B) identifiziert (vgl. Tab. 9.3 & Tab. 9.4: Item M10). Sie ist in einem offenen Antwortformat formuliert und dem Inhaltsbereich *Arithmetik* zuzuordnen. Hinsichtlich kognitiver Anforderungen entspricht sie dem Bereich des *Problemlösens*. Ihre Schwierigkeit ist anhand der Kompetenzstufe IV definiert: ‚Schülerinnen und Schüler können ihre mathematischen Fertigkeiten und Fähigkeiten verständig beim Lösen einfacher Probleme anwenden' (vgl. Kapitel 4.2).

Abbildung 9.5:   Freigegebene Testaufgabe ‚Laufen'

Zwei Jungen treffen sich zum Laufen. Immer, wenn Timo 2 km läuft, läuft Andi 3 Kilometer. Timo ist 6 km gelaufen. Wie weit ist Andi dann gelaufen?

Antwort: km

Getestet wird mit dieser Testaufgabe das arithmetische Basiswissen von Viertklässerinnen und Viertklässlern bzw. konkret: die Fähigkeit proportionalen Denkens und damit einhergehende mathematische Grundrechenarten. Aus fachlicher Perspektive ist somit zu eruieren, welchen Beitrag die Aufgabe leistet, damit die Schülerinnen und Schüler proportional denkend zur Lösung gelangen. Proportionen sind in Relation zu sehen, d.h. im Kontext der Aufgabe anhand von Andis und Timos gelaufenen Kilometern. Schülerinnen und Schüler müssen hierzu die Differenz von 2 Kilometern bei Timo und 3 Kilometern bei Andi als einen proportionalen Zusammenhang erkennen. Erleichtern würde dies beispielsweise eine Tabelle, die zusätzlich zur Aufgabenstellung angeführt werden könnte – oder aber die sich Schülerinnen und Schüler selbst zur Hilfe aufzeichnen könnten (vgl. Abb. 9.6). Sie würde den Prozess unterstützen zu erkennen, dass es sich um zwei miteinander zu vergleichende, proportionale

Zusammenhänge handelt: Bei Andis gelaufenen Kilometern in Zweierschritten 2 – 4 – 6, bei Timos gelaufenen Kilometern in Dreierschritten 3 – 6 – 9. Die Leistung auf Seiten der Schülerinnen und Schüler läge dann in einem weiteren Schritt darin, beide Zusammenhänge miteinander in Beziehung zu setzen.

Abbildung 9.6:   Ergänzung der Testaufgabe ‚Laufen‘ durch eine Tabelle

Timo	Andi
2 km	3 km
4 km	? km
6 km	? km

Mit diesem Fokus liegt die Perspektive auf der Differenz der beiden Zahlen 2 und 3. Diese muss von den Kindern als ein relativer bzw. proportionaler Zusammenhang erkannt werden. Gelingt dies, so zeigt sich jedoch eine weitere Herausforderung: Die Differenz der beiden Zahlen 2 und 3 kann entweder als ein absoluter Wert 1 angenommen werden. In diesem Fall könnte das Argument zur Lösung der Testaufgabe lauten, dass Andi immer 1 Kilometer mehr als Timo läuft. Oder aber die Differenz von 1 wird als eine sich verändernde bzw. wachsende Differenz erkannt. Dies würde bedeuten, dass es der Schülerin bzw. dem Schüler gelungen ist der Aufgabenstellung eine proportionale Zusammenhangsstruktur zu entnehmen, z.B. dass Timo pro 2 gelaufene Kilometer immer 1 Kilometer weniger läuft als Andi.

Wie ist die Testaufgabe ‚Laufen‘ sprachlich aufgebaut? Insgesamt beinhaltet die Aufgabe vier Sätze, von denen drei kurz und leicht zu entschlüsseln sind. Der erste Satz „Zwei Jungen treffen sich zum Laufen" ist offen gehalten. An Information enthält dieser Satz, dass es sich um zwei Jungen handelt, die wahrscheinlich beide an der gleichen Startlinie loslaufen. Weitere Informationen finden sich im zweiten Satz „Immer, wenn Timo 2 km läuft, läuft Andi 3 Kilometer". Hier entsteht ein Differenzbild, was bedeutet, dass ein Junge schneller als der andere läuft bzw. in derselben Zeit eine weitere Strecke bewältigt, wie weiter oben ausgeführt. Als Visualisierung dargestellt können Schülerinnen und Schüler dabei auf unterschiedliche Aspekte achten: Variante A zeigt auf, dass sich die Differenz bei Andi und Timo dreimal wiederholt, die Schülerinnen und Schüler also die Zahlen 6 (3*2) und 9 (3*3) miteinander vergleichen. Variante B hingegen zeigt eine Visualisierung, aus der deutlich wird, dass sie jeden der drei Durchläufe einzelnd betrachten, also zwar verstanden haben, dass ‚wenn

Timo 2 km läuft, Andi 3 km läuft', sich daraus aber ergibt, dass sie sich nur den letzten Durchlauf anschauen und sehen, dass die Differenz 1 beträgt. Abbildung 9.7 stellt beide Visualisierungsformen skizzenhaft dar.

Abbildung 9.7:   Visualisierung der Testaufgabe ‚Laufen' I

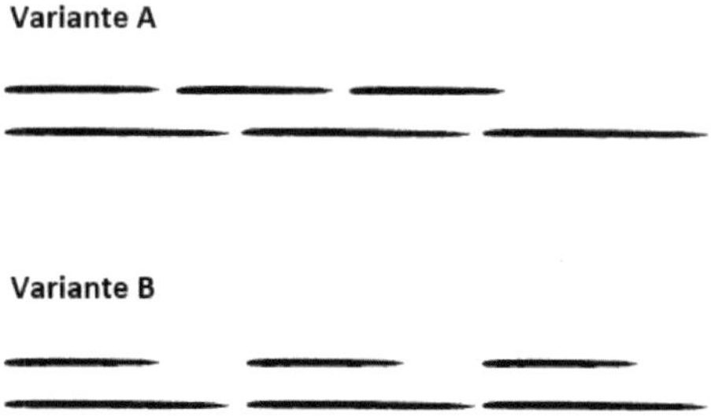

Variante A

![Variante A: drei kurze horizontale Strichpaare in zwei Reihen angeordnet]

Variante B

![Variante B: drei horizontale Striche in zwei Reihen angeordnet]

Die Aufgabe generiert zudem Schwierigkeiten auf der Ebene des *bildungssprachlichen Wissens*, das in direkter Weise mit dem *mathematikspezifischen Wissen* einhergeht: Die als Schlüsselwörter (vgl. Kapitel 4.3.2.1) zu deklarierenden Wörter „*immer, wenn*" verweisen auf die Proportionalität der gegebenen Zahlen. Jedoch müssen Schülerinnen und Schüler dazu fähig sein, diese direkte Kopplung von sprachlichem Hinweis und mathematischer Operation zu erkennen. Verstehen sie „*immer, wenn*" nicht als handlungsleitende Rahmung der erforderlichen mathematischen Operation, werden sie voraussichtlich daran scheitern, die Testaufgabe richtig, d.h. multiplikativ anstelle von additiv, zu lösen. Statt die Schlüsselwörter als Hinweis auf proportionales Operieren zu verstehen, könnte man eine additive Lesart im Verständnis von ‚immer 1 dazu' wählen. Erschwerend mag sich auch auswirken, dass es sich um den Vergleich zweier Prozesse handelt. Würde die Testaufgabe von der Repräsentationsform einer Tabelle Gebrauch machen, wie einleitend erwähnt (vgl. Abb. 9.6), so wäre zu vermuten, dass diese Schwierigkeit entfällt.

Der dritte Satz der Aufgabe, „*Timo ist 6 km gelaufen*", fokussiert auf Timo, d.h. der Kontext der Aufgabe insgesamt ist im Grunde jetzt nicht mehr von Interesse. Die Schülerinnen und Schüler müssen wissen, wo Timo steht, dass er bereits dreimal 2 Kilometer gelaufen ist und dass wenn Timo 2 Kilometer läuft, Andi 3 Kilometer läuft. Daraus können Visualisierungen entstehen, wie sie in Abbildung 9.7 dargestellt sind. Oder aber die Schülerinnen und Schüler erkennen, dass es sich um jeweils drei gelaufene Wegstrecken á 2 Kilometern handelt, bei denen Andi jeweils immer 1 Kilometer mehr läuft, wie in Abbildung 9.8 dargestellt. Dies würde bedeuten, dass sie dazu fähig sind, die in der Aufgabe enthaltenden Informationen differenziert miteinander in Beziehung zu setzen. Sie sehen dann für Andi drei voneinander getrennte Strecken, denen dreimal je 1 Kilometer dazugerechnet werden muss. In diesem Fall hat sich die Strecke nicht um die Differenz von 1 Kilometer verlängert, sondern verdreifacht: Andi ist 3 Kilometer mehr gelaufen.

Abbildung 9.8:   Visualisierung der Testaufgabe ‚Laufen' II

Der letzte Satz „*Wie weit ist Andi dann gelaufen?*" wechselt den Fokus von Timo auf Andi. D.h. auch hier ist eine Transferleistung der Schülerinnen und Schüler von Nöten, da nun nicht mehr Timo Ausgangspunkt der Überlegung ist, sondern Andi. Insbesondere in diesem Wechsel von Fokussen mag eine eigene Aufgabenschwierigkeit begründet sein.

Um die Aufgabe zu lösen benötigen Schülerinnen und Schüler also *mathematikspezifisches Wissen*, d.h. *konzeptuelles, prozedurales* und *metakognitives Wissen* (vgl. Kapitel 4.3.1). Sie müssen nicht nur Vorstellungen zu Multiplikation und/oder Addition aktivieren und Zusammenhänge in der Aufgabenstellung erkennen (*konzeptuelles Wissen*), sondern auch wissen, wie man multiplikativ und additiv rechnet (*prozedurales Wissen*) und prüfen, ob der gewählte Lösungsweg zur richtigen Lösung geführt hat (*metakognitives Wissen*). Zum Lösen dieser Testaufgabe benötigen die Schülerinnen und Schüler zudem *sprachliches Wissen* in beiden Bereichen: *Lese- und Textverständnis*, um überhaupt Zugriff auf die in der Aufgabenstellung gegebenen Informationen zu erhalten und *bildungssprachliches Wissen*, um sprachliche Hinweise zu erkennen, die für die Lösung der Testaufgabe von Bedeutung sind (wie die Schlüsselwörter „*immer, wenn*").

Wie haben Kinder in Deutschland, also alle an TIMSS 2007 teilnehmenden Schülerinnen und Schüler, die Testaufgabe ‚Laufen' gelöst? Es gibt es nur eine richtige Lösung, die Lösung ‚9'. Wurde diese Lösung von den Schülerinnen und Schülern berechnet, ergab dies einen Punkt. Falsche Lösungen wurden mit 0 Punkten kodiert. Wie Tabelle 9.6 aufzeigt, war insbesondere die Lösung ‚7' häufig unter den falschen Lösungen der Kinder in Deutschland zu finden. Auch hier sei darauf verwiesen, dass es sich bei der Fallzahl und den Lösungshäufigkeiten zum internationalen Durchschnitt um Mittelwerte handelt, d.h. um den Mittelwert der Fälle als auch die mittleren Länderlösungshäufigkeiten.

Tabelle 9.6: Lösungshäufigkeiten der freigegebenen Testaufgabe ‚Laufen'
(vgl. IEA 2007, S. 27, IEA 2009, S. 48-49)

| Lösungen | Punkte | Lösungshäufigkeiten in Prozent | |
		Deutschland (n=735)	Internationaler Durchschnitt (n=638)[1]
Richtige Lösung (9)	1	29.4	27.3
Falsche Lösung (7)	0	47.4	16.1
Falsche Lösung (andere)	0	16.1	44.3
Nicht bearbeitet	0	1.1	1.9
Fehlend	0	6.1	10.5

Die die Mehrheit der Kinder in Deutschland konnte diese Testaufgabe nicht
richtig lösen (zusammen 64.5 Prozent), ein vergleichbares Bild zeigt sich mit
Blick auf den internationalen Durchschnitt (zusammen 62.3 Prozent). Auch bei
dieser Aufgabe wird anhand der Lösungshäufigkeit deutlich, dass nicht nur eine
besondere Aufgabenschwierigkeit für die hier fokussierte Schülergruppe vorliegt, sondern die Aufgabe insgesamt betrachtet als herausfordernd einzuschätzen ist. Wie sich im Anschluss an die Befunde der DIF-Analyse aber argumentieren lässt, scheinen relational betrachtet besonders die monolingual deutschen
Schülerinnen und Schüler nicht privilegierter Herkunft betroffen zu sein.

9.1.2.5 Die Aufgabenbearbeitung von Marco

Die Aufgabenbearbeitungen der Testaufgabe ‚Laufen' in den Interviews weisen
in Bezug auf die in Tabelle 9.6 dargestellten Lösungshäufigkeiten ein konfor-
mes Bild auf: Die Testaufgabe wurde von einem Teil der interviewten Schülerinnen und Schüler richtig gelöst, wurde sie jedoch falsch gelöst, wie in 10 der
14 Fälle, dann wurde als Lösung immer ‚7' angegeben. Die Aufgabenbearbeitung von Marco veranschaulicht dies exemplarisch:

```
Marco: Andi ist 7 km gelaufen.
Interviewerin: Und wie hast du das gerechnet?
M: Also da steht [liest die Aufgabenstellung laut vor]
Timo läuft … (2 Sek.)… wenn Timo/ 2 km läuft …(4 Sek.)…
läuft An/ läuft Andi 3 Kilometer Timo ist 6 km gelaufen
weil hier zwei und einer da läuft Andi immer einen Ki-
```

```
lom/ einen Kilometer mehr als Andi [...] ja so habe ich
das gerechnet [...]
```

Abbildung 9.9:   Marcos Bearbeitung der Testaufgabe ‚Laufen'

Die zentrale Herausforderung dieser Testaufgabe besteht darin, die Schlüsselworte „*immer, wenn*" als Hinweis auf die richtige mathematische Operation zu erkennen. Fast 50 Prozent der an TIMSS 2007 teilnehmenden Schülerinnen und Schüler in Deutschland haben die Testaufgabe ‚Laufen' auf die Weise zu lösen versucht, wie es Marco getan hat. Sie sind additiv anstelle von multiplikativ vorgegangen.

Weil diese Testaufgabe als DIF-Aufgabe identifiziert wurde, ist anzunehmen, dass innerhalb dieser 50 Prozent (ebenso der weiteren 17 Prozent mit anderen falschen Antworten) die Anzahl von monolingual deutschen Schülerinnen und Schülern nicht privilegierter Herkunft im Vergleich zu monolingual deutschen Schülerinnen und Schüler, die sozial privilegiert sind, dominant sein wird (vgl. Tab. 9.6).

Darüber hinaus gibt es eine weitere Auffälligkeit, schaut man die Ergebnisse der Schülerinnen und Schüler in Deutschland im Vergleich zum internationalen Durchschnitt an, wie in Tabelle 9.7 dargestellt. In Deutschland findet sich die falsche Lösung ‚7' fast dreimal so häufig wie im internationalen Vergleich. Um eine Erklärung für diesen deutlichen Unterschied zu finden, ist ein Vergleich der deutschen Version der Testaufgabe mit der Originalversion in englischer Sprache durchgeführt worden. Hierbei wird offensichtlich, dass der anhand der Schlüsselwörter identifizierte Hinweis „*immer, wenn*" lediglich in der deutschen Version vorkommt, nicht aber – übersetzt – in der englischen Originalversion. So zeigt sich im Vergleich beider Versionen, dass der hier als entscheidend herausgestellte Satz „*Immer, wenn Timo 2 km läuft, läuft Andi 3 Kilometer*" in der Originalversion formuliert ist als "*For every 2 km that Fred ran, Alan ran 3 km*" (IEA, 2009, S. 48).

Vergleicht man die Lösungshäufigkeiten der Testaufgabe ‚Laufen' der Schülerinnen und Schüler in Deutschland nicht nur mit dem internationalen Durchschnitt, sondern gezielt mit deutschsprachigen und englischsprachigen Ländern, so zeigt sich dieser Befund noch offensichtlicher (vgl. Tab. 9.7). Als deutschsprachiges Land nahm an TIMSS 2007 neben Deutschland auch Österreich teil. Österreichische Schülerinnen und Schüler haben zu einem vergleichbar hohen Anteil als falsche Lösung die ‚7' angegeben. Im Gegenzug dazu ist der Anteil der Schülerinnen und Schüler in englischsprachigen Ländern (ermittelt anhand der Lösungshäufigkeiten von Australien, England, Neuseeland, Schottland und den USA) hinsichtlich der falschen Lösung ‚7' noch geringer als im internationalen Durchschnitt.

Tabelle 9.7: Lösungshäufigkeiten der Testaufgabe ‚Laufen' getrennt nach deutschsprachigen und englischsprachigen Ländern (vgl. IEA 2007, S. 27, IEA 2009, S. 48-49)

| | | Lösungshäufigkeiten in Prozent | | |
| | | deutschsprachige Länder | | englischsprachige Länder[2] |
Lösungen	Punkte	Deutschland (n=735)	Österreich (n=704)	im Durchschnitt (n=638)[1]
Richtige Lösung (9)	1	29.4	18.8	35.1
Falsche Lösung (7)	0	47.4	47.1	13.2
Falsche Lösung (andere)	0	16.1	25.8	45.9
Nicht bearbeitet	0	1.1	8.1	1.1
Fehlend	0	6.1	0.2	4.8

[1] Die Anzahl entspricht dem Mittelwert der Fälle und mittleren Lösungshäufigkeiten
[2] Als englischsprachig definiert sind die Länder Australien, England, Neuseeland, Schottland und die USA.

Da also die englische Originalversion keine vergleichbare Schwierigkeit auf der sprachlichen Ebene der Testaufgabe enthält, ist davon auszugehen, dass durch die Übersetzung ins Deutsche die Aufgabenschwierigkeit maßgeblich verändert wurde. Die Originalversion ist einfacher formuliert, weil sie den Verweis auf die Proportionalität von Timos und Andis (bzw. Freds und Alans) gelaufenen Distanzen explizit enthält und damit die mathematische Operation nicht verschleiert.

Damit liegen aufschlussreiche erste Befunde für die Testaufgabe ‚Laufen' vor. Neben der hier diskutierten sprachlichen Dimension der Aufgabenbeschaffenheit ist jedoch in weiteren, vertiefenden Analysen genauer zu untersuchen, inwiefern auch die fachlich-kognitive Dimension von Bedeutung ist. So zeigt sich beispielsweise beim Vergleich von Deutschland und Österreich, dass, obwohl in Österreich etwa 10 Prozent mehr Schülerinnen und Schüler die Aufgabe nicht richtig gelöst haben, nicht auch der Anteil derer mit der Lösung ‚7' höher ist. Oder aus der Umkehrperspektive betrachtet: Lässt man unbeachtet, wie viele Schülerinnen und Schüler die Aufgabe richtig gelöst haben, und betrachtet ausschließlich die Schülerinnen und Schüler mit einer falschen Lösung, so zeigt sich, dass in Deutschland etwa 3/4 der Schülerinnen und Schüler mit einer falschen Lösung die ‚7' angeben (74.6 Prozent), in Österreich hingegen weniger, nämlich 2/3 der Schülerinnen und Schüler (64.6 Prozent).

Auch ist in weiteren Analysen anhand der Leistungsmittelwerte der Länder zu diskutieren, inwiefern diese sich zum Vergleich mit Deutschland bzw. den deutschsprachigen Ländern eignen, da die Auswahl der englischsprachigen Länder hier ausschließlich aus Gründen der Testsprache Englisch entschieden wurde. Der herausgestellte Verdacht einer Veränderung der Aufgabenschwierigkeit ist somit weiter vertiefend zu überprüfen.

9.2 Sozialstrukturelle Zusammenhänge mathematischer Testleistung

Theoretisch lassen sich sozialstrukturelle Zusammenhangsstrukturen mathematischer Testleistung herleiten (vgl. Kapitel 2 bis 5), inwiefern sie sich aber auch empirisch am Beispiel der Daten aus TIMSS 2007 zeigen, ist entlang der in Kapitel 6 entwickelten Forschungsfragen (vgl. *Fokus II*) zu prüfen:

- Welche Aspekte der sozialen Herkunft und Unterstützungsmechanismen einer Familie zeigen sich in strukturellem Zusammenhang mit mathematischer Testleistung (vgl. Kapitel 9.2.1 & Kapitel 9.2.2)?
- Welche mathematischen Testaufgaben zeigen sich dabei – insbesondere in sprachlicher Hinsicht – als besonders herausfordernd für monolingual deutsche Schülerinnen und Schüler nicht privilegierter Herkunft (vgl. Kapitel 9.2.3)?

9.2.1 Theoriegeleitete Annahmen zum Zusammenhangsgeflecht

Es wird angenommen, dass die soziale Herkunft von Schülerinnen und Schülern (vgl. Kapitel 2) und die familial gerahmten Unterstützungsmechanismen, d.h. die Familie als ‚hidden subsidy' (vgl. Kapitel 3), mit der mathematischen Testleistung (vgl. Kapitel 4) im Zusammenhang stehen. Genauer noch ist anzunehmen, dass sich die mathematische Testleistung erklären lässt sowohl *unmittelbar* durch die soziale Herkunft und die familial gerahmten Unterstützungsmechanismen als auch *mittelbar*, also vermittelt durch die sozial gerahmten

Unterstützungsmechanismen innerhalb einer Familie. Die soziale Herkunft einer Familie und ihre Funktion als ‚hidden subsidy' rahmen also zusammen genommen das, was in dieser Arbeit als habituell geprägte Milieuspezifik empirisch und begrifflich – wohl wissentlich begrenzt (vgl. Kapitel 8) – zu fassen versucht wird (vgl. Kapitel 5 & Kapitel 10.1.1). Die genutzten Datenquellen bieten zwar Potenziale sich der Vielschichtigkeit dieses Themenfeldes anzunähern, sie sind aber nicht geeignet, alle drei der genannten Bereiche, d.h. soziale Herkunft, die Familie als ‚hidden subsidy' und die Testleistung in der Domäne Mathematik, in dem Maße empirisch abzubilden oder gar zu prüfen, wie sie sich in ihrer Differenziertheit und ihrem Umfang zeigen (vgl. Kapitel 2.4).

Was aber lässt sich in dieser Arbeit in Bezug auf die erst genannte Forschungsfrage empirisch prüfen? Ein Teil der Beantwortung dieser Frage ist aus den in Kapitel 7 vorgestellten Instrumenten abzuleiten; an dieser Stelle wurden nicht nur die Datenquellen, sondern auch deskriptive Befunde der Strukturmodellierung vorgestellt (vgl. Kapitel 8.4.2):

- *Zur ‚sozialen Herkunft'*: Die TIMSS-Datengrundlage bietet einen differenzierten Blick auf die als Gesamtkomposition ‚soziale Herkunft' bezeichneten Inhalte (vgl. Kapitel 2), zu denen vielfältige Variablen erhoben wurden (vgl. Kapitel 8.4.2).
- *Zur Familie als ‚hidden subsidy'*: Hinsichtlich der familial gerahmten Unterstützungsmechanismen liegen nur begrenzt Daten vor, sodass inhaltlich und begrifflich Modifikationen der Modellannahmen vorzunehmen sind. Aspekte der häuslichen sprachlichen Förderung oder des Sprachgebrauchs zu Hause[65], wie in Kapitel 3 ausgeführt, wurden nicht in TIMSS 2007 erhoben, ebenso wenig wie kulturelle und soziale Praktiken, die sich aus bestimmten Erziehungsstrategien derart ableiten ließen, dass sie als aussagekräftig gelten könnten. Wie in Kapitel 3 dargelegt, sind aber genau solche Aspekte als relevant im Hinblick auf die schulischen Leistungen der Schülerinnen und Schüler einzustufen. Sie nicht integrieren zu können, stellt eine der Grenzen der folgenden Analysen dar. All jene im Datensatz enthaltenen Informationen, die einen eigenen Erklärungsgehalt hinsichtlich des unterstützenden Verhaltens seitens der Eltern für ihre Kinder aufweisen, wurden berücksichtigt und in Beziehung zu Aspekten der ‚sozialen

---

65 Die Frage nach der im Elternhaus gesprochen Sprache wurde erhoben, bietet aber für den Kontext der vorliegenden Arbeit keinen Erkenntnisgewinn, da die Stichprobe ausschließlich aus Schülerinnen und Schülern besteht, die angaben, zu Hause meistens Deutsch zu sprechen (vgl. Kapitel 8.4.2).

Herkunft' und mathematischen Leistung gesetzt. Dabei handelt es sich um Kontrollmechanismen der Eltern, etwa den zeitlichen Umfang des Fernseh- oder Computerkonsums betreffend, und das elterliche Unterstützungsverhalten in Bezug auf schulisches Lernen zu Hause, wie die Hilfestellung bei Hausaufgaben oder die Kontaktaufnahme zur Schule bei auftretenden Problemen (vgl. Kapitel 8.4.2).

• *Zur Testleistung in der Domäne Mathematik*: Die in TIMSS 2007 vorliegenden Daten zur mathematischen Testleistung wurden curricular angemessen erhoben (vgl. Kapitel 4.2). Darüber hinaus liegen Informationen zur fachlich-mathematischen Leistung von Schülerinnen und Schülern vor: die Halbjahresnote im Schulfach Mathematik und die Einstellung zu Mathematik der Schülerschaft.

Daraus folgt, dass sich die einleitend vorgestellten Zusammenhänge spezifizieren lassen. Ihre Prüfung erfolgt anhand einer Strukturgleichungsmodellierung (vgl. Kapitel 7.2.1). Wie dargelegt, bezieht sich die Modellierung auf eine Teilstichprobe (n = 224) der TIMSS-2007-Erhebung (vgl. Kapitel 8.1.1.2).

Die Abbildung 9.11 liest sich wie folgt: Die mathematische Testleistung (θ) stellt die endogene Variable dar. Sie soll durch die exogenen Variablen der soziale Herkunft (bestehend aus dem sozioökonomischen Status[66] sowie sozialem Kapital), dem unterstützenden Verhalten der Eltern (bestehend aus elterlichem Unterstützungsverhalten im Lernen und der elterlichen Kontrolle) sowie der Halbjahresnote in Mathematik erklärt werden. Dem elterlichen Unterstützungsverhalten im Lernen kommt eine Sonderstellung zu, weil mit ihr als exogene Variable und Mediatorvariable zugleich eine doppelte Stellgröße angenommen wird: Einerseits der Status als Prädiktor, d.h. erklärende Variable, andererseits als Variable, die nicht nur direkt, sondern auch vermittelnd Einfluss auf die mathematische Testleistung hat. Auch die Einstellung zu Mathematik ist als eine exogene Variable zu bezeichnen, deren Erklärungskraft innerhalb des Modells in Bezug auf die Halbjahresnote in Mathematik und die mathematische Testleistung hin überprüft wird.

Hinsichtlich der sozialen Herkunft von Schülerinnen und Schülern wird mit Blick auf die in Kapitel 2 dargestellten unterschiedlichen Kapitalsorten angenommen, dass sie als Konglomerat wirken, aber auch einzeln für sich betrachtet in mehr oder weniger starkem Zusammenhang mit der mathematischen Testleistung stehen können. Insgesamt ist zu erwarten, dass sowohl die mathemati-

---

66   Der hier modellierte sozioökonomische Status setzt sich aus Variablen des ökonomischen und des kulturellen Kapitals zusammen (vgl. Kapitel 8.4.2).

sche Testleistung als auch die Mathematiknote im Zusammenhang mit der sozialen Herkunft und der Familie als ‚hidden subsidy' stehen (vgl. auch Stubbe & Bos, 2008). Das in Abbildung 9.10 dargestellte Pfaddiagramm zeigt in differenzierterer Weise auf, welche Wirkungsweisen angenommen werden:

Abbildung 9.10: Pfaddiagramm zum sozialstrukturellen Zusammenhang mathematischer Testleistung

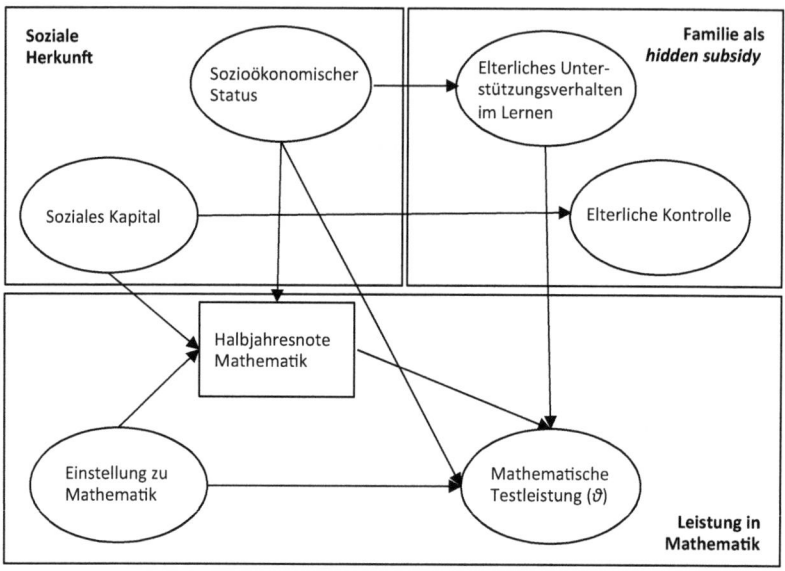

Da das operationalisierte ökonomische und kulturelle Kapital auf Variablen basiert, die sowohl den Wohlstand und die Wohnverhältnisse einer Familie als auch die höchste Schulbildung und den häuslichen Buchbesitz der Eltern integriert (vgl. Kapitel 8), ist anzunehmen, dass diese beiden Kapitalsorten in engem Zusammenhang stehen. Sie werden zusammen als sozioökonomischer Status in zweiter Ordnung definiert. Eine entsprechende Zuordnung findet sich auch in der Dokumentation der Erhebungsinstrumente von TIMSS 2007 selbst (vgl. Bos, Bonsen, Kummer, Lintorf & Frey, 2008, S. 35f.). [67] Anders verhält es

---

67 Enthalten unter dem Begriff des „sozioökonomischen Status der Familie" sind in TIMSS 2007 weitaus mehr Variablen als die in der Strukturmodellierung aufgenommenen: Schulabschluss der Eltern, berufliche Ausbildung der Eltern, derzeitige Erwerbstätigkeit der Eltern, berufliche Stellung der Eltern, Anzahl der Mitarbeiter im Betrieb der Eltern, Vorgesetztentätigkeit der Eltern, Beruf der Eltern, Art der Tätigkeit der Eltern, Wohnverhältnis,

sich mit dem sozialen Kapital, dessen Operationalisierung, wie in Kapitel 2 kritisch dargelegt, nur unzureichend im Rahmen von TIMSS 2007 und damit auch in der vorliegenden Arbeit realisiert werden konnte (vgl. Kapitel 8.4.2). Denn: Indikatoren, die nicht nur das elterliche Supervisionsverhalten gegenüber ihren Kindern bzw. den Bekanntheitsgrad der Eltern befreundeter Mitschüle-rinnen und Mitschüler zu erfassen versuchen, sondern darüber hinaus netz-werkbasierte förderliche Beziehungsstrukturen, wie sie etwa anhand des Positions- oder Ressourcengenerators (vgl. Kapitel 2.2) ermittelt werden könnten, wurden hier nicht erhoben. Dem hier modellierten Konstrukt ‚soziales Kapital' ist demnach eine eigene Stellung zuzusprechen und es ist zu prüfen, was es zur Erklärung der Testleistung beiträgt.

Auch auf der Seite des elterlichen Unterstützungsverhaltens lohnt sich ein differenzierter Blick: So ist anzunehmen, dass das elterliche Unterstützungs-verhalten in Bezug auf das Lernen im Zusammenhang mit der Testleistung steht, wie in den Kapiteln 3 bis 5 theoretisch hergeleitet. Zu prüfen ist ferner, inwiefern auch die elterliche Kontrolle im Zusammenhang mit der Bearbeitung von mathematischen Testaufgaben steht. Es wird davon ausgegangen, dass das elterliche Kontrollverhalten einen Teil der Testleistung erklärt. In Rekurs auf Coleman und seine Ausführungen zu der ‚anhaltenden Zuwendung' der Eltern (vgl. Kapitel 3.1.1) zeigt sich die elterliche Kontrolle als Bestandteil eines Net-zes sozialer Kontrolle und damit als ‚kapitalträchtig' in Bezug auf schulischen Erfolg. Inwiefern sie sich aber auch als ‚kapitalträchtig' im Hinblick auf die mathematische Testleistung zeigt, bleibt zu prüfen.

Bei jedem der Konstrukte ist darüber hinaus zu prüfen, inwiefern sie mitei-nander in Beziehung stehen. Hierbei ist anzunehmen, dass der sozioökonomi-sche Status einer Familie sowohl mit dem elterlichen Unterstützungsverhalten im Lernen als auch mit dem Kontrollverhalten in Zusammenhang steht, worauf Studien der (milieuspezifischen) Erziehungsstilforschung deuten (vgl. Kapitel 3.1.2). Inwiefern das soziale Kapital auf das elterliche Unterstützungsverhalten im Lernen einwirkt, ist ebenfalls zu untersuchen. Die dem Konstrukt zugrunde liegenden Variablen sind im Kontext der von Coleman herausgestellten Ele-mente von Zeit, Interesse und Aufmerksamkeit (vgl. ebd.) zu verorten und weisen damit eine Nähe zu seinem Verständnis von sozialem Kapital auf. In Bezug auf die ‚Geschlossenheit intensiver Beziehungen' (vgl. Kapitel 3.1.1), die hier inhaltlich stark mit dem Kontrollverhalten der Eltern begründet werden kann, ist anzunehmen, dass sich ein enger Zusammenhang zwischen der elterli-

---

(erwachsene) Personen im Haushalt, Selbsteinschätzung zum relativen Wohlstand der Fa-milie, gemeinsames durchschnittliches Nettoeinkommen (vgl. Bos et al., 2009, S. 35-40).

chen Kontrolle und dem ‚sozialen Kapital' zeigt. Im Verständnis Colemans ist dieser Zusammenhang mit dem aus einem geschlossenen Netzwerk (vgl. Erfassung ‚soziales Kapital': z.B. Bekanntheitsgrad der Freunde und ihrer Eltern) resultierenden ‚Netz sozialer Kontrolle' (vgl. Erfassung ‚elterliche Kontrolle': z.B. Kontrolle hinsichtlich des Wegbleibens vom Elternhaus) zu begründen.

Zusätzlich zu diesen skizzierten Zusammenhangsstrukturen ist zu prüfen, inwiefern die Einstellung zu Mathematik die mathematische Testleistung mitbestimmt. Wie Budde (2009) konstatiert, sind jedoch die Befunde zum Interesse und zur Einstellung zu Mathematik von Grundschülerinnen und Grundschülern generell rar (vgl. ebd., S. 29). Er hebt aber hervor, dass „[v]or allem Schülerinnen und Schüler, die *Interesse* an Mathematik haben, [...] auch mathematische Kompetenzen aus[bilden]" (ebd., Hervorhebung im Original). Ein Zusammenhang von mathematischer Testleistung und der Einstellung zu Mathematik ist demnach naheliegend. Budde referiert in Rückgriff auf die Ergebnisse von PISA 2003, die sich auf Leistungen 15-jähriger Schülerinnen und Schüler beziehen, darüber hinaus geschlechtsspezifische Unterschiede:

> „Kompetenzstarke Jugendliche haben – wenig erstaunlich – ein größeres Interesse als kompetenzschwache, dies gilt bei Mädchen noch verstärkt. Eng mit dem Interesse ist die Motivation verknüpft, hier ist der Geschlechterunterschied bei der so genannten „instrumentellen Motivation" besonders groß. Damit wird jene Motivation bezeichnet, sich mit Mathematik zu beschäftigen, weil man vermutet, dass diese von Nutzen ist, beispielsweise im späteren Berufsleben. Aber auch der Wert für „intrinsische Motivation", also der Annahme, dass Mathematik persönlich nützlich ist, liegt bei Jungen höher." (ebd., S. 29, Hervorhebungen im Original)

Neben der Einstellung zu Mathematik ist zu prüfen, welche Rolle der Halbjahresnote in Mathematik in diesem Zusammenhangsgeflecht zuteil wird (vgl. z.B. Bos, Dohe & Walzebug, 2010). Dass Schülerinnen und Schüler, die etwa eine mathematische Kompetenz von 550 (Kompetenzstufe III) aufweisen, hinsichtlich ihrer Mathematiknote von 1 („sehr gut") bis 4 („ausreichend") variieren, veranschaulicht, von welcher Spannbreite hier die Rede sein kann (vgl. ebd.). Dies gilt als empirisch bestätigt für die Kompetenzbereiche Mathematik (vgl. ebd., Abb. IX.7) und Lesen (vgl. Bos et al., 2004, Abb. IX.6, ebenso Stubbe, Bos & Euen, 2012). Schulnoten werden, so die dahinter liegende Annahme, von Lehrkräften vor dem Hintergrund der Klassenleistung vergeben. Testleistungen hingegen werden mit den Testleistungen der teilnehmenden Schülerinnen und Schülern insgesamt ermittelt (vgl. Kapitel 4). Aufgrund der hier skizzierten Befundlage zum Zusammenhang von Mathematiknoten und mathematischer Testleistung ist somit fraglich, ob die Note das Zustandekommen der mathematischen Testleistung erklärt. Ein so gerichteter Zusammenhang wird also nicht angenommen, ist aber dennoch im Pfaddiagramm mit aufgeführt, um ihn zu überprüfen.

9.2.2 Ergebnisse zum sozialstrukturellen Zusammenhangsgeflecht

Das in Abbildung 9.11 dargestellte Strukturmodell bildet die Ergebnisse der angenommenen Zusammenhangsstrukturen ab (vgl. Kapitel 9.2.1). Die Gütemaße des Modells geben Aufschluss darüber, dass es sich um eine gute Passung des angenommenen Modells mit den empirischen Daten handelt. Alle mit Sternchen (*) markierten standardisierten Faktorladungen sind statistisch signifikant. Die standardisierten Faktorladungen der einzelnen Messmodelle liegen insgesamt zwischen -.50 und .97. Das Modell findet sich nachfolgend erläutert.

Abbildung 9.11: Strukturmodell zum soziostrukturellen Zusammenhang mathematischer Testleistung

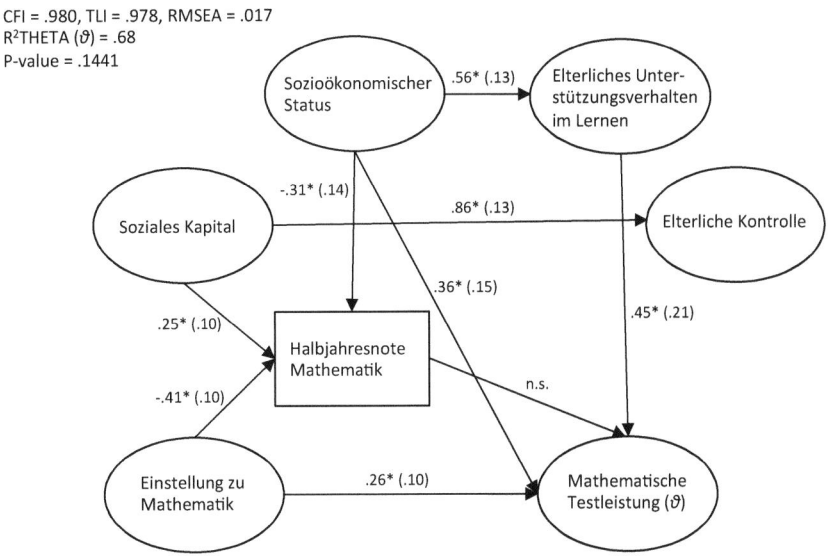

Befunde zur mathematischen Testleistung
Mit Blick auf die mathematische Testleistung zeigt das Modell erwartungsgemäß, dass der sozioökonomische Status eine starke eigene Erklärungskraft aufweist (.36). Der sozioökonomische Status einer Schülerin bzw. eines Schülers – operationalisiert durch das ökonomische und kulturelle Kapital – steht

aber auch (und noch stärker) in positivem Zusammenhang mit dem elterlichen Unterstützungsverhalten (.56), sodass sich hier zeigt, dass die Höhe des sozioökonomischen Status' auch das Maß an elterlicher Unterstützung in Bezug auf schulisches Lernen erklärt. Auch dieser Befund ist erwartungskonform, da er sich, wie in Kapitel 2 ausführlich dargelegt, mit verschiedenen Forschungsbefunden deckt: Eine Vielzahl an Studien belegt, dass sich Eltern mit hohem sozialen Status im Allgemeinen intensiver und aktiver an der Schulbildung ihrer Kinder beteiligen als Eltern mit vergleichsweise niedrigem sozialen Status. Wie in dem Modell abzulesen, wird die mathematische Testleistung in direkter Weise am stärksten durch den sozioökonomischen Status erklärt (.36); schwächer vermittelt, d.h. indirekt, über das elterliche Unterstützungsverhalten (.25)[68].

Der sozioökonomische Status setzt sich hinsichtlich seiner Operationalisierung aus ökonomischem und kulturellem Kapital zusammen. Eine Variable des sozialen Kapitals fließt mit in diese Messung des sozioökonomischen Status ein. Diese Variable beschreibt die Vernetzung der Eltern mit den Eltern befreundeter Mitschülerinnen und Mitschüler (vgl. auch Kapitel 8.4.2, Tab. 8.8). Alle anderen dem sozialen Kapital zugrunde liegenden Variablen zielen auf soziale Netzwerkaktivitäten innerhalb der Familie, sodass eine Nähe zum Konstrukt des elterlichen Kontrollverhaltens besteht. Variablen, die im Modell soziales Kapital messen, decken sich daher auch mit solchen Informationen, die indirekt auf die soziale Kontrolle innerhalb der Familie rekurrieren. So verwundert es nicht, dass das hier operationalisierte soziale Kapital signifikant und hoch mit dem elterlichen Kontrollverhalten kovariiert (.86), welches im Unterschied zum sozialen Kapital direkte elterliche Kontrollmechanismen erfasst (vgl. Kapitel 8.4.2, Tab. 8.10). Weder das soziale Kapital noch das elterliche Kontrollverhalten aber weisen einen direkten Zusammenhang zur Testleistung auf. Es ist dem Modell nach somit nur ein Aspekt des sozialen Kapitals, der einen Zusammenhang zur mathematischen Testleistung aufweist: die Vernetzung der Eltern mit den Eltern befreundeter Mitschülerinnen und Mitschüler.

Ebenfalls prüft das Modell die Einstellung der Schülerinnen und Schüler zu Mathematik in Bezug auf die mathematische Testleistung. Da die Variable ‚Ich mag Mathematik' in der Strukturmodellierung auf den Wert Eins festgesetzt wurde, kann argumentativ nur auf die Variable ‚Mathematik ist langweilig' aufgebaut werden (vgl. Kapitel 8.4.2). Erwartungskonform zeigt sich ein positiver Zusammenhang zwischen der Einstellung und der Testleistung (.26).

---

68   Indirekte Pfade werden nach Geiser (2011) über das Produkt der Pfadkoeffizienten ermittelt, d.h. hier .56*.45=.252 (vgl. ebd., S. 76).

Demnach erzielen Schülerinnen und Schüler, die angeben, Mathematik langweilig zu finden, niedrigere Leistungswerte.

Das Modell zeigt ebenfalls, dass, wie zuvor begründet angenommen (vgl. Kapitel 9.2.1), kein statistisch signifikanter Zusammenhang zwischen der mathematischen Halbjahresnote und der mathematischen Testleistung besteht.

Befunde zur mathematischen Schulleistung

Die Halbjahresnote in Mathematik (hier als ‚mathematische Schulleistung‘ gefasst) hängt direkt mit dem sozioökonomischen Status zusammen (-.31). Das Vorzeichen ist negativ, da ein hoher Wert in diesem Fall mit einer schlechten Note gleichzusetzen ist (6 = ungenügend vs. 1 = sehr gut): Ein negativer Pfadkoeffizient gibt daher an, dass ein hohes elterliches Unterstützungsverhalten mit einer niedrigen, also in diesem Fall guten Note, einhergeht. Ebenso lassen sich mit Blick auf den sozioökonomischen Status gute Noten, d.h. eine 1 (sehr gut) oder 2 (gut), durch einen hohen sozioökonomischen Status der Familie einer Schülerin bzw. eines Schülers erklären.

Darüber hinaus zeigt sich statistisch signifikant – anders als in Bezug auf die mathematische Testleistung (vgl. Kapitel. 9.2.2.1) – ein direkter Effekt des sozialen Kapitals auf die mathematische Halbjahresnote (.25). Dieser Zusammenhang verwundert zunächst, da er positiv definiert ist und somit zu suggerieren scheint, dass ein hohes soziales Kapital eine hohe, d.h. in diesem Sinne schlechte Mathematiknote erklärt. Es ist sinnvoll, sich an dieser Stelle der Operationalisierung des sozialen Kapitals erneut zu vergegenwärtigen: Das Konstrukt des sozialen Kapitals wird gemessen anhand der Fragen, (a.) inwiefern die Eltern des Kindes mit Eltern befreundeter Mitschülerinnen und Mitschüler bekannt sind, (b.) inwiefern die Eltern wissen, wo sich das Kind nach der Schule aufhält, (c.) inwiefern es mit ihnen über das kommuniziert, was es mit Freunden außerhalb der Schule zu tun plant, (d.) wieviel Zeit für Fernsehkonsum veranschlagt wird (vgl. Kapitel 8.4.2, Tab. 8.8). Je mehr diesen Aspekten von den Schülerinnen und Schülern zugestimmt wurde, desto höher steigt der Wert des hier operationalisierten sozialen Kapitals. Vergewissert man sich nun dieses Zusammenhangs aus der Umkehrperspektive, so lässt sich der direkte Effekt dadurch erklären, dass insbesondere Eltern von Schülerinnen und Schülern, deren Schulnoten – wie im vorliegenden Beispiel im Fach Mathematik – eher schlecht ausfallen, ein starkes Interesse an elterlicher Kontrolle haben und wissen möchten, was ihre Kinder außerhalb der Schule tun (vgl. Kapitel 3.1). Die dem Konstrukt zugrunde liegenden Variablen operationalisieren soziales Kapital weniger unter dem Gesichtspunkt sozialer Kontakte und ihrer netzwerkbasierten Potenziale als hinsichtlich der Kontrolle in sozialen Feldern, wie von Coleman (1995) diskutiert (vgl. Kapitel 3.1.1).

Ebenso als statistisch signifikant hinsichtlich der mathematischen Halbjahresnote zeigt sich der Erklärungsgehalt der Einstellung zu Mathematik (-.41). Wie im Kontext des sozialen Kapitals beschrieben, besagt der hier definierte negative Zusammenhang, dass Schülerinnen und Schüler mit einer positiven Einstellung zu Mathematik (d.h. Kinder, die ein hohes Maß an Interesse an Mathematik haben) einen niedrigen Wert, d.h. eine gute Note als Halbjahresnote in Mathematik erzielt haben. Auch diese Befunde sind erwartungskonform.

Mit Blick auf die Bedeutung der sozialen Herkunft zeigen die Befunde zur mathematischen Testleistung und zur mathematischen Halbjahresnote im Vergleich, dass die Höhe des sozioökonomischen Status einer Familie mit dem Maß an elterlichem Unterstützungsverhalten im Lernen einhergeht. Beide Aspekte bestimmen die mathematische Leistung. Anders als mit der mathematischen Testleistung steht das soziale Kapital darüber hinaus mit der mathematischen Halbjahresnote im Zusammenhang.

Befunde zur Geschlechtsspezifik mathematischer Testleistung
Das Modell wurde zusätzlich auf geschlechtsspezifische Unterschiede geprüft. So hätte sich beispielsweise zeigen können, dass Mädchen von der elterlichen Unterstützung stärker profitieren, weil sie im Unterschied zu Jungen als sozial responsiver gelten (vgl. Hannover & Kessels, 2008). Es hat sich aber gezeigt, dass sich mit dem Fokus auf sozialstrukturelle Zusammenhänge mathematischer Testleistung keine geschlechtsspezifischen Unterschiede finden lassen.

9.2.3 Analysen der in das Strukturmodell integrierten Testaufgaben

Neben der Modellierung sozialstruktureller Zusammenhänge mathematischer Testleistung erfolgt in diesem Abschnitt der Blick auf die im Modell integrierten mathematischen Testaufgaben. Zu analysieren ist dabei zweierlei:

- Anhand welcher Eigenschaften lassen sich diese Testaufgaben hinsichtlich ihres Schwierigkeitsgrades beschreiben?
- Welche schwierigkeitsgenerierenden Merkmale enthalten diese Testaufgaben und worin zeigen sich insbesondere sprachlich bedingte Herausforderungen für monolingual deutsche Schülerinnen und Schüler nicht privilegierter Herkunft?

9.2.3.1 Beschaffenheitsanalyse aus fachlich-kognitiver Perspektive

Insgesamt handelt es sich um 14 mathematische Aufgaben aus dem Testheft 5, die in die Strukturmodellierung eingegangen sind. Zu allen 14 Testaufgaben finden sich Experteneinschätzungen zur Beschreibung schwierigkeitsbestimmender Merkmale. Wie in Tabelle 8.5 dargestellt (vgl. Kapitel 8.4.2), handelt es sich bei dieser Auswahl an Testaufgaben vorwiegend um Aufgaben aus dem Inhaltsbereich *Arithmetik* (9) und dem kognitiven Anforderungsbereich des *Anwendens* (7). Insgesamt betrachtet decken die 14 Testaufgaben alle in TIMSS bestehenden Inhalts- und kognitiven Anforderungsbereiche ab.

Tabelle 9.8: Übersicht der integrierten Testaufgaben nach Kompetenzstufen im Verhältnis zu den Testaufgaben insgesamt in Testheft 5

Kompetenz-stufe	Anzahl ingesamt (Testheft 5)	Anzahl 14 Aufgaben
V	3	2
IV	4	1
III	11	6
II	7	5
I	0	0

Mit Blick auf die definierten Kompetenzstufen zeigt Tabelle 9.8, dass ein Großteil der Testaufgaben der Kompetenzstufe III zuzuordnen ist. Dies verwundert nicht, da auch hier die meisten TIMSS-Testaufgaben dieser Kompetenzstufe zuzuordnen sind.

Tabelle 9.9 zeigt darüber hinaus, dass bei den schwierigsten Testaufgaben die Inhaltsbereiche *Arithmetik* und *Geometrie/Messen* und die kognitiven Anforderungsbereiche *Problemlösen* und *Reproduzieren* dominieren. Bei Strukturmodellierungen werden die Beziehungen latenter Variablen geprüft (vgl. Kapitel 7.2.1). Die latenten Variablen werden dabei jeweils anhand von mehreren manifesten Variablen erhoben, indem diese faktorenanalytisch zu einer Skala zusammengefasst werden, so wie auch das Konstrukt THETA. Damit wurde automatisch auch eine Skalierung der Testaufgaben vorgenommen, d.h. für die in das Modell integrierten 14 Testaufgaben wurde eine eigene Aufgabenschwierigkeit berechnet (vgl. Kapitel 7.2.1.1). Diese wird hier als ‚modellierte Aufgabenschwierigkeit (θ)' bezeichnet, eben weil sie in Abhängigkeit von den in das Strukturmodell integrierten Variablen modelliert wurde. Zu klären ist nun, inwiefern sich die im Strukturmodell ermittelte Aufgabenschwierigkeit (θ) mit der Aufgabenschwierigkeit deckt, die in TIMSS 2007 über die Kompetenzstufen[69] ermittelt wurde (vgl. Tab. 9.9).[70]

Tabelle 9.9: Vergleich der Aufgabenschwierigkeiten von Kompetenzstufe und modellierter Aufgabenschwierigkeit

	θ	Kompetenz-stufe	Inhalts-bereich[1]	Anforderungs-bereich[2]	Format[3]
M04	0.91	V	A	P	OA
M13	0.62	V	G	P	OA
M10	-0.21	IV	A	R	OA
M12	-0.37	III	A	A	MC
M08	-0.39	III	A	R	OA
M09	-0.62	III	A	R	OA
M07	-0.69	II	A	R	MC
M02	-0.71	III	A	A	OA
M11	-0.95	III	G	P	OA
M03	-0.98	II	A	R	OA
M14	-0.99	II	D	P	MC
M01	-1.08	II	A	A	MC
M05	-1.08	III	A	A	MC
M06	-1.13	II	D	A	MC

[1] Inhaltsbereiche: A= Arithmetik, G = Geometrie/Messen
[2] Anforderungsbereiche: A= Anwenden, R = Reproduzieren, P = Problemlösen
[3] Format: MC = Multiple-Choice-Format, OA = Offenes Antwortformat

Wie in Tabelle 9.8 dargestellt, bilden die ausgewählten 14 Testaufgaben die Kompetenzstufen II, III, IV und V ab. Die modellierte Aufgabenschwierigkeit

69   Zusätzlich zu den Kompetenzstufen wurde ein Abgleich mit den für die einzelnen Testaufgaben berichteten IRT-Parametern (*Location b*) vorgenommen (vgl. Olsen, Martin & Mullis, 2008, S. 451ff.). Dieser wies keinen zusätzlichen Informationsgehalt auf. Der Abgleich zeigt nahezu dieselbe Reihenfolge wie die der Kompetenzstufen (vgl. Tab. 9.8).

70   In Bezug auf die im Strukturmodell ermittelte Aufgabenschwierigkeit ist zu ergänzen, dass es sich unter den 14 Testaufgaben bei zwei Aufgaben um polytome Testaufgaben handelt, bei deren richtiger Bearbeitung 2 Punkte erzielt werden konnten. In den nachfolgenden Analysen ist in diesen beiden Fällen nur derjenige Schwierigkeitswert berücksichtigt worden, der ermittelt wurde, um die volle Punktzahl zu erreichen. Bei allen hier berichteten Schwierigkeitswerten handelt es sich um gemittelte Werte.

weist insgesamt betrachtet Werte von -1.13 bis 0.90 auf. Prinzipiell gilt: Je höher der Wert, desto höher der Schwierigkeitswert der Aufgabe.

Der Kompetenzstufe II sind insgesamt fünf Testaufgaben zuzuordnen (vgl. Tab. 9.9). Ihre modellierten Aufgabenschwierigkeiten liegen zwischen -1.13 und -0.69. Der Kompetenzstufe III sind sechs Testaufgaben zuzuordnen. Die Spannbreite der modellierten Aufgabenschwierigkeit ist hier größer als bei Aufgaben der Kompetenzstufe II, sie erstreckt sich von -1.08 bis -0.37. Tabelle 9.9 zeigt, dass sich die im Strukturmodell berechneten Schwierigkeitswerte nicht trennscharf den Kompetenzstufen II und III zuordnen lassen. Die nicht freigegebenen Testaufgaben M07 und M05 sind es, die sich hier nicht konform zeigen. Klar voneinander zu differenzieren sind hingegen die restlichen drei Testaufgaben: Die Testaufgabe, die nach TIMSS der Kompetenzstufe IV zuzuordnen ist, kann auch hinsichtlich der im Strukturmodell berechneten Schwierigkeit von -0.21 auf vergleichbarem Schwierigkeitsniveau verortet werden. Die im Rahmen des Strukturmodells als schwierigste Testaufgaben identifizierten Aufgaben (mit Werten von 0.62 und 0.90) gehören der Kompetenzstufe V an und sind somit ebenfalls in TIMSS 2007 als Testaufgaben definiert, die die höchste Kompetenzstufe erfordern.

Der Vergleich beider Aufgabenschwierigkeiten lässt also erkennen, dass durch die Kompetenzstufe mehr oder weniger auch die Aufgabenschwierigkeit abgebildet wird, die im Rahmen des Strukturmodells berechnet wurde. Lediglich zwei der 14 Testaufgaben aus den Kompetenzstufen II und III weisen abweichende Werte auf.

Darüber hinaus zeigt Tabelle 9.9 auf, dass, entgegen den Befunden der DIF-Analyse (vgl. Kapitel 9.1.1), das offene Aufgabenformat deutlich häufiger im oberen Bereich der Rangliste und das Multiple-Choice-Format hingegen häufiger im unteren Bereich der Rangliste der modellierten Aufgabenschwierigkeit auftritt. Offene Antwortformate zeigen sich hier damit tendenziell eher bei Aufgaben mit hoher Aufgabenschwierigkeit, Multiple-Choice-Formate bei Aufgaben mit niedriger Aufgabenschwierigkeit.

9.2.3.2 Beschaffenheitsanalyse aus sprachlicher Perspektive

Um mit den Testaufgaben einhergehende sprachliche Herausforderungen zu eruieren, wurde ein Sprachindex gebildet. Dieser integriert sechs Aspekte sprachlicher Anforderungen, die im Anschluss an die Experteneinschätzungen und eigene Analysen bestimmt wurden:

- Anzahl der Wörter,
- Länge der Sätze (bzw. Anzahl der Wörter in einem Satz),
- Sprachliche Komplexität (z.b. sprachliche Gestaltung, Prägnanz und Kürze, Gliederung/Ordnung),
- Anteil schwieriger Wörter (z.b. nominale Zusammensetzungen, Fachtermini),
- Anteil an Schlüsselwörtern (nach Zevenbergen, vgl. Kapitel 4.3.2: entscheidende Wörter zum Lösen der Aufgaben, z.b. ‚insgesamt‘),
- Aufgabenformat (Multiple-Choice-Format vs. offenes Antwortformat).

Tabelle 9.10 zeigt die Werte gegliedert nach Testaufgaben auf. Die Anzahl der Wörter und die Länge der Sätze geben wieder, wie umfangreich eine Aufgabe als Textaufgabe gestellt ist. Damit verbunden ist die in Kapitel 5 formulierte Hypothese, dass als Textaufgaben formulierte Testaufgaben für monolingual deutsche Schülerinnen und Schüler sozial nicht privilegierter Herkunft schwieriger zu lösen sind als für jene sozial privilegierter Herkunft. Denn Textaufgaben, so die Annahme, stellen sich neben ihrer fachlich-kognitiven Schwierigkeit speziell hinsichtlich sprachlicher Merkmale als herausfordernd für die hier fokussierte Schülergruppe heraus (vgl. Kapitel 3 & Kapitel 4.3.2).

Teil des Sprachindexes ist auch die Komplexität einer Aufgabe. Sie beinhaltet, wie im Aufgabenraster für die Expertinnen und Experten definiert (vgl. Kapitel 7.1.3), die Frage nach der sprachlichen Gestaltung, die die erforderlichen sprachlichen Anforderungen zur richtigen Lösung miteinschließt. Darin enthalten sind Merkmale der Lexik (z.b. Verwendung von Präfixverben). Auch wurde die Anzahl schwieriger Wörter (z.b. nominale Zusammensetzungen, Fachbegriffe) und Schlüsselwörter (vgl. Kapitel 4.3.2) in den Sprachindex integriert, da auch hier postuliert wird, dass diese, insbesondere bei nicht privilegierten, monolingual deutschen Schülerinnen und Schülern, Schwierigkeiten bei der Bearbeitung der Testaufgabe zur Folge haben. Insgesamt betrachtet aber ist zu konstatieren, dass die sprachliche Analyse der mathematischen Testaufgaben nur begrenzt vollzogen wurde. Aufgrund ihrer Kürze und des begrenzten Formats bieten die vorliegenden mathematischen Testaufgaben in der Summe nur wenig Ansatzpunkte, Merkmale der Bildungssprache (vgl. Kapitel 4.3.2, Tab. 4.4) herauszustellen.

Ergänzend wurde das Aufgabenformat aufgenommen, wobei hier die Annahme leitend ist, dass Testaufgaben im Multiple-Choice-Format (MC) als sprachlich weniger anspruchsvoll einzustufen sind als Testaufgaben im offenen

Antwortformat (OA). Da die DIF-Analyse aufgezeigt hat, dass das Aufgabenformat nicht zu einer Benachteiligung von Schülerinnen und Schülern nicht
privilegierter Herkunft führt (vgl. Kapitel 9.1), beinhaltet die Übersicht in Tabelle 9.10 zum sprachlichen Index zwei Werte: in Klammern den Wert einer
Testaufgabe ohne Berücksichtigung des Aufgabenformats, ohne Klammern den
Wert mit Berücksichtigung des Aufgabenformats.

Tabelle 9.10:   Übersicht zum sprachlichen Index von Testaufgaben

	A		B		C	D		E		F		
	1	2	1	2	2	1	2	1	2	1	2	Gesamt
M01	16	1	4,5,7	1	1	0	0	1	1	MC	1	5 (4)
M02	17	1	10,5	1	1	0	0	1	1	OA	2	6 (4)
M03	58	2	11,11	2	1	0	0	0	0	OA	2	7 (5)
M04	43	2	9,13,8,8,4	2	2	2	1	3	3	OA	2	12 (10)
M05	27	2	4, 6, 5, 6, 6	1	2	0	0	2	2	MC	1	8 (7)
M06	43	2	14, 4, 6, 11	2	1	0	0	0	0	MC	1	6 (5)
M07	8	1	8	1	1	1	1	1	1	MC	1	6 (5)
M08	28	2	7, 13, 7	2	1	0	0	3	3	OA	2	10 (8)
M09	12	1	11	2	1	0	0	2	2	OA	2	8 (6)
M10	24	1	13, 10	2	1	0	0	1	1	OA	2	7 (5)
M11	11	1	5, 6	1	1	2	1	0	0	OA	2	6 (4)
M12	23	1	7, 4, 8, 5	1	1	1	1	0	0	MC	1	5 (4)
M13	43	2	10, 13, 4	2	2	1	1	2	2	OA	2	11 (9)
M14	48	2	13, 14	2	1	1	1	1	1	MC	1	8 (7)

A = **Anzahl der Wörter**; Testaufgaben mit einer Wortanzahl bis 25 sind mit 1 bzw. ab einer Anzahl
   von 26 mit 2 kodiert.
B = **Anzahl der Wörter in Sätzen**; Testaufgaben mit einer Länge bis zu 10 Wörtern in einem Satz
   sind mit 1 bzw. ab 11 Wörtern in einem Satz sind mit 2 kodiert.
C = **Sprachliche Komplexität**; Testaufgaben mit einer niedrigen sprachlichen Komplexität sind mit
   1, mit einer mittleren bis hohen sprachlichen Komplexität mit 2 kodiert.
D = **Anzahl schwierige Wörter**; Testaufgaben ohne schwierige Wörter sind mit 0 bzw. ab 1
   schwierigen Wort mit 1 kodiert.
E = Anzahl **Schlüsselwörter**; Testaugaben sind entsprechend ihrer Anzahl an Schlüsselwörtern
   kodiert.
F = **Aufgabenformat**; Testaufgaben mit Multiple-Choice-Format (MC) sind mit 1 bzw. mit offenen
   Antwortformat (OA) mit 2 kodiert.
1 = Anzahl
2 = Wert (Kodierung)

Wie in Tabelle 9.11 dargestellt, ergeben sich bezüglich der Höhe des Wertes
nur marginale Veränderungen, die sich in einigen Fällen auf die Rangfolge der

Testaufgaben auswirken, wobei dies ausschließlich die als sprachlich weniger anspruchsvoll bewerteten Aufgaben betrifft. Orientiert an der Abstufung der Kompetenzstufen (markiert durch Linien), zeigt die Tabelle die Rangfolgen der Testaufgaben je nach Aufgabenschwierigkeit im Vergleich, d.h. die Kompetenzstufen, die modellierten und die sprachlichen Aufgabenschwierigkeiten.

Tabelle 9.11:   Rangfolge der Aufgabenschwierigkeiten im Vergleich (modellierte Aufgabenschwierigkeit, Kompetenzstufen, sprachliche Aufgabenschwierigkeit)

Aufgaben-schwierigkeit (ϑ)		Kompetenz-stufen (KS)		Sprachliche Aufgaben-schwierigkeit (mit Format)		Sprachliche Aufgaben-schwierigkeit (ohne Format)	
M04	0.90	M04	V	M04	12	M04	10
M13	0.62	M13	V	M13	11	M13	9
M10	-0.21	M10	IV	M08	10	M08	8
M12	-0.37	M12	III	M05	8	M05	7
M08	-0.39	M08	III	M09	8	M14	7
M09	-0.62	M09	III	M14	8	M09	6
M07	-0.69	M05	III	M03	7	M03	5
M02	-0.70	M02	III	M10	7	M06	5
M11	-0.95	M11	III	M02	6	M07	5
M03	-0.98	M03	II	M06	6	M10	5
M14	-0.99	M14	II	M07	6	M01	4
M01	-1.08	M01	II	M11	6	M02	4
M05	-1.08	M07	II	M01	5	M11	4
M06	-1.13	M06	II	M12	5	M12	4

Für die Testaufgaben M04 und M13 zeigt sich, dass sie in allen drei Bereichen als Aufgaben mit den höchsten Schwierigkeitswerten zu identifizieren sind. Auch im Rahmen der DIF-Analyse wurde die Aufgabe M04 mit dem zweithöchsten DIF unter allen freigegebenen Testaufgaben identifiziert (vgl. Tab. 9.4). Die Testaufgabe M10 hingegen wird in sozialstrukturell modellierter Sicht und der Kompetenzstufe höher eingestuft als aus sprachlicher Perspektive. In umgekehrter Reihenfolge zeigt sich dies für die Aufgabe M08, die hinsichtlich ihrer sprachlichen Aufgabenschwierigkeit als anspruchsvoller eingeschätzt wird als nach der modellierten Aufgabenschwierigkeit und der Kompetenzstufe. Bezüglich aller anderen Testaufgaben ergeben sich leichte Verschiebungen in der Rangfolge, jedoch maximal um eine Stufe (vgl. Tab. 9.11). Mit Blick auf die Kompetenzstufen II und III zeigt sich, dass sich je nach Aufgabenschwierigkeitstyp leichte Abweichungen ergeben. Dies deutet darauf, dass sprachliche und fachlich-kognitive Anforderung bei Testaufgaben in diesen beiden Kompetenzstufen möglicherweise stärker auseinanderklaffen, als intendiert ist.

Insbesondere zwei Testaufgaben sind auffällig: M12 und M14. Dabei handelt es sich, wie angemerkt, um Aufgaben der Kompetenzstufe II (M14) und III (M12). Während die Testaufgabe M12 aus sprachlicher Hinsicht als wenig anspruchsvoll eingestuft wurde, zeigt sie sich hinsichtlich ihrer modellierten Schwierigkeit als eine der schwierigsten Testaufgaben (vgl. Tab. 9.11). In konträrer Richtung verhält es sich mit der Testaufgabe M14. Sie ist als sprachlich anspruchsvoll in der oberen Hälfte der Rangskala anzuordnen, zeigt sich aber hinsichtlich ihrer modellierten Schwierigkeit als eher einfach. Bei beiden Testaufgaben handelt es sich um nicht freigegebene Aufgaben.

Nachfolgend wird in einem letzten Schritt diejenige Testaufgabe vertiefend analysiert, die sich in allen Analysen der Arbeit als eine der anspruchsvollsten herausgestellt hat. Ihre Analyse findet in dem bewährten Dreischritt von fachlicher, sprachlicher und Klärung in Interaktion (vgl. Kapitel 7.1.2) statt. Anders als zuvor werden keine Einzelfälle von Bearbeitungen vorgestellt, sondern exemplarisch ausgewählte Sequenzen aus verschiedenen Interviews skizziert.

9.2.3.3 Die Testaufgabe ‚Jahrmarkt' und ihre Bearbeitung

Die Testaufgabe ‚Jahrmarkt' hat einen DIF-Wert von 6.77 und eine große Effektstärke (C) (vgl. Tab. 9.3 & Tab. 9.4: Item M04). Sie weist die am höchsten ermittelte modellierte Aufgabenschwierigkeit von 0.90 auf (vgl. Tab. 9.9: M04). Auch mit Blick auf den Sprachindex (vgl. Tab. 9.10) ist sie auf der höchsten Niveaustufe zu verorten. Sie ist in einem offenen Antwortformat formuliert und dem Inhaltsbereich *Arithmetik* sowie dem kognitiven Anforderungsbereich *Problemlösen* zuzuordnen (vgl. Abb. 9.12). Eingestuft wurde die Aufgabe als Testaufgabe der Kompetenzstufe V, auf der Schülerinnen und Schüler dazu fähig sind, ‚ihre mathematischen Fertigkeiten und Fähigkeiten verständig beim Lösen verhältnismäßig komplexer Probleme anzuwenden und ihr Vorgehen erläutern zu können' (vgl. Kapitel 4.3).

Abbildung 9.12: Freigegebene Testaufgabe ‚Jahrmarkt'

Ein Vater geht mit seinen 3 Kindern auf einen Jahrmarkt. Die Eintrittskarten für Erwachsene kosten doppelt so viel wie die Eintrittskarten für Kinder. Der Vater zahlt für die 4 Eintrittskarten insgesamt
50 Zeds.
Wie viele Zeds kostet eine Eintrittskarte für Kinder? Schreibe deinen
Lösungsweg auf.

Antwort:

Diese Aufgabe entspricht in vielerlei Hinsicht einer Problemlöseaufgabe: Sie
erfordert nicht nur aus fachlich-kognitiver Sicht Teile eines Ganzen richtig zu
ordnen, berechnen und dabei die Zahl 50 teilen zu können, sondern ebenfalls
aus sprachlicher Sicht relevante Informationen aus einer komplexen, teilweise
verwirrenden Aufgabenstellung herausstellen und miteinander in Beziehung
setzen zu können. Erforderlich sind neben *konzeptuellem, prozeduralem* und
metakognitivem Wissen somit gleichermaßen *bildungssprachliches Wissen* und
Lese- und Textverstehen (vgl. Kapitel 4.3). Beide Wissensdimensionen, d.h. die
des *mathematikspezifischen Wissens* und die des *sprachlichen Wissens*, sind
miteinander verwoben, worauf im Folgenden Satz für Satz eingegangen wird.

Zuvor aber wird skizziert, wie die Schülerinnen und Schüler in Deutschland, die an TIMSS 2007 teilgenommen haben, diese Testaufgabe gelöst haben.
Es gibt eine als richtig, zwei teilweise richtig und zwei falsch kodierte Lösungen (vgl. Tab. 9.12). Wurde die Aufgabe komplett richtig bearbeitet, so ergibt
die Lösung zwei Punkte, wurde sie hingegen nur teilweise richtig bearbeitet,
ergibt sie einen Punkt. Falsche Lösungen werden mit 0 Punkten kodiert. Tabelle 9.12 zeigt die Lösungshäufigkeiten der Schülerantworten für Deutschland im
Vergleich zum internationalen Durchschnitt. Die angegebene Fallzahl des internationalen Durchschnitts ist aus dem Grund geringer als diejenige für
Deutschland, weil es sich hierbei um den Mittelwert der Länderwerte handelt.
Die berichteten Häufigkeiten des internationalen Durchschnitts stellen die mittleren Länderlösungshäufigkeiten dar.

Die Mehrheit der Schülerinnen und Schüler in Deutschland konnte diese
Testaufgabe nicht richtig oder teilweise richtig lösen (zusammen rund 71 Prozent) – ebenso im internationalen Durchschnitt (zusammen ebenfalls rund 71
Prozent). Die Testaufgabe ‚Jahrmarkt' weist damit nicht nur für die hier fokussierte Schülergruppe einen hohen Schwierigkeitsgrad auf, sondern auch insgesamt für alle Schülerinnen und Schüler.

Tabelle 9.12:   Lösungshäufigkeiten der freigegebenen Testaufgabe ‚Jahrmarkt' (vgl. IEA, 2007, S. 58; IEA, 2009, S. 97-98)

| Lösungen | Punkte | Lösungshäufigkeiten in Prozent | |
		Deutschland (n=739)	Internationaler Durchschnitt (n=638)[1]
Richtige Lösung[R1]	2	9.3	11.7
Teilweise richtige Lösung[R2]	1	25.6	16.7
Teilweise richtige Lösung[R3]	1	0.6	0.3
Falsche Lösung[F1]	0	4.3	2.6
Falsche Lösung[F2]	0	40.4	50.9
Nicht bearbeitet	0	0.9	1.7
Fehlend	0	19.0	16.1

[1] Die Anzahl entspricht dem Mittelwert der Fälle und den mittleren Lösungshäufigkeiten.
[R1] 10 or 10 zeds with work shown
[R2] 10 or 10 zeds with no work shown
[R3] Correct method but computation error
[F1] 50/4 or 12,5
[F2] Andere falsche Lösungen (inkl. Durchgestrichenes, Gelöschtes, Unleserliches)

Die Interviews zeigen ebenfalls ein eindeutiges Bild: Kein Schüler und keine Schülerin nicht privilegierter Herkunft konnte die Aufgabe richtig lösen, hingegen alle Schülerinnen und Schüler privilegierter Herkunft, wenngleich auch innerhalb dieser Gruppe nur mit Zeit und Mühe die richtige Lösung erzielt wurde. Mit dem Fokus auf die sprachliche und modellierte Aufgabenschwierigkeit sowie dem Befund der DIF-Analyse (vgl. Kapitel 9.1.1) ist nun vertiefend zu analysieren, anhand welcher Eigenschaften sich schwierigkeitsgenerierende Merkmale beschreiben lassen.

Zur Erfassung dieser Aufgabe sind insgesamt fünf Sätze zu lesen. Der *erste Satz* ist klar strukturiert und führt deutlich in den inhaltlichen Kontext der Aufgabenstellung ein: *„Ein Vater geht mit seinen drei Kindern auf einen Jahrmarkt"*. Einige Schülerinnen und Schüler merkten an, dass ihnen das Wort *„Jahrmarkt"* nicht bekannt sei. Die Vorstellung einer Kirmes, die bei den meisten unter ihnen mit dem Wort *„Jahrmarkt"* assoziiert wurde, war dabei nur begrenzt tragfähig. Denn hieran schloss sich eine weitere Frage an: Warum muss dann überhaupt Eintritt gezahlt werden?

Der *zweite Satz* ist in sprachlicher Hinsicht weitaus anspruchsvoller als der erste, was sich u.a. anhand von *„doppelt so viel wie"* manifestiert: *„Die Ein-*

trittskarten für Erwachsene kosten doppelt so viel wie die Eintrittskarten für Kinder". Die als Schlüsselwörter zu deklarierenden Worte *„doppelt so viel wie"* verweisen auf das Verhältnis zweier gegebener Größen: den Preis für die Eintrittskarten für Erwachsene und jenen für die Eintrittskarten für Kinder. Identifizieren Schülerinnen und Schüler diese nicht als Hinweis zur Strukturierung der gegebenen Größen, ist die Aufgabe nicht richtig zu lösen. Verknüpft mit der sprachlichen Schwierigkeit ist eine fachlich-kognitive Schwierigkeit, da die Schülerinnen und Schüler erkennen müssen, dass es sich bei dem Vater und den drei Kindern zwar insgesamt betrachtet um eine Gruppe handelt, diese aber in zwei Teilgruppen zu unterteilen ist: der Vater als eine (Preis-) Gruppe und die drei Kinder als eine zweite (Preis-) Gruppe (Variante A, vgl. Abb. 9.13). Hier wird also ein Gruppenvergleich aufgemacht, wobei eine Besonderheit ist, dass es dabei zunächst egal ist, mit wie vielen Erwachsenen und Kindern zu rechnen ist – zumindest gibt der Allgemeinheitsgrad dieses Satzes dies vor, markiert durch die Verwendung des Plurals *„Eintrittskarten für Erwachsene"* bzw. *„Eintrittskarten für Kinder"*. Dies würde bedeuten, dass Informationen aus dem ersten Satz also nach dem Lesen des zweiten Satzes erst einmal zurückgestellt werden müssten.

Denkbar ist es aber auch – besonders für Lernende, die den Allgemeinheitsgrad der Satzinformation nicht erkennen oder sich unsicher sind –, dass sie sich fragen, ob dieser Satz in direktem Bezug zu dem ersten Satz steht. Dies hätte zur Folge, dass angenommen werden könnte, die eine Eintrittskarte für den Vater als Erwachsener koste doppelt so viel wie die drei Eintrittskarten für die drei Kinder (Variante B, vgl. Abb. 9.13).

Abbildung 9.13: Visualisierungen zum Problem der Testaufgabe ‚Jahrmarkt'

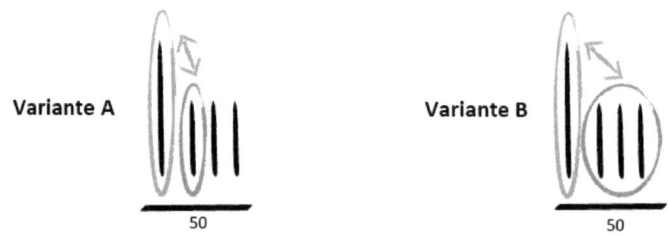

Bereits an dieser Stelle der Analyse zeigt sich, dass die Aufgabe ‚Jahrmarkt' ein komplexes, da mehrschrittiges Denken und Handeln erfordert, bei dem die Schülerinnen und Schüler dazu fähig sein müssen, unterschiedliche Perspekti-

ven auf die gegebenen Informationen einzunehmen. Des Weiteren ist anzumerken, dass der zweite Satz sprachliche Mängel dahingehend aufweist, als es
richtigerweise heißen müsste: „Eine Eintrittskarte für Erwachsene kostet doppelt so viel wie eine Eintrittskarte für Kinder." anstelle von *„Die Eintrittskarten*
für Erwachsene kosten doppelt so viel wie die Eintrittskarten für Kinder."

Welche Schwierigkeiten die Aufgabe Schülerinnen und Schüler macht,
zeigt sich exemplarisch anhand der Aufgabenbearbeitung von Aaron, einem
monolingual deutschen Schüler nicht privilegierter Herkunft:

```
Aaron: [liest die Aufgabe leise für sich und sagt dann]
ähm also man muss ähm 50 geteilt durch 4 rechnen glaub
ich [...] aber ich überlege erst mal ...(4 Sek.)... äh
das sind ja aber Restaufgaben ähm [denkt nach und rech-
net leise im Kopf]
Interviewerin: Kannst du laut überlegen also laut aus-
sprechen was du denkst?
A: Ja/ also ich rechne erst mal wie viel ein Kind kostet
dann weiß ich ja wie viel drei Kinder kosten
I: Mhm [nickt]
A: 20 und zwei ...(5 Sek.)... ah ja/ das sind 12 äh 12
Zeds ja [...]
I: Und kannst du den Rechenweg aufschreiben wie du da-
rauf gekommen bist?
A: Also ich hab erst mal gerechnet 50 geteilt durch 1
sind ja 50/ danach 50 geteilt durch 2 sind 25 und dann
25 geteilt durch/ äh 2 noch mal/ sind 12/ äääh 12 Komma
5 [guckt die Interviewerin erwartungsvoll an] äh soll
ich dann/ äh muss ich auch das Komma einsetzen?
I: Ja/ das was du denkst was die richtige Lösung ist
A: 12 und 50 äh was ist das dann? Cents?
I: Ja wenn du möchtest kannst du Cents schreiben [...]
Zeds sind so was wie Euro [...]
```

Aaron übersieht die Information, dass der Eintritt für den Vater *„doppelt so*
viel" kostet wie eine Eintrittskarte für Kinder. Er geht in seinem Rechenweg
sukzessive vor, indem er beginnend bei der 50 die Summe jeweils durch zwei
teilt. Bereits beim Überschlagen der Aufgabe zu Beginn der Bearbeitung regis-
triert er, dass sich 50 nur mit einem Restbetrag durch vier teilen lässt. Seine
nachfolgenden Äußerungen verweisen darauf, als sei dies die Schwierigkeit, die
ihn während der Bearbeitung vorwiegend beschäftigt: `...äääh 12 Komma 5`
`...`, `...äh muss ich auch das Komma einsetzen?...`, `...12 und`
`50 äh was ist das dann? Cents?...` . Seine Aufmerksamkeit auf die
von ihm als `Restaufgabe` deklarierte Testaufgabe mag zudem mit der ihm

unbekannten Währung Zeds zu tun haben. Sie stellt ihn vor das Problem, die 50 genauer zu definieren (wozu ihm zunächst die passende Währungseinheit fehlt: ...50 äh was ist das dann? Cents?...) – diese Interpretationsspur kann hier jedoch nur vermutet werden.

Abbildung 9.14: Aarons Bearbeitung der Testaufgabe ‚Jahrmarkt'

Antwort: __12 zeds und 5a cent__

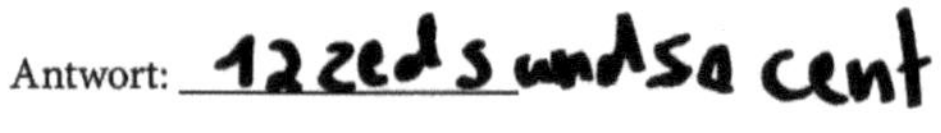

Aarons finale Lösung lautet also „12 Zeds und 50 Cent" (vgl. Abb. 9.15). Im Anschluss an diese Testaufgabe erhält er eine Zusatzaufgabe. Diese enthält die gleichen Zahlen, ist aber vom inhaltlichen Kontext her zu unterscheiden ebenso wie von ihrer inhaltlichen und sprachlichen Komplexität. Beibehalten wurde die Rede von „doppelt so ... wie". Sie lautet: *„Jonah ist doppelt so alt wie sein Bruder Niklas. Niklas ist genauso alt wie seine beiden Freunde Fabian und Till. Zusammen sind die vier Jungen 50 Jahre alt. Wie alt ist jeder von ihnen?"*. Bezeichnend für diese Zusatzaufgabe ist im Vergleich zur Testaufgabe ‚Jahrmarkt' zweierlei: Erstens ist sie inhatlich betrachtet näher an der Lebenswelt der Schülerinnen und Schüler, d.h. den Vergleich des Alters von vier Jungen müssten Schülerinnen und Schüler sich relativ gut vorstellen können. Zweitens hebt die Zusatzaufgabe die Relation des Einzelnen im Vergleich zu den anderen drei Jungen in den Vordergrund. Visuell betrachtet (vgl. Abb. 9.15) zeigt sich schnell, welche Zuordnungen auf der Ebene des Einzelnen vollzogen werden müssen.

Abbildung 9.15: Visualisierung der Zusatzaufgabe zur Aufgabe ‚Jahrmarkt'

Aaron bearbeitet die Aufgabe dennoch wie zuvor die Testaufgabe ‚Jahrmarkt'. Er kommt zu dem gleichen Ergebnis: „12 und halb". Im Gespräch mit der Interviewerin ergibt sich folgende Situation:

I: Also würdest du sagen, alle Kinder sind gleich alt?

```
A: Äh [und beginnt die Aufgabenstellung laut vorzulesen]
Jonah ist [beginnt lauter vorzulesen] doppelt so alt wie
... (5 Sek.)... ach so [guckt die Interviewerin an und
lächelt] warte [liest die Aufgabenstellung erneut und
sagt dann] ah dann ist äh sind 20 der und 10 10 10 [...]
```

Durch die Nachfrage Also würdest du sagen, alle Kinder sind gleich alt?, die die Worte „doppelt so alt wie" implizit aufgreift, liest Aaron erneut die Aufgabenstellung, ist bei diesem Mal aber fokussiert auf die Frage, ob die Kinder gleich alt sind. Mit dieser Frage stößt er auf „doppelt so alt wie", revidiert umgehend seine Lösung und kommt innerhalb weniger Sekunden auf das richtige Ergebnis. Hat Aaron die Information von „doppelt so alt wie" beim ersten Lesen schlicht übersehen? Eindeutig kann dies aus dem Interview nicht entnommen werden, aber diese Lesart wäre anhand seiner Reaktion Jonah ist [beginnt lauter vorzulesen] doppelt so alt wie ... (5 Sek.)... ach so [guckt die Interviewerin an und grinst] plausibel zu begründen.

Im Anschluss werden Aaron beide Aufgaben, d.h. die Testaufgabe ‚Jahrmarkt' und die Zusatzaufgabe, erneut vorgelegt:

```
I: Und wenn du dir jetzt beide Aufgaben noch mal an-
schaust?
A: Also [...] wieder das Doppelte [...] das ist nur um-
formuliert [...] das hier [zeigt auf die Jahrmarkt-
Aufgabe] ist ja mit Eintritten und das hier mit Alter
[zeigt auf die Zusatzaufgabe] das ist schwieriger hier
[zeigt erneut auf die Jahrmarkt-Aufgabe] ist viel schwe-
rer formuliert
```

Die Annahme, dass es sich bei der Testaufgabe ‚Jahrmarkt' inhaltlich um eine weitaus anspruchsvollere Aufgabe handelt, wird durch Aaron bestätigt, da er die Aufgabe mit Eintritten als schwieriger markiert. Es bleibt m.E. offen, was mit ‚schwieriger' gemeint sein könnte. Aufgrund seiner Ergänzung aber, dass diese viel schwerer formuliert sei, ist festzuhalten, dass die Testaufgabe aufgrund ihres sprachlichen Anspruchs die hier fokussierte Schülergruppe überfordert. Um solche Schwierigkeiten zu umgehen, kann es eine Strategie des Lese- und Textverstehens der Schülerinnen und Schüler sein, sich auf die in der Aufgabenstellung gegebenen Zahlen zu konzentrieren (wie prominent an sogenannten ‚Kapitänsaufgaben' diskutiert, vgl. z.B. Stern 1992). Insbesondere dann mag es nicht verwundern, wenn einzelne Worte wie „dop-

pelt so viel wie" überlesen werden, obgleich sie elementare Hinweise zur richtigen Lösung der Aufgabe beinhalten.

Vergleichbar mit den in Kapitel 9.1 ausgeführten Analysen des Interviews mit Levin zeigt auch die Aufgabenbearbeitung von Aaron die Qualität der Nachfragephase im Interview. Erst hier, in der mündlich vermittelten, konkreten Interaktion, entwickelt Aaron mit Hilfe des Wechsels von *vertikalem* zum *horizontalem Diskurs*: `Also würdest du sagen alle Kinder sind gleich alt?` einen neuen Zugang zum Text, der ihn die relevanten Schlüsselwörter erkennen lässt.

Eine andere Schwierigkeit, die mit Blick auf die im zweiten Satz verwendeten Schlüsselwörter *„doppelt so viel wie"* auftreten kann, zeigt die Aufgabenbearbeitung von Stefanie. Auch sie ist eine monolingual deutsche Schülerin nicht privilegierter Herkunft. Stefanie liest die Aufgabenstellung mehrmals leise für sich, bevor sie Folgendes sagt:

```
Stefanie: [...] also ich denke/ dass für die drei Kinder
20 Cents bezahlt werden müssen oder äh eher 25 Cents
[...]
Interviewerin: Wie würdest du das rechnen?
S: Also ähm die Hälfte von 50 Cent würde ich im Kopf
rechnen [...] dann sind das 25 Cent für ein Kind ja so
mach ich das [...]
I: Kannst du mir das kurz erklären wie du darauf gekom-
men bist das so zu rechnen?
S: Ja weil ähm der Vater also Erwachsene müssen ja dop-
pelt so viel wie die Kinder zahlen deswegen also ist das
die Hälfte davon dann für die Kinder.
```

Im Fall von Stefanie zeigt sich, dass sie den zweiten Satz gründlich gelesen zu haben scheint, aber die in der Aufgabenstellung insgesamt gegebenen Informationen nicht verstanden hat bzw. aus fachlich-kognitiver Perspektive betrachtet kein *metakognitives Wissen* angewendet hat. So weist ihre Rechnung (vgl. Abb. 9.16) zwar auf, dass sie die aus ihrer Interpretation resultierende Information von `die Hälfte` in die mathematische Rechnung ‚geteilt durch 2' übertragen und ermitteln kann (*konzeptuelles & prozedurales Wissen*), sie gleicht im Anschluss daran jedoch ihr Ergebnis nicht erneut mit den in der Aufgabenstellung gegebenen Informationen ab (*metakognitives Wissen*). Als leitendes Moment in Stefanies Aufgabenbearbeitung zeigen sich die Schlüsselwörter *„doppelt so viel wie"*; Stefanie erkennt also diese Wörter *als* Schlüsselwörter. Fehlleitend für ihre Bearbeitung ist ihre Interpretation im Verständnis eines Umkehrschlusses: `Erwachsene müssen ja doppelt so viel wie die Kinder zahlen` deswegen also ist das die Hälfte davon dann für die Kinder, bzw. mehr noch: die fehlende Überprüfung des daraus resultierenden Ergenisses mit der Aufgabenstellung insgesamt. Jedoch macht Stefanies Bearbeitung zugleich auf den einleitend hingewiesenen sprachlichen Mangel der Aufgabe aufmerksam und es bliebe gleichwohl zu überprüfen wie zu vermuten, dass sie die Aufgabe auf andere Weise gelöst hätte, wäre der zweite Satz richtig formuliert worden in den Worten: „Eine Eintrittskarte für Erwachsene kostet doppelt so viel wie eine Eintrittskarte für Kinder."

Abbildung 9.16: Stefanies Bearbeitung der Testaufgabe ‚Jahrmarkt'

Antwort: **25 ct**

$$50 : 2 = 25$$

Der *dritte Satz* ist syntaktisch klar gegliedert: *„Der Vater zahlt für die vier Eintrittskarten insgesamt 50 Zeds"*. Jedoch findet erneut ein Perspektivwechsel statt: War der Fokus im ersten Satz noch auf die Gruppe des Vaters und seiner drei Kinder gerichtet, änderte sich dies im zweiten Satz, indem diese Gruppe in zwei Teilgruppen unterteilt wurde. Nun, im dritten Satz, ist die Rede von vier einzelnen Gruppen. Die Schülerinnen und Schüler müssen also für sich klären, ob es sich nun um zwei oder vier verschiedene Gruppen handelt. Sprachlich betrachtet ist im dritten Satz zudem ein Schlüsselwort zu identifizieren, das für die Bearbeitung der Aufgabenstellung bedeutsam ist: das Wort *„insgesamt"*. Es verweist auf die Summe der gegebenen Größen, also darauf, dass durch Addieren der Preise für Eintrittskarten für jede der vier Personen die Summe 50 herauskommen muss. Diese Information war für Aarons Aufgabenbearbeitung leitend. Ausgangspunkt war die 50 ebenfalls für Stefanies Rechnung, wenngleich sie sich nicht die 50 in Rückbezug zu den vier Personen insgesamt erschlossen hat (da: 4*25=100).

Für einen völlig anderen Rechenweg entscheidet sich Kim (vgl. Abb. 9.17), ebenfalls monolingual deutsche Schülerin nicht privilegierter Herkunft, bei der davon auszugehen ist, dass sie sich lediglich einen Teil der Aufgabe hat erschließen können, mit Sicherheit nicht die Bedeutung von *„insgesamt"*:

Kim: Da muss ich glaub ich äh/ mal rechnen. Drei mal 50 Zeds [schreibt die Rechnung auf und rechnet] und dann noch den Vater [...]

Abbildung 9.17: Kims Bearbeitung der Testaufgabe ‚Jahrmarkt'

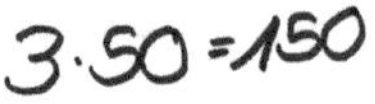

$$3 \cdot 50 = 150$$

Mit Blick auf die im dritten Satz gegebenen 50 Zeds mag darüber hinaus die Wahl der Zahl 50 dazu verleiten, nach einer Alternative zur Division zu suchen, d.h. einer Alternative, um die Zahl 50 nicht teilen zu müssen. Denn: Wie bereits von Aaron herausgestellt, entsteht ein Restbetrag, teilt man die Zahl 50 durch 4, und Aufgaben dieser Art scheinen den Schülerinnen und Schüler im Rahmen solcher Testaufgaben als nicht intendiert. Vorstellbar ist es, dass, bei einer Formulierung wie „Der Vater zahlt für die 4 Eintrittskarten insgesamt 40 Zeds" viele der Schülerinnen und Schüler dazu verleitet gewesen wären, (vor-) schnell 40 geteilt durch 4 im Kopf zu rechnen, und die Zahl 10 als Lösung aufgeschrieben hätten. Die Zahl 50 anhand der gegebenen Relationen zu teilen, erfordert es entsprechend zu probieren, d.h. sich mittels Probieren der Lösung anzunähern. Dabei müssen die Schülerinnen und Schüler es leisten, die Einzelteile der Zahl 50 ständig im Blick zu haben, d.h. stets zu überprüfen, (a.) ob ein Einzelteil doppelt so viel wie ein anderes Einzelteil ist, das wiederum dreifach vorkommt, und (b.) ob die Summe der einzelnen Teile 50 ergibt.

Die *nachfolgenden zwei Sätze* weisen, sprachlich betrachtet, keine nennenswerten weiteren Herausforderungen auf. Lediglich „Zeds", das bereits im dritten Satz vorkommt, stellt für viele der interviewten Schülerinnen und Schüler eine unbekannte Größe dar (vgl. auch Aarons Bearbeitung). Obgleich es möglich war, aus dem Kontext der Aufgabe zu entnehmen, dass es sich dabei um eine Währung handelt (*„der Vater zahlt ... Zeds"*, *„wie viele Zeds kostet...?"*), wird dies nicht explizit angeführt (anders als z.B. in Testaufgabe 03, in der Zeds als Währung explizit eingeführt werden: „Preis (Zeds)"). Welche Schwierigkeiten durch die Währung Zeds generiert werden können, zeigt exemplarisch die Bearbeitung von André (ebenfalls Schüler nicht privilegierter Herkunft):

```
André: Hab ich erst die Kinder/ also drei mal 50 Cent
und dann den Vater [...] alles zusammen kostet dann 2
Euro ...(13 Sek.)... boh is dat schwer [...]
Interviewerin: Was genau findest du schwer?
A: Weiß ich nicht/ [...] darf ich das nochmal machen?
I: Klar
A:[liest erneut die Aufgabenstellung und schreibt eine
neue Rechnung auf, die mitbedenkt, dass der Vater dop-
```

```
pelt so viel zahlt: 1*1,0, sagt dann] jetzt ist es aber
richtig eine Eintrittskarte kostet 50 Cent für Kinder
```

An Andrés Bearbeitung wird deutlich, dass er die 50 zwar als Ausgangspunkt seiner Rechnung betrachtet, sich aber nicht für eine Division, sondern eine Multiplikation als Rechenweg entscheidet (vgl. Abb. 9.18). Dies deutet darauf, dass auch er das Schlüsselwort „*insgesamt*" nicht als leitend für die Rechnung erkannt hat. Mit Blick auf die Währung Zeds zeigt Andrés Aufgabenbearbeitung, dass er Zeds als Cents gedeutet hat. Zu interpretieren wäre dies mit der lautsprachlichen Nähe beider Begriffe zueinander.

Leider war es nicht möglich, mit André darüber ins Gespräch zu kommen, wie er auf diese Rechnungen gekommen ist, da seine Antwort hierzu immer wieder lautete Weiß ich nicht. Es bleibt daher lediglich zu spekulieren: Die Deutung von Zeds als Cent könnte André dazu bewogen haben, anstelle einer Division eine Multiplikation zu rechnen, da die Einheit Cent so klein ist, dass er sich eventuell nicht hat vorstellen können, diese durch 3 bzw. 4 teilen zu müssen.

Abbildung 9.18: Andrés Bearbeitung der Testaufgabe ‚Jahrmarkt'

$$\frac{3\cdot 50}{7{,}50} \quad \frac{1\cdot 50}{50} \quad \frac{3\cdot 50}{7{,}50} \quad \frac{1\cdot 70}{7{,}00}$$

$$\begin{array}{r} 7{,}50 \\ +\,50 \\ \hline 2{,}00 \text{€} \end{array} \qquad \begin{array}{r} 7{,}50 \\ 7{,}00 \\ \hline 2{,}50 \end{array}$$

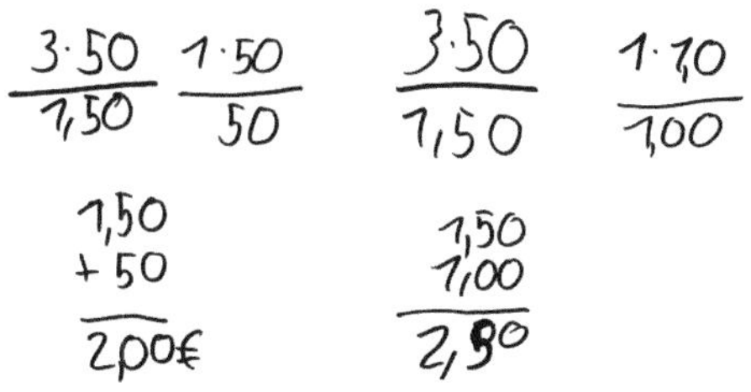

Hier ausgewählte Interviewsequenzen veranschaulichen schwierigkeitsgenerierende Merkmale der Testaufgabe ‚Jahrmarkt' für die fokussierte Schülergruppe. Insgesamt betrachtet handelt es sich dabei, neben der benannten fachlich-kognitiven Fähigkeit, die Zahl 50 anhand der gegebenen Größen teilen zu können, darum mit der sprachlichen Komplexität der Aufgabe angemessen umzugehen. Beide Schwierigkeiten zusammengenommen haben zur Folge, dass insbesondere Schülerinnen und Schüler nicht privilegierter Herkunft diese Aufgabe nicht richtig lösen können. Die spezifische Situation von Tests erschwert den Bearbeitungsprozess dieser Aufgabe für diese Schülergruppe zusätzlich, da kein Austausch und damit kein Wechsel *vertikaler* und *horizontaler Diskurse* möglich ist.

Monolingual deutsche Schülerinnen und Schüler sozial höherer Herkunft scheinen diese Schwierigkeit beispielsweise durch gezielte Strategien des *Lese- und Textverstehens* zu kompensieren, wie die Aufgabenbearbeitung von Valerie zeigt (vgl. Abb. 9.19). Auch sie hat Zeit und Mühe in die Bearbeitung investiert, sich jedoch mit Hilfe von Markierungen (ich unterstreiche mir das mal was wichtig ist) eine Struktur geschaffen, die ihr den Zugang zur Aufgabe insgesamt erleichtert hat.

Abbildung 9.19: Valeries Bearbeitung der Testaufgabe ‚Jahrmarkt'

Ein Vater geht mit seinen 3 Kindern auf einen Jahrmarkt. Die Eintrittskarten für Erwachsene kosten doppelt so viel wie die Eintrittskarten für Kinder. Der Vater zahlt für die 4 Eintrittskarten insgesamt 50 Zeds.

Wie viele Zeds kostet eine Eintrittskarte für Kinder? Schreibe deinen Lösungsweg auf.

10   Zusammenfassung und Diskussion

Das vorliegende Kapitel greift die in der Arbeit entwickelten Leitideen auf (vgl. Kapitel 10.1). Daran anschließend werden die zentralen Befunde der Analysen zusammengefasst und diskutiert (vgl. Kapitel 10.2). Forschungsdesiderate und Grenzen der vorliegenden Arbeit werden dabei ebenso aufgezeigt wie Implikationen für die pädagogische Praxis (vgl. Kapitel 10.3). Die Arbeit schließt mit einem Ausblick für die weitere Forschung ab (vgl. Kapitel 10.4).

10.1   Zu den Leitideen der Arbeit

Um die Ergebnisse dieser Arbeit zusammenfassend darzustellen, werden zunächst die Leitideen der Arbeit – eingeordnet in einen allgemeinen und einen fokussierten bildungswissenschaftlichen Rahmen (vgl. Kapitel 10.1.1 & Kapitel 10.1.2) – dargestellt.

10.1.1   Der allgemeine bildungswissenschaftliche Rahmen

Die vorliegende Arbeit diskutiert die Entstehung von kapitalorientierten Ressourcen und ihre Passung zum Kapitalgut, das zur Teilhabe an schulischer Bildung vorhanden sein sollte (vgl. Kapitel 2 & 3). Schülerinnen und Schüler beschreiten im Verlauf ihrer schulischen Laufbahn verschiedene Wege, die an unterschiedliche, ungleich verteilte Voraussetzungen und Möglichkeiten geknüpft sind. Unterschiedlichkeit zeigt sich in dieser Perspektive als Chancenungleichheit. Für die in der Arbeit diskutierte Reproduktion *sozialer Ungleichheit*, wie in Kapitel 2 in Rekurs auf Bourdieu und aktuelle Forschungsansätze erläutert, offenbart sich, dass Bildung zu den „entscheidenden ungleichheitsrelevanten Determinanten" (Büchner, 2003, S. 11) zählt. Mit Blick auf die Mechanismen der Reproduktion sozialer Ungleichheit bedeutet dies: Haben Schülerinnen und Schüler aufgrund ihrer sozialen Herkunft nur begrenzt Möglichkeiten einen hohen Bildungsabschluss zu erzielen, wird sich dies auf ihr weiteres Leben auswirken. Denn: Mit hoher Wahrscheinlichkeit wird ein niedriger Bildungsabschluss zur Folge haben, dass auch der berufliche Erfolg und das Einkommen in Zukunft gering ausfallen werden. Das Einkommen (ökonomisches Kapital) wiederum ist als grundsichernde Ressource sowohl alleine als auch in Kombination mit weiteren kapitalorientierten Ressourcen (kulturelles und soziales Kapital) bedeutsam für die gesellschaftliche Positionierung des Einzelnen und seine Partizipationschancen. Die hier fokussierte enge Kopplung der sozialen Herkunft an Chancen der Bildungspartizipation endet somit nicht mit dem Verlassen der Schule, sondern schreibt sich – z.b. manifestiert im schulischen Abschlusszeugnis als ,Eintrittskarte' für berufliche Wege – auf dem Arbeitsmarkt fort (vgl. z.B. Hepp, 2009, S. 24). Soziale Disparitäten der Bildungspartizipation führen sich so in weiteren Bereichen des sozialen Lebens fort, sowohl mit Blick auf die persönliche Selbstverwirklichung, als auch auf die gesundheitliche Versorgung und gesellschaftliche Teilhabe insgesamt (vgl. z.B. Ditton, 2010b, S. 56; Lampert & Kurth, 2007; Ludwig-Mayerhofer & Kühn, 2010, S. 143; Solga & Dombrowski, 2009; Wischmann, 2010).

10.1.2 Der fokussierte bildungswissenschaftliche Rahmen

Der erfolgreiche Erwerb eines Schulabschlusses setzt den Erwerb von Wissens- und Könnensbeständen voraus, die durch Bildungsstandards sowie Bildungs- und Kernlehrpläne definiert sind (vgl. auch Kapitel 4.1). Welchen Einfluss die soziale Herkunft auf den Erwerb dieser Wissens- und Könnensbestände hat, könnte sich etwa anhand der Analyse von Abschlussprüfungen zeigen. In Deutschland ist dies jedoch problematisch, da die Curricula der einzelnen Bundesländer (noch) zu unterschiedlich sind. Eine solche Analyse wäre demnach lediglich innerhalb einzelner Bundesländer möglich.

Ein geeignetes Instrument zur Erfassung von Schulleistung in domänenspezifischen, durch Bildungsstandards festgelegten Kompetenzbereichen stellen aber Schulleistungsstudien dar. Durch die Gewähr curricularer Validität (vgl. auch Kapitel 4.2) erlauben sie – über die Grenzen einzelner Bundesländer hinweg – einen differenzierten Blick auf das Leistungsspektrum von bestimmten Schülergruppen in Deutschland, wie beispielsweise die hier fokussierten Schülerinnen und Schüler nicht privilegierter Herkunft. Da Schulleistungsstudien Bildungsstandards operationalisieren, ermöglichen sie den Zugriff auf das ,objektivierbare' Leistungsspektrum von Schülerinnen und Schülern. Exemplarisch für diese Arbeit wurde das Kernfach Mathematik gewählt, zu dem im Rahmen der Studie TIMSS 2007 Leistungsdaten vorliegen.

Die Interpretation der Ergebnisse aus Studien wie TIMSS können Effektivität und Effizienz des deutschen Schulsystems für Mathematik (und Naturwissenschaften) belegen (vgl. Kapitel 4.1.3). Sie können aber auch Problemlagen sichtbar machen, deren Kenntnisnahme sich etwa darin zeigt, dass Bildungsstandards reformuliert, restrukturiert oder aber Schulstrukturen (weiter-) entwickelt werden. So hat u.a. das im internationalen Vergleich nur mittelmäßige Abschneiden von Schülerinnen und Schülern in Deutschland im Rahmen von Schulleistungsstudien im Grundschul- (vgl. z.b. Bos et al., 2007; Bos et al., 2008) und Sekundarschulbereich (vgl. z.b. Deutsches PISA-Konsortium, 2002) in den vergangen Jahren zu vielfältigen Veränderungen in der Bildungslandschaft geführt: Schulformen wurden reformiert (z.b. Etablierung von Sekundarschulen, Förderung von Ganztagsschulen, Einführung des 8-jährigen Gymnasiums), Bildungsabschlüsse bundesweit angeglichen (z.b. Etablierung des Zentralabiturs), Bildungs- und Mindeststandards definiert (vgl. Kapitel 4.1 für die Domäne Mathematik). Auch in institutionellen Bereichen außerhalb der Schule fanden Innovationen statt, wie im Bereich der Frühförderung (z.b. Einführung verbindlicher Sprachstandfeststellung, Maßnahmen zur Qualifizierung von Erzieherinnen und Erziehern) und im Hochschulbereich (z.B. Erhöhung der Durchlässigkeit, Anerkennung ausländischer Abschlüsse). Dies zeigt, dass und in welchem Maße die durch Schulleistungstests ermittelten Befunde Einfluss auf die Gestaltung institutioneller Bildung in Deutschland haben können.

Testaufgaben stellen die Instrumente dar, mittels derer die Qualität eines Schulsystems überprüft werden soll. Gelingt es mit der Hilfe von Schulleistungsstudien, ein differenziertes Bild von den Gründen dafür zu erhalten, dass die Leistungen von Schülerinnen und Schülern bzw. einzelner Schülergruppen gut oder weniger gut ausfallen, so liegen damit Anhaltspunkte vor, Standards zu reformulieren und den Rahmen für Schullaufbahnen strukturell so zu gestalten, dass bestimmte Benachteiligungen verringert werden können. Geboten ist damit aber zugleich, die Qualität von Tests kontinuierlich zu prüfen (vgl. Kapitel 10.2.1) und durch ihre Prüfung Prozesse anzutreiben, die es ermöglichen, hochwertige Tests einzusetzen, anhand derer die Kompetenzen der Schülerinnen und Schüler bestmöglich abgebildet werden können. Die vorliegende Arbeit leistet hierzu mit Blick auf das Kernfach Mathematik im Grundschulbereich einen Beitrag.

Für den Fokus dieser Arbeit, den Zusammenhang von Chancenungleichheit und Bildungspartizipation unter sprachlicher Perspektive zu untersuchen, bedeutet dies Folgendes: Schülerinnen und Schüler nicht privilegierter Herkunft sind, so belegen es die Befunde internationaler und nationaler Schulleistungsstudien in Folge, die ‚Bildungsverlierer' unseres Bildungssystems (vgl. z.B. Quenzel & Hurrelmann, 2010). Die soziale Herkunft als stärkster Prädiktor von Bildungspartizipation und -erfolg umfasst symbolträchtige Kapitalgüter sowie habituell geprägte Denk-, Empfindungs- und Handlungsmuster, die Bourdieu und Coleman zufolge Schülerinnen und Schüler und ihre Familien in unterschiedlicher Weise sozial, d.h. im gesamtgesellschaftlichen Gefüge, positionieren (vgl. Kapitel 2 & 3). Empirische Studien zeigen auf, dass es sich dabei nicht um statische, trennscharfe Positionierungen handelt, sondern um soziale Milieus, deren Grenzen einander überlappen. Diese integrieren Determinanten der sozioökonomischen Lage ebenso wie differente, eben milieuspezifische Denk-, Empfindungs- und Handlungsmuster, die sich in Einstellungen und Orientierungen der Akteure ausdrücken (vgl. ebd.).

Für den Bezugskontext Schule bedeutet dies, dass Schülerinnen und Schüler je nach Nähe oder Distanz zu den schulisch erwünschten Denk-, Empfindungs- und Handlungsmustern solche Praktiken wählen, die aus ihrer Perspektive und ihren Gewohnheiten ‚rational und sinnvoll' (vgl. Kapitel 2.3.4) sind, jedoch aus der Perspektive der Schule (bzw. im Konkreten: der jeweiligen Lehrperson) den Anforderungen oftmals nur unzureichend gerecht werden (vgl. Grundmann, Dravenau & Bittlingmayer, 2006). Es zeigen sich so einerseits Passungen, andererseits neben ‚feinen Unterschieden' auch klare Divergenzen, die weitreichende und nachhaltige Folgen für die betroffenen Schülerinnen und Schüler haben (vgl. Kapitel 10.1.1). Ihre gewohnten Praktiken finden im Unterrichtsdiskurs keine oder kaum Anerkennung seitens der Lehrperson (vgl. z.B. Civil & Planas, 2004; Gorgorió & Planas, 2001; Heller, 2012; Planas & Iranzo, 2009). Sie stellen nur begrenzt förderliche Hilfen beim Lösen von schulischen Aufgaben dar, wie in dieser Arbeit am Beispiel der Bearbeitung mathematischer Testaufgaben aufgezeigt wird (vgl. auch Walzebug, 2012, 2014).

Praktiken zeigen sich in dem, wie Schülerinnen und Schüler handeln. Sie sind wesentlich durch Sprache geleitet. Und auch hier – bzw. im Verständnis der Arbeit: besonders hier – zeigt sich die soziale Herkunft als konstitutiv (vgl. Kapitel 3). Ein familial geprägter Sprachhabitus kann die Chancen an institutioneller Bildung zu partizipieren, mehr oder weniger begünstigen, wie Forschungsarbeiten aus den Bereichen der Linguistik, der Soziolinguistik und der Bildungsforschung belegen (vgl. ebd.). Gebrauchsweisen und Praktiken der Sprache bilden sich in Relation zu Denk-, Empfindungs- und Handlungsmustern aus, die Heranwachsende im Zuge ihrer Sozialisation vorfinden. Je nach Nähe zum schulischen Habitus fungiert die Familie daher mehr oder weniger stark als ‚hidden subsidy' für den schulischen Erfolg ihrer Kinder (vgl. Bernstein, 1977). Dieses Verhältnis ist in der Folge als Passung oder Divergenz zu beschreiben, wobei Heller (2012) im Anschluss an Grundmann, Dravenau, Bittlingmayer und Edelstein (2006) sowie Kramer und Helsper (2010) darauf aufmerksam macht, dass es sich hierbei viel mehr noch um *Varianten* einer

Passung handelt – eben weil weder die schulischen noch die familialen Sprachpraktiken als Entitäten empirisch zu fassen sind. Sprachliche Praktiken der Schule lassen sich also ebenso in differenten Weisen beobachten wie sprachliche Praktiken der Familien.

Auch mit Blick auf die in der Arbeit gewählten mathematischen Testaufgaben kommt der Sprache eine zentrale Bedeutung zu. Mathematik gilt als Kernfach, und obgleich auch in sprachlicher Hinsicht höchst anspruchsvoll (vgl. z.B. Hußmann, 2003; Jorgensen, 2011; Meyer & Prediger, 2012; Morgan, Tang & Sfard, 2011; Morgan, 1996; Sfard, 2000; Zevenbergen, 2000), zählt es nicht zu den sprachbasierten Schulfächern wie Deutsch, Englisch oder eine weitere Fremdsprache. Wie Gürsoy et al. (2013) im Hinblick auf „Schülerinnen und Schüler mit nichtdeutscher Erstsprache" (ebd., S. 1) konstatieren, hier aber ebenso für monolingual deutsche Schülerinnen und Schüler nicht privilegierter Herkunft als zutreffend beansprucht wird,

> „wissen wir relativ wenig darüber, in welchen Kompetenzbereichen und bei welchen Aufgabenformaten sich [...] differentielle[...] Effekte besonders stark zeigen, wie sie inhaltlich erklärt werden können und wie sie durch eine veränderte Unterrichtsgestaltung und fach- und sprachintegrierte Förderung überwunden werden können." (ebd.)

Diesen Aspekten auf der Spur, wurden in der vorliegenden Arbeit mathematische Testaufgaben der Studie TIMSS 2007 hinsichtlich ihrer Beschaffenheit und Bearbeitung analysiert und für monolingual deutsche Schülerinnen und Schüler nicht privilegierter Herkunft solche Merkmale eruiert, die – aus fachlich-kognitiver und sprachlicher Perspektive – als schwierigkeitsgenerierend einzustufen sind. Die hierbei ermittelten Befunde, die also der Frage nachgehen, ob dementsprechend von einer *sprachlich bedingten sozialen Ungleichheit* ausgegangen werden kann, finden sich nachfolgend zusammengefasst und diskutiert.

10.2 Zusammenfassung und Interpretation der Befunde

Zur systematischen Darstellung sind die Befunde gegliedert nach den in Kapitel 6 herausgestellten Schwerpunkten. Sie werden jedoch in umgekehrter Reihenfolge vorgestellt und diskutiert, um ausgehend von den sozialstrukturellen Zusammenhängen mathematischer Testleistung (*Fokus II*) zusammenfassend auf die Beschaffenheit mathematischer Testaufgaben und ihre Bearbeitung (*Fokus I*) einzugehen.

10.2.1 Sozialstrukturelle Zusammenhänge mathematischer Testleistung

Mit Hilfe der Strukturmodellierung wurde im Rahmen von TIMSS 2007 für monolingual deutsche Viertklässlerinnen und Viertklässler folgende Forschungsfrage (F2) bearbeitet: *Welche Aspekte der sozialen Herkunft und Unterstützungsmechanismen einer Familie zeigen sich in strukturellem Zusammenhang mit mathematischer Testleistung?*

Vorrangig geprüft wurde, inwiefern Aspekte der sozialen Herkunft und Unterstützungsmechanismen der Familie mit mathematischer Testleistung in Zusammenhang stehen. Erwartungsgemäß hat sich gezeigt, dass der sozioökonomische Status der Familie eine starke eigene Erklärungskraft für die mathematische Testleistung aufweist (.36). Ein Erklärungszusammenhang besteht ebenso ausgehend von dem sozioökonomischen Status einer Familie vermittelt über ihre Unterstützungsmechanismen (.25) auf die mathematische Testleistung.

Als ein weiterer sozialstruktureller Aspekt zeigt das Modell, dass elterliche Kontrollmechanismen, sofern sie indirekte Aspekte sozialer Kontrolle (z.B. „Meine Eltern kennen die Eltern anderer Kinder, mit denen ich befreundet bin.", vgl. Kapitel 8.4.2, Tab. 8.8) enthalten, zwar einen Effekt auf die mathematische Halbjahresnote (.25) haben, nicht aber mit der mathematischen Testleistung korrelieren. Zu begründen ist dies u.a. anhand des Zustandekommens beider Leistungsbereiche: Während die Halbjahresnote sich aus den Leistungen und dem Verhalten eines Kindes über ein gesamtes Halbjahr und im Kontext der Klassenstruktur zusammensetzt, bildet die mathematische Testleistung die Leistungen der Schülerinnen und Schüler an nur einem Testtag ab (vgl. Kapitel 4). Die elterliche Kontrolle scheint für diesen Unterschied bedeutend, eben weil es für die Entstehung der Halbjahresnote auf Kontinuität der Leistung ankommt. Ist sie über einen längeren Zeitraum schwach, liegt es nahe, wie ausgeführt (vgl. Kapitel 9.2.2.2), ein höheres Maß an Kontrolle auszuüben. Geht es hingegen um eine direkte soziale Kontrolle (z.B. „Wie lange ich von zu Hause weg sein darf, bestimmen meine Eltern.", vgl. Kapitel 8.4.2, Tab. 8.10), ergeben sich weder Zusammenhänge mit der mathematischen Testleistung noch mit der Halbjahresnote in Mathematik (vgl. Kapitel 9.2.2, Abb. 9.12).

Einzig der sozioökonomische Status einer Familie und die innerhalb der Familie praktizierte Unterstützung für schulisches Lernen, wie gemeinsames Üben im Elternhaus (vgl. Kapitel 8.4.2, Tab. 8.9), weisen aus sozialstruktureller Sicht betrachtet also einen bedeutenden Stellenwert für die mathematische Testleistung auf. Darüber hinaus zeigt sich ebenso erwartungskonform, ein positiver Zusammenhang zwischen der Einstellung zu Mathematik und der mathematischen Testleistung.

Insgesamt betrachtet belegt dies, dass Eltern ihre Kinder vor dem Hintergrund ihrer kapitalorientierten Ressourcen und im Rahmen ihrer habituellen Orientierung in Bezug auf die schulischen, hier schulmathematischen, Anforderungen fördern und fordern. Empirisch geprüft wurde dies anhand unterschiedlicher Variablen, wobei die in der Arbeit fokussierte Sprache in Form familialer Sprachsozialisation nicht als eigene Variable integriert werden konnte (vgl. Kapitel 8.4.2). Einschlägige Informationen wurden im genutzten TIMSS-Datensatz nicht erhoben. Verwiesen sei auf Analysen sprachlicher Förderung in Elternhäusern unterschiedlicher sozialer Milieus, die anhand exemplarisch ausgewählter Interviewsequenzen der ethnographisch angelegten Forschung von Müller (2012) in Bezug auf das hier diskutierte Passungsverhältnis rekonstruiert und diskutiert wurden (vgl. Müller & Walzebug, 2012; Müller, Walzebug, Pawicki & Tarelli, 2013). Sie verweisen auf die Bedeutsamkeit frühkindlicher Sprachbildung, deren empirische Erfassung im Rahmen der vorliegenden Analysen als *black box* unberücksichtigt bleibt (vgl. auch Kapitel 10.3.2).

In einem Strukturgleichungsmodell lassen sich jedoch Relationen und Interaktionen von Variablen beschreiben, deren Interpretation im Anschluss an den in Kapitel 2.3 beschriebenen schul- und bildungsaffinen Habitus versus schul- und bildungsfernen Habitus möglich ist. Dies aber ist weniger in Form von Charakterisierungen eines schul- und bildungsaffinen bzw. schul- und bildungsfernen Habitus möglich, als vielmehr anhand einer Beschreibung der im Strukturmodell geprüften Verhältnismäßigkeiten und Interaktionen von Variablen. Im Hinblick auf die hier betrachtete Stichprobe kann in Bezug auf die mathematische Testleistung sowie die mathematische Schulleistung (Halbjahresnote) konstatiert werden, dass mit der Höhe des Indizes zum sozioökonomischen Status elterliches Unterstützungsverhalten stärker wird und damit auch die Leistung in Mathematik (Testleistung und Halbjahresnote) steigt. Das elterliche Kontrollverhalten weist in diesem Zusammenhangsgeflecht keine Bedeutung für die mathematische Testleistung auf, ebenso wenig wie das – eng operationalisierte – soziale Kapital (vgl. Kapitel 8.4.2 & Kapitel 9.2).

Es gibt milieuspezifische Lernumwelten, die different ausgestattet und damit in unterschiedlicher Nähe oder Distanz zu den Anforderungen der Schule anzuordnen sind. Zu diesem schiefen Passungsverhältnis finden sich vielfältige Darstellungsweisen; sie reichen von Metaphern einer doppelt verlorenen Zeit (vgl. Bourdieu, 1983) bis hin zum Hundertmeterlauf, bei dem Schülerinnen und Schüler nicht privilegierter Herkunft mit schlechterem Schuhwerk ausgestattet seien als ihre Mitschülerinnen und Mitschüler sozial höherer Herkunft (vgl. Becker, 2004). Die in der Arbeit analysierten sozialstrukturellen Zusammenhänge mathematischer Testleistung bestätigen damit vielfältige Befunde in diesem Forschungsfeld am Beispiel der monolingual deutschen Stichprobe.

10.2.2 Aufgabenbeschaffenheit und Aufgabenbearbeitung

Neue Befunde liefert die vorliegende Arbeit mit Blick auf die mathematischen Testaufgaben und ihre Bearbeitungsweisen. Denn: Ausgehend von den im Strukturmodell ermittelten sozialstrukturellen Zusammenhängen mathematischer Testleistung wurde auch die Aufgabenschwierigkeit (θ) der im Modell integrierten Testaufgaben berechnet (vgl. Kapitel 9.2.3). Diese wird in der Arbeit als ‚modellierte Aufgabenschwierigkeit' bezeichnet, da es sich bei der Skalierung der Aufgaben um eine Aufgabenschwierigkeit handelt, die in Abhängigkeit von den im Strukturmodell integrierten Variablen (vgl. Kapitel 8.4.2) für die monolingual deutsche Stichprobe berechnet wurde. Der ermittelte Schwierigkeitsgrad einer Testaufgabe steht also in Relation zu allen im Modell integrierten Variablen und berücksichtigt damit – anders als etwa der Schwierigkeitsgrad der Testaufgaben definiert in Form von Kompetenzstufen – u.a. die soziale Herkunft der Schülerinnen und Schüler.

Befunde zur Aufgabenbeschaffenheit und Aufgabenbearbeitung liegen darüber hinaus aus der DIF-Analyse (vgl. Kapitel 9.1.1) der Interviewstudie und den Experteneinschätzungen (vgl. Kapitel 9.1.2 & Kapitel 9.2.3) vor. Die nachfolgend berichteten Befunde sind gegliedert nach den in Kapitel 6 formulierten Hypothesen. Leitende Forschungsfrage (F1) ist: *Gibt es Testaufgaben, die für monolingual deutsche Schülerinnen und Schüler nicht privilegierter Herkunft schwieriger zu lösen sind als für monolingual deutsche Schülerinnen und Schüler privilegierter Herkunft?*

Die empirischen Analysen dieser Arbeit bestätigen, dass es mathematische Testaufgaben gibt, die für monolingual deutsche Schülerinnen und Schüler nicht privilegierter Herkunft schwieriger zu lösen sind als für diejenigen privilegierter Herkunft. Durch die DIF-Analyse wurden 21 von 177 mathematische Testaufgaben identifiziert, die ein differierendes Funktionieren im Vergleich von Fokusgruppe (nicht privilegierte Herkunft) und Referenzgruppe (privilegierte Herkunft) aufweisen (vgl. Kapitel 9.1.1). In den sich anschließenden Analysen dieses Befundes am Beispiel der Interviewstudie konnte – differenziert vor allem für die drei analysierten Testaufgaben ‚Dreiecke', ‚Laufen' und ‚Jahrmarkt' (vgl. Kapitel 9.1.2 & Kapitel 9.2.3) – die Aufgabenbeschaffenheit hinsichtlich schwierigkeitsgenerierender Merkmale herausgestellt werden. Auch die Analysen aller Testaufgaben, die anhand fachlich-kognitiver und sprachlicher Aspekte genauer betrachtet wurden, verweisen auf Merkmale, die bei monolingualen deutschen Schülerinnen und Schüler nicht privilegierter Herkunft stärker zu Problemen in der Aufgabenbearbeitung zu führen scheinen als bei monolingual deutschen Schülerinnen und Schülern privilegierter Herkunft. Im Einzelnen lassen sich im Hinblick auf die in Kapitel 6 formulierten Hypothesen die nachfolgenden Befunde zusammenfassen.

10.2.2.1   Aufgabenbeschaffenheit aus fachlich-kognitiver Perspektive

Hypothese H2a: *Schwieriger zu lösende mathematische Testaufgaben für monolingual deutsche Schülerinnen und Schüler nicht privilegierter Herkunft zeigen sich über alle in TIMSS 2007 definierten* **Kompetenzstufen** *hinweg.*

Die Befunde der DIF-Analyse belegen, dass sich die identifizierten mathematischen Testaufgaben unabhängig von den in TIMSS definierten Kompetenzstufen zeigen. Dies bedeutet, dass Testaufgaben mit DIF Aufgaben *aller* Kompetenzstufen repräsentieren. Es sind diesen Befunden zufolge also nicht alleine die als besonders schwierig definierten Testaufgaben (Kompetenzstufe IV oder V), an denen ein Großteil der monolingual deutschen Schülerinnen und Schüler nicht privilegierter Herkunft scheitert, sondern ebenso als einfach deklarierte Testaufgaben aus niedrigen Kompetenzstufen (Kompetenzstufe I oder II). Dabei hat sich herausgestellt, dass die mathematische Testaufgabe mit dem höchsten DIF der niedrigsten Kompetenzstufe (Kompetenzstufe I) zuzuordnen ist.

Innerhalb der Analysen zur modellierten Aufgabenschwierigkeit ist deutlich geworden, dass sich Testaufgaben mit einer hohen Schwierigkeit mit Testaufgaben hoher Kompetenzstufen decken. Auch lassen sich Testaufgaben der Kompetenzstufen II und III grob entlang der im Strukturmodell ermittelten Aufgabenschwierigkeiten zuordnen. Wie in Tabelle 9.9 dargestellt, wurde hier aber sichtbar, dass keine hundertprozentige Übereinstimmung von Aufgaben in diesen beiden Kompetenzstufen vorliegt.

Mit Blick auf die sprachliche Aufgabenschwierigkeit zeigt sich ein vergleichbares Bild, da sich einzelne Testaufgaben der Kompetenzstufen II und III weniger passungsgleich verorten lassen. Aus sprachlicher Sicht weniger anspruchsvoll einzustufende Testaufgaben sind in beiden Kompetenzstufen in durchmischter Reihenfolge vorzufinden (vgl. Kapitel 9.2.3, Tab. 9.9). So lässt sich ableiten, dass sich mathematische Testaufgaben der Kompetenzstufen II

und III hinsichtlich ihrer modellierten und sprachlich bedingten Aufgabenschwierigkeit nicht trennscharf zeigen: In fachlich-kognitiver Perspektive (hier:
nach Einstufung der NRC's und SMIRC's in TIMSS, vgl. Kapitel 4.2.1) gesprochen werden Testaufgaben somit einer Aufgabenschwierigkeit zugeordnet,
die jedoch aus sprachlicher und hier modellierter Perspektive auch einer etwas
höheren bzw. etwas niedrigeren Stufe zuzuordnen wären.

Die Hypothese, dass sich für die fokussierte Schülergruppe schwieriger zu
lösende mathematische Testaufgaben über alle Kompetenzstufen hinweg zeigen, ist daher in der Tendenz zu bestätigen. Die kontrovers zu den Strukturanalysen vorliegenden Befunde der DIF-Analyse ebenso wie das geringe Sample
von lediglich 14 Testaufgaben im Strukturmodell machen, so wie angeführt,
weitere Arbeiten zur Klärung dieser Hypothese jedoch notwendig.

Hypothese H2b: *Schwieriger zu lösende mathematische Testaufgaben für
monolingual deutsche Schülerinnen und Schüler nicht privilegierter Herkunft
zeigen sich über alle in TIMSS 2007 definierten* **Inhaltsbereiche** *hinweg.*

Die DIF-Analyse hat gezeigt, dass DIF lediglich bei Aufgaben der Inhaltsbereiche *Arithmetik* und *Geometrie/Messen* identifiziert werden konnte (vgl. Kapitel
9.1.1). Der Inhaltsbereich *Daten* war nicht vertreten. Die im Strukturmodell
ermittelten Aufgabenschwierigkeiten für das Testheft 5 bestätigen diese Befunde insofern, als mit Blick auf ihre Rangfolge unter den schwierigen Aufgaben
ausschließlich die Inhaltsbereiche *Arithmetik* und *Geometrie/Messen* vertreten
sind (vgl. Kapitel 9.2.3 & Tab. 9.9). Für den Inhaltsbereich *Daten* zeigt sich,
dass dieser leichte bis mittelschwere Aufgaben rahmt, nicht aber unter den
mittelschweren bis schweren Aufgaben zu finden ist. Die postulierte Hypothese, dass sich für monolingual deutsche Schülerinnen und Schüler nicht privilegierter Herkunft schwierige mathematische Testaufgaben über alle Inhaltsbereiche hinweg zeigen, ist somit nicht zu bestätigen.

In sich anschließenden Forschungsarbeiten bleibt vertiefend zu analysieren,
aus welchen Gründen Testaufgaben des Inhaltsbereichs *Daten* für die fokussierte Schülergruppe eine lediglich leichte bis mittelschwere modellierte Aufgabenschwierigkeit aufweisen. Anzunehmen ist, dass entsprechende Testaufgaben
aufgrund zusätzlich verwendeter Repräsentationsmittel (wie in Testaufgabe
M06 durch eine Tabelle oder in Testaufgabe M14 durch Kreis- und Balkendia-
gramme) einen graphisch aufbereiteten und dadurch leichteren, weil konkreten
Zugang zur Aufgabenstellung ermöglichen (vgl. z.B. Schnotz, 2005; ebenso
Tab. 4.6).

Hypothese H2c: *Schwieriger zu lösende mathematische Testaufgaben für monolingual deutsche Schülerinnen und Schüler nicht privilegierter Herkunft zeigen sich über alle in TIMSS 2007 definierten* **kognitiven Anforderungsbereiche** *hinweg.*

Mit Blick auf die in der DIF-Analyse identifizierten Testaufgaben zeigt sich, dass DIF in allen drei kognitiven Anforderungsbereichen, *Reproduzieren, Anwenden* und *Problemlösen*, auftritt (vgl. Kapitel 9.1.1, Tab. 9.1). Die Befunde zur modellierten Aufgabenschwierigkeit der im Strukturmodell berechneten Testaufgaben verweisen hingegen auf kein eindeutiges Bild. Obgleich alle kognitiven Anforderungsbereiche bei sowohl schwierigeren als auch leichteren Testaufgaben vertreten sind, lässt sich hier lediglich die Tendenz beschreiben, dass *Problemlösen* und *Reproduzieren* häufiger in der oberen Hälfte der Rangskala, d.h. bei schwierigeren Aufgaben, und *Anwenden* häufiger in der unteren Hälfte, d.h. bei leichteren Aufgaben, vorzufinden sind. Demnach wären zwei der drei Bereiche unter den schwieriger zu lösenden Aufgaben vertreten.

Da die Befundlage dieser Arbeit nicht eindeutig ist und sich zeigt, dass, obgleich in unterschiedlicher Gewichtung, alle drei kognitiven Anforderungsbereiche unter den für monolingual deutsche Schülerinnen und Schüler nicht privilegierter Herkunft schwierig zu lösenden Testaufgaben vertreten sind, ist die Hypothese unter Vorbehalt zu bestätigen. Es sind jedoch auch hier weitere, vertiefende Analysen von Nöten, um diese Hypothese fundiert verifizieren oder falsifizieren zu können.

10.2.2.2   Aufgabenbeschaffenheit aus sprachlicher Perspektive

Hypothese H1a: *Mathematische Testaufgaben weisen für monolingual deutsche Schülerinnen und Schüler nicht privilegierter Herkunft eine hohe Aufgabenschwierigkeit auf, wenn sie als* **Textaufgabe** *formuliert sind.*

Die Bedeutsamkeit der sprachlichen Dimension mathematischer Testaufgaben kann durch die Befunde der DIF-Analyse eindeutig bestätigt werden. Keine der Testaufgaben mit DIF ist insoweit auf Sprache reduziert, als die Aufgabenstellung lediglich numerisch, d.h. mittels Zahlen (z.B. ,63:__=7') und mathematischer Symbole (z.B. ,+' oder ,:') formuliert ist. Im Umkehrschluss und im Abgleich aller (d.h. freigegebener und nicht freigegebener) in TIMSS 2007 eingesetzten mathematischen Testaufgaben bedeutet dies, dass eine Aufgabe, sobald sie als Textaufgabe formuliert ist, für die hier fokussierte Schülergruppe

schwieriger zu lösen ist. Die im Strukturmodell durchgeführten Analysen können hierzu keinen eigenen Befund beitragen, da das dem Modell zugrunde
liegende Testheft 5 ausschließlich aus Textaufgaben besteht. Die in der Interviewstudie untersuchten Bearbeitungsweisen der Testaufgaben ‚Laufen' und
‚Jahrmarkt' verdeutlichen die Schwierigkeiten, die mit Textaufgaben für monolingual deutsche Schülerinnen und Schüler nicht privilegierter Herkunft verbunden sein können (vgl. auch die nachfolgenden Ausführungen bezüglich der
Hypothesen H1b bis H1d). Textaufgaben haben sich als herausfordernd herausgestellt, da sie gezielte Strategien des *Lese- und Textverstehens* erfordern (vgl.
Testaufgabe M04: ‚Jahrmarkt', Abb. 9.13), die – in diesem Sample von interviewten Schülerinnen und Schülern – bei monolingual deutschen Schülerinnen
und Schülern privilegierter Herkunft ausgeprägt vorzufinden waren.

Hypothese H1b: *Mathematische Testaufgaben weisen für monolingual deutsche Schülerinnen und Schüler nicht privilegierter Herkunft eine hohe Aufgabenschwierigkeit auf, wenn ihre Aufgabenstellung eine* **sprachliche Komplexität** *aufweist.*

Zu konstatieren ist, dass die sprachliche Aufgabenschwierigkeit von mathema-
tischen Testaufgaben sich in Teilen mit der Aufgabengabenschwierigkeit deckt,
die durch die Kompetenzstufen in TIMSS 2007 definiert ist (vgl. Kapitel 9.2.3,
Tab. 9.10). Dabei wurde die Komplexität der in einer Aufgabe verwendeten
Sprache in dieser Arbeit anhand eines Sprachindexes ermittelt. Dieser enthält
die Anzahl der verwendeten Wörter, die Länge der Sätze (gemessen an der
Anzahl der Wörter in einem Satz), die sprachliche Gestaltung der Aufgabe
(Prägnanz/Kürze, inhaltliche Gliederung/Ordnung), den Anteil schwieriger
Wörter (hier: z.B. nominale Zusammensetzungen, Fachtermini), den Anteil an
Schlüsselwörtern (hier: Wörter, die wesentlich zur Lösung der Aufgabe beitra-
gen, z.B. ‚immer, wenn') und das Format (Multiple-Choice-Format und offenes
Antwortformat) (vgl. Kapitel 9.2.3). Diese sprachlich bedingten schwierig-
keitsgenerierenden Merkmale wurden in Abgleich eigener Analysen und der
Experteneinschätzungen validiert.

Gezeigt hat sich, dass die ermittelte sprachliche Aufgabenschwierigkeit insbesondere bei denjenigen Testaufgaben abweicht, die der Kompetenzstufe II
oder III zuzuordnen sind. Testaufgaben der Kompetenzstufe V hingegen, also
als schwierig definierte Testaufgaben, weisen auch aus sprachlicher Perspektive
betrachtet eine hohe Aufgabenschwierigkeit auf. An diesen Befunden wird
deutlich, dass bei mathematischen Testaufgaben der Kompetenzstufen II und

III sowohl die fachlich-kognitive als auch die sprachliche Ebene genauer zu analysieren sind, da in diesen Bereichen für monolingual deutsche Schülerinnen und Schüler nicht privilegierter Herkunft potenziell Schwierigkeiten entstehen können, von denen anzunehmen ist, dass sie seitens der Studienleitung von TIMSS so nicht intendiert waren.

Die Hypothese, dass die Aufgabenschwierigkeit für die fokussierte Schülergruppe zunimmt, wenn Aufgaben sprachlich komplex gestaltet sind, ist mit Blick auf die vorliegenden Befunde zu bestätigen. Vorsicht geboten ist, wie ausgeführt, bei Aufgaben, die aus fachlich-kognitiver Sicht als leicht bis mittelschwer (Kompetenzstufen II & III) eingestuft werden. Hier empfiehlt es sich, weitere Analysen mit Aufgaben in diesen Kompetenzbereichen durchzuführen. Kritisch anzumerken ist dabei mit Blick auf das hier gewählte Vorgehen, dass möglicherweise das Maß zur Bestimmung sprachlich anspruchsvoller Testaufgaben modifiziert werden müsste. Die Lehrerinnen und Lehrer erhielten eine Übersicht zu den Charakteristika, nach denen sie gebeten wurden, für jede Aufgabe Einschätzungen zu formulieren. Leitend für diese Bewertungen sind subjektive Einschätzungen der Lehrpersonen. Es wurde jedoch nicht diskutiert und Transparenz geschaffen, wie genau, d.h. vor dem Hintergrund welcher Argumente und persönlicher Einstellungen, sie ihre Einschätzungen formulierten (vgl. auch Impara & Plake, 1998; Thonhauser, Buschmann, Gastager & Schmich, 2003). So wäre für Anschlussstudien anzuregen, den Kriterienkatalog der Experteneinschätzungen spezifischer vorzustrukturieren.

In der Interviewstudie wird zudem in besonderer Weise sichtbar, welche Schwierigkeiten die sprachliche Komplexität von Aufgaben für die fokussierte Gruppe von Schülerinnen und Schülern zur Folge haben kann. Liegt etwa eine besondere Herausforderung in dem Wechsel von Fokussierungen der zu beachtenden Größen und Verhältnisse in den einzelnen Sätzen einer Aufgabenstellung, wie im Fall der Testaufgabe ‚Jahrmarkt‘, kann dies ebenfalls zur erhöhten Aufgabenschwierigkeit führen (vgl. Kapitel 9.2.3). Entscheidend ist nicht nur, einen komplexen Sachverhalt auf eine mathematische Rechnung umzumünzen, sondern auch, die in den einzelnen Sätzen gegebenen Informationen zu verstehen und miteinander in Beziehung zu setzen. Wie exemplarisch an Valeries Bearbeitung skizziert, gelingt es monolingual deutschen Schülerinnen und Schülern privilegierter Herkunft anhand von Strategien des *Lese- und Textverstehens*, solche anspruchsvollen Testaufgaben tendenziell eher zu lösen, wenngleich auch Valeries Aufgabenbearbeitung als Beispiel für diese Schülergruppe an einer größeren Stichprobe zu validieren wäre. Monolingual deutsche Schülerinnen und Schüler nicht privilegierter Herkunft scheinen – zumindest für die in der vorliegenden Interviewstudie ausgewählten Fälle – entsprechende Strategien nicht parat zu haben. Folge ist, dass sie sich in der sprachlichen Komplexität der Aufgabe verlieren und sich nur auf Teilaspekte konzentrieren (vgl. z.B. die Aufgabenbearbeitungen von Aaron oder Stefanie). Sie scheinen häufig, am Ende eines gelesenen Satzes angekommen, die ersten gelesenen Wörter eines Satzes wieder vergessen zu haben; eine Beobachtung, die auf schwache Leserinnen und Leser mit einem Förderbedarf hinsichtlich der Leseflüssigkeit zutrifft (vgl. Kapitel 4.3.2.2).

Darüber hinaus können Herausforderungen auf der Ebene der sprachlichen Formulierung von Testaufgaben in internationalen Schulleistungsstudien ihre Ursache in fehlerhaften Übersetzungen haben, wie anhand der Testaufgabe ‚Laufen' analysiert wurde. Im Zuge des Übersetzungsprozesses können unbeabsichtigt sprachliche Hürden entstehen, etwa wenn neue semantische Strukturen gebildet werden, die komplexer ausfallen als originär intendiert. Daher ist es für die Konstruktion von Testaufgaben im Hinblick auf die sprachliche Ebene der Aufgaben umso entscheidender, sorgfältig zu überprüfen, dass einerseits die Konstruktvalidität der Testaufgabe auch in der übersetzten Version garantiert werden kann, andererseits zusätzlich keine nichtintendierten sprachlichen Schwierigkeiten entstehen, wie für die hier fokussierte Schülergruppe (sowie insgesamt für Schülerinnen und Schüler mit sprachlichen Schwierigkeiten).

Hypothese H1c: *Mathematische Testaufgaben weisen für monolingual deutsche Schülerinnen und Schüler nicht privilegierter Herkunft eine hohe Aufgabenschwierigkeit auf, wenn ihre Lösung wesentlich davon abhängt, in der Aufgabenstellung enthaltene* **Schlüsselwörter** *zu erkennen.*

Als ein Aspekt sprachlicher Komplexität von mathematischen Testaufgaben wurden die in der Aufgabenstellung enthaltenen Schlüsselwörter fokussiert. Nach Zevenbergen (2000) handelt es sich dabei um relevante Hinweise, die den Schülerinnen und Schülern Orientierung dahingehend geben, was genau in einer Aufgabe gefordert wird (vgl. Kapitel 4.3.3). Auch hier haben sich die in der Interviewstudie dokumentierten Aufgabenbearbeitungen der ausgewählten Schülerinnen und Schüler als aufschlussreich herausgestellt. So zeigt sich in der Testaufgabe ‚Laufen' beispielsweise, welche Bedeutung die Rede von ‚immer, wenn' für die sich anschließende Aufgabenbearbeitung hat: Wurde anhand dieser als Schlüsselwörter zu deklarierenden Wörter nicht erkannt, dass es sich um einen proportionalen Zusammenhang der in der Aufgabe gegebenen Zahlen handelt, konnte die Aufgabe nicht richtig gelöst werden (vgl. Kapitel 9.1.2).

Ein vergleichbares Bild wurde anhand der Bearbeitungen der Aufgabe ‚Jahr-markt' deutlich: Die zu entschlüsselnden Wörter ‚doppelt so viel wie' sind es, die den entscheidenden Hinweis auf das Verhältnis der gegebenen Zahlen ent-halten, das zur richtigen Lösun zu erkennen war (vgl. Kapitel 9.2.3). Werden als Schlüsselwörter zu bezeichnende Wörter also nicht als solche erkannt, wird das mathematische Vorgehen zur Bearbeitung der Aufgabe falsch gewählt.

Ein Blick auf die in Tabelle 8.9 dargestellte Bildung des Sprachindexes be-stätigt darüber hinaus die Tendenz, dass mathematische Testaufgaben, die keine Schlüsselwörter beinhalten (z.B. die Testaufgaben M11, M06 & M03), ledig-lich eine niedrige Kompetenzstufe (II oder III) sowie eine niedrige modellierte Aufgabenschwierigkeit aufweisen. Ebenso zeigt sich im Umkehrschluss bei Testaufgaben, die mehrere Schlüsselwörter enthalten (z.B. die Aufgaben M04, M08 und M13), dass diese einer hohen Kompetenzstufe (V & III) und hohen modellierten Aufgabenschwierigkeit zuzuordnen sind. Zwar ist nicht ersicht-lich, dass mit steigender Anzahl an Schlüsselwörtern in einer mathematischen Testaufgabe auch der Schwierigkeitsgrad der Aufgabe steigt, es ist aber offen-sichtlich der Fall, dass unter den sprachlich anspruchsvollen Testaufgaben die Anzahl an Schlüsselwörtern vergleichsweise hoch ist, d.h. mindestens zwei oder drei Schlüsselwörter enthalten sind (vgl. Tab. 9.9).

Die Hypothese, dass mathematische Testaufgaben für monolingual deutsche Schülerinnen und Schüler nicht privilegierter Herkunft eine hohe Aufgaben-schwierigkeit aufweisen, wenn deren Lösung wesentlich von der Identifizie-rung der in Aufgabenstellungen enthaltenen Schlüsselwörter abhängt, ist dem-nach eindeutig zu bestätigen.

Hypothese H1d: *Mathematische Testaufgaben weisen für monolingual deut-sche Schülerinnen und Schüler nicht privilegierter Herkunft eine hohe Aufga-benschwierigkeit auf, wenn sie in einem **offenen Antwortformat** formuliert sind.*

Das Aufgabenformat einer Testaufgabe gibt – obgleich sich dies in der DIF-Analyse als wenig aussagekräftig herausgestellt hat – tendenziell Aufschluss darüber, wie schwer oder wie leicht eine Testaufgabe für die fokussierte Schü-lergruppe zu bearbeiten ist. Im Anschluss an die Analysen modellierter und sprachlicher Aufgabenschwierigkeit zeigt sich, dass mittelschwere bis schwere mathematische Aufgaben vorwiegend durch offene Antwortformate zu charak-terisieren sind, leichte bis mittelschwere Testaufgaben hingegen eher im Mul-tiple-Choice-Format vorliegen (vgl. Tab. 9.9). Diese Befunde bestätigen die

Hypothese, dass die Aufgabenschwierigkeit mathematischer Testaufgaben für monolingual deutsche Schülerinnen und Schüler nicht privilegierter Herkunft potenziell erhöht wird, sobald mathematische Testaufgaben in einem offenen Antwortformat formuliert sind.

Zusammenfassend betrachtet sind es weniger einzelne Elemente sprachlicher Anforderungen in mathematischen Testaufgaben als viel mehr die Kombination dieser Elemente, die potenziell die Aufgabenschwierigkeit für die fokussierte Schülergruppe erhöhen. Gezeigt hat sich auch, wie eng im Prozess der Aufgabenbearbeitung die fachlich-kognitive Ebene mit der sprachlichen Ebene zusammenhängt. So ist als ein zentrales Ergebnis der Analysen hervorzuheben, dass die hier stark fokussierte sprachliche Ebene zwar entscheidend zur Erklärung des schlechten Abschneidens der monolingual deutschen Schülerinnen und Schüler nicht privilegierter Herkunft beiträgt, dass aber ebenso ihre fachlich-kognitive Leistung dazu führt, dass sie Aufgaben nicht lösen können. Die Befunde machen also deutlich, dass ein Großteil der fokussierten Schülergruppe nicht per se an schwierigen mathematischen Testaufgaben scheitert, sondern an bestimmten, in den Aufgaben enthaltenen schwierigkeitsgenerierenden Merkmalen. Darüber hinaus konnten weitere Schwierigkeiten eruiert werden, die im Folgenden zusammengefasst sind.

10.2.2.3   Aufgabenbearbeitung aus sprachlicher Perspektive

In der Analyse exemplarisch ausgewählter Interviewsequenzen konnte mit Hilfe der in Kapitel 5 gerahmten theoretischen Ansätze von *horizontalem* und *vertikalem Diskurs* (Bernstein, 1999a) sowie *reellen* und *virtuellen Referenzen* (Hasan 2001) in Ansätzen rekonstruiert werden, dass für monolingual deutsche Schülerinnen und Schüler nicht privilegierter Herkunft die Schwierigkeit im Prozess der Aufgabenbearbeitung an den *vertikalen Diskurs* und die ihm inhärente dekontextualisierte Sprache geknüpft ist. Für nahezu alle Fälle der interviewten Schülerinnen und Schüler nicht privilegierter Herkunft trifft zu, dass sie an einzelnen mathematischen Aufgaben scheiterten, *nicht* weil sie zu geringe fachspezifische Kompetenzen (*mathematikspezifisches Wissen*) aufweisen (vgl. z.B. die Aufgabenbearbeitung von Levin, Kapitel 9.2.3), sondern auch, weil sie keinen geeigneten Zugang zu der Aufgabenstellung finden konnten. Waren sie auf sich gestellt und mussten die im *vertikalen Diskurs* zu verortende Testaufgabe eigenständig bearbeiten, entstanden unterschiedlichste Schwierigkeiten, die durchweg dazu führten, dass sie die Aufgabe nicht richtig lösten.

Wurde der *vertikale Diskurs* jedoch durchbrochen, indem gezielte Fragen unter Verwendung *reeller Referenzen* expliziert wurden, die gleichwohl einen neuen, *horizontalen Diskurs* eröffneten, erhielten die Kinder eine zweite Chance, die Aufgabe zu bearbeiten. Diese hatte in vielen Fällen zur Folge, dass die Aufgabe schließlich doch noch richtig (oder zumindest teilweise richtig) gelöst wurde.

Die Bedeutsamkeit eines Wechsels vom *vertikalen* zum *horizontalen Diskurs* findet sich auch – obgleich nicht unter Verwendung dieser Begriffe – in Bezug auf die in Kapitel 3.2 vorgestellten sprachlichen Register bei Maas (2008): In soziolinguistischer Hinsicht ist dieser Wechsel jener der medialen Form (*orat* vs. *skribal*) und der situativen Kommunikationsanforderung (eigenständiges Erarbeiten der Testaufgabe vs. dialogischer Austausch über die Testaufgabe). Denn je nach Maß sprachlicher Formalität, die bestimmte Situationen erfordern oder erwarten lassen, findet sich auch die Nutzung verschiedener sprachlicher Register. Entsprechend unterscheidet sich die sprachliche Formalität der Aufgabenbearbeitung als Eigentätigkeit wesentlich von der sprachlichen Formalität, die als dialogischer Austausch in der Nachfragephase des Interviews[71] praktiziert wird. Markiert wurde dies in den Analysen anhand der ‚social situatedness' der Interviewsituation, die es ermöglicht hat, die sprachlich vermittelten Informationen im *vertikalen Diskurs* auf die Ebene des *horizontalen Diskurses* herunter zu brechen. Erst in *orater* Form (d.h. im mündlichen Austausch über die Aufgabe) und spezifischem, lokalem Kontext der Nachfragephase des Interviews war es vielen der Schülerinnen und Schüler möglich, die Aufgabe richtig zu bearbeiten. Diese Charakteristika beschreiben zugleich im Verständnis Bernsteins den *horizontalen Diskurs* (vgl. Kapitel 5). Bei einigen Schülerinnen und Schülern privilegierter Herkunft ergibt sich eine scheinbar reibungslose Passung zu den schulischen Anforderungen; und zwar dann, wenn sie entsprechende Strategien (z.B. des *Lese- und Textverstehens*) und sprachliche Praktiken erworben haben, die mit den Anforderungen der Schule übereinstimmen. Diese Strategien werden wie automatisiert von den Schülerinnen und Schülern aktiviert. Sie ermöglichen den Zugang zum *vertikalen Diskurs* inklusive *virtueller Referenzen*. D.h., sie statten Schülerinnen und Schüler mit dem entsprechenden ‚Blick' (vgl. Kapitel 5) aus, um die Regeln des Diskurses zu erkennen. Im Anschluss an Bourdieu wäre, wie Kramer (2011) ausführt, hier auch die Rede vom habituell geprägten ‚Spielsinn' anzuführen, d.h. „eine zur Natur gewordene, aber sozial konstituierte Disposition,

---

71   Damit ergibt sich eine weitere Forschungsfrage, die kritisch zu bearbeiten wäre: Welches sprachliche Register wird durch die Methode des Lauten Denkens (vgl. Kapitel 7.1.2) in der Interviewsituation evoziert und inwiefern unterscheidet sich diese Registerwahl von derjenigen, die in einer Testsituation nötig ist?

die intuitiv operiert" (ebd., S. 25) (vgl. Kapitel 2.1.2). Aufgrund ihrer habituellen Prägung, die eine mehr oder weniger große Nähe oder Distanz zum schulischen Habitus aufweisen kann, liegt der Vorteil der Schülerinnen und Schüler privilegierter Herkunft demnach nicht nur generell in der Passung, sondern zeigt sich auch spezifisch anhand von Strategien und Weisen der Bearbeitung von Testaufgaben. Das obgleich empirisch schwer zugängliche ‚intuitive Operieren' im Prozess der Aufgabenbearbeitung (hier als *Handlungswissen* herausgestellt, vgl. Kapitel 4.3.2), ist demnach als essenziell herauszustellen. Für sich anschließende Forschungsarbeiten wird es lohnenswert sein, hieran mikroanalytisch mit geeigneten methodischen Zugriffsweisen anzusetzen. In der vorliegenden Arbeit konnte diese Perspektive lediglich vorbereitet werden.

10.2.3   Zur sprachlich bedingten sozialen Ungleichheit

Wie verhält es sich mit der einleitend formulierten übergeordneten Frage, ob sich die vielfach diskutierte Debatte um soziale Ungleichheit im Bildungswesen nicht auch begreifen lässt als eine *sprachlich bedingte soziale Ungleichheit?* Für die analysierten mathematischen Testaufgaben und ihre Bearbeitungsweisen in TIMSS 2007 lässt sich diese Frage eindeutig bejahen. Im Speziellen kann anhand der drei exemplarisch vorgestellten mathematischen Testaufgaben ‚Dreiecke', ‚Laufen' und ‚Jahrmarkt' sowie der rekonstruktiv skizzierten Aufgabenbearbeitungen herausgestellt werden, dass auf beiden Ebenen, d.h. auf Aufgaben- und Schülerebene, von einer *sprachlich bedingten sozialen Ungleichheit* ausgegangen werden kann (vgl. Kapitel 9.1.2 & Kapitel 9.2.3):

- *Aufgabenebene*: Einzelne mathematische Testaufgaben enthalten sprachliche Hürden, die – wie es durch die DIF-Analyse und die SEM bestätigt wurde – ‚unterschiedliches Funktionieren' und eine Schwierigkeit jenseits zu messender Kompetenzen für die hier betrachtete Schülergruppe aufweisen.

- *Schülerebene*: Einzelne mathematische Testaufgaben erfordern für ihre Bearbeitung ein Repertoire von sprachlichen Kenntnissen, das bei nicht privilegierten, monolingual deutschen Schülerinnen und Schülern weniger ausgeprägt vorhanden ist als bei denen privilegierter Herkunft.

Die Rede von ‚jenseits zu messender Kompetenzen' rekurriert auf die in Kapitel 4.3 vorgestellten Wissensdimensionen von *Fachwissen*, *Sprachwissen* und

Handlungswissen. Sie verdeutlichen, dass es neben den in TIMSS 2007 fokussierten Bereichen Fähig- und Fertigkeiten der Schülerinnen und Schüler bedarf, die zum Lösen von mathematischen Testaufgaben erforderlich, aber nicht als Teil der Aufgabenschwierigkeit definiert sind. Insbesondere das *Sprachwissen* kann als leitend für alle drei Wissensbereiche herausgestellt werden. Auch die zusätzlich identifizierten schwierigkeitsgenerierenden Merkmale zeigen, dass diese Aussage gut begründet ist (vgl. Kapitel 10.2.2). Mathematische Testaufgaben gelten also zusammengefasst dann als potenziell herausfordernd für nicht privilegierte, monolingual deutsche Schülerinnen und Schüler, wenn sie

a. als Textaufgabe formuliert sind,

b. Schlüsselwörter enthalten,

c. dabei eine hohe sprachliche Komplexität aufweisen,

d. aus den Inhaltsbereichen *Arithmetik* und *Geometrie/Messen*,

e. aus den kognitiven Anforderungsbereichen *Reproduzieren* und *Problemlösen* und

f. in einem offenen Antwortformat dargestellt sind.

Darüber hinaus zeigen sich die Situationsanforderung und der damit einhergehende Diskurs der Bearbeitung mathematischer Testaufgaben als bedeutsam. Ist der Diskurs *horizontal* strukturiert, bieten sich für die fokussierte Schülergruppe Zugänge; ist er *vertikal* strukturiert, erhöht dies die Aufgabenschwierigkeit und es bedarf Hilfestellungen unter Verwendung *reeller Referenzen* (vgl. Kapitel 5), d.h. sprachlicher Hilfestellungen, die aus dem *familialen* oder *informellen Register* schöpfen (vgl. Kapitel 3.2).

Wie angemerkt ist zu empfehlen, diese Befunde hinsichtlich ihrer Tragweite in weiteren Analysen zu prüfen.

10.3   Implikationen für die Praxis

Die berichteten Befunde ziehen Implikationen für die Praxis nach sich. Diese werden im Folgenden für die Bereiche der Testentwicklung (vgl. Kapitel 10.3.1), der frühkindlichen Sprachbildung (vgl. Kapitel 10.3.2), der schulischen Sprachförderung (vgl. Kapitel 10.3.3) und der Sensibilisierung für Sprache in der Lehrerfort- und weiterbildung (vgl. Kapitel 10.3.4) skizziert.

10.3.1 Entwicklung und Prüfung von mathematischen Testaufgaben

Für die in dieser Arbeit durchgeführte Aufgabenanalyse hat sich das in Kapitel 7.1.3 benannte Vorgehen zur Bestimmung schwierigkeitsgenerierender Merkmale als ertragreich herausgestellt. Auch für die Entwicklung und Prüfung von mathematischen Testaufgaben in Schulleistungstests ist ein solches Vorgehen empfehlenswert, weil es durch die ihm zugrunde liegende Mehrschrittigkeit das Potenzial birgt, die Aufgaben differenziert zu analysieren und dabei intendierte und nicht intendierte Aufgabenschwierigkeiten herauszustellen. Ergänzend zu dem Feld- und dem Haupttest in TIMSS (vgl. Kapitel 4.2), werden die nachfolgend erläuterten Schritte des in der Arbeit erprobten Modells zur Entwicklung und Prüfung schwierigkeitsgenerierender Merkmale vorgeschlagen:

Schritt 1: Beginnend mit der *fachlichen Klärung* wird aus fachdidaktischer Perspektive zweierlei kritisch analysiert, (a.) das, was mit der Aufgabe inhaltlich getestet werden soll, und (b.) das, was Schülerinnen und Schüler können müssen, um die Aufgabe zu lösen. Bereits in dieser Phase können sich Abweichungen von dem ergeben, was durch den Inhalts- oder kognitiven Anforderungsbereich der Studienleitung definiert ist. So etwa, wenn fachlich Intendiertes durch weitere, nicht intendierte schwierigkeitsbestimmende Merkmale verdeckt oder zum Nebenschauplatz wird, weil sich die zentralen Anforderungen einer Aufgabe differenzierter und vielschichtiger zeigen als ursprünglich definiert. So hat sich z.B. in der *fachlichen Klärung* der Testaufgabe ,Dreiecke' gezeigt (bei der es darum geht, ein Merkmal zu benennen, das zwei dargestellte Figuren voneinander unterscheidet), dass die beiden Figuren abstrakt dargestellt sind und dadurch ein Grad von Allgemeinheit repräsentiert ist, der eine zusätzliche Schwierigkeitsdimension für die Schülerinnen und Schüler aufweist. Herausgestellt werden konnte, dass es eben nicht nur um die Benennung eines Merkmals zur Unterscheidung ging, sondern dass die Darstellungsweise an sich, d.h. die beiden abstrakt dargestellten Figuren, eine eigene Schwierigkeit ausmacht (vgl. Kapitel 9.1.2.2) – nämlich diejenige, nicht nur Merkmale zur Unterscheidung benennen, sondern auch abstrakt denken zu können.

Wie an anderer Stelle ausgeführt (vgl. Walzebug, 2012), ist darüber hinaus bei Testaufgaben im Multiple-Choice-Format fachlich zu klären, inwiefern die vier Antwortmöglichkeiten tatsächlich als hinreichend „ähnlich plausibel" (Bonsen et al., 2008, S. 31) gelten (vgl. Kapitel 4.2.2). Im Rahmen der Aufgabenanalyse ,Personen am Tisch' (vgl. ebd., Abb. 4.1 & Walzebug, 2012, S. 298f.) wurde deutlich, dass unter Berücksichtigung von Grundvorstellungen – d.h. inhaltlichen Vorstellungen zu mathematischen Begriffen und Verfahren (vgl. auch Kapitel 4.3.1) –, die die Schülerinnen und Schüler mit einer Rechenart verbinden, der Gebrauch bestimmter sprachlicher Mittel, wie in diesem Fall Präpositionen („mit' in ‚28 mit 4 multiplizieren', ‚durch' in ‚28 durch 4 dividieren' etc.), zu einer bestimmten Rechenart verleitet. Hierbei zeigt sich eine Schnittstelle zum nächsten Schritt, der *sprachlichen Klärung*, die, wie herausgestellt, eng mit der *fachlichen Klärung* verknüpft ist.

Schritt 2: Die *sprachliche Klärung* verspricht den fokussierten Blick auf die sprachliche Beschaffenheit der Aufgabe, wobei zu prüfen ist, welche sprachlichen Schwierigkeiten eine Aufgabe insgesamt enthält. Ziel der *sprachlichen Klärung* ist es, auf der Grundlage forschungsbasierter und theoriegeleiteter Zuschreibungen das sprachliche Anforderungsniveau in Testaufgaben zu identifizieren und zu definieren. Hier liegt der Gewinn des Vorgehens darin, die im Anschluss an die *fachliche Klärung* identifizierten Aspekte hinsichtlich der Verwendung sprachlicher Mittel zu spezifizieren. Im Zuge der sprachlichen Klärung können, wie am Beispiel der Testaufgabe ‚Laufen' diskutiert, etwa schwierigkeitsgenerierende Merkmale als Folge von Abweichungen der Originalversion im Prozess der Übersetzung ins Deutsche frühzeitig erkannt und entsprechend behoben werden (vgl. Kapitel 9.1.2). Aber auch weitere sprachlich bedingte Aufgabenschwierigkeiten, wie die Verwendung von Schlüsselwörtern oder komplexer Sprache (vgl. Kapitel 10.2.2.1), sind kritisch zu überprüfen, um zu klären, inwiefern hierbei eruierte sprachliche Hürden als Teil der intendierten Kompetenzstufe integriert werden oder zu entfernen sind. In der Konsequenz müssen die identifizierten sprachlichen Hürden somit entweder in den Kompetenzanforderungen wiederzufinden sein oder aber durch Verwendung anderer sprachlicher Mittel beseitigt werden.

Anzuregen ist an dieser Stelle also, die sprachliche Dimension – sofern dann bewusst als Teil einer zu messenden Kompetenzstufe herausgestellt – auch explizit in die Beschreibung der Kompetenzstufen aufzunehmen. Dies würde dem Anliegen der vorliegenden Arbeit insofern gerecht werden, als dann die sprachliche Dimension, d.h. die als *sprachliches Wissen* herausgestellte Wissensdimension (vgl. Kapitel 4.3.3), als wesentliches Moment der Bearbeitung von mathematischen Testaufgaben neben dem fachlich-kognitiven Anspruch berücksichtigt und damit expliziter Teil der zu messenden Kompetenzen wäre. In der Konsequenz müsste auch in der Berichterstattung darauf hingewiesen werden, welche Kompetenzstufe konkret welche sprachlichen Mittel erfordert, d.h. welche sprachliche Anforderung zusätzlich zu der fachlich-kognitiven (hier mathematikspezifischen) Anforderung abgebildet wird. Die Integration der sprachlichen Dimension wäre darüber hinaus im Verständnis von Reiss

(2008) als ein gewinnbringender Schritt zu bewerten, weil durch die zunehmend differenziertere Beschreibung von Kompetenzen und Kompetenzmodellen dann tatsächlich nützliche Instrumente für die Praxis bereitgestellt werden könnten (vgl. Kapitel 4.1.2).

Schritt 3: Die im letzten Schritt vorzunehmende *Klärung im Rahmen von Interaktion* überprüft die in der fachlichen und sprachlichen Klärung herausgestellten Befunde. Dieser Schritt hat sich in der vorliegenden Arbeit als gewinnbringend herausgestellt, ist aber aufwendig: In der Interaktion mit Schülerinnen und Schülern, die die Aufgaben bearbeiten, wird geprüft, ob sich die identifizierten schwierigkeitsgenerierenden Merkmale auch empirisch zeigen und ob darüber hinaus weitere Aspekte eruiert werden können. Dies bedeutet, dass es bei der Entwicklung und Prüfung von Testaufgaben als hilfreich anzunehmen ist, Aufgaben – bzw. pragmatisch betrachtet: Aufgaben, die in der *fachlichen* und *sprachlichen Klärung* als auffällig identifiziert wurden – in vertiefenden Interviewstudien genauer zu untersuchen. Anders als beim standardmäßig durchgeführten Pretest (vgl. Kapitel 4.2), wird dabei nicht die Trennschärfe der Items und das ‚Funktionieren' des Tests insgesamt überprüft, sondern es geht – wie in dieser Arbeit ausgeführt – um die Analyse von Prozessen der Aufgabenbearbeitung mit dem Ziel, die in der *fachlichen* und *sprachlichen Klärung* herausgestellten Anforderungen zu konkretisieren und ggf. zu fundieren.

Wie sich in der Analyse der exemplarisch vorgestellten Aufgaben ‚Dreiecke', ‚Laufen' und ‚Jahrmarkt' jedoch auch gezeigt hat, kann bereits mittels intensiver Analysen durch Schritt 1 (*fachliche Klärung*) und Schritt 2 (*sprachliche Klärung*) ein Großteil der schwierigkeitsgenerierenden Merkmale eruiert werden, sodass der Schritt 3 (*Klärung im Rahmen von Interaktion*) je nach Bedarf und vorhandenen Ressourcen abzuwägen ist.

Das in Abbildung 10.1 dargestellte Modell veranschaulicht dieses skizzierte Vorgehen grafisch. Zur Durchführung der einzelnen Schritte ist der Austausch mit Expertinnen und Experten unabdingbar (vgl. z.B. das Aufgabenraster zur Einschätzung der Aufgabenschwierigkeiten durch Lehrpersonen, Kapitel 7.1.3.1). Nur im Dialog mit Vertreterinnen und Vertretern aus den Bereichen der Fachdidaktik Mathematik, der Linguistik, der Bildungsforschung und der Schulpraxis kann die differenzierte, vertiefende Analyse der mathematischen Testaufgaben gelingen. Das hier vorgeschlagene Modell dient also als Ergänzung zu standardmäßig durchgeführten Pretests[72] anhand größerer Stichproben (vgl. Kapitel 4.2).

---

72   In Kapitel 4.2.1 erläutert anhand des in TIMSS durchgeführten Feld- und Haupttests.

Abbildung 10.1: Modell zur fachlichen und sprachlichen Klärung schwierigkeitsbestimmender Merkmale in Testaufgaben

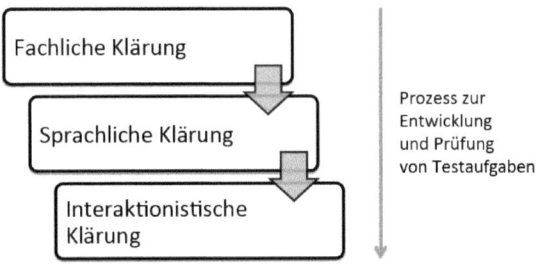

Neben Implikationen für die Praxis im bildungswissenschaftlichen Kontext
schließen sich den Befunden der vorliegenden Arbeit ebenso Implikationen für
die pädagogische Praxis an. Diese werden nachfolgend skizziert.

10.3.2 Frühkindliche Sprachbildung

Wie andere Studien (vgl. z.B. Heath, 1983; Heller, 2012; Lareau, 2003; Morek,
2012; Müller, 2012) verweisen auch die Befunde dieser Arbeit darauf, dass
frühzeitige Sprachförderung den Schulerfolg (hier diskutiert am Beispiel mathematischer Leistung) begünstigt. Frühkindliche Sprachbildung ist also relevant nicht nur für ein sprachlich ausgewiesenes Schulfach wie das Fach
Deutsch, sondern auch für Fächer wie dem Kernfach Mathematik.

Die Diskussionen um den, insbesondere sprachlich relevanten, Bildungsauf-
trag der Schulen sind nach Veröffentlichung der Ergebnisse internationaler
Schulleistungsstudien auf den Bereich frühkindlicher Bildung ausgeweitet
worden (vgl. Kapitel 10.1.1), d.h. konkret auf die systematische Sprachförderung in Kindertagesstätten und Kindergärten (vgl. z.B. Biedinger & Becker,
2010; Bock-Famulla, 2008). Seither wurde eine Vielzahl an didaktischen Konzeptionen und Förderprogrammen entwickelt, publiziert und implementiert, die
Kinder auf die sprachlichen Anforderungen der Schule vorbereiten sollen (vgl.
z.B. Buschmann, Simon, Jooss & Sachse, 2010; Fried, 2009; MSW &
MFKJKS, 2011, S. 43; Röber & Müller, 2009; Tophinke, 2003; Tracy, 2008).
Für eine gelingende Umsetzung solcher Förderprogramme wird die „Sprachförderkompetenz" (Fried & Briedigkeit, 2008, S. 8) der Erzieherinnen und
Erzieher herausgestellt. Sie beinhaltet Faktoren wie „Wissen, Motive, Problem-
bearbeitungsstile und Könnensrepertoires" (ebd.). Eine systematische frühkindliche Sprachbildung zu etablieren und insbesondere für die in der Arbeit fokus-

sierte Gruppe von Kindern anzubieten und zugänglich zu machen, ist in der Konsequenz auch vor dem Hintergrund dieser Arbeit zu empfehlen. Auch Röber und Müller (2008) regen für den ‚Aufbau von professionellem sprachlichem Wissen' daher folgendes an:

> „Die Kinder müssen lernen, Vertrautes ihrer alltäglichen Umwelt, mit dem sie zu operieren gelernt haben, aus dem vertrauten (familiären) Zusammenhang herauszulösen und als Gegenstand neu zu betrachten." (ebd., S. 22, Hervorhebung im Original)

Es geht also um die Fähigkeit, sprachliche Register, also *formelle Register* auf *familiale Register* aufzubauen, und zwischen sprachlichen Registern zu wechseln, d.h. *formelle Register* in Situationen angemessen zu nutzen (vgl. auch Kapitel 3.2). Eine Möglichkeit, frühkindliche Sprachbildung zu fördern, zeigt sich alternativ im Hinblick auf die seit ein paar Jahren auch in Deutschland etablierten *Family Literacy*-Programme. Anders als institutionell ausgerichtete Sprachförderkonzepte setzen diese Programme auf Sprachförderung im häuslichen Umfeld. Professionell geschulte Pädagoginnen und Pädagogen leiten mit Hilfe didaktisch aufbereiteter Materialien Eltern und Familien an, Sprache gezielt anzuwenden und einzusetzen, um ihre Kinder auf die sprachlichen Anforderungen der Schule vorzubereiten. In einigen Städten gelingt es, Programme und Angebote lokal so zu verorten, dass insbesondere sozial benachteiligte Familien davon profitieren. Häufig aber bleiben die Bemühungen auch erfolglos (vgl. z.B. Nickel, 2007; Salem & Rabkin, 2010; Sann & Thrum, 2002).

10.3.3 Schulische Sprachförderung

Die im frühkindlichen Bereich bedeutsame Sprachförderung (vgl. Kapitel 10.3.2) wird mit dem Eintritt in die Schule systematisch als Schriftspracherwerb ausgebaut (vgl. Kapitel 10.3.3). Um den Erwerb erfolgreich vollziehen zu können – Gogolin (2008) markiert die Eintrittsphase als „überlebenswichtig" (ebd., S. 17) –, benötigt ein Kind jedoch ein gewisses Maß an sprachlichen Kenntnissen und Erfahrungen (vgl. auch Bernstein, 1971). Dies bezieht sich nicht nur auf Schülerinnen und Schüler, deren Muttersprache sich von der Unterrichtssprache unterscheidet (auf die Gogolin fokussiert), sondern betrifft ebenso monolingual deutsche Schülerinnen und Schüler, deren sprachliche Erfahrungen innerhalb der Familie nur unzureichend auf die schulischen Anforderungen vorbereiten. Bereits vorschulisch erworbene Vorläuferfertigkeiten (vgl. Kapitel 3.2) sind dabei nicht nur entscheidend für sprachliche Fächer, sondern für alle Schulfächer. Lange Zeit wurde die Relevanz schriftsprachlicher Kompetenzen nur im Fremdsprachen- und Deutschunterricht erkannt bzw. sogar für den Deutschunterricht als selbstverständlich zu erwerbende und damit nicht explizit zu thematisierende Fähigkeit aufgefasst (vgl. Behrens & Eriksson, 2009). Mittlerweile jedoch ist eine Sensibilisierung für Sprachbildung in allen Fächern (vgl. Kapitel 10.2.3) z.B. auch im Lehrerausbildungsgesetz für NRW verbindlich verankert (vgl. MSW, 2009), womit wichtige Signale für die Bedeutsamkeit der Sprache in (schulischen) Lern- und Bildungsprozessen gesetzt sind.

Schulische Sprachförderung kann in allen Fächern aussichtsreich gelingen, wenn sprachliche Ausgangslagen der Schülerinnen und Schüler differenziert diagnostiziert werden (vgl. z.B. Kliemann, Altenburg & Bremermann, 2012; Kliemann et al., 2010). Eine solche Diagnose könnte im Anschluss an die in Kapitel 10.1 dargelegten Leitideen auf „unterschiedliche Grade von Passung" (Quasthoff, 2009, S. 84) ausgerichtet sein und es ermöglichen, zwischen „unterrichtlich geforderten sprachlich-kommunikativen Mustern und den milieuspezifisch mitgebrachten sprachlichen Erfahrungen" (ebd.) zu unterscheiden. Hierzu allerdings wären, wie dargelegt, zunächst weitere Forschungen im Feld notwendig. Erste Befunde in diesem Bereich belegen aber bereits Varianten und Grade von Passungen, so etwa am Beispiel mündlicher Kompetenzen wie dem Erklären (vgl. Morek, 2012; zudem aus fachdidaktischer Perspektive: Spiegel, 2007) und Argumentieren (vgl. Heller, 2012; zudem aus fachdidaktischer Perspektive: Bezold, 2009; Fetzer, 2011; auch Kern & Ohlhus, 2012). Neben mündlichen Kompetenzen sind schriftsprachliche Kompetenzen zu fördern (vgl. Stephany, Linnemann & Becker-Mrotzek, 2013). Dazu gehört der kompetente Umgang mit Texten und Textsorten, der Strategien des *Lese- und Textverstehens* (vgl. Kapitel 4.3.3) einschließt.

10.3.4 Sprachsensibilisierung in der Lehreraus- und -fortbildung

Mit der in Kapitel 10.3.3 beschriebenen schulischen Sprachförderung geht auch die Sensibilisierung für Sprache in der Lehreraus- und -fortbildung einher. Sensibilisierung für Sprache sollte dabei, wie im Anschluss an die Befunde dieser Arbeit zu konstatieren ist, in allen Fächern rekurrieren auf (a.) den Umgang mit sprachlichen Praktiken im Unterricht und (b.) die Fähigkeit, sprachliche Kompetenzen von Schülerinnen und Schülern differenziert zu diagnostizieren und entsprechend zu fordern und zu fördern.

Zu (a.): Wie schon Gumperz (1981, 1982) zeigen konnte, beeinflussen Konventionen der Unterrichtsinteraktion die Lernmotivation und somit die Schulleistung von Schülerinnen und Schülern. Gegenwärtige – vor allem ethnomethodologisch angelegte – Studien (vgl. z.B. Heller, 2012; Morgan, Tsatsaroni & Lerman, 2002; O'Halloran, 1999; Planas & Iranzo, 2009) bestätigen, dass schüler- und lehrerseitige Interaktionen Divergenzen unterliegen, die Missverstehensprozesse im Unterricht zur Folge haben. Auf diese gilt es aufmerksam zu machen und dafür bereits in der Lehrerausbildung durch gezielte Strategien, geeignete Unterrichtsmaterialien und entsprechend ausgerichtete didaktische Konzepte zu sensibilisieren.

Zu (b.): Sprachliche Kompetenzen angemessen diagnostizieren und fördern zu können, setzt einen gewissen Rahmen für die Durchführung des Fachunterrichts voraus. Als idealtypische Orientierung können beispielsweise Aspekte der von Bainski (2008) formulierten ‚Checkliste für eine sprachfreundliche Schule' dienen, wenngleich diese auf Schülerinnen und Schüler mit Migrationshintergrund ausgerichtet sind. Sie lassen sich ebenso gut für einen ‚sprachfreundlichen' Unterricht der hier fokussierten Gruppe nutzen, z.B. – um nur einige Aspekte zu benennen – in Bezug auf: (a.) eine „didaktisch-methodische Vielfalt [...], die eine Balance zwischen lehrergesteuerter Instruktion und schülerorientierten Lernfreiräumen" (ebd., S. 55) ermöglicht, (b.) eine „gezielte Hinführung [...] zu einer qualifizierten Schriftsprache" (ebd.), oder darauf, (c.) „auf sprachliche Voraussetzungen der Schülerinnen und Schüler ein[zu]gehen [...] [und] Kontraste [...] [zu] beachte[n]" (ebd.).

In der Zusammenschau betrachtet legen die Ergebnisse dieser Arbeit die Dringlichkeit nahe, konkrete sprachdidaktische Konzepte zur Umsetzung im Fachunterricht zu entwickeln. Wie auch Ball (2009) erläutert, zeigt sich eine hohe Anzahl von Lehrpersonen gegenwärtig mit der heterogenen Schülerschaft in einer Klasse überfordert, was diese Dringlichkeit unterstreicht:

> „Most teachers continue to be monolingual and middle class. Many of the teachers [...] feel inadequately prepared to teach diverse students, and they prefer not to be placed in situations where they feel uncomfortable and inadequate [...]. I propose that to address the cycle of student underachievement, we must increase teachers' knowledge of theory and best practices and their knowledge of students' cultural practices and values. In addition, we must assist teachers in replacing their feelings of insecurity, discomfort, and inadequacy with feelings of agency, advocacy, and efficacy." (Ball, 2009, S. 46)

Gefordert sind also Aus- und Fortbildungsangebote für Lehrpersonen, die ihnen die Möglichkeit geben, sich umfassend mit der (sprachlichen) Diversität ihrer Schülerinnen und Schüler auseinanderzusetzen und ihren Unterricht entsprechend planen und strukturieren zu können. Unsicherheiten im Lehrerhandeln ebenso wie nicht intendiertes, aber zu Missverständnissen führendes pädagogisches Handeln sollte in gezielt ausgerichteten Bildungsangeboten reflektiert sowie in der Lehrerausbildung von Beginn an in Form eines angemessenen Umgangs mit Sprache und sprachlichen Praktiken erlernt werden (vgl. z.B. Benholz & Lipkowski, 2000; Franke, Carpenter, Levi & Fennema, 2001). Wie Stanat, Weirich und Radmann (2012) erläutern, wünscht sich gegenwärtig eine Vielzahl von Lehrerinnen und Lehrern Fort- und Weiterbildungsangebote im Bereich der Sprach- und Leseförderung. Es ist daher zu konstatieren, dass bestehende, in Schulen implementierte Sprachförderkonzepte weiterhin zu optimieren, auszubauen und in Rückbindung an Praxiserfahrungen und wissenschaftliche Erkenntnisse weiterzuentwickeln sind.

10.4 Ausblick auf die weitere Forschung

Das Passungsverhältnis von sozialer Herkunft und schulischen Leistungsanforderungen unter der sprachlichen Perspektive differenziert in den Blick zu nehmen, stellt sich sowohl empirisch als auch theoretisch als eine Herausforderung dar (vgl. auch z.B. Dalhaus, 2010; Dorn, Priore & Wissinger, 2010, S. 138-140). Um soziale und subjektive Fertigkeiten und Fähigkeiten zu erfassen, die in schulischen und in außerschulischen, d.h. lebensweltlichen, Handlungssituationen bedeutsam sind, müssen Instrumente herangezogen werden, die es ermöglichen, die Komplexität der sozialen Herkunft von Schülerinnen und Schülern mitsamt ihrer subjektiven Lernausgangslage umfassend zu berücksichtigen (vgl. hierzu auch Grundmann, Bittlingmayer, Dravenau & Groh-Samberg, 2008, S. 64-65). Damit ist ein Forschungsfeld umrissen, in dem sich eine Fülle von Forschungsdesiderata ausfindig machen lässt, auf die hier verwiesen wurde. Ihr Themenspektrum erstreckt sich von der Entwicklung geeigneter (Test-) Instrumente bis hin zur Entwicklung hilfreicher anwendungsorientierter Konzepte für die Aus- und Weiterbildung von Pädagoginnen und Pädagogen, die in ihrer täglichen Arbeit mit der Vielschichtigkeit dieses Feldes umzugehen haben.

11 Verzeichnisse

11.1 Literatur

Abedalaziz, N. (2010). A Gender-Related Differential Item Functioning of Mathematics Test Items. *The International Journal of Educational and Psychological Assessment, 5,* 101-116.

Abels, H. & König, A. (2010). *Sozialisation. Soziologische Antworten auf die Frage, wie wir werden, was wir sind, wie gesellschaftliche Ordnung möglich ist und wie Theorien der Gesellschaft und der Identität ineinander spielen.* Wiesbaden: VS Verlag.

Acar Bayraktar, E. & Krummheuer, G. (2011). Die Thematisierung von Lagebeziehungen und Perspektiven in zwei familialen Spielsituationen. Erste Einsichten in die Struktur „interaktionaler Nischen mathematischer Denkentwicklung" im familialen Kontext. In B. Brandt, R. Vogel & G. Krummheuer (Hrsg.), *Die Projekte erStMaL und MaKreKi. Mathematikdidaktische Forschung am "Center for Individual Development and Adaptive Education" (IDeA)* (S. 11-24). Münster: Waxmann.

Ackerman, T. A. (1992). A didactic explanation of item bias, item impact and item validity from a multidimensional perspective. *Journal of Educational Measurement, 29,* 67-91.

Adams, R. J. & Carstensen, C. H. (2002). Scaling outcomes. In R. Adams & M. Wu (Eds.), *PISA 2000 technical report.* Paris: OECD.

Ahrenholz, B. (2010). *Fachunterricht und Deutsch als Zweitsprache.* Tübingen: Narr.

Ahrenholz, B. & Oomen-Welke, I. (2008). *Deutsch als Zweitsprache. Deutschunterricht in Theorie und Praxis* (Bd. 9). Baltmannsweiler: Schneider Verlag Hohengehren.

Albrecht, A. (2010). *Zweisprachigkeit in der Familie – Eine Sammlung von Fallstudien.* Norderstedt: GRIN Verlag.

Allemann-Ghionda, C. & Pfeiffer, S. (2008). *Bildungserfolg, Migration und Zweisprachigkeit. Perspektiven für Forschung und Entwicklung.* Berlin: Frank & Timme.

Allmendinger, J., Ebner, C. & Nikolai, R. (2007). Soziale Beziehungen und Bildungserwerb. In A. Franzen & M. Freitag (Hrsg.), *Sozialkapital* (S. 487-513). Wiesbaden: VS Verlag.

Alt, C. & Gloger-Tippelt, G. (2008). Persönlichkeitsentwicklung und Sozialstruktur. Überlegungen zu einer modernen Kindheitsforschung. In C. Alt (Hrsg.), *Kinderleben – Individuelle Entwicklungen in sozialen Kontexten* (S. 7-26). Wiesbaden: VS Verlag.

Anders, Y., Rossbach, H-G., Weinert, S., Ebert, S., Kuger, S., Lehrl, S. & von Maurice, J. (2012). Home and preschool learning environments and their relations to the development of early numeracy skills. *Early Childhood Research Quarterly, 27,* 231-244.

Andresen, S. (2010). Bildungsmotivation in bildungsfernen Gruppen und Schichten. In G. Quenzel & K. Hurrelmann (Hrsg.), *Bildungsverlierer – Neue Ungleichheiten* (S. 499-516). Wiesbaden: VS Verlag.

Andresen, H. (2005). *Vom Sprechen zum Schreiben. Sprachentwicklung zwischen dem vierten und siebten Lebensjahr.* Stuttgart: Klett-Cotta.

Andresen, H. (2002). *Interaktion, Sprache und Spiel. Zur Funktion des Rollenspiels für die Sprachentwicklung im Vorschulalter.* Tübingen: Narr.

Arnot, M. & Reay, D. (2004). The framing of pedagogic encounters. Regulating the social order in classroom learning. In J. Muller, B. Davies & A. Morais (Eds.), *Reading Bernstein, Researching Bernstein* (pp. 137-150). London: Routledge.

Artelt, C. & Baumert, J. (2004). Zur Vergleichbarkeit bei Leseaufgaben unterschiedlichen Ursprungs. *Zeitschrift für Pädagogische Psychologie, 18,* 171-185.

Artelt, C., McElvany, N., Christmann, N., Richter, T., Groeben, N., Köster, J., Schneider, W., Stanat, P., Ostermeier, C., Schiefele, U., Valtin, R. & Ring, K. (2005). *Förderung von Lesekompetenz – Ein Expertise.* Bonn & Berlin: BMBF.

Astleitner, H. (2008). Die lernrelevante Ordnung von Aufgaben nach der Aufgabenschwierigkeit. In J. Thonhauser (Hrsg.), *Aufgaben als Katalysatoren von Lernprozessen. Eine zentrale Komponente organisierten Lehrens und Lernens aus der Sicht von Lernforschung, Allgemeiner Didaktik und Fachdidaktik* (S. 65-82). Münster: Waxmann.

Bainski, C. (2008). Checkliste für eine sprachfreundliche Schule. In C. Bainski & M. Krüger-Potratz (Hrsg.), *Handbuch Sprachförderung* (S. 54-56). Essen: Neue Deutsche Schule Verlagsgesellschaft mbH.

Ball, A. F. (2009). Toward a Theory of Generative Change in Culturally and Linguistically Complex Classrooms. *American Educational Research Journal, 46* (1), 45-72.

Balla, B. (1978). *Soziologie der Knappheit. Zum Verständnis individueller und gesellschaftlicher Mängelzustände.* Stuttgart: Ferdinand Enke Verlag.

Bandura, A., Barbaranelli, C., Caprara, G. V. & Pastorelli, C. (1996). Multifaceted impact of self-efficacy beliefs on academic functioning. *Child Development, 67,* 1206-1222.

Barlösius, E. (2006). *Pierre Bourdieu.* Frankfurt am Main: Campus.

Baruero, B. & Lange, A. (2011). Milieuspezifische Einstellungen zur außerfamiliären Betreuung von kleinen Kindern. *Zeitschrift für Soziologie der Erziehung und Sozialisation, 31,* 296-312.

Barzel, B., Hußmann, S., Leuders, T. & Prediger, S. (2012). Nachhaltig lernen durch aktives Systematisieren und Sichern – Konzept und Umsetzung in der Mathewerkstatt. *Beiträge zum Mathematikunterricht,* 93-96.

Bauer, U. (2011). *Sozialisation und Ungleichheit. Eine Hinführung*. Wiesbaden: VS Verlag.

Bauer, U., Bittlingmayer, U. H. & Scherr, A. (2012). *Handbuch Bildungs- und Erziehungssoziologie*. Wiesbaden: VS Verlag.

Bauer, U. & Grundmann, M. (2007). Sozialisation und Selektion – die Wiederentdeckung sozialer Ungleichheit in der Sozialisationsforschung. Zur Einführung in den Themenschwerpunkt. *Zeitschrift für Soziologie der Erziehung und Sozialisation, 27* (2), 115-127.

Bauer, U. & Vester, M. (2008). Soziale Ungleichheit und soziale Milieus als Sozialisationskontexte. In K. Hurrelmann, M. Grundmann & S. Wolper (Hrsg.), *Handbuch Sozialisationsforschung* (S. 184-202). Weinheim: Beltz.

Baumert, J. & Kunter, M. (2006). Stichwort: Professionelle Kompetenz von Lehrkräften. *Zeitschrift für Erziehungswissenschaft, 9* (4), 469-520.

Baumert, J., Carstensen, C. H. & Siegle, T. (2005). Wirtschaftliche, soziale und kulturelle Lebensverhältnisse und regionale Disparitäten des Kompetenzerwerbs. In M. Prenzel, J. Baumert, W. Blum, R. Lehmann, D. Leutner, M. Neubrand, R. Pekrun, et al. (Hrsg.), *PISA 2003. Der zweite Vergleich der Länder in Deutschland – Was wissen und können Jugendliche?* (S. 323-365). Münster: Waxmann.

Baumert, J., Klieme, E., Neubrand, M., Prenzel, M., Schiefele, U., Schneider, W., Stanat, P., Tillmann, K.-J. & Weiß, M. (2001). *PISA 2000. Basiskompetenzen von Schülerinnen und Schülern im internationalen Vergleich*. Opladen: Leske + Budrich.

Baumert, J., Watermann, R. & Schümer, G. (2003). Disparitäten der Bildungsbeteiligung und des Kompetenzerwerbs. Ein institutionelles und individuelles Mediationsmodell. *Zeitschrift für Erziehungswissenschaft, 6* (1), 46-71.

Baumert, J. & Schümer, G. (2002). Familiäre Lebensverhältnisse, Bildungsbeteiligung und Kompetenzerwerb im nationalen Vergleich. In J. Baumert, E. Klieme, M. Neubrand, M. Prenzel, U. Schiefele, W. Schneider, P. Stanat, K.-J. Tillmann & M. Weiß (Hrsg.), *PISA 2000 – Die Länder der Bundesrepublik Deutschland im Vergleich* (S. 159-202). Opladen: Leske + Budrich.

Baumert, J., Bos, W. & Lehmann, R. (2000). *TIMSS/III. 3. Internationale Mathematik- und Naturwissenschaftenstudie. Mathematische und naturwissenschaftliche Bildung am Ende der Schullaufbahn*. Opladen: Leske + Budrich.

Baumert, J., Köller, O., Lehrke, M. & Brockmann, J. (2000). Anlage und Durchführung der Dritten Internationalen Mathematik- und Naturwissenschaftenstudie zur Sekundarstufe II (TIMSS/III) – Technische Grundlagen. In J. Baumert, W. Bos & R. Lehmann (Hrsg.), *TIMSS/III. 3. Internationale Mathematik- und Naturwissenschaftenstudie. Mathematische und naturwissenschaftliche Bildung am Ende der Schullaufbahn* (S. 31-84). Opladen: Leske + Budrich.

Baumert, J., Lehmann, R. H., Lehrke, M., Schmitz, B., Clausen, M., Hosenfeld, I., Köller, O. & Neubrandt, J. (1997). *TIMSS – Mathematisch-naturwissenschaftlicher Unterricht im internationalen Vergleich: Deskriptive Befunde*. Opladen: Leske + Budrich.

Becker, R. & Schubert, F. (2011). Die Rolle von primären und sekundären Herkunftseffekten für Bildungschancen von Migranten im deutschen Bildungssystem. In R. Becker (Hrsg.), *Integration durch Bildung. Bildungserwerb von jungen Migranten in Deutschland* (S. 161-194). Wiesbaden: Westdeutscher Verlag.

Becker, R. (2004). Soziale Ungleichheit von Bildungschancen und Chancengerechtigkeit. In R. Becker & W. Lauterbach (Hrsg.), *Bildung als Privileg? Erklärungen und Befunde zu den Ursachen der Bildungsungleichheit* (S. 161-193). Wiesbaden: VS Verlag.

Becker, T. (2005). *Kinder lernen erzählen: Zur Entwicklung der narrativen Fähigkeiten von Kindern unter Berücksichtigung der Erzählform.* Baltmannsweiler: Schneider Verlag Hohengehren.

b:e Redaktion (1971). *Familienerziehung, Sozialschicht und Schulerfolg.* Weinheim & Basel: Beltz.

Behrens, U. & Eriksson, B. (2009). Sprechen und Zuhören. In A. Bremerich-Vos, D. Granzer, U. Behrens & O. Köller (Hrsg.), *Bildungsstandards für die Grundschule: Deutsch konkret* (S. 43-74). Berlin: Cornelsen.

Bendix, R. (1974). Inequality and Social Structure: A Comparison of Marx and Weber. *American Sociological Review, 39,* 149-161.

Benholz, C., Lipowski, E. & Iordanidou, C. (2005). Bedingungen des Textverstehens – Stolpersteine und Fördermöglichkeiten. In H. Barnitzky & A. Speck-Hamdan (Hrsg.), *Grundschulverband. Beiträge zur Reform der Grundschule, Bd. 120: Deutsch als Zweitsprache lernen* (S. 242-258). Frankfurt am Main: Grundschulverband.

Benholz, C. & Lipkowski, E. (2000). Förderung in der deutschen Sprache als Aufgabe des Unterrichts in allen Fächern. *Deutsch lernen, 1,* 1-10.

Ben-Yehuda, M., Lavy, I., Linchevski, L. & Sfard, A. (2005). Doing wrong with words or What bars students' access to arithmetical discourses. *The Journal for Research in Mathemtics Education, 36* (3), 176-247.

Benner, D. (2007). *Bildungsstandards: Instrumente zur Qualitätssicherung im Bildungswesen. Chancen und Grenzen – Beispiele und Perspektiven.* Paderborn: Schöningh.

Benner, D. (1996). *Allgemeine Pädagogik. Eine systematisch-problemgeschichtliche Einführung in die Grundstruktur pädagogischen Denkens und Handelns.* Weinheim: Juventa.

Ben-Porath, Y. (1980). The f-connection: families, friends, and firms and the organization of exchange. *Population and Development Review, 6,* 1-29.

Berger, P. & Luckmann, T. (1980). *Die gesellschaftliche Konstruktion der Wirklichkeit.* Frankfurt am Main: Fischer Verlag.

Berger, P. A. & Kahlert, H. (2008). *Institutionalisierte Ungleichheiten. Wie das Bildungswesen Chancen blockiert.* Weinheim & Basel: Juventa Beltz.

Berger, P. A. & Vester, M. (1998). *Alte Ungleichheiten – neue Spannungen.* Opladen: Leske + Budrich.

Berger, P. A. & Hradil, S. (1990). Lebenslagen, Lebensläufe, Lebensstile. *Soziale Welt, Sonderband 7.* Göttingen: Schwartz & Co.

Bergman, M. M. (2011). The Good, the Bad, and the Ugly in Mixed Methods Research and Design. *Journal of Mixed Methods Research, 10* (5), 271-275.

Berkemeyer, N., Bos, W., Manitius, V., Hermstein, B. & Khalatbari, J. (2013). *Chancenspiegel 2013. Zur Chancengerechtigkeit und Leistungsfähigkeit der deutschen Schulsysteme mit einer Vertiefung zum schulischen tag.* Bertelsmann Stiftung, Institut für Schulentwicklungsforschung, Institut für Erziehungswissenschaft. Gütersloh: Verlag Bertelsmann Stiftung.

Berkemeyer, N., Bos, W., Manitius, V. (2012). *Chancenspiegel. Zur Leistungsfähigkeit und Chancengerechtigkeit der deutschen Schulsysteme.* Bertelsmann Stiftung und Institut für Schulentwicklungsforschung. Gütersloh: Verlag Bertelsmann Stiftung.

Bernstein, B. (2012). Vertikaler und horizontaler Diskurs. Ein Essay. In U. Gellert & M. Sertl (Hrsg.), *Zur Soziologie des Unterrichts. Arbeiten mit Basil Bernstein Theorie des pädagogischen Diskurses* (S. 63-87). Weinheim & Basel: Beltz Juventa.

Bernstein, B. (2001). From pedagogies to knowledges. In A. Morais, I. Neves, B. Davis & H. Daniels (Eds.), *Towards a sociology of pedagogy: The contribution of Basil Bernstein to research* (pp. 363-368). New York: Peter Lang.

Bernstein, B. (2000). *Pedagogy, Symbolic Control and Identity. Theory, Research, Critique,* London: Rowman & Littlefield.

Bernstein, B. (1999a). Vertical and horizontal discourse: an essay. *British Journal of Sociology of Education, 20* (2), 157-173.

Bernstein, B. (1999b). Official knowledge and pedagogic identities. In F. Christie (Ed.), *Pedagogy and the shaping of consciousness: Linguistic and social processes* (pp. 246-261). London & New York: Cassell.

Bernstein, B. (1996). *Pedagogy, Symbolic Control and Identity.* London: Taylor & Francis.

Bernstein, B. (1990). *Class, Codes and Control, Volume IV: The Structuring of Pedagogic Discourse.* London: Routledge & Kegan Paul.

Bernstein, B. (1977). *Class, Codes and Control, Volume III: Towards a Theory of Educational Transmissions* (2nd ed.). London: Routledge & Kegan Paul.

Bernstein, B. (1973). *Class, Codes and Control, Volume II: Applied Studies Towards a Sociology of Language.* London: Routledge & Kegan Paul.

Bernstein, B. (1971). *Class, Codes and Control, Volume I: Theoretical Studies Towards a Sociology of Language.* London: Routledge & Kegan Paul.

Bernstein, B. & Brandis, W. (1970). Social class differences in communication and control. In W. Brandis & D. Henderson (Eds.), *Social Class, Language and Communication* (pp. 93-129). London: Routledge & Kegan Paul.

Bernstein, B. (1958). Some sociological determinants of perception. *British Journal of Sociology, IX,* 159-74.

Bezold, A. (2009). Förderung von Argumentationskompetenzen durch selbstdifferenzierende Lernangebote – eine Studie im Mathematikunterricht der Grundschule. *Journal für Mathematik-Didaktik, 30,* 281-282.

Biedinger, N. & Becker, B. (2010). Frühe ethnische Bildungsungleichheit. Der Einfluss des Kindergartenbesuchs auf die deutsche Sprachfähigkeit und die allgemeine Entwicklung. In B. Becker & D. Reimer (Hrsg.), *Vom Kindergarten bis zur Hochschule. Die Generierung von ethnischen und sozialen Disparitäten in der Bildungsbiographie* (S. 49-79). Wiesbaden: VS Verlag.

Birnbaum, A. (1968). Some latent trait models and their use in inferring an examinee's ability. In F.M. Lord & M.R. Novick (Eds.), *Statistical theories of mental test scores* (pp. 395-479). Reading, MA: Addison-Wesley.

Blackledge, A. (2001). The Wrong Sort of Capital. *International Journal of Bilingualism, (5) 3*, 345-369.

Blau, P. M. & Duncan, O. D. (1967). *The American occupational structure*. New York: The Free Press.

Blömeke, S., Suhl, U., Kaiser, G. & Döhrmann, M. (2012). Family background, entry selectivity and opportunities to learn: What matters in primary teacher education? An internation comparison of fifteen countries. *Teaching and Teacher Education, 28*, 44-55.

Blum, W., Drüke-Noe, K., Hartung, R., Köller, O. (2006). *Bildungsstandards Mathematik konkret. Sekundarstufe I: Aufgabenbeispiele, Unterrichtsideen und Fortbildungsmöglichkeiten.* Berlin: Cornelsen.

BMBF = Bundesministerium für Bildung und Forschung (2007). *Migrationshintergrund von Kindern und Jugendlichen: Wege zur Weiterentwicklung der amtlichen Statistik.* Bonn & Berlin: BMBF.

Bock-Famulla, K. (2008). *Länderreport Frühkindliche Bildungssysteme 2008. Transparenz schaffen – Governance stärken.* Gütersloh: Bertelsmann Stiftung.

Bodovski, K. (2010). Parental practices and educational achievement: social class, race, and habitus. *British Journal of Sociology of Education, 31* (2), 139-156.

Boehnke, K., Merkens, H. & Hagan, J. (1996). Rechtsextremismus bei Jugendlichen – Analysen im Rahmen des Sozialkapitalansatzes. In L. Clausen (Hrsg.), *Gesellschaften im Umbruch* (S. 818-836). Frankfurt am Main: Campus.

Böhme, J. (2000). *Schulmythen und ihre imaginäre Verbürgung durch oppositionelle Schüler.* Bad Heilbrunn: Klinkhardt.Bohnsack, R. (2003). *Rekonstruktive Sozialforschung. Einführung in qualitative Methoden.* Opladen: Leske + Budrich.

Böhnisch, L. (2002). Familie und Bildung. In R. Tippelt (Hrsg.), *Handbuch Bildungsforschung* (S. 283-292). Opladen: Leske + Budrich.

Bollen, K. A. (1989). *Structural Equations with Latent Variables.* New York: Wiley.

Boomsma, A. (2000). Reporting Analyses of Covariance Structures. *Structural Equation Modeling, 7* (3), 461-483.

Bonsen, M., Bos, W., Gröhlich, C. & Wendt, H. (2010). *Der Index zur Erfassung der sozialen Komposition von Einzelschulen. Zur Konstruktion von Sozialindizes: Ein Beitrag zur Analyse sozialräumlicher Benachteiligung von*

Schulen als Voraussetzung für qualitative Schulentwicklung (S. 15-30). Bonn & Berlin: BMBF.

Bonsen, M., Bos, W., Gröhlich, C., Wendt, H. (2008). Bildungsrelevante Ressourcen im Elternhaus: Indikatoren der sozialen Komposition der Schülerschaften an Dortmunder Schulen. In Stadt Dortmund – Der Oberbürgermeister (Hrsg.), *Erster kommunaler Bildungsbericht für die Schulstadt Dortmund* (S. 125-149). Münster: Waxmann.

Bonsen, M., Frey, K. A. & Bos, W. (2008). Soziale Herkunft. In W. Bos, M. Bonsen, J. Baumert, M. Prenzel, C. Selter & G. Walther (Hrsg.), *TIMSS 2007. Mathematische und naturwissenschaftliche Kompetenzen von Grundschulkindern in Deutschland im internationalen Vergleich* (S. 141-156). Münster: Waxmann.

Bonsen, M., Lintorf, K., Bos, W. & Frey, K. (2008). TIMSS 2007 Grundschule – Eine Einführung in die Studie. In W. Bos, M. Bonsen, J. Baumert, M. Prenzel, C. Selter & G. Walther (Hrsg.), *TIMSS 2007. Mathematische und naturwissenschaftliche Kompetenzen von Grundschulkindern in Deutschland im internationalen Vergleich* (S. 19-48). Münster: Waxmann.

Bos, W., Stubbe, T. C., Buddeberg, M., Dohe, C., Kasper, D., Müller, S. & Walzebug, A. (2014). Framework for the Panel Study at the Research School ‚Education and Capabilities‘ in North Rhine-Westphalia (PARS). *Journal for Educational Research Online* (JERO) (Manuskript in Vorbereitung).

Bos, W., Tarelli, I., Bremerich-Vos, A. & Schwippert, K. (2012). *IGLU 2011. Lesekompetenzen von Grundschulkindern in Deutschland im internationalen Vergleich*. Münster: Waxmann.

Bos, W., Wendt, H., Köller, O. & Selter, C. (2012). *TIMSS 2011. Mathematische und naturwissenschaftliche Kompetenzen von Grundschulkindern in Deutschland im internationalen Vergleich*. Münster: Waxmann.

Bos, W., Wendt, H., Ünlü, A., Valtin, R., Euen, B., Kasper, D. & Tarelli, I. (2012), Leistungsprofile von Viertklässlerinnen und Viertklässlern in Deutschland. In W. Bos, I. Tarelli, A. Bremerich-Vos & K. Schwippert (Hrsg.), *IGLU 2011. Lesekompetenzen von Grundschulkindern in Deutschland im internationalen Vergleich* (S. 227-259). Münster: Waxmann.

Bos, W., Dohe, C. & Walzebug, A. (2010). Zum Zusammenhang von Schulnoten und Testleistungen. *Schul-Management, 41* (1), 24-26.

Bos, W., Stubbe, T. C. & Buddeberg, M. (2010). Gibt es eine armutsbedingte Bildungsbenachteiligung? Die Operationalisierung verschiedener Indikatoren der sozialen Herkunft von Schülerinnen und Schülern in der empirischen Bildungsforschung. In D. H. Rost (Hrsg.), *Intelligenz, Hochbegabung, Vorschulerziehung, Bildungsbenachteiligung* (S. 165-208). Münster: Waxmann.

Bos, W., Bonsen, M., Kummer, N., Lintorf, K. & Frey, K. (2009). *TIMSS 2007. Dokumentation der Erhebungsinstrumente zur Trends in International Mathematics and Science Study*. Münster: Waxmann.

Bos, W., Bonsen, M., Baumert, J., Prenzel, M., Selter, C. & Walther, G. (2008). *TIMSS 2007. Mathematische und naturwissenschaftliche Kompetenzen von Grundschulkindern in Deutschland im internationalen Vergleich.* Münster: Waxmann.

Bos, W., Hornberg, S., Arnold, K.-H., Faust, G., Fried, L., Lankes, E.-M., Schwippert, K. & Valtin, R. (2008). *IGLU-E 2006. Die Länder der Bundesrepublik Deutschland im nationalen und internationalen Vergleich.* Münster: Waxmann.

Bos, W., Schwippert, K. & Stubbe, T. C. (2007). Die Koppelung von sozialer Herkunft und Schulleistung im internationalen Vergleich. In W. Bos, S. Hornberg, K.-H. Arnold, G. Faust, L. Fried, E.-V. Lankes, K. Schwippert & R. Valtin (Hrsg.), *IGLU 2006 – Lesekompetenzen von Grundschulkindern in Deutschland im internationalen Vergleich* (S. 225-247). Münster: Waxmann.

Bos, W., & Pietsch, M. (2006). *KESS 4 – Kompetenzen und Einstellungen von Schülerinnen und Schülern am Ende der Jahrgangsstufe 4 in Hamburger Grundschulen.* Münster: Waxmann.

Bos, W., Pietsch, M., Gröhlich, C. & Janke, N. (2006). Ein Belastungsindex für Schulen als Grundlage der Ressourcenzuweisung am Beispiel von KESS 4. Versuch einer Klassifizierung von Schultypen. In W. Bos, H. G. Holtappels, H. Pfeiffer, H. G. Rolff & R. Schulz-Zander (Hrsg.), *Jahrbuch der Schulentwicklung* (Bd. 14) (S. 149-160). Weinheim & München: Juventa.

Bos, W., Lankes, E.-M., Prenzel, M., Schwippert, K., Valtin, R. & Walther, G. (2004). *Erste Ergebnisse aus IGLU. Schülerleistungen am Ende der vierten Jahrgangsstufe im internationalen Vergleich.* Münster: Waxmann.

Bos, W. & Koller, H. C. (1996). Die Kombination qualitativer und quantitativer Methoden bei der Ermittlung von Antworttypologien in einer empirischen Untersuchung zur Hochschuldidaktik. In W. Bos & C. Tarnai (Hrsg.), *Ergebnisse qualitativer und quantitativer empirischer pädagogischer Forschung* (S. 57-72). Münster: Waxmann.

Bos, W. (1989). Reliabilität und Validität in der Inhaltsanalyse. Ein Beispiel zur Kategorienoptimierung in der Analyse chinesischer Textbücher für den muttersprachlichen Unterricht von Auslandschinesen. In W. Bos & C. Tarnai (Hrsg.), *Angewandte Inhaltsanalyse in Empirischer Pädagogik und Psychologie* (S. 61-72). Münster: Waxmann.

Böttcher, W. (2006). Outputsteuerung durch Bildungsstandards. In H. Buchen & H. G. Rolff (Hrsg.), *Professionswissen Schulleitung* (S. 673-710). Weinheim: Beltz.

Böttcher, W., Holtappels, H. G. & Brohm, M. (2006). Evaluation im Bildungswesen. In W. Böttcher, H.G. Holtappels & M. Brohm (Hrsg.), *Evaluation im Bildungswesen. Eine Einführung in die Grundlagen und Praxisbeispiele* (S. 7-21). Weinheim & München: Juventa.

Boudon, R. (1974). *Education, opportunity and social inequality. Changing prospects in Western society.* New York: Wiley.

Bourdieu, P. (2001). *Meditationen. Zur Kritik der scholastischen Vernunft.* Frankfurt am Main: Suhrkamp.

Bourdieu, P. (1998). *Praktische Vernunft. Zur Theorie des Handelns.* Frankfurt am Main: Suhrkamp.

Bourdieu, P. (1994). *Zur Soziologie der symbolischen Formen.* Frankfurt am Main: Suhrkamp.

Bourdieu, P. (1993). *Soziologische Fragen.* Frankfurt am Main: Suhrkamp.

Bourdieu, P. (1992). *Die verborgenen Mechanismen der Macht.* Hamburg: VSA Verlag.

Bourdieu, P. (1990). *Was heißt Sprechen? Die Ökonomie des sprachlichen Tausches.* Wien: Braumüller.

Bourdieu, P. (1987). *Sozialer Sinn. Kritik der theoretischen Vernunft.* Frankfurt am Main: Suhrkamp.

Bourdieu, P (1984). *Sozialer Raum und Klassen.* Frankfurt am Main: Suhrkamp.

Bourdieu, P. (1983). Ökonomisches Kapital, kulturelles Kapital, soziales Kapital. In R. Kreckel (Hrsg.), *Soziale Ungleichheiten. Soziale Welt.* Sonderband 2 (S. 183-198). Göttingen: Schwartz & Co.

Bourdieu, P. (1982). *Die feinen Unterschiede. Kritik der gesellschaftlichen Urteilskraft.* Frankfurt am Main: Suhrkamp.

Bourdieu, P. & Passeron, J. (1971). *Die Illusion der Chancengleichheit. Untersuchung zur Soziologie des Bildungswesens am Beispiel Frankreichs.* Stuttgart: Klett.

Bourdieu, P. & Wacquant, L. J. D. (1996). *Reflexive Anthropologie.* Frankfurt am Main: Suhrkamp.

Bourdieu, P. & Wacquant, L. J. D. (1992). *An Invitation to Reflexive Sociology.* Chicago: The University of Chicago Press.

Brake, A. (2008). Der Wandel familialen Zusammenlebens und seine Bedeutung für die (schulischen) Bildungsbiographien der Kinder. In C. Rohlfs, M. Harring & C. Palentien (Hrsg.), *Kompetenz-Bildung. Soziale, emotionale und kommunikative Kompetenzen von Kindern und Jugendlichen* (S. 95-126). Wiesbaden: bub Verlag für Sozialwissenschaften.

Brandis, W. (1970). An Index of social class. In W. Brandis & D. Henderson (Eds.), *Social Class, language and communication* (pp. 130-136). London: Routledge & Kegan.

Brehl, T., Wendt, H. & Bos, W. (2012). Geschlechtsspezifische Unterschiede in mathematischen und naturwissenschaftlichen Kompetenzen. In W. Bos, H. Wendt, O. Köller & C. Selter (Hrsg.), *TIMSS 2011. Mathematische und naturwissenschaftliche Kompetenzen von Grundschulkindern in Deutschland im internationalen Vergleich* (S. 203-230). Münster: Waxmann.

Bredel, U. (2008). Literale Basisqualifikationen I und II. In K. Ehlich, U. Bredel & H. H. Reich (Hrsg.), *Referenzrahmen zur altersspezifischen Sprachaneignung – Forschungsgrundlagen* (S. 135-162). Bonn & Berlin: BMBF.

Bremerich-Vos, A. & Böhme, K. (2009). Lesekompetenzdiagnostik – Die Entwicklung eines Kompetenzstufenmodells für den Bereich Lesen. In D. Granzer, O. Köller, A. Bremerich-Vos, M. van den Heuvel-Panhuizen, K. Reiss & G. Walther (Hrsg.), *Bildungsstandards Deutsch und Mathematik. Leistungsmessung in der Grundschule* (S. 219-249). Weinheim: Beltz.

Bremerich-Vos, A., Böhme, K. & Robitzsch, A. (2009). Sprachliche Kompetenzen im Fach Deutsch – Strukturanalysen und Validierungsbefunde. In D. Granzer, O. Köller, A. Bremerich-Vos, M. van den Heuvel-Panhuizen, K. Reiss & G. Walther (Hrsg.), *Bildungsstandards Deutsch und Mathematik. Leistungsmessung in der Grundschule* (S. 198-218). Weinheim: Beltz.

Bremerich-Vos, A. (2005). "Sprechen und Zuhören" – Zur Förderung der Gesprächskompetenz im Rahmen des Deutschunterrichts. In G. Becker, A. Bremerich-Vos, M. Demmer, K. Maag Marki, B. Priebe, K. Schwippert, L. Stäudel & K.-J. Tillmann (Hrsg.), *Standards. Unterrichten zwischen Kompetenzen, zentralen Prüfungen und Vergleichsarbeiten* (Friedrich Jahresheft) (S. 108-111). Seelze: Velber.

Bremerich-Vos, A. (1999). Kleine Epideiktik. Die Festrede in der Familie und für die Familie. In J. Kopperschmidt & H. Schanze (Hrsg.), *Fest und Festrhetorik. Zu Theorie, Geschichte und Praxis der Epideiktik* (S. 23-40). München: Fink.

Brindley, G. & Slatyer, H. (2002). Exploring task difficulty in ESL listening assessment. *Language Testing, 19* (4), 369-394.

Bronfenbrenner, U. (1981). *Die Ökologie der menschlichen Entwicklung.* Stuttgart: Klett.

Brown, M., Johnson, D., Street, B., Askew, M, William, D. & Millett, A. (2003). *Leverhulme Numeracy Research Programme.* Final Report 1997/2002. London: King's College.

Browne, M. W. & Cudeck, R. (1993). Alternative ways of assessing model fit. In K. A. Bollen & J.S. Long (Eds.), *Testing Structural Models* (pp. 132-162). Newbury Park, CA: SAGE Publications.

Bruner, J. S. (1990). *Acts of meaning.* The Jerusalem-Harvard lectures. Cambridge: Harvard University Press.

Bruner, J. S. (1983). *Child's talk: Learning to use language.* Oxford: Oxford University Press.

Bruner, J. S. (1977). Early Social Interaction and Language Development. H.R. Schaffer (Ed.), *Studies in mother-infant interaction. Proceedings of the Loch Lomond Symposium* (pp. 271-289) Ross Priory, University of Strathclyde, September 1975, London: Academic Press.

Brüsemeister, T. (2008). *Bildungssoziologie. Einführung in Perspektiven und Probleme.* Wiesbaden: VS Verlag.

Bryant, W. K. & Zick, C. D. (1996). An examination of parent-child shared time. *Journal of Marriage and the Family, 58,* 227-237.

Büchner, P. (2008). Soziale Herkunft und Bildung. Über das Reproduktionsdilemma von Akademikerfamilien und das Aufwachsen in Bildungsarmut. In

E. Liebau & J. Zirfas (Hrsg.), *Ungerechtigkeit der Bildung – Bildung der Ungerechtigkeit* (S. 133-151). Opladen: Verlag Barbara Budrich.

Büchner, P. (2006a). Zur Einführung: Die Familie als Bildungsort. In P. Büchner & A. Brake (Hrsg.), *Bildungsort Familie. Transmission von Bildung und Kultur im Alltag von Mehrgenerationenfamilien* (S. 11-20). Wiesbaden: VS Verlag.

Büchner, P. (2006b). Der Bildungsort Familie. In P. Büchner & A. Brake (Hrsg.), *Bildungsort Familie. Transmission von Bildung und Kultur im Alltag von Mehrgenerationenfamilien* (S. 21-47). Wiesbaden: VS Verlag.

Büchner, P. (2003). Stichwort: Bildung und soziale Ungleichheit. *Zeitschrift für Erziehungswissenschaft*, 6 (1), 5-24.

Büchner, P. & Brake, A. (2006). *Bildungsort Familie. Transmissionen von Bildung und Kultur im Alltag von Mehrgenerationenfamilien*. Wiesbaden: Westdeutscher Verlag.

Büchner, P. & Krah, K. (2006). Der Lernort Familie und die Bildungsbedeutsamkeit der Familie im Kindes- und Jugendalter. Zum bildungsbiographischen Stellenwert der Herkunftsfamilie in familialen Mehrgenerationenzusammenhängen. In T. Rauschenbach, W. Düx & E. Sass (Hrsg.), *Informelles Lernen im Jugendalter. Vernachlässigte Dimensionen der Bildungsdebatte* (S. 124-153). Weinheim: Juventa.

Budde, J. (2009). *Mathematikunterricht und Geschlecht. Empirische Ergebnisse und pädagogische Ansätze*. Bildungsforschung Band 30. Bonn & Berlin: BMBF.

Bühler, K. (1978/1934). *Sprachtheorie. Die Darstellungsfunktion der Sprache*. Frankfurt am Main: Ullstein.

Burzan, N. (2007). *Soziale Ungleichheit. Eine Einführung in die zentralen Theorien*. Wiesbaden: VS Verlag.

Buschmann, A., Simon, S., Jooss, B. & Sachse, S. (2010). Ein sprachbasiertes Interaktionstraining für ErzieherInnen („Heidelberger Trainingsprogramm") zur alltagsintegrierten Sprachförderung in Krippe und Kindergarten – Konzept und Evaluation. In K. Fröhlich-Gildhoff, I. Nentwig-Gesemann & P. Strehmel (Hrsg.), *Forschung in der Frühpädagogik* (Bd. 3) (S. 107-133). Freiburg: FEL.

Butcher, J. N., Mineka, S. & Hooley, J. M. (2009). *Klinische Psychologie* (S. 147-148). München: Pearson Studium.

Butterwegge, C. (2010). Kinderarmut und Bildung. In G. Quenzel, & K. Hurrelmann (Hrsg.), *Bildungsverlierer – Neue Ungleichheiten* (S. 537-555). Wiesbaden: VS Verlag.

BMFSFJ = Bundesministerium für Familie, Senioren, Frauen und Jugend (2008). *Alleinerziehende in Deutschland - Potenziale, Lebenssituationen und Unterstützungsbedarfe* (Monitor Familienforschung, Ausgabe 15). Verfügbar unter: http://www.bmfsfj.de/BMFSFJ/Service/newsletterdid=116710.html [01.09.2014].

Byrne, D. (1997). An overview (and underview) of research and theory within the attraction paradigm. *Journal of Social and Personal Relationships, 14,* 417-431.

Byrne, D. (1971). *The attraction paradigm.* New York: Academic Press.

Camilli, G. (2006). Test Fairness. In R. L. Brennan (Ed.), *Educational measurement* (pp. 221-256). Westport, CT: American Council on Education.

Camilli, G. & Shepard, L.A. (1994). *Methods for Identifying Biased Test Items.* Hollywood, CA: Sage Publications.

Campbell, J. R., Kelly, D. L., Mullis, I. V. S., Martin, M. O. & Sainsbury, M. (2001). *Framework and specification for PIRLS assessment 2001.* Chestnut Hill, MA: Boston College.

Carpenter, T. N. & Lehrer, R. (1999). Teaching and Learning mathematics with understanding. In E. Fennema & T. Romberg (Eds.), *Mathematics classrooms that promote understanding* (pp. 19-32). Mahwah, NJ: Lawrence Erlbaum Associate.

Carruthers, E. & Worthington, M. (2006). *Children's Mathematics. Making marks, making meaning.* Los Angeles: Sage.

Carter, P. L. (2005). *Keepin' it real. School success beyond Black and White.* Oxford: Oxford University Press.

Carter, P. (2003). „Black" Cultural Capital, Status Positioning, and Schooling Conflicts for Low-Income African American Youth. *Social Problems, 50* (1), 136-155.

Cathomas, R. (2007). Neue Tendenzen der Fremdsprachendidaktik – das Ende der kommunikativen Wende? *Beiträge zur Lehrerbildung, 25* (2), 180-191.

Chassé, K. A., Zander, M. & Rasch, K. (2010). *Meine Familie ist arm. Wie Kinder im Grundschulalter Armut erleben und bewältigen.* Wiesbaden: VS Verlag.

Chen, Z. & Henning, G. (1985). Linguistic and cultural bias in language proficiency tests. *Language Testing, 2,* 155-163.

Civil, M. & Planas, N. (2004). Participation in the mathematics classroom: Does every student have a voice? *For the Learning of Mathematics, 24,* 8-14.

Clements, D. H. & Sarama, J. (2007). Early childhood mathematics learning. In F. K. Lester (Ed.), *Second Handbook of Research on Mathematics Teaching and Learning* (pp. 461-555). New York: Information Age Publishing.

Coleman, J. S. (1995). *Grundlagen der Sozialtheorie.* München & Wien: Oldenbourg Verlag.

Coleman, J. (1988). Social Capital and the Creation of Human Capital. *American Journal of Sociologogy, 94,* 95-120.

Conger, R. D., Patterson, G. R. & Ge, X. (1995). It takes two to replicate: A mediational model for the impact of parents' stress on adolescent adjustment. *Child Development, 66,* 80-97.

Cook-Gumperz, J. (2006). *The Social Construction of Literacy.* New York: Cambridge University Press.

Cook-Gumperz, J. (1973). *Social Control and Socialisation: A Study of Class Differences in the Language of Maternal Control.* London: Routledge & Kegan Paul.

Cooper, B. & Dunne, M. (2000). *Assessing Children's Mathematical Knowledge: Social Class, Sex and Problem-Solving.* Buckingham: Open University Press.

Crämer, C. & Schumann, G. (2002). Schriftsprache. In I. Füssenich & S. Baumgartner (Hrsg.), *Sprachtherapie mit Kindern.* (S. 256-319). München: Reinhardt UTB.

Crozier, G., Reay, D., James, D., Jamieson, F., Beedell, P., Hollingworth, S. & Williams, K. (2008). White middle-class parents, identities, educational choice and the urban comprehensive school: dilemmas, ambivalence and moral ambiguity. *British Journal of Sociology of Education, 29* (3), 261-272.

Cummins, J. (1979), Linguistic interdependence and the educational development of bilingual children. *Review of Educational Research 49* (2), 222-251.

Dahrendorf, R. (1974). *Pfade aus Utopia. Zur Theorie und Methode der Soziologie.* München: Piper.

Dalhaus, E. (2011). Bildung zwischen Institution und Lebenswelt: Zur Differenz von lebensweltlicher Bildungspraxis und schulischer Leistungsanforderung. *Zeitschrift für Soziologie der Erziehung und Sozialisation, 31* (2), 117-135.

Deckner, D. F., Adamson, L. B. & Bakeman, R. (2006). Child and maternal contributions to shared reading: Effects on language and literacy development. *Journal of Applied Developmental Psychology, 27* (1), 31-41.

De Graaf, N.D., De Graaf, P.M. & Kraaykamp, G. (2000). Parental cultural capital and educational attainment in the Netherlands: A refinement of the cultural capital perspective. *Sociology of Education, 73*, 92-111.

Dehn, M. (2011), Elementare Schriftkultur und Bildungssprache. In S. Fürstenau & M. Gomolla (Hrsg.), *Migration und schulischer Wandel: Mehrsprachigkeit* (S. 129-152). Wiesbaden: VS Verlag.

Demuth, R., Walther, G. & Prenzel, M. (2011). *Unterricht entwickeln mit SINUS. 10 Module für den Mathematik- und Sachunterricht.* Seelze: Friedrich-Verlag.

Deutsches PISA-Konsortium (Hrsg.) (2002). *PISA 2000. Die Länder der Bundesrepublik Deutschland im Vergleich.* Opladen: Leske+Budrich.

Diaz-Bone, R. (2003). Milieumodelle und Milieuinstrumente in der Marktforschung. *Sozialwissenschaften und Berufspraxis, 26* (4), 365-380.

Diaz-Bone, R. (1997). *Ego-zentrierte Netzwerkanalyse und familiale Beziehungssysteme.* Wiesbaden: DUV.

Diekmann, A., Eichner, K., Schmidt, P., Voss, T. (2008). *Rational Choice: Theoretische Analysen und empirische Resultate.* Wiesbaden: VS Verlag.

DiMaggio, P. (1982). Cultural capital and school success: The impact of status culture participation on the grades of U.S. high school students. *American Sociological Review, 47,* 189-201.

Dittmann, J. (2010). *Der Spracherwerb des Kindes: Verlauf und Störungen.* München: Beck.

Dittmar, N. (1980). *Soziolinguistik: Exemplarische und kritische Darstellung ihrer Theorie, Empirie und Anwendung.* Königstein/Ts: Athenäum Verlag.

Ditton, H. (2011a). Von Generation zu Generation. Weitergabe von Bildung über die Familie. In T. Eckert, A. von Hippel, M. Pietraß & B. Schmidt-Hertha (Hrsg.), *Bildung der Generationen* (S. 101-111). Wiesbaden: VS Verlag.

Ditton, H. (2011b). Entwicklungslinien der Bildungsforschung. Vom deutschen Bildungsrat zu aktuellen Themen. In H. Reinders, H. Ditton, C. Gräsel & B. Gniewosz (Hrsg.), *Empirische Bildungsforschung* (S. 30-42). Wiesbaden: VS Verlag.

Ditton, H. (2010a). Schullaufbahnen und soziale Herkunft – eine Frage von Leistung oder Diskriminierung? In S. Aufenanger, F. Hamburger, L. Ludwig & R. Tippelt (Hrsg.), *Bildung in der Demokratie,* (S. 79-99). Opladen: Verlag Barbara Budrich.

Ditton, H. (2010b). Selektion und Exklusion im Bildungssystem. In G. Quenzel, & K. Hurrelmann (Hrsg.), *Bildungsverlierer – Neue Ungleichheiten* (S. 53-71). Wiesbaden: VS Verlag.

Ditton, H. (2008). Der Beitrag von Schule und Lehrern zur Reproduktion von Bildungsungleichheit. In R. Becker & W. Lauterbach (Hrsg.), *Bildung als Privileg. Erklärungen und Befunde zu den Ursachen der Bildungsungleichheit* (S. 247-275). Wiesbaden: VS Verlag.

Ditton, H. & Krüsken, J. (2006). Sozialer Kontext und schulische Leistungen – Zur Bildungsrelevanz segregierter Armut. *Zeitschrift für Soziologie der Erziehung und Sozialisation, 26,* 135-157.

Dohle, K. (1997). Soziale Beziehungen zwischen Familie und Schule als Entscheidungshilfe für die Schulwahl. *Pädagogik und Schulalltag, 52* (1), 118-125.

Döhrmann, M., Kaiser, G. & Blömeke, S. (2012). TEDS-M: Mathematiklehrerausbildung im internationalen Vergleich. In K.-O. Bauer & N. Logemann (Hrsg.), *Effektive Bildung. Zur Wirksamkeit und Effizienz pädagogischer Prozesse* (S. 129-149). Münster: Waxmann.

Dollmann, J. & Kristen, C. (2010). Herkunftssprache als Ressource für den Bildungserfolg? *Zeitschrift für Pädagogik, 55.* Beiheft, 123-146.

Dorn, A., Priore, R. & Wissinger, J. (2010). Schulaversives Verhalten und die doppelte Ambivalenz besonderer schulischer Settings. "Und wenn wir einen Tag nicht kommen wollen, ist das auch nicht schlimm". In H. Bremer & A. Brake (Hrsg.), *Schule als Alltagswelt. Die soziale Herstellung schulischer Wirklichkeiten* (S. 135-157). Weinheim & München: Juventa.

Dörner, D. (1976). *Problemlösen als Informationsverarbeitung.* Stuttgart: Kohlhammer.

Duarte, J., Gogolin, I. & Kaiser, G. (2011). Sprachlich bedingte Schwierigkeiten von mehrsprachigen Schülerinnen und Schülern bei Textaufgaben. In S. Prediger & E. Özdil (Hrsg.), *Mathematiklernen unter Bedingungen der Mehrsprachigkeit – Stand der Forschung und Entwicklung in Deutschland* (S. 35-53). Münster: Waxmann.

Duden (2001). *Das Fremdwörterbuch.* Mannheim: Bibliographisches Institut & F.A. Brockhaus AG.

Dumont, H., Trautwein, U. & Lüdtke, O. (2012). Familiärer Hintergrund und die Qualität elterlicher Hausaufgabenhilfe. *Psychologie in Erziehung und Unterricht, 59*, 109-121.

Duncker, L., Scheunflug, A. & Schulteis, K. (2004). *Schulkindheit. Anthropologie des Lernens im Schulalter.* Stuttgart: Kohlhammer.

Dürscheid, C. (2010). *Syntax. Grundlagen und Theorien.* Göttingen: Vandenhoeck & Ruprecht.

Ecarius, J., Köbel, N. & Wahl, K. (2011). *Familie, soziale Reproduktion und Habitusentwicklung.* Wiesbaden: VS Verlag.

Eckhardt, A. G. (2008). *Sprache als Barriere für den schulischen Erfolg: Potentielle Schwierigkeiten beim Erwerb schulbezogener Sprache für Kinder mit Migrationshintergrund.* Münster: Waxmann.

Eder, F. & Thonhauser, J. (2007). Bildungsstandards: Anlässe – Konzepte – Potenziale – Umsetzung. *Erziehung und Unterricht, 157* (7-8), 687-698.

Eder, F., Gastager, A. & Hoffmann, F. (2006). *Qualität durch Standards?* Münster: Waxmann.

Eder, K. (1989). *Klassenlage, Lebensstil und kulturelle Praxis.* Frankfurt am Main: Suhrkamp.

Ehlich, K., Bredel, U. & Reich, H. H. (2008). Sprachaneignung: Prozesse und Modelle. In K. Ehlich, U. Bredel & H. H. Reich (2008), *Referenzrahmen zur altersspezifischen Sprachaneignung, Bildungsforschung* (Bd. 29/I) (S. 9-34). Bonn & Berlin: BMBF.

Ehlich, K. (2005). *Anforderungen an Verfahren der regelmäßigen Sprachstandsfeststellung als Grundlage für die frühe und individuelle Förderung von Kindern mit und ohne Migrationshintergrund.* Bonn & Berlin: BMBF.

Ehlich, K. (1979). *Verwendungen der Deixis beim sprachlichen Handeln.* Frankfurt am Main: Peter Lang.

Ehmke, T. & Jude, N. (2010). Soziale Herkunft und Kompetenzerwerb. In E. Klieme, C. Artelt, J. Hartig, N. Jude, O. Köller, M. Prenzel, W. Schneider & P. Stanat (Hrsg.), *PISA 2009. Bilanz nach einem Jahrzehnt* (S. 231-254). Münster: Waxmann.

Ehmke, T. & Baumert, J. (2007). Soziale Herkunft und Kompetenzerwerb: Vergleiche zwischen PISA 2000, 2003 und 2006. In M. Prenzel, C. Artelt, J. Baumert, W. Blum, M. Hammann, E. Klieme & R. Pekrun (Hrsg.), *PISA 2006. Die Ergebnisse der dritten internationalen Vergleichsstudie* (S. 309-335). Münster: Waxmann.

Ehmke, T., Siegle, T. & Hohensee, F. (2005). Soziale Herkunft. In M. Prenzel, J. Baumert, W. Blum, R. Lehmann, D. Leutner, M. Neubrand, R. Pekrun, J.

Rost & U. Schiefele (Hrsg.), *PISA 2003. Der zweite Vergleich der Länder in Deutschland – Was wissen und können Jugendliche?* (S. 233-264). Münster: Waxmann.

Eid, M., Gollwitzer, M. & Schmitt, M. (2010). *Statistik und Forschungsmethoden. Lehrbuch.* Weinheim & Basel: Beltz.

Embretson, S. E. & Reise, S. P. (2000). *Item response theory for psychologists.* Mahwah, NJ: Lawrence Erlbaum.

Ennemoser, M. (2008). Text- und Lesededektive – Unterrichtsprogramme zur Förderung der Lesekompetenz. In H.-P. Langfeldt & G. Büttner (Hrsg.), *Trainingsprogramme zur Förderung von Kindern und Jugendlichen* (S. 86-102). Weinheim: Beltz.

Epstein, J. L. (2001). *School, family and community partnerships: Preparing educators and improving schools.* Boulder, CO: Westview Press.

Epstein, J. L. (1987). Toward a theory of family-school connections: Teacher practices and parent involvement across the school years. In K. Hurrelmann, F. Kaufmann & F. Losel (Eds.), *Social Intervention: Potential and constraints* (S. 121-136). New York: de Gruyter.

Erikson, R., Goldthorpe, J. H. & Portocarero, L. (1979). Intergenerational class mobility in three Western European societies: England, France and Sweden. *British Journal of Sociology, 30,* 415-441.

Erler, I. (2007). *Keine Chance für Lisa Simpson? Soziale Ungleichheit im Bildungssystem.* Wien: Mandelbaum.

Erzberger, C. & Kelle, U. (2003). Making Inferences in Mixed Methods: The Rules of Integration. In A. Tashakkori & C. Teddlie (Eds.), *Handbook of Mixed Methods Research: Integrating Quantitative and Qualitative Approaches in the Social and Behavioral Sciences* (pp. 457-488). Thousand Oaks, CA, London, New Dehli u.a.: SAGE.

Esser, H. (2000): *Soziologie. Spezielle Grundlagen. Band 3, Soziales Handeln.* Frankfurt, New York: Campus Verlag.

Euler, M. (2006). *Soziales Kapital. Ein Brückenschlag zwischen Individuum und Gesellschaft.* Oldenburg: Bib-Verlag der Carl-von-Ossietzky Universität Oldenburg.

Exeler, J. & Wild, E. (2003). Die Rolle des Elternhauses für die Förderung selbstbestimmten Lernens. *Unterrichtswissenschaft, 31* (1), 6-22.

Fahrmeir, L., Kneib, T. & Lang, S. (2009). *Regression. Modelle, Methoden und Anwendungen.* Heidelberg, Dordrecht, London & New York: Springer.

Farkas, G. (2003). Cognitive skills and non-cognitive traits and behaviors in stratification processes. *Annual Review of Sociology, 29,* 541-62.

Farkas, G. (1996). *Human capital or cultural capital? Ethnicity and poverty groups in an urban school district.* New York: Aldine de Gruyter.

Farkas, G., Grobe, R. R., Sheehan, D. & Shuan, Y. (1990). Cultural resources and school success: Gender, ethnicity, and poverty groups within an urban school district. *American Sociological Review, 55,* 127-42.

Fassot, G. & Eggert, A. (2005). Zur Verwendung formativer und reflektiver Indikatoren in Strukturgleichungsmodellen: Bestandsaufnahme und Anwendungsempfehlungen. In F. Bliemel, A. Eggert, G. Fassott & J. Henseler (Hrsg.), *Handbuch PLS- Pfadmodellierungen* (S. 31-47). Stuttgart: Schäffer-Poeschel.

Fend, H. (1998). *Eltern und Freunde. Soziale Entwicklung im Jugendalter. Entwicklungspsychologie der Adoleszenz in der Moderne.* Bern: Huber.

Fetzer, M. (2011). Wie argumentieren Grundschulkinder im Mathematikunterricht? Eine argumentationstheoretische Perspektive. *Journal für Mathematikdidaktik, 32* (1), 27-51.

Fine, B. (2001). *Social capital versus social theory. Political economy and social science at the turn of the millennium.* London & New York: Routledge.

Flap, H. (2002). No man is an island, In O. Favereau & E. Lazega (Eds.), *Conventions and structures in economic organization: markets, networks and hierarchies* (pp. 29-59). London: Edward Elgar Publishing.

Flick, U. (2008). *Triangulation. Eine Einführung.* Wiesbaden: VS Verlag.

Foster, M. A., Lambert, R., Abbott-Shim, M., McCarty, F. & Franze, S. (2005). A model of home learning environment and social risk factors in relation to children's emergent literacy and social outcomes. *Early Childhood Research Quarterly, 20* (1), 13-36.

Foucault, M. (1977). *Überwachen und Strafen.* Frankfurt am Main: Suhrkamp.

Foucault, M. (1974). *Die Ordnung des Diskurses.* München: Hanser.

Foucault, M. (1973). *Die Geburt der Klinik: Eine Archäologie des ärztlichen Blicks.* München: Hanser.

Fox, J. (2002). *Structural Equation Models. Appendix to an R and S-PLUS Companion to Applied Regression.* Verfügbar unter: http://cran.r-project.org/doc/contrib/Fox-Companion/appendix-sems.pdf [01.09.2014].

Fornell, C. & Larcker, D. F. (1981). Evaluating Structural Equation Models with Unobservable Variables and Measurement Error. *Journal of Marketing Research, 18* (1), 39-50.

Fosnot, C. T. & Dolk, M. (2001). *Young Mathematicans at Work: Constructing the Number System, Addition and Substraction.* Portsmouth, NH: Heinemann Press.

Franke, M., Carpenter, T., Levi, L. & Fennema, E. (2001). Capturing teachers' generative change: A follow-up study of professional development in mathematics. *American Educational Research Journal, 38*, 653-663.

Franzen, A. & Pointner, S. (2008). Sozialkapital: Konzeptualisierungen und Messungen. In A. Franzen & M. Freitag (Hrsg.), *Sozialkapital. Grundlagen und Anwendungen* (S. 66-90). Wiesbaden: VS Verlag.

Freijo, E. B. A., Olivia, A., Olabarrieta, F., Martin, J. L., Manzano, A. & Richards, M. P. M. (2008). Quality of family context or silbing status? Influences on cognitive development. *Early Child Development and Care, 178* (2), 153-164.

Friebertshäuser, B. (2005). Statuspassage Erwachsenwerden und weitere Einflüsse auf die Bildungsprozesse von Schülerinnen und Schülern. In B.

Schenk (Hrsg.), *Bausteine einer Bildungsgangtheorie. Studien zur Bildungsgangforschung* (S. 127-144). Wiesbaden: VS Verlag.

Fried, L. (2009). Sprache – Sprachförderung – Sprachförderkompetenz. In MGFFI – Ministerium für Generationen, Familie, Frauen und Integration des Landes NRW (Hrsg.), *Kinder bilden Sprache – Sprache bildet Kinder* (S. 35-54). Münster: Waxmann.

Fried, L. & Briedigkeit, E. (2008). *Sprachförderkompetenz. Selbst- und Teamqualifizierung für Erzieherinnen, Fachberatungen und Ausbilder.* Berlin: Cornelsen Scriptor.

Fuchs, M. & Sixt, M. (2007). Nachhaltigkeit von Bildungsaufstiegen. Soziale Vererbung von Bildungserfolgen über mehrere Generationen. *Kölner Zeitschrift für Soziologie und Sozialpsychologie, 59* (1), 1-29.

Fuchs, A. (2011). Methodische Aspekte linearer Strukturgleichungsmodelle. Ein Vergleich von kovarianz- und varianzbasierten Kausalanalyseverfahren. *Research papers on marketing strategy, No. 2.* Verfügbar unter: http://www.econstor.eu/obitstream/10419/44940/1/655983031.pdf [01.09.2014].

Fuchs-Heinritz, W. & König, A. (2005). *Pierre Bourdieu.* Konstanz: UVK Verlagsgesellschaft mbH.

Furstenberg Jr., F. F. H. & Hughes, M. E. (1995). Social capital and successful development among at-risk youth. *Journal of Marriage and the Family, 57,* 580-592.

Gage, N.L. & Berliner, D.C. (1996). *Pädagogische Psychologie.* Weinheim: Beltz.

Gallin, P. & Ruf, U. (1990). *Sprache und Mathematik in der Schule.* Seelze-Velber: Kallmeyersche Verlagsbuchhandlung.

Gamsjäger, E. & Sauer, J. (1996). Determinanten der Schulleistung und ihr prognostischer Wert für den Sekundarschulerfolg. *Psychologie in Erziehung und Unterricht, 43,* 182-204.

Ganzeboom, H. B. G. & Treimann, D. J. (1996). Internationally Comparable Measures of Occupational Status for the 1988 International Standard Classification of Occupations. *Social Science Research, 25,* 201-239.

Ganzeboom, H. B. G., de Graaf, P. M., Treiman, D. J. & de Leeuw, J. (1992). A Standard International Socio-Economic Index of Occupational Status. *Social Science Research, 21,* 1-56.

Gautschi, T. (2010). Maximum-Likelihood Schätztheorie. In C. Wolf & H. Best (Hrsg.), *Handbuch der sozialwissenschaftlichen Datenanalyse* (S. 205-238). Wiesbaden: VS Verlag.

Geiser, C. (2010). *Datenanalyse mit Mplus. Eine anwendungsorientierte Einführung.* Wiesbaden: VS Verlag.

Gellert, U. & Sertl., M. (2012). *Zur Soziologie des Unterrichts. Arbeiten mit Basil Bernsteins Theorie des pädagogischen Denkens.* Weinheim & Basel: Juventa Beltz.

Gellert, U. (2011). „Fünf mal fünf ist siebzehn." Zur Bedeutung von konzeptioneller Schriftlichkeit und dekontextualisierter Sprache beim Lernen von Mathematik im Grundschulalter. In P. Hüttis-Graff & P. Wieler (Hrsg.),

Übergänge zwischen Mündlichkeit und Schriftlichkeit im Vor- und Grundschulalter (S. 81-96). Freiburg im Breisgau: Fillibach Verlag.

Gellert, U., Jablonka, E. & Keitel, C. (2001). Mathematical Literacy and Common Sense in Mathematics Education. In B. Atweh, H. Forgasz & B. Nebres (Eds.), *Sociocultural Research on Mathematics Education: An International Perspective* (pp. 57-73). Mahwah, NJ: Lawrence Erlbaum.

Georg, W. (2006). *Soziale Ungleichheit im Bildungssystem. Eine empirischtheoretische Bestandsaufnahme.* Konstanz: UVK Verlagsgesellschaft.

Gerleigner, S. (2013). *Familiale Ressourcen als entscheidende Faktoren für Bildungserfolg?* München: Utz Verlag GmbH.

Geulen, D. (1995). Sozialisation. In D. Lenzen (Hrsg.), *Erziehungswissenschaft. Ein Grundkurs* (S. 99-133). Reinbek: Rowohlt.

Gillies, V. (2006). Working class mothers and school life: Exploring the role of emotional capital. *Gender and Education, 18* (3), 281-93.

Gillies, V. (2005). Raising the ‚meritocracy': Parenting and the individualization of social class. *Sociology, 39* (5), 835-53.

Gläser-Zikuda, M., Seidel, T., Rohls, C., Gröschner, A. & Ziegelbauer, S. (2012). *Mixed Methods in der empirischen Bildungsforschung.* Münster: Waxmann.

Gogolin, I. (1994). *Der monolinguale Habitus der multilingualen Schule.* Münster: Waxmann.

Gogolin, I. & Lange, I. (2011). Bildungssprache und Durchgängige Sprachbildung. In S. Fürstenau & M. Gomolla (Hrsg.), *Migration und schulischer Wandel: Mehrsprachigkeit* (S. 107-127). Wiesbaden: VS Verlag.

Gogolin, I. & Michel, U. (2010). Kooperation und Vernetzung – eine Dimension on "Durchgängiger Sprachbildung". *Diskurs Kindheits- und Jugendforschung, 5* (4), 373-384.

Gogolin, I. (2008). Durchgängige Sprachförderung. In C. Bainski & M. Krüger-Potratz (Hrgs.), *Handbuch Sprachförderung* (S. 13-21). Essen: Neue Deutsche Schule Verlagsgesellschaft mbH.

Gogolin, I. & Schwarz, I. (2004). „Mathematische Literalität" in sprachlichkulturell heterogenen Klassen. *Zeitschrift für Pädagogik, 50* (6), 835-848.

Gogolin, I. & Kaiser, G. (2001, 2003). *Mathematiklernen im Kontext sprachlich-kultureller Diversität.* Verfügbar unter: http://www.epb.uni-hamburg .de/erzwiss/gogolin/web/de/handicap/forschung/forschung/index.html [01.09.2014].

Gold, A., Nix, D., Rieckmann, C. & Rosebrock, C. (2010). Bedingungen des Textverstehens bei leseschwachen Zwölfjährigen mit und ohne Zuwanderungshintergrund. *Didaktik Deutsch, 15*, 59-74.

Goldin, G.A. (2007). Representation in School Mathematics: A Unifying Research Perspective. In J. Kilpatrick (Ed.), *A research companion to principles and standards for school mathematics* (pp. 275-285). Reston: National Council of Teachers of Mathematics.

Goodnow, J. J. (1988). Parents' ideas, actions, and feelings: Models and methods from developmental and social psychology. *Child Development, 59*, 286-320.

Goodwin, M. H. & Kyratzis, A. (2007). Children Socializing Children. Practices for Negotiating Social Orders among Peers. *Research on Language and Social Interaction, 40* (4), 279-289.

Gorgorió, N. & Planas, N. (2001). Teaching Mathematics In Multilingual Classrooms. *Educational Studies in Mathematics, 47*, 7-33.

Goswami, U. (2001). Early phonological development and the acquisition of literacy. In S. Neuman & D. Dickinson (Eds.), *Handbook of Research in Early Literacy for 21st Century* (pp. 111-125). New York: Guilford Press.

Grabka, M. M. & Frick, J. R. (2010). Weiterhin hohes Armutsrisiko in Deutschland: Kinder und junge Erwachsene sind besonders betroffen. *DIW-Wochenbericht 7/2010.* Verfügbar unter: http://www.diw.de/documents/publikationen/73/diw_01.c.347307.de/10-7-1.pdf [01.09.2014].

Granzer, D., Köller, O., Bremerich-Vos, A., Walther, G., Reiss, K. & van den Heuvel-Panhuizen, M. (2009). *Bildungsstandards Deutsch und Mathematik: Leistungsmessung in der Grundschule.* Weinheim: Beltz.

Gresch, C., Baumert, J. & Maaz, K. (2009). Empfehlungsstatus, Übergangsempfehlung und der Wechsel in die Sekundarstufe I: Bildungsentscheidungen und soziale Ungleichheit. *Zeitschrift für Erziehungswissenschaft*, Sonderheft 12, 230-256.

Grießhaber, W. (2011). Zur Rolle der Sprache im zweitsprachlichen Mathematikunterricht. Ausgewählte Aspekte aus sprachwissenschaftlicher Sicht. In S. Prediger & E. Özil (Hrsg.), *Mathematiklernen unter Bedingungen der Mehrsprachigkeit – Stand und Perspektiven zu Forschung und Entwicklung in Deutschland* (S. 77-96). Münster: Waxmann.

Grießhaber, W., Merkel, S. & Roll, H. (2007). *Missverständnisse durch Nutzung latenter kommunikativer Ressourcen und Maßnahmen zu ihrer Vermeidung. Abschlussbericht.* Verfügbar unter: http://spzwww.uni-muenster.de/griesha/lmv/Latente-Missversta%CC%88ndnisse-Schlussbericht-2007.pdf [01.09.2014].

Grimm, S. (1987). *Soziologie der Bildung und Erziehung.* München: Ehrenwirth.

Groeben, N. & Schroeder, S. (2004). Versuch einer Synopse: Sozialisationsinstanzen – Ko-Konstruktion. In N. Groeben & B. Hurrelmann (Hrsg.), *Lesesozialisation in der Mediengesellschaft. Ein Forschungsüberblick* (S. 306-348). Weinheim: Juventa.

Groeben, N. & Hurrelmann, B. (2002). *Lesekompetenz. Bedingungen, Dimensionen, Funktionen.* Weinheim: Juventa.

Gross, S. (2000). Lesen – Körper – Text. In E. Kimminich & C. Krülls-Hepermann (Hrsg.), *Welt – Körper – Sprache. Perspektiven kultureller Wahrnehmungs- und Darstellungsformen. Bd. 1: Zunge & Zeichen* (S. 151-186). Frankfurt am Main: Peter Lang.

Groß Ophoff, J., Koch, U., Helmke, A. & Hosenfeld, I. (2006). Vergleichsarbeiten in Grundschulen – und was diese daraus machen. *Journal für Schulentwicklung, 10* (4), 7-12.

Grundmann, M., Hornei, I. & Ziegler, H. (2010). Bildung als Verwirklichungschance: Konturen einer multiperspektivischen Bildungssoziologie. *Zeitschrift für Soziologie der Erziehung und Sozialisation, 30* (4), 375-389.

Grundmann, M., Bittlingmayer, U. H., Dravenau, D. & Groh-Samberg, O. (2008). Bildung als Privileg und Fluch – zum Zusammenhang zwischen lebensweltlichen und institutionalisierten Bildungsprozessen. In R. Becker & W. Lauterbach (Hrsg.), *Bildung als Privileg? Erklärungen und Befunde zu den Ursachen der Bildungsungleichheit* (S. 47-74). Wiesbaden: VS Verlag.

Grundmann, M., Dravenau, D., Bittlingmayer, U. H. & Edelstein, W. (2006). *Handlungsbefähigung und Milieu. Zur Analyse milieuspezifischer Alltagspraktiken und ihrer Ungleichheitsrelevanz.* Münster: LIT-Verlag.

Grundmann, M., Groh-Samberg, O., Bittlingmayer, U.-H. & Bauer, U. (2003). Milieuspezifische Bildungsstrategien in Familie und Gleichaltrigengruppe. *Zeitschrift für Erziehungswissenschaft, 6* (1), 25-45.

Grunert, C., Helsper, W., Hummrich, M., Theunert, H. & Gogolin, I. (2005). *Kompetenzerwerb von Kindern und Jugendlichen im Schulalter.* München: Verlag Deutsches Jugendinstitut.

Gumperz, J. (1981). Conversational Inference and Classroom Learning. In J. L. Green & C. Wallat (Eds.), *Ethnography & Language in Educational Settings* (pp. 3-23). Norwood: Ablex.

Gumperz, J. (1982). *Discourse strategies.* Cambridge: Cambridge University Press.

Gustafsson, J.-E., Hansen, K. Y. & Rosén, M. (2013). Effects of home background on student achievement in reading, mathematics, and science at the fourth grade. In M. O. Martin & I. V. S. Mullis (Eds.), *TIMSS and PIRLS 2011: Relationships among reading, mathematics, and science achievement at the fourth grade – implications for early learning* (pp. 181-287) Boston College.

Guthrie, J. T. (2002). *Engagement and motivation in reading, Handbook of reading research.* New York: Lawrence Erlbaum.

Gürsoy, E., Benholz, C., Renk, N., Prediger, S. & Büchter, A. (2013). Erlös = Erlösung? - Sprachliche und konzeptuelle Hürden in Prüfungsaufgaben zur Mathematik. *Deutsch als Zweitsprache, 1,* 14-24.

Haag, N. & Roppelt, A. (2012). Der Ländervergleich im Fach Mathematik. In P. Stanat, H. A. Pant, K. Böme & D. Richter (Hrsg.), *Kompetenzen von Schülerinnen und Schülern am Ende der vierten Jahrgangsstufe in den Fächern Deutsch und Mathematik. Ergebnisse des IQB-Ländervergleichs 2011* (S. 117-127). Münster: Waxmann.

Halbwachs, M. (1985). *Das Gedächtnis und seine sozialen Bedingungen.* Frankfurt am Main: Suhrkamp.

Hall, J. & Jones, C. D. (1950). Social Grading of Occupations. *British Journal of Sociology, 1* (1), 31-55.

Halliday, M. A. K. (1978). *Language as a social semiotic. The social interpretation of language and meaning.* London: Edward Arnold.

Halliday, M. A. K. (1975). *Learning how to mean.* London: Edward Arnold.

Halliday, M. A. K. & Hasan, R. (1976). *Cohesion in English.* London: Longman.

Hambleton, R. K., Swaminathan, H. & Rogers, J. H. (1991). *Fundamentals of item response theory.* Newbury Park, CA: SAGE.

Hambleton, R. K., & Rodgers, J. (1995). Item bias review. *Practical Assessment, Research, and Evaluation, Vol. 4, No. 6.* Retrieved Nov 18, 2006, Verfügbar unter: http://PAREonline.net/getvn.asp?v=4&n=6 [01.09.2014].

Hambleton, R. K. & Swaminathan, H. (1985). *Item response theory: principles and applications.* Boston: Kluwer-Nijoff.

Hannover, B. & Kessels, U. (2008). Geschlechtsunterschiede beim Lernen. In W. Schneider & M. Hasselhorn (Hrsg.), *Handbuch der Pädagogischen Psychologie* (S. 116-125). Göttingen: Hogrefe.

Hannula, M. M., Mattinen, A. & Lehtinen, E. (2005). Does social interaction influence 3-year-old children's tendency to focus on numerosity? A quasi experimental study in day care. In L. Verschaffel, E. de Corte, G. Kanselaar & M. Valcke (Eds.), *Powerful environments for promoting deep conceptual and strategic learning* (pp. 63-80). Leuven: University Press.

Hanson, T. L., McLanahan, S. S. & Thomson, E. (1997). Economic Resources, Parental Practices, and Children's Well-Being. In G. Duncan & J. Brooks-Gunn (Eds.), *Consequences of Growing Up Poor* (pp. 190-238). New York: Russell Sage Foundation.

Hartig, J. (2008). Kompetenzen als Ergebnisse von Bildungsprozessen. In N. Jude, J. Hartig & E. Klieme (Hrsg.), *Kompetenzerfassung in pädagogischen Handlungsfeldern. Theorien, Konzepte und Methoden* (S. 15-25). Bonn & Berlin: BMBF.

Hasan, R. (2001). The ontogenesis of decontextualised language: some achievements of classification and framing. In A. Morais, I. Neves, B. Davies & H. Daniels (Eds.), *Towards a Sociology of Pedagogy:The Contribution of Basil Bernstein to Research* (pp. 47-79). New York: Peter Lang.

Haug, S. (2000). *Soziales Kapital und Kettenmigration. Italienische Migranten in Deutschland.* Wiesbaden: VS Verlag.

Heath, S. B. (1982). What no bedtime story means: narrative skills at home and at school. *Language in Society, 11,* 49-76.

Heath, S. B. (1983). *Ways with words. Language, life, and work in communities and classrooms.* Cambridge: Mass.

Heid, H. (2007). Was vermag die Standardisierung wünschenswerter Lernoutputs zur Qualitätsverbesserung des Bildungswesens beitragen? In D. Benner (Hrsg.), *Bildungsstandards. Chancen und Grenzen. Beispiele und Perspektiven* (S. 29-48). Paderborn: Ferdinand Schöningh.

Heidler, R. (2006). *Die Blockmodellanalyse – Theorie und Anwendung einer netzwerkanalytischen Methode.* Wiesbaden: DUV.

Heinze, A. (2010). Mathematisch Kompetenz modellieren und diagnostizieren. Eine Diskussion der Forschungsprojekte des DFG-Schwerpunktprogramms „Kompetenzmodelle" aus mathematikdidaktischer Sicht. *Zeitschrift für Pädagogik, Beiheft 56*, 86-91.

Heinze, A., Herwartz-Emden, L. & Reiss, K. (2007). Mathematikkenntnisse und sprachliche Kompetenz bei Kindern mit Migrationshintergrund zu Beginn der Grundschulzeit, *Zeitschrift für Pädagogik, 53 (4)*, 562-581.

Helfferich, C. (2005). *Die Qualität qualitativer Daten. Manual für die Durchführung qualitativer Interviews*. Wiesbaden: VS Verlag.

Heller, V. (2012). *Kommunikative Erfahrungen von Kindern in Familie und Unterricht. Passungen und Divergenzen*. Tübingen: Stauffenburg.

Heller, K. A. & Perleth, C. (2000). *Kognitiver Fähigkeitstest für 4.-12. Klassen, Revision (KFT 4-12+R)*. Göttingen: Hogrefe.

Helmke, A. (2007). Guter Unterricht – nur ein Angebot? *Friedrich Jahresheft*, 62-63.

Helmke, A., Helmke, T., Heyne, N., Hosenfeld, A., Kleinbub, I., Schrader, F.-W. & Wagner, W. (2007). Erfassung, Bewertung und Verbesserung des Grundschulunterrichts: Forschungsstand, Probleme und Perspektiven. In K. Möller, P. Hanke, C. Beinbrech, A.K. Hein, T. Kleickmann & R. Schages (Hrsg.), *Qualität von Grundschulunterricht entwickeln, erfassen und bewerten. Jahrbuch Grundschulforschung* (Bd. 11) (S. 17-34). Bonn: Verlag für Sozialwissenschaften.

Helmke, A. & Hosenfeld, I. (2004). Vergleichsarbeiten – Kompetenzmodelle – Standards. In M. Wosnitza, A. Frey & R. S. Jäger (Hrsg.), *Lernprozesse, Lernumgebungen und Lerndiagnostik. Wissenschaftliche Beiträge zum Lernen im 21. Jahrhundert* (S. 56-75). Landau: Verlag Empirische Pädagogik.

Helmke, A., Hosenfeld, I. & Schrader, F.-W. (2004). Vergleichsarbeiten als Instrument zur Verbesserung der Diagnosekompetenz von Lehrkräften. In R. Arnold & C. Griese (Hrsg.), *Schulmanagement und Schulentwicklung* (S. 119-144). Hohengehren: Schneider Verlag.

Helmke, A. & Jäger, R.S. (2002). *Das Projekt MARKUS. Mathematik-Gesamterhebung Rheinland-Pfalz: Kompetenzen, Unterrichtsmerkmale, Schulkontext*. Landau: Verlag Empirische Pädagogik.

Helmke, A. & Schrader, F.-W. (1998). Determinanten der Schulleistung. In D. H. Rost (Hrsg.). *Handwörterbuch Pädagogische Psychologie* (S. 60-67). Weinheim: Psychologie Verlags Union.

Helsper, W., Böhme, J., Kramer, R.-T. & Lingkost, A. (2001). *Schulkultur und Schulmythos. Gymnasien zwischen elitärer Bildung und höherer Volksschule im Transformationsprozess. Rekonstruktionen zur Schulkultur I*. Opladen: Leske+ Budrich.

Hepp, R.-D. (2009). Das Feld der Bildung in der Soziologie Pierre Bourdieus: Systematische Vorüberlegungen. In B. Friebertshäuser, M. Rieger-Ladich, & L. Wigger (Hrsg.), *Reflexive Erziehungswissenschaft* (S. 21-39). Wiesbaden: VS Verlag.

Hertzmann, C. & Weins, M. (1996). Child development and longterm outcomes: A population health persective and summary of successful intervention. *Social Science Medicin, 43* (7), 1083-1095.

Hetzer, H. & Reindorf, B. (1928). Sprachentwicklung und soziales Milieu. *Zeitschrift für Angewandte Psychologie, 29,* 449-462.

Hiebert, J. (1986). *Conceptual and Procedural Knowledge: The Case of Mathematics.* Hillsdale: NJ Erlbaum.

Hiebert, J. & Carpenter, T. P. (1992). Learning and Teaching with Understanding. In D. A. Grouws (Ed.), *Handbook of Research on Mathematics Teaching and Learning* (pp. 65-97). New York: Macmillan.

Hildebrandt, L. & Homburg, C. (1998). *Die Kausalanalyse. Instrument der empirischen betriebswirtschaftlichen Forschung.* Stuttgart: Schäffer-Poeschel Verlag.

Hofer, M., Klein-Allermann, E. & Noack, P. (1992). *Familienbeziehungen. Eltern und Kinder in der Entwicklung.* Göttingen: Hogrefe.

Hoff-Ginsberg, E. (1991). Mother-child conversation in different social classes and communicative settings. *Child Development, 62,* 782-796.

Hoffmann, L. (2013). *Deutsche Grammatik. Grundlage für Lehrerausbildung, Schule, Deutsch als Zweitsprache und Deutsch als Fremdsprache.* Berlin: Erich Schmidt Verlag.

Holland, P. W. & Thayer, D. T. (1988). Differential item functioning and the Mantel-Haenszel procedure. In H. Wainer & H. I. Braun (Eds.), *Test validity* (pp. 129-145). Hillsdale, NJ: Lawrence Erlbaum.

Holle, K. (2006). Flüssiges und phasiertes Lesen (fluency). Lesetheoretische Grundlage und unterrichtspraktische Hinweise. In S. Weinhold (Hg.), *Schriftspracherwerb empirisch. Konzepte – Diagnostik – Entwicklung* (S. 87-119). Baltmannsweiler: Schneider Hohengehren.

Hollstein, B. & Straus, F. (2006). *Qualitative Netzwerkanalyse. Konzepte, Methoden, Anwendungen.* Wiesbaden: VS Verlag.

Hollstein, B. & Ullrich, C. G. (2003). Einheit trotz Vielfalt? Zum konstitutiven Kern qualitativer Sozialforschung. *Soziologie. Forum der Deutschen Gesellschaft für Soziologie, 4,* 29-44.

Hollstein, B. (2002). Struktur und Bedeutung informeller Beziehungen und Netzwerke. Veränderungen nach dem Tod des Partners im Alter. In A. Motel-Klingebiel, H.-J. v. Kondratowitz & C. Tesch-Römer (Hrsg.), *Lebensqualität im Alter – Generationenbeziehungen und öffentliche Servicesysteme im sozialen Wandel.* (S. 13-40). Opladen: Leske + Budrich.

Holz, G. (2010). Frühe Armutserfahrungen und ihre Folgen – Kinderarmut im Vorschulalter. In M. Zander (Hrsg.), *Kinderarmut. Einführendes Handbuch für Forschung und soziale Praxis* (S. 88-109). Wiesbaden: VS Verlag.

Hondrich, K. O. (1984). Der Wert der Gleichheit und der Bedeutungswandel der Ungleichheit. *Soziale Welt, Zeitschrift für sozialwissenschaftliche Forschung und Praxis, Arbeitsgemeinschaft sozialwissenschaftlicher Institute e.V., 35* (3), 267-293.

Honneth, A. (1999). *Die zerrissene Welt des Sozialen*. Frankfurt am Main: Suhrkamp.

Hoos, K. (1998). Das Dilemma mit den Hausaufgaben. *Die deutsche Schule, 90,* 60-63.

Hu, L.-T. & Bentler, P. M. (1999). Cutoff criteria for fit indexes in covariance structure analysis: Conventional criteria versus new alternatives. *Structural Equation Modeling, 6,* 1-55.

Hurrelmann, B., Hammer, M. & Nieß, F. (1993). *Lesesozialisation Band 1. Leseklima in der Familie*. Gütersloh: Bertelsmann Stiftung.

Hußmann, S. & Prediger, S. (2007). Mit Unterschieden rechnen – Differenzieren und Individualisieren. *Praxis der Mathematik in der Schule, 49* (17), 2-8.

Hußmann, S. (2003). Umgangssprache – Fachsprache. In T. Leuders (Hrsg.), *Mathematik- Didaktik* (S. 60-92). Berlin: Cornelsen.

IEA = International Association for the Evaluation of Educational Achievement (2009). *Released Items. Mathematic Fourth Grade*. Verfügbar unter: http://timss.bc.edu/TIMSS2007/items.html [01.09.2014].

IEA = International Association for the Evaluation of Educational Achievement (2007). *Almanacs*. Verfügbar unter: http://timssandpirls.bc.edu/TIMSS2007/idb_ug.html [01.09.2014].

Impara, J. C. & Plake, B. S. (1998). Teacher's ability to estimate item difficulty: A test of the assumptions in the Angoff Standard Setting Method. *Journal of Educational Measurement, 35* (1), 69-81.

Ingenkamp, K. (1995). *Die Fragwürdigkeit der Zensurengebung. Texte und Untersuchungsberichte*. Weinheim: Beltz.

Ingenkamp, K. (1993). Der Prognosewert von Zensuren, Lehrergutachten, Aufnahmeprüfungen und Tests während der Grundschulzeit für den Sekundarschulerfolg. In R. Olechowski & E. Persy (Hrsg.), *Frühe schulische Auslese* (S. 68-85). Frankfurt am Main: Peter Lang.

In'nami, Y. & Koizumi, R. (2009). A meta-analysis of test format effects on reading and listening test performance: Focus in multiple choice and open-ended formats. *Language Testing, 26* (2), 219-244.

ISC = TIMSS & PIRLS International Study Center (2006). *TIMSS 2007 school sampling manual* (prepared by P. Foy, Statistics Canada). Chestnut Hill, MA: TIMSS & PIRLS International Study Center, Lynch School of Education, Boston College.

Itskowitz, R., Glaubman, H., & Hoffman, M. (1988). The impact of age and artistic inclination on the use of articulation and line quality in similarity and preference judgments. *Journal of Experimental Child Psychology, 46,* 21-34.

Jacob, M. & Weiss, F. (2011). Class origin and young adults' re-enrollment. *Research in Social Stratification and Mobility, 29* (4), 415-426.

Jarvis, C. B., Mackenzie, S. B. & Podsakoff, P. M. (2003). A Critical Review of Construct Indicators and Measurement Model Misspecification in Marketing and Consumer Research. *Journal of Consumer Research, 30* (3), 199-218.

Jencks, C., Bartlett, S., Corcoran, M., Crouse, J., Eaglesfield, D., Jackson, G. & McClelland, K. (1979). *Who gets ahead? The determinants of economic success in America.* New York: Basic Books.

Joas, H. & Knöbl, W. (2004). *Sozialtheorie.* Frankfurt am Main: Suhrkamp.

Johnston, G. & Percy-Smith, J. (2003). In search of social capital. *Policy & Politics, 31* (3), 321-334.

Jonkmann, K., Maaz, K., Neumann, M. & Gresch, C. (2010). Übergangsquoten und Zusammenhänge zu familiärem Hintergrund und schulischen Leistungen: Deskriptive Befunde. In K. Maaz, J. Baumert, C. Gresch & N. McElvany (Hrsg.), *Der Übergang von der Grundschule in die weiterführende Schule – Leistungsgerechtigkeit und regionale, soziale und ethnischkulturelle Disparitäten* (S. 123-149). Bonn & Berlin: BMBF.

Jordan, A., Ross, N., Krauss, S., Baumert, J., Blum, W., Neubrand, M., Löwen, K., Brunner, M. & Kunter, M. (2006). *Klassifikationsschema für Mathematikaufgaben: Dokumentation der Aufgabenkategorisierung im COACTIV-Projekt.* Berlin: Max-Planck-Institut für Bildungsforschung.

Jordan, A. (2006). *Mathematische Bildung von Schülern.* Hildesheim: Franzbecker.

Jöreskog, K. G. (2003). Testing structural equation models, In K. A. Bollen & J. S. Long (Eds.), *Testing structural equation models* (pp. 294-317). Newbury Park: Sage Publications.

Jöreskog, K.G. & Sörbom, D. (1981). *LISREL V: Analysis of Linear Structural Relationshios by Maximum Likelihood and Least Squares Methods.* Uppsala: Research Report 81/8.

Jöreskog, K. G. (1970). A general method for analysis of covariance structures. *Biometrika, 57* (2), 239-251.

Jorgensen, R. (2011). Language, culture and learning mathematics: A Bourdieuian analysis of Indigenous learning. In C. Wyatt-Smith, J. Elkins & S. Gunn (Eds.), *Multiple Perspectives on Difficulties in Learning Literacy and Numeracy* (pp. 315-329). Dortrecht: Springer.

Jungbauer-Gans, M. (2006). Kulturelles Kapital und Mathematikleistungen – eine Analyse der PISA 2003-Daten für Deutschland. In W. Georg (Hrsg.), *Soziale Ungleichheit im Bildungssystem. Eine empirisch-theoretische Bestandsaufnahme* (S. 175-198). Konstanz: UVK Verlagsgesellschaft.

Jurecka, A. (2010). *Zum Zusammenhang von Differentiellen Item Funktionen und Testkultur.* Frankfurt am Main: Universitätsbibliothek Johann Christian Senckenberg.

Kaderavek, J. N. & Justice, L. M. (2002). Shared Storybook Reading as an Intervention Context. Practices and Potential Pitfalls. *Amercian Journal of Speech-Language Pathology, 11*, 395-406.

Kaesler, D. (2005). Sprachbarrieren im Bildungswesen. In P. A. Berger, & H. Kahlert (Hrsg.), *Institutionalisierte Ungleichheiten. Wie das Bildungswesen Chancen blockiert* (S. 130-154). Weinheim & München: Juventa.

Kalka, J. & Allgayer, F. (2007). *Der Kunde im Fokus. Die wichtigsten Zielgruppen im Überblick – Milieus, Lebenswelten, Konsumenten.* Heidelberg: Redline Wirtschaft.

Karakaşoğlu, Y. (2011). Wissenschaftliche Expertise mit Handlungsempfehlungen für einen „Entwicklungsplan Migration und Bildung". Verfügbar unter:http://www.bildung.bremen.de/sixcms/media.php/13/migratioonbildung. pdf [01.09.2014].

Karmiloff-Smith, A. (1992). *Beyond modularity: A developmental perspective on cognitive science.* Cambridge, MA: MIT Press.

Kern, F. & Ohlhus, S. (2012). Eine Form des Argumentierens im Mathematikunterricht. In A. S. Steinweg (Hrsg.), *Prozessbezogene Kompetenzen: Fördern, Beobachten, Bewerten. Tagungsband des AK Grundschule in der GDM 2012* (S. 39-54). Bamberg: University of Bamberg Press.

King, V. (2009). „Weil ich mich sehr lange allein gefühlt hab' mit meiner Bildung..." Bildungserfolg und soziale Ungleichheiten unter Berücksichtigung von class, gender, ethnicity. In J. Budde & K. Willems (Hrsg.), *Bildung als sozialer Prozess. Heterogenitäten, Interaktionen, Ungleichheiten* (S. 53-72). Weinheim & München: Juventa Beltz.

Kintsch, W. (2008). Symbol systems and perceptual representations. In M. de Vega, A. Glenberg & A. Graesser (Eds.), *Symbols and Embodiment* (pp. 145-164). Oxford: Oxford University Press.

Kintsch, W. (1992). A cognitive architecture for comprehension. In H. L. Pick, P. van den Broek & D. C. Knill (Eds.), *The study of cognition: Conceptual and methodogical issues* (pp. 143-164). Washington, DC: American Psychological Association.

Kintsch, W. & Vipond, D. (1979). Reading comprehension and readabilty in educational practice and psychological theory. In L.G. Nilson (Eds.), *Perspectives of memory research* (pp. 325-366). Hillsdale: NJ: Erlbaum.

Klicpera, C. & Gasteiger-Klicpera, B. (1994). *Psychologie der Lese- und Schreibschwierigkeiten.* Weinheim: Beltz.

Kliemann, S., Altenburg, E. & Bremermann, G. (2012). *Diagnostizieren und Fördern in der Grundschule – Deutsch: 3./4. Schuljahr – Lesen.* Berlin: Cornelsen.

Kliemann, S., Brautmeier-Ulrich, M., Dorn, M. I., Hertel, S., Isaac, K. & Schwank, I. (2010). *Lehrerbücherei Grundschule: Diagnostizieren und Fördern: Kompetenzen erkennen, unterstützen und erweitern – Beispiele und Anregungen. Für die Jahrgänge 1 bis 4.* Berlin: Cornelsen.

Klieme, E. (2007). Bildungsstandards, Leistungsmessung und Unterrichtsqualität. In P. Labudde (Hrsg.), *Bildungsstandards am Gymnasium. Korsett oder Katalysator?* (S. 75-84). Bern: h.e.p.

Klieme, E., Avenarius, H., Blum, W., Döbrich, P., Gruber, H., Prenzel, M., Reiss, K., Riquardts, K., Rost, J., Tenorth, H.-E. & Vollmer, H. J. (2007). *Zur Entwicklung nationaler Bildungsstandards. Expertise.* Bildungsforschung Band 1. Bonn & Berlin: BMBF.

Klieme, E. & Leutner, D. (2006). Kompetenzmodelle zur Erfassung individueller Lernergebnisse und zur Bilanzierung von Bildungsprozessen. *Zeitschrift für Pädagogik, 52,* 876-903.

Klieme, E., Avenarius, H., Blum, W., Döbrich, P., Gruber, H., Prenzel, M. et al. (2003). *Zur Entwicklung nationaler Bildungsstandards: Eine Expertise.* Bildungsforschung Bd. 1. Bonn & Berlin: BMBF.

Klieme, E. & Baumert, J. (2001). Identifying national cultures of mathematics education: Analysis of cognitive demands and differential item functioning in TIMSS. *European Journal of Psychology of Education, 16,* 383-400.

Klieme, E. & Bos, W. (2000). Mathematikleistung und mathematischer Unterricht in Deutschland und Japan: Triangulation qualitativer und quantitativer Analysen am Beispiel der TIMS-Studie. *Zeitschrift für Erziehungswissenschaft, 3* (3), 359-379.

Kline, R. B. (2004). *Principles and Practices of Structural Equation Modelling.* New York: Guilford Press.

KMK = Sekretariat der Ständigen Konferenz der Kultusminister der Länder in der Bundesrepublik Deutschland (2005). *Bildungsstandards im Fach Mathematik für den Primarbereich.* München: Wolter Kluwer.

KMK = Sekretariat der Ständigen Konferenz der Kultusminister der Länder in der Bundesrepublik Deutschland (2004). *Bildungsstandards im Fach Mathematik für den Mittleren Schulabschluss.* München: Wolter Kluwer.

Knapp, W. (1999). *Verdeckte Sprachschwierigkeiten. Die Grundschule, 31* (5), 30-33.

Koch, P. & Oesterreicher, W. (1985). Sprache der Nähe – Sprache der Distanz: Mündlichkeit und Schriftlichkeit im Spannungsfeld von Sprachtheorie und Sprachgeschichte. *Romanistisches Jahrbuch, 36,* 15-43.

Kokemohr, R. (2007). Bildung als Welt- und Selbstentwurf im Anspruch des Fremden. Eine theoretisch-empirische Annäherung an eine Bildungsprozesstheorie. In H.-C. Koller, W. Marotzki & O. Sanders (Hrsg.), *Bildungsprozesse und Fremdheitserfahrung. Beiträge zu einer Theorie transformatorischer Bildungsprozesse* (S. 13-68). Bielefeld: Transkript Verlag.

Kokemohr, R. (1985). Schichtenspezifisches Sprach-/ Sozialverhalten. In: E.-G. Skiba, C. Wulf & K. Wünsche (Hrsg.), *Enzyklopädie Erziehungswissenschaft, Bd 8: Erziehung im Jugendalter – Sekundarstufe I* (S. 572-575). Stuttgart: Klett-Cotta.

Koller, H.-C. (2012). *Bildung anders denken. Einführung in die Theorie transformatorischer Bildungsprozesse.* Stuttgart: Kohlhammer.

Koller, H.-C. (2008). *Grundbegriffe, Theorien und Methoden der Erziehungswissenschaft. Eine Einführung.* Stuttgart: Kohlhammer.

Konrad, K. (2010). Lautes Denken In G. Mey & K. Mruck (Hrsg.), *Handbuch Qualitative Forschung in der Psychologie* (S. 476-490). Wiesbaden: VS Verlag.

Krais, B. & Gebauer, G. (2002). *Habitus.* Bielefeld: Transkript Verlag.

Kramer, R.-T. (2011). *Abschied von Bourdieu? Perspektiven ungleichheitsbezogener Bildungsforschung.* Wiesbaden: VS Verlag.

Kramer, R.-T. & Helsper, W. (2010). Kulturelle Passung und Bildungsungleichheit - Potenziale einer an Bourdieu orientierten Analyse der Bildungsungleichheit. In H. H. Krüger, U. Rabe-Kleberg, R. T. Kramer & J. Budde, J. (Hrsg.), *Bildungsungleichheit revisited. Bildung und soziale Ungleichheit vom Kindergarten bis zur Hochschule* (S. 103-126). Wiesbaden: VS Verlag.

Kramer, R.-T. & Helsper, W. (2009). Typen des Bildungshabitus – Oder was eine ‚bourdieusche' Perspektive bei der Analyse von Bildungsungleichheiten in der Schule bringen kann? In H.-H. Krüger, U. Rabe-Kleberg, R.-T. Kramer & J. Budde (Hrsg.), *Bildungsungleichheit revisited. Bildung und soziale Ungleichheit vom Kindergarten bis zur Hochschule* (S. 103-127). Wiesbaden: VS Verlag.

Kramer, R.-T., Helsper, W., Thiersch, S. & Ziems, C. (2009). *Selektion und Schulkarriere. Kindliche Orientierungsrahmen beim Übergang in die Sekundarstufe I.* Wiesbaden: VS Verlag.

Kramer, R.-T. (2002). *Schulkultur und Schülerbiographien. Das „schulbiographische Passungsverhältnis". Rekonstruktionen zur Schulkultur II.* Opladen: Leske+ Budrich.

Kreckel, R. (2004). *Politische Soziologie sozialer Ungleichheit.* Frankfurt am Main & New York: Campus.

Kubinger, K. D. (2010). „Testfairness für globalisierte türkische Kinder: Die Intelligenz-Testbatterie AID 2-Türkisch." *Report Psychologie, 35,* 72-81.

Kulin, S., Frank, K., Fickermann, D. & Schwippert, K. (2012). *Soziale Netzwerkanalyse. Theorie, Methoden, Praxis.* Münster: Waxmann.

Kunnan, A. J. (2000). Fairness and justice for all. In A. J. Kunnan (Ed.), *Fairness and validation in language assessment: Selected papers from the 19th Language Testing Research Colloquium, Orlando, Florida* (pp. 1-14). Cambridge, UK: Cambridge University Press.

Kunter, M., Baumert, J., Blum, W., Klusmann, U., Krauss, S. & Neubrand, M. (2011). *Professionelle Kompetenz von Lehrkräften. Ergebnisse des Forschungsprogramms COACTIV.* Münster: Waxmann.

Künzli, S., Isler, D. & Leemann, R. J. (2010). Frühe Literalität als soziale Praxis: Analyse von Mikroprozessen der Reproduktion von Bildungsungleichheit. *Zeitschrift für Soziologie der Erziehung und Sozialisation, 30* (1), 60-73.

Lai, G., Lin, N. & Leung, S.-Y. (1998). Network Resources, Contact Resources and Status Attainment. *Social Networks, 20,* 159-178.

Lampert, T. & Kurth, B.-M. (2007). Sozialer Status und Gesundheit von Kindern und Jugendlichen. Ergebnisse des Kinder- und Jugendgesundheitssurveys (KIGGS). *Deutsches Ärzteblatt, 104* (43), 2944-2949.

Lange, A. & Xyländer, M. (2010). *Bildungswelt Familie. Theoretische Rahmung, empirische Befunde und disziplinäre Perspektiven.* Weinheim: Juventa.

Lange, I. & Gogolin, I. (2010). *Durchgängige Sprachbildung in der Praxis.* Münster: Waxmann.

Lange, K. (2011). *Historisches Bildverstehen oder Wie lernen Schüler mit Bildquellen?* Berlin: Lit-Verlag.

Lareau, A. (2003). *Unequal childhoods. Class, race, and faily life.* Berkeley: University of California Press.

Lareau, A. & Weininger, E. B. (2003). Cultural capital in educational research: A critical assessment. *Theory and Society, 32,* 567-606.

Lareau, A. (2000). Social Class Differences in Family-School Relationships: The Importance of Cultural Capital. In R. Arum & I. R. Beattie (Eds.), *The Structure of Schooling: Readings in the Sociology of Education* (pp. 288-303). Boston: McGraw-Hill.

Lareau, A. & McNamara Horvat, E. (1999). Moments of Social Inclusion and Exclusion. *Sociology of Education, 72,* 37-53.

Lecanuet, J.-P., Granier-Deferre, C. & DeCasper, A. J. (2005). Are We Expecting Too Much from Prenatal Sensory Experiences? In B. Hopkins & S. Johnson (Eds.), *Prenatal development of postnatal functions* (pp. 21-49). Westport: Greenwood Publishing Group.

Leisen, J. (2009). Grundlagenteil. In Studienseminar Koblenz (Hrsg.), *Sachtexte lesen im Fachunterricht der Sekundarstufe* (S. 8-108). Seelze-Velber: Kallmeyer Klett.

Leseman, P. P. M., Scheele, A. F. & Mayo, A. Y. (2007). Home literacy as a special language environment to prepare children for school. *Zeitschrift für Erziehungswissenschaft, 11* (3), 334-355.

Leseman, P. P. M. & van Tuijl, C. (2006). Cultural diversity in early literacy development. S. B. Neumann & D. K. Dickinson (Eds.), *Handbook of early literacy research* (pp. 211-228). New York: Guilford Press.

Leufer, N. & Sertl, M. (2010), Kontextwechsel in realitätsbezogenen Mathematikaufgaben: Zur Problematik der alltagsweltlichen Öffnung fachunterrichtlicher Kontexte. In A. Brake & H. Bremer (Hrsg.), *Alltagswelt Schule: Die soziale Herstellung schulischer Wirklichkeiten* (S. 111-133). Weinheim: Juventa.

Lewis, M. (2000). The promise of dynamic systems approaches for an integrated account of human development. *Child Development, 71,* 36-43.

Liebau, E. (2009). Der Störenfried. Warum Pädagogen Bourdieu nicht mögen. In B. Friebertshäuser, M. Rieger-Ladich & L. Wigger (Hrsg.), *Reflexive Erziehungswissenschaft* (S. 41-58). Wiesbaden: VS Verlag.

Liebau, E. (1987). *Gesellschaftliches Subjekt und Erziehung. Zur pädagogischen Bedeutung der Sozialisationstheorien von Pierre Bourdieu und Ulrich Oevermann.* Weinheim & München: Beltz.

Liebau, E. (1984). Gesellschaftlichkeit und Bildsamkeit des Menschen. Nachdenken über Routine, Geschmack und das Selbstverständliche mit Pierre Bourdieu. *Neue Sammlung, 24,* 245-261.

Liebenwein, S. (2008). *Erziehung und soziale Milieus. Elterliche Erziehungsstile in milieuspezifischer Differenzierung.* Wiesbaden: VS Verlag.

Liesner, A. (2012). ‚Bildungsferne Schichten'? Über Armut als Bildungsrisiko und als Ergebnis von Bildungsausgrenzung. In D. Kirchhöfer & C. Uhlig

(Hrsg.), *Bildung und soziale Differenzierung in der Gesellschaft* (S. 59-72). Frankfurt am Main: Peter Lang.

Lin, N. & Erickson, B. H. (2008). *Social Capital: An International Research Program*. Oxford: University Press.

Lin, N., Fu, Y. & Hsung, R. (2001). The Position Generator: Measurement Techniques for Investigations of Social Capital. In N. Lin, K. Cook & R. S. Burt (Eds.), *Social capital: theory and research* (pp. 57-81). Hawthorne, NY: Aldine de Gruyter.

Lin, N. & Dumin, M. (1986). Access to Occupations through Social Ties. *Social Networks, 8,* 365-385.

Lindblom, J. & Ziemke, T. (2002). Social situatedness of natural and artificial intelligence: Vygotsky and beyond. *Adaptive Behaviour, 11* (2), 79-96.

Lintorf, K. (2012). *Wie vorhersagbar sind Grundschulnoten? Prädiktionskraft individueller und kontextspezifischer Merkmale*. Wiesbaden: VS Verlag.

Littlejohn, S. W. (1996). *Theories of Human Communication*. Belmont: Wadsworth Publishing Company.

Lord, F. M. (1980). *Applications of item response theory to practical testing problems*. Hillsdale, NJ: Lawrence Erlbaum Associates.

Lord, F. M. (1977). A study of item bias, using item characteristic curve theory.In Y.H. Poortinga (Ed.), *Basic problems in cross-cultural psychology* (pp. 19-29). Amsterdam: Swets & Zeitlinger.

Lorenz, F. & Wild, E. (2007). Parental involvement in schooling - results concerning its structure and impact on students' motivation. In M. Prenzel & L. Allolio-Näcke (Hrsg.), *Studies on the educational quality of schools. The final report on the DFG Priority Programme* (pp. 299-316). Münster: Waxmann.

Lorenz, J. H. (2011). Anschauungsmittel und Zahlenrepräsentation. In A. S. Steinweg (Hrsg.), *Medien und Materialien. Tagungsplan des AK Grundschule in der GDM 2011* (S. 39-54). Bamberg: University of Bamberg Press.

Lorenz, J. H. (1998). Lesen und Schreiben – oder Mathematik? In C. Crämer, I. Füssenich & G. Schumann (Hrsg.), *Lesekompetenz erwerben und fördern* (S. 128-137). Braunschweig: Westermann Schulbuchverlag.

Lubienski, S.T. (2000). A clash of social class cultures? Students' experiences in a discussion-intensive seventh-grade mathematics classroom. *The Elementary School Journal, 100* (4), 377-403.

Lüdtke, O., Robitzsch, A., Trautwein, U. & Köller, O. (2007). Umgang mit fehlenden Werten in der psychologischen Forschung: Probleme und Lösungen. *Psychologische Rundschau, 58* (2), 103-117.

Ludwig-Mayerhofer, W., & Kühn, S. (2010). Bildungsarmut, Exklusion und die Rolle von sozialer Verarmung und Social Illiteracy. In G. Quenzel & K. Hurrelmann (Hrsg.), *Bildungsverlierer – Neue Ungleichheiten* (S. 137-155). Wiesbaden: VS Verlag.

Luria, A. R. (1961). *The Role of Speech in the Regulation of Normal and Abnormal Behaviour*. New York: Pergamon.

Maas, U. (2010). *Orat und literat*. Graz: Institut für Sprachwissenschaft der Universität Graz.

Maas, U. (2008). *Sprache und Sprachen in der Migrationsgesellschaft. Die schriftkulturelle Dimension*. Osnabrück: V&R unipress Universitätsverlag Osnabrück.

Maaz, K., Trautwein, U. & Baeriswyl, F. (2011). *Herkunft zensiert? Leistungsdiagnostik und soziale Ungleichheit in der Schule*. Berlin: Vodafone Stiftung Deutschland.

Maaz, K., Watermann, R. & Baumert, J. (2007). Familiärer Hintergrund, Kompetenzentwicklung und Selektionsentscheidungen in gegliederten Schulsystemen im internationalen Vergleich. Eine vertiefende Analyse von PISA Daten. *Zeitschrift für Pädagogik, 53* (4), 444-461.

Maaz, K. (2006). *Soziale Herkunft und Hochschulzugang. Effekte institutioneller Öffnung im Bildungssystem*. Wiesbaden: VS Verlag.

Maaz, K., Hausen, C., McElvany, N. & Baumert, J. (2006). Stichwort: Übergänge im Bildungssystem. *Zeitschrift für Erziehungswissenschaft, 9* (3), 299-327.

Magis, D., Beland, S. & Raiche, G. (2012). *Package ‚difR'. Collection of methods to detect dichotomous differential item functioning (DIF) in psychometrics*. Verfügbar unter: http://cran.r-project.org/web/packages/difR/difR.pdf [01.09.2014].

Maier, H. & Schweiger, F. (1999). Mathematik und Sprache. Zum Verstehen und Verwenden von Fachsprache im Mathematikunterricht. Verfügbar unter: http://wwwmath.uni-muenster.de/u/mollerh/data/MaierSchweig11.pdf [01.09.2014].

Mannheim, K. (1924/1980). Eine soziologische Theorie der Kultur und ihrer Erkennbarkeit (Konjunktives und kommunikatives Denken). In D. Kettler, V. Meja & N. Stehr (Hrsg.), *Karl Mannheim. Strukturen des Denkens* (S. 155-322). Frankfurt am Main: Suhrkamp.

Mantel, N. & Haenszel, W. (1959). Statistical aspects of the analysis of data from retrospective studies of disease. *Journal of the National Cancer Institute, 22*, 719-748.

Martiniello, M. (2009). Linguistic complexity, schematic representations, and differential item functioning for English language learners in math tests. *Educational Assessment, 14*, 160-179.

Martiniello, M. (2008). Language and the Performance of English-Language-Learners in Math Word Problems. *Havard Educational Review, 78* (2), 333-368.

Maton, K. (2008), Habitus. In M. Grenfell (Ed.), *Pierre Bourdieu: Key concepts* (pp. 49-65). London: Acumen.

Mayer, K. U. (1994). Bildung und Arbeit in einer alternden Bevölkerung. In P.B. Baltes, J. Mittelstraß & U. M. Staudinger (Hrsg.), *Alter und Altern: ein interdisziplinärer Studientext zur Gerontologie* (S. 518-543). Berlin: de Gruyter.

Mayring, P. & Jenull-Schiefer, B. (2005). Triangulation und „Mixed Methodologies" in entwicklungspsychologischer Forschung. In G. Mey (Hrsg.), *Handbuch Qualitative Entwicklungspsychologie* (S. 515-527). Köln: Kölner Studienverlag.

McDonald, R. P. & Marsh, H. W. (1990). Choosing a multivariate model: Noncentrality and goodness of fit. *Psychological Bulletin, 107*, 247-255.

McElvany, N., van Steensel, R., Guill, K., van Tuijl, C. & Herppich, S. (2012). Family Literacy Programs in the Netherlands and Germany: Policies, Current Programs and Evaluation Studies. In B. H. Wasik & B. Vanlorn (Eds.), *Handbook of Family Literacy* (pp. 339-353). Mahwah, NJ: Lawrence Erlbaum Associates.

McElvany, N. (2011). Familiäre Bedingungsfaktoren von Lesekompetenz und Effektivität systematischer Förderung. In Bundesverband Alphabetisierung und Grundbildung e.V. & J. Bothe (Hrsg.), *Funktionaler Analphabetismus im Kontext von Familie und Partnerschaft. Alphabetisierung und Grundbildung Band 8* (S. 62-71). Münster: Waxmann.

McElvany, N., Kortenbruck, M. & Becker, M. (2008). Lesekompetenz und Lesemotivation. Entwicklung und Mediation des Zusammenhangs durch Leseverhalten. *Zeitschrift für Pädagogische Psychologie, 22* (3-4), 207-219.

Meibauer, J. (2001). *Pragmatik. Eine Einführung.* Tübingen: Stauffenburg.

Merkens, H. & Wessel, A. (2002). *Zur Genese von Bildungsentscheidungen: Eine empirische Studie in Berlin und Brandenburg.* Hohengehren: Schneider Verlag.

Metzeld, D., Isaac, K., Groß Ophoff, J., Speck-Hamdan, A. & Böhme, K. (2009). Warum sich der Aufwand lohnt – Der Beitrag von Vergleichsarbeiten zum kompetenzorientierten Unterrichten. *Grundschulunterricht, 56* (2), 4-8.

Mey, G. & Mruck, K. (2010). Interviews. In G. Mey & K. Mruck (Hrsg.), *Handbuch Qualitative Forschung in der Psychologie* (S. 423-435). Wiesbaden: VS Verlag.

Meyer, M. & Prediger, S. (2012). Sprachenvielfalt im Mathematikunterricht – Herausforderungen, Chancen und Förderansätze. *Praxis der Mathematik in der Schule, 54* (45), 1-8.

Meulemann, H. (1992). Expansion ohne Folgen? Bildungschancen und sozialer Wandel in der Bundesrepublik. In W. Glatzer (Hrsg.), *Entwicklungstendenzen der Sozialstruktur. Soziale Indikatoren XV* (S. 123-156). Frankfurt am Main: Campus.

Miller, W. (2000). *Strategies for developing emergent literacy.* Boston: Mc Graw Hill.

Mollenhauer, K. (1969). Sozialisation und Schulerfolg. In H. Roth (Hrsg.), *Begabung und Lernen* (S. 269-296). Stuttgart: Klett.

Moody, J. & White, D.R. (2003). Structural cohesion and embeddedness: A hierarchical concept of social groups. *American Sociological Review, 68*, 103-127.

Morek, M. (2012). *Kinder erklären. Interaktionen in Familie und Unterricht im Vergleich.* Tübingen: Stauffenburg Verlag.

Morek, M. & Heller, V. (2012). Bildungssprache – Kommunikative, epistemische, soziale und interaktive Aspekte ihres Gebrauchs. *Zeitschrift für angewandte Linguistik, 57* (1), 67-101.

Morgan, C. (2006). What does social semiotics have to offer mathematics education research? *Educational Science in Mathematics, 61* (1/2), 219-245.

Morgan, C. (2005). 'Words, definitions and concepts in discourses of mathematics, teaching and learning', *Language and Education, 19* (2), 103-117.

Morgan, C. (1996). „The Language of Mathematics": Towards a Critical Analysis of Mathematics Texts. *Learning of Mathematics,15* (3), 2-10.

Morgan, C., Tang, S. & Sfard, A. (2011). Grammatical structure and mathematical activity: comparing examination questions. In C. Smith (Ed.), *Proceedings of the British Society for Reasearch into Learning Mathematics, 31(3)* (pp. 113-118). London: Institute of Education.

Morgan, C., Tsatsaroni, A. & Lerman, S. (2002). 'Mathematics teachers' positions and practices in discourses of assessment', *British Journal of Sociology of Education, 23* (3), 445-461.

Moser, U., Keller, F. & Tresch, S. (2002). *Evaluation der 3. Primarschulklassen, Schlussbericht zuhanden der Bildungsdirektion des Kantons Zürich.* Zürich: Kompetenzzentrum für Bildungsevaluation und Leistungsmessung an der Universität Zürich (KBL).

MSW & MFKJKS = Ministerium für Schule und Weiterbildung des Landes NRW & Ministerium für Familie, Kinder, Jugend, Kultur und Sport des Landes NRW (Hrsg.). (2011). *Mehr Chancen durch Bildung von Anfang an – Entwurf – Grundsätze zur Bildungsförderung für Kinder von 0 bis 10 Jahren in Kindertageseinrichtungen und Schulen im Primarbereich in Nordrhein-Westfalen.* Verfügbar unter: http://www.bildungsgrundsaetze.nrw. de/fileadmin/dateien/PDF/Mehr_Chancen_durch_Bildung.pdf [01.09.2014].

Muller, C. (1995). Maternal emplyment, parent involvement, and mathematics achievement. *Journal of Marriage and the Family, 57* (1), 85-100.

Müller, C. (2012). *Kindliche Erzählfähigkeiten und (schrift-)sprachsozialisatorische Einflüsse in der Familie. Eine longitudinale Einzelfallstudie mit ein- und mehrsprachigen (Vor-)Schulkindern.* Baltmannsweiler: Schneider Verlag Hohengehren GmbH.

Müller, C., Walzebug, A., Pawicki, M. & Tarelli, I. (2013). *Schools' language requirements and students' preconditions with respect to family literacy practices – A two-step analysis.* Vortrag auf der European Conference of Educational Research (ECER). Istanbul, Türkei.

Müller, C. & Walzebug, A. (2012). Schulische Sprachlernerwartungen und famiale Sprachlernvoraussetzungen. Eine Replik auf die Bernsteinsche Fragestellung. In D. Kirchhöfer & C. Uhlig (Hrsg.), *Bildung und soziale Differenzierung in der Gesellschaft* (S. 241-264). Frankfurt am Main: Peter Lang.

Müller, C. (2009). Literate Sprachformen gebrauchen. Zur Bedeutung erweiterter sprachlicher Erfahrungen im Vorschulalter. *Die Grundschulzeitschrift, 23*, 86-89.

Müller, H. (2002). *Arbeitsbuch Linguistik*. Paderborn: Ferdinand Schöning.

Mullis, I. V. S., Martin, M. O. & Foy, P. (2013). The Impact of Reading Ability on TIMSS Mathematics and Science Achievement at the Fourth Grade: An Analysis by Item Reading Demands. In M. O. Martin & I. V. S. Mullis (Eds.), TIMSS and PIRLS 2011: Relationships Among Reading, Mathematics, and Science achievement at the fourth grade – Implications for Early Learning (pp. 67-108). Chestnut Hill, MA: TIMSS & PIRLS International Study Center: Boston College.

Mullis, I. V. S., Martin, M. O., Beaton, A. E., Gonzalez, E. J., Kelly, D. L. & Smith, T. A. (1997). *Mathematics Achievement in the Primary School Years: IEA's third international mathematics and science study (TIMSS)*. Center for the Study of Testing, Evaluation, and Educational Policy, Boston College: Boston.

Mullis, I. V. S., Martin, M. O., Kennedy, A. M. & Foy, P. (2007). *PIRLS 2006: International Report: IEA's Progress in International Reading Literacy Study in Primary Schools in 40 Countries*. Chestnut Hill, MA: TIMSS & PIRLS International Study Center, Lynch School of Education, Boston College.

Mullis, I. V. S., Martin, M. O., Ruddock, G. J., O'Sullivan, C. Y., Arora, A. & Erberber, E. (2005). *TIMSS 2007 assessment frameworks*. Chestnut Hill, MA: TIMSS & PIRLS International Study Center, Lynch School of Education, Boston College.

Mullis, I. V. S., Martin, M. O., Beaton, A. E., Gonzalez, E. J., Kelly, D. L. & Smith, T. A. (1998). *Mathematics and science achievement in the final years of secondary school: IEA's Third International Mathematics and Science Report (TIMSS)*. Chestnut Hill, MA: TIMSS & PIRLS International Study Center, Lynch School of Education, Boston College.

Muthén, L. K. & Muthén, B. O. (2010). *Mplus. Statistical analysis with latent variables. User's Guide*. Los Angeles: Muthén & Muthén.

National Council of Teachers of Mathematics (Eds.) (2000). *Principles and Standards for school Mathematics*. Reston, VA: NCTM.

Nemeth, C. (2008). *Sprachbarrieren in der Diskussion. Eine wissenschaftsgeschichtliche Darstellung*. Berlin: Lit-Verlag.

Nesher, P. & Teubal, E. (1975). Verbal cues as an interfering factor in verbal problem solving, *Educational Studies in Mathematics, 6*, 41–51.

Neuenschwander, M. P., Balmer, T., Hirt, U., Ryser, H., Wartenweiler, H., Gasser-Dutoit, A. & Goltz, S. (2005). *Schule und Familie. Was sie zum Schulerfolg beitragen*. Bern: Haupt Verlag.

Neuland, E., Balsliemke, P. & Baradaranossadat, A. (2009). Schülersprache, Schulsprache, Unterrichtssprache. In M. Becker-Mrotzek (Hrsg.), *Mündliche Kommunikation und Gesprächsdidaktik* (S. 392-407). Baltmannsweiler: Schneider Verlag Hohengehren.

Neuland, E. (1975). *Sprachbarrieren oder Klassensprache? Untersuchungen zum Sprachverhalten im Vorschulalter.* Frankfurt am Main: Fischer Verlag.

Neuweg, G. H. (2008). Zur Funktion von Aufgaben im Lichte des tacit knowing view. In J. Thonhauser (Hrsg.), *Aufgaben als Katalysatoren von Lernprozessen. Eine zentrale Komponente organisierten Lehrens und Lernens aus der Sicht von Lernforschung, Allgemeiner Didaktik und Fachdidaktik* (S. 83-98). Münster: Waxmann.

Neuweg, G. H. (2000). *Wissen – Können – Reflexion. Ausgewählte Verhältnisbestimmungen.* Innsbruck & Wien: Studienverlag.

Neuweg, G. H. (1999). *Könnerschaft und implizites Wissen. Zur lehrlerntheoretischen Bedeutung der Erkenntnis- und Wissenstheorie Michael Polanyis.* Münster: Waxmann.

Newman, I. & Benz, C. R. (1998). *Qualitative-quantitative research methodology: Exploring the interactive continuum.* Illinios: Southern Illinois University Press.

Nickel, S. (2007). Family Literacy in Deutschland: Stand der Entwicklung und Gedanken zur konzeptionellen Weiterentwicklung. In M. Elfert & G. Rabkin (Hg.), *Gemeinsam in der Sprache baden. Family Literacy* (S. 65-84). Barcelona: Ernst Klett Sprachen.

Niggli, A., Trautwein, U., Schnyder, I., Lüdtke, O. & Neumann, M. (2007). Elterliche Unterstützung kann hilfreich sein, aber Einmischung schadet: Familiärer Hintergrund, elterliches Hausaufgabenengagement und Leistungsentwicklung. *Psychologie in Erziehung und Unterricht, 54,* 1-14.

NRC = National Research Council. (1998). *Preventing reading difficulties in young children.* Washington, DC: National Academy Press.

NRC = National Research Council. (2000). *From neurons to neighborhoods: The science of early childhood development.* Washington, DC: National Academy Press.

Nunan, D. & Koebke, K. (1995). Task difficulty from the learners' perspective: Perceptions and reality. *Hong Kong Papers in Linguistics and Language Testing, 18* (1), 1-12.

Núñez, R. E., Edwards, L. D. & Matos, J. F. (1999). Embodied cognition as grounding for situatedness and context in mathematics education. *Educational Studies in Mathematics, 39,* 45-65.

OECD (2012). *PISA 2009 Technical Report.* Paris: OECD Publishing.

OECD (2003). *The PISA 2003 Assessment Framework. Mathematics, Reading, Science and Problem Solving Knowledge and Skills.* Paris: OECD Publishing.

Oevermann, U. (2001). Die Soziologie der Generationsbeziehungen und der historischen Generationen aus strukturalistischer Sicht und ihre Bedeutung für die Schulpädagogik. In R.-T. Kramer, W. Helsper & S. Busse (Hrsg.), *Pädagogische Generationsbeziehungen. Jugendliche im Spannungsfeld von Schule und Familie* (S. 78-128). Opladen: Leske+ Budrich.

Oevermann, U. (1973). *Sprache und soziale Herkunft. Ein Beitrag zur Analyse schichtenspezifischer Sozialisationsprozesse und ihrer Bedeutung für den Schulerfolg.* Frankfurt am Main: Suhrkamp.

Oevermann, U. (1970). Soziale Schichtung und Begabung. In B. Bernstein, U. Oevermann, R. Reichwein & H. Roth (Hrsg.), *Lernen und soziale Struktur. Aufsätze 1965-1970. Schwarze Reihe Nr. 9* (S. 79-90). Amsterdam: Verlag de Munter.

O'Halloran, K. L. (1999). Classroom discourse in mathematics: a multisemiotic analysis. *Linguistics and Education, 10* (3), 359-388.

Olson, J. F., Martin, M. O. & Mullis, I. V. S. (2008). Appendix B: Characteristics of National Samples. In J. F. Olson, M. O. Martin & I. V. S. Mullis (Eds.), *TIMSS 2007. Technical Report* (pp. 359-437). Boston College: Lynch School of Education.

Ort, M. (1976). *Sprachverhalten und Schulerfolg: Über die Unergiebigkeit der Code-Theorie zur Erklärung schulischer Benachteiligung von Bernstein von Unterrichtskindern.* Weinheim: Beltz.

Ortner, H. (2009). "Rhetorisch-stilistische Eigenschaften der Bildungssprache". In U. Fix, A. Gardt, J. Knape (Hrsg.). *Rhetorik und Stilistik/ Rhetoric and Stylistics* Teilband 2 (S. 2227-2240). Berlin & New York: de Gruyter.

Osterlind, S. J. & Everson, H. T. (2009). *Differential Item Functioning.* Thousand Oaks, California: SAGE.

Osterlind, S. J. (2006). *Modern measurement: Theory, prinicples, and applications of mental appraisal.* Upper Saddle River, NJ: Prentice Hall.

Oswald, H. & Krappmann, L. (2004). Soziale Ungleichheit in der Schulklasse und Schulerfolg. Eine Untersuchung in dritten und fünften Klassen Berliner Grundschulen. *Zeitschrift für Erziehungswissenschaft, 4,* 479-496.

Otto, H.-U. & Ziegler, H. (2010). Der Capabilities- Ansatz als neue Orientierung in der Erziehungswissenschaft. In H.-U. Otto (Hrsg.), *Capabilities – Handlungsbefähigung und Verwirklichungschancen in der Erziehungswissenschaft* (S. 9-13). Wiesbaden: VS Verlag.

Paivio, A. (1986). *Mental representations: A dual coding approach.* New York and Oxford Oxfordshire: Oxford University Press.

Papoušek, M., Papoušek, M. & Symmes, D. (1991). The meanings of melodies in motherese in tone and stress languages. *Infant Behavior and Development, 14,* 415-440.

Pattillo-McCoy, M. (1999). *Black picket fences. Privilege and peril among the Black middle class.* Chicago, IL: University of Chicago Press.

Pätzhold, M. (2005). Frühe literale Textkompetenz. In H. Feilke & R. Schmidlin (Hrsg.), *Literale Textentwicklung* (S. 69-91). Frankfurt am Main: Peter Lang.

Peek, R. & Dobbelstein, P. (2006). Benchmarks als Input für die Schulentwicklung - das Beispiel der Lernstandserhebungen in Nordrhein-Westfalen. In H. Kuper & J. Schneewind (Hrsg.), *Rückmeldung und Rezeption von Forschungsergebnissen: Zur Verwendung wissenschaftlichen Wissens im Bildungssystem* (S. 41–58). Münster: Waxmann.

Pekrun, R. (2001). Familie, Schule und Entwicklung. In S. Walper & R. Pekrun (Hrsg.), *Familie und Entwicklung* (S. 84-105). Göttingen: Hogrefe.

Penfield, R. D. & Camilli, G. (2007). Differential item functioning and item bias. In C. R. Rao & S. Sinharray (Eds.), *Handbook of Statistics 26: Psychometrics* (pp. 125-167). Amsterdam: Elsevier.

Philipp, M., Gölitz, D. & von Salisch, M. (2010). Welchen Beitrag leistet die peer group für die Lesemotivation von Schülerinnen und Schülern zu Beginn der Sekundarstufe? *Psychologie in Erziehung und Unterricht, 57*, 241-256.

Pimm, D. (1987). *Speaking Mathematically. Communication in Mathematics Classroom.* London & New York: Routledge & Kegan Paul.

Planas, N. & Iranzo, N. (2009). Consideratciones metodológicas para la interpretacíon de procesos de interacción en el aula de matemáticas, *Revista Latinoamericana de Investigacion en Matematica Educativa, 12* (2), 179-213.

Polanyi, M. (1969). *Knowing and Being.* London: Routledge & Kegan Paul.

Polanyi, M. (1966). *Implizites Wissen.* Frankfurt am Main: Suhrkamp.

Polanyi, M. (1964). *Personal Knowledge. Towards a Post-Critical Philosophy.* New York: Harper & Row.

Portes, A. (2000). The two meanings of social capital. *Sociological Forum, 15* (1), 1-12.

Pound, L. (2006). *Supporting mathematical development in the early years.* Maidenhead: Open University Press.

Poulsen, A. & Svendsen, G. T. (2003). *Rise and decline of social capital – Excess co-operation in the one-shot prisoner's dilemma game.* Departement of Economics, Aarhus School of Business. Working paper 03-10.

Prabhu, N. S. (1987). *Second language pedagogy.* Oxford: University Press.

Prediger, S. (2013). Darstellungen, Register und mentale Konstruktion von Bedeutungen und Beziehungen – mathematikspezifische sprachliche Herausforderungen identifizieren und bearbeiten. In M. Becker-Mrotzek, K. Schramm, E. Thürmann & H. J. Vollmer (Hrsg.), *Sprache im Fach. Sprachlichkeit und fachliches Lernen* (S. 167-183). Münster: Waxmann.

Prediger, S. & Wessel, L. (2013). Fostering German-language learners' constructions of meanings for fractions – design and effects of a language- and mathematics-integrated intervention. *Mathematics Education Research Journal, 25* (3), 435-456.

Prediger, S., Barzel, B., Leuders, T. & Hußmann, S. (2011). Systematisieren und Sichern. Nachhaltiges Lernen durch aktives Ordnen, *Mathematik lehren, 164,* 2-9.

Prediger, S. & Özdil, E. (2011). *Mathematiklernen unter Bedingungen der Mehrsprachigkeit – Stand und Perspektiven der Forschung und Entwicklung.* Münster: Waxmann.

Prenzel, M. (2008). Ergebnisse des Ländervergleichs bei PISA 2006 im Überblick. In M. Prenzel, C. Artelt, J. Baumert, W. Blum, M. Hammann, E. Klieme & R. Pekrun (Hrsg.), *PISA 2006 in Deutschland. Die Kompetenzen der Jugendlichen im dritten Ländervergleich* (S. 15-30). Münster: Waxmann.

Prong, S.-L., Dronkers, J. & Hampden-Thompson, G. (2003). Family Policies and Children's School Achievement in Single- Versus Two-Parent Families. *Journal of Marriage and Family, 65,* 681-699.

Putnam, R. D. & Gross, K. A. (2001). Einleitung. In R. D. Putnam (Hrsg.), *Gesellschaft und Gemeinsinn – Sozialkapital im internationalen Vergleich* (S. 15-43). Gütersloh: Bertelsmann-Stiftung.

Quasthoff, U. M. (2009). Entwicklung der mündlichen Kommunikationskompetenz. In M. Becker-Mrotzek (Hrsg.), *Mündliche Kommunikation und Gesprächsdidaktik* (S. 84-101). Baltmannsweiler: Schneider-Verlag Hohengehren.

Quenzel, G. & Hurrelmann, K. (2010). *Bildungsverlierer. Neue Ungleichheiten.* Wiesbaden: VS Verlag.

R Development Core Team (2009). R: *A language and environment for statistical computing. R Foundation for Statistical Computing,* Vienna, Austria., verfügbar unter: http://www.R-project.org [01.09.2014].

Raikes, H., Pan, B. A., Luze, G., Tamis-LeMonda, C. S., Brooks-Gunn, J., Constantine, J., Tarullo, L. B., Raikes, H. A. & Rodrigues, E. T. (2006). Mother-child bookreading in low-income families: Correlates and outcomes during the first three years of life. *Child Development, 77* (4), 924-953.

Rasch, G. (1960). *Probabilistic models for some intelligence and attainment tests.* Copenhagen: Denmark Pedagogiske Institute.

Reay, D. (2004). ‚It's all becoming a habitus': Beyond the habitual use of habitus in educational research. *British Journal of Sociology of Education, 52* (2), 57-74.

Reay, D. (1995). ‚They employ cleaners to do that': Habitus in the primary school. *British Journal of Sociology of Education. 16* (3), 353-71.

Reckwitz, A. (2010). *Subjekt.* Bielefeld: Transkript Verlag.

Reinecke, J. (2005). *Strukturgleichungsmodelle in den Sozialwissenschaften.* München: Oldenbourg.

Reinecke, J. & Pöge, A. (2010). Strukturgleichungsmodelle. In C. Wolf & H. Best (Hrsg.), *Handbuch der sozialwissenschaftlichen Datenanalyse* (S. 775-804). Wiesbaden: VS Verlag.

Reiss, K. & Ufer, S. (2009). Fachdidaktische Forschung im Rahmen der Bildungsforschung. Eine Diskussion wesentlicher Aspekte am Beispiel der Mathematikdidaktik. In R. Tippelt & B. Schmidt (Hrsg.), *Handbuch Bildungsforschung* (S. 199-213). Wiesbaden: VS Verlag.

Reiss, K. (2008). Mathematische Kompetenz zwischen Grundschule und Sekundarstufe: Zusammenfassung und Forschungsdesiderata. In A. Heinze & M. Grüßing (Hrsg.), *Mathematiklernen vom Kindergarten bis zum Studium. Kontinuität und Kohärenz als Herausforderung für den Mathematikunterricht* (S. 117-121). Münster: Waxmann.

Reiss, K. & Winkelmann, H. (2008). Step by step. Ein Kompetenzstufenmodell für das Fach Mathematik. *Grundschule, 40* (10), 18-21.

Reiss, K., Heinze, A. & Pekrun, R. (2007). Mathematische Kompetenz und ihre Entwicklung in der Grundschule. In M. Prenzel, I. Gogolin & H.-H. Krüger (Hrsg.), Kompetenzdiagnostik. *Zeitschrift für Erziehungswissenschaft, 10* Sonderheft 8/2007, 107-127.

Reiss, K. (2004). Bildungsstandards und die Rolle der Fachdidaktik am Beispiel der Mathematik. *Zeitschrift für Pädagogik, 50* (5), 635-649.

Riboltis, E. (2008). Wer bitte sind hier die Bildungsfernen? In E. Christof, A. Doberer-Bey, E. Ribolits & J. Zuber (Hrsg.), *schriftlos = sprachlos? Alphabetisierung und Basisbildung in der marktorientierten Gesellschaft. Schulheft 131/2008* (S. 113-121). Innsbruck, Wien, Bozen: Studien Verlag.

Richman, W. A. & Colombo, J. (2007). Joint Book Reading in the Second Year and Vocabulary Outcomes. *Journal of Research in Childhood Education, 21* (3), 242-253.

Richter, D., Kuhl, P. & Pant, H. A. (2012). Soziale Disparitäten. In P. Stanat, H. A. Pant, K. Böhme & D. Richter (Hrsg.), *Kompetenzen von Schülerinnen und Schülern am Ende der vierten Jahrgangsstufe in den Fächern Deutsch und Mathematik. Ergebnisse des IQB-Ländervergleichs 2011* (S. 191-208). Münster: Waxmann.

Richter, D., Lehrl, S., Mudiappa, M., Schmitt, M. & Smidt, W. (2011). Aus der Forschungspraxis: Die DFG-Forschergruppe BiKS. *Zeitschrift für Soziologie der Erziehung und Sozialisation, 31,* 212-214.

Richter, S. & Brügelmann, H. (1994). Der Schulanfang ist keine Stunde Null. In H. Brügelmann & S. Richter (Hrsg.), *Wie wir recht schreiben lernen* (S. 62-77). Konstanz: Faude.

Richter, S. & Brügelmann, H. (1992). Stellenwert schriftsprachnaher Prädiktoren bei der Vorhersage späterer Rechtschreibleistungen. *Psychologie in Erziehung und Unterricht, 39,* 253-263.

Rieger-Ladich, M. (2005). Weder Determinismus, noch Fatalismus: Pierre Bourdieus Habitustheorie im Licht neuerer Arbeiten. *Zeitschrift für Soziologie der Erziehung und Sozialisation, 25* (3), 281-296.

Riesenhuber, F. (2007). Großzahlige empirische Forschung. In S. Albers, D. Klapper, U. Konradt, A. Walter & J. Wolf (Hrsg.), *Methodik der empirischen Forschung* (S. 1-16). Wiesbaden: Gabler.

Rindskopf, D. (1984). Structural Equation Models – Empirical Identification, Heywood Cases, and Related Problems. *Sociological Methods & Research, 13* (1), 109-119.

Röber, C. & Müller, C. (2008). *Der Aufbau von professionellem sprachlichem Wissen als Voraussetzung für eine kompetente Sprachförderung vorschulischer Kinder. Eine Expertise.* Freiburg im Breisgau: Robert Bosch Stiftung.

Robinson, P. (2001a). Task complexity, task difficulty, and task production: Exploring interactions in a componential framework. *Applied Linguistics, 22* (1), 27-57.

Robinson, P. (2001b). A tale of two histories. Language use and education in relation to social class and gender. *Journal of Language and Social Psychology, 20* (1/2), 231-247.

Röhner, C. (2008). *Erziehungsziel Mehrsprachigkeit. Diagnose von Sprachentwicklung und Förderung von Deutsch als Zweitsprache.* Weinheim: Beltz.

Rolff, H.-G. (1997). *Sozialisation und Auslese durch die Schule.* Weinheim: Juventa.

Rose, S. E., Jolley, R. P., & Burkitt, E. (2006). A review of children's, teachers' and parents' influences on children's drawing experience. *International Journal of Art and Design Education, 25,* 341-349.

Rosebrock, C., Nix, D., Rieckmann, C. & Gold, A. (2011). *Leseflüssigkeit fördern. Lautleseverfahren für die Primar- und Sekundarstufe.* Seelze: Klett-Kallmeyer.

Rössel, J. & Beckert-Zieglschmid, C. (2002). Die Reproduktion kulturellen Kapitals. The Reproduction of Cultural Capital. *Zeitschrift für Soziologie, 31* (6), 497-513.

Rost, D. H. & Sparfeld, J. R. (2007). Leseverständnis ohne Lesen? Zur Konstruktvalidität von multiple-choice-Leseverständnisaufgaben. *Zeitschrift für Pädagogische Psychologie, 21* (3/4), 305-314.

Rost, J. (2004). *Lehrbuch Testtheorie-Testkonstruktion.* Bern: Hans Huber.

Rost, J. & Spada, H. (1982). Die Quantifizierung von Lerneffekten anhand von Testdaten. *Zeitschrift für Differentielle und Diagnostische Psychologie, 4* (1), 29-49.

Roth, H. (1970). Die wichtigsten Ergebnisse der Gutachten aus dem Buch „Begabung und Lernen". In B. Bernstein, U. Oevermann, R. Reichwein & H. Roth (Hrsg.), *Lernen und soziale Struktur. Aufsätze 1965-1970.* Schwarze Reihe Nr. 9 (S. 91-116). Amsterdam: Verlag de Munter.

Roth, T., Salikutluk, Z. & Kogan, I. (2010). Auf die „richtigen" Kontakte kommt es an! Soziale Ressourcen und die Bildungsaspirationen der Mütter von Haupt-, Real- und Gesamtschülern in Deutschland. In B. Becker & D. Reimer (Hrsg.), *Vom Kindergarten zur Hochschule. Die Generierung von ethnischen und sozialen Disparitäten in der Bildungsbiographie* (S. 179-212). Wiesbaden: VS Verlag.

Roussos, L. & Stout, W. (2004). Differential Item Functioning Analysis: Detecting DIF items and testing DIF hypotheses. In D. Kaplan (Ed.), *Sage Handbook of quantitative methodology for the social sciences.* (pp. 107-115) Thousand Oaks: SAGE.

Rubin, D. B. (1996). "Multiple Imputation after 18+ Years." *Journal of the American Statistical Association, 91* (434), 473-489.

Rubin, D. B. (1987). *Multiple imputation for nonresponse in surveys.* New York, NY: John Wiley & Sons.

Rubin, D. B. (1976). Inference and Missing Data. *Biometrika, 63,* 581-590.

Rupp, A. A., Ferne, T. & Choi, H. (2006). How assessing reading comprehension with multiple-choice questions shapes the construct: A cognitive precessing perspective. *Language Testing, 4* (4), 441-474.

Rupp, G. & Bonholt, H. (2004). Mit dem Stift zum Sinn. Schreiben als Lesestrategie. *Praxis Deutsch, 187,* 48-52.

Sadovnik, A. R. (1995). *Knowledge and Pedagogy: The Sociology of Basil Bernstein*. New Jersey: Ablex.

Salem, T. & Rabkin, G. (2010). Kooperation von Eltern, Kindern, Elementarbereich und Schule im Hamburger FÖRMIG-Projekt „Family Literacy". *Diskurs Kindheits- und Jugendforschung, 4*, 385-396.

Sann, A. & Thrum, K. (2002). Guter Start mit Opstapje. Frühförderung für Kinder aus sozial benachteiligten Familien. *DJK Bulletin* (60/61), 3-5.

Schafer, J. L. (1999). Multiple Imputation: A primer. *Statistical Methods, 8*, 3-15.

Schauenberg, M. (2007). *Übertrittsentscheidungen nach der Grundschule. Empirische Analysen zu familialen Lebensbedingungen und Rational-Choice*. München: Herbert Utz Verlag.

Schechler, J. M. (2002). *Sozialkapital und Netzwerkökonomik*. Frankfurt am Main: Peter Lang.

Schellhas, B., Grundmann, M. & Edelstein, W. (2012). Kontrollüberzeugungen und Schulleistung im Kontext familialer Sozialisation. *Psychologie in Erziehung und Unterricht, 59*, 93-108.

Schipper, W. & Selter, C. (2001). *Offener Mathematikunterricht: Arithmetik II*. Seelze: Friedrich Verlag.

Schleppegrell, M. (2004). *The Language of Schooling: A Functional Linguistics Perspective*. Mahwah, New Jersey: Lawrence Erlbaum Associaties.

Schmitz, S., Tarelli, I., Wendt, H. & Bos, W. (2013). Bildungschancen von Kindern alleinerziehender Eltern. In H. Bertram (Hrsg.), *Reiche Kinder, kluge Kinder: Glückliche Kinder? – Der UNICEF-Bericht zur Lage der Kinder in Deutschland* (S. 118-133). Weinheim: Juventa.

Schneider, W. & Näslund, J.C. (1993). The impact of early metalinguistic competencies and memory capacities on reading and spelling in elementary school: Results of the Munich Longitudinal Study on the Genesis of individual competencies (LOGIC). *European Journal of Psychology of Education, 8*, 273-288.

Schneider, W., Körkel, J., Weinert, F. E. (1989). Domain-specific knowledge and memory performance: A comparison of high- and low-aptitude children. *Journal of Educational Psychology, 81*, 306-312.

Schnotz, W., Baadte, C., Müller, A. & Rasch, R. (2010). Creative Thinking and Problem Solving with Depictive and Descriptive Representations. In L. Verschaffel, E. De Corte, J. Elen & T. de Jong (Eds.), *Use of External Representations in Reasoning and Problem Solving* (pp. 11-35). Amsterdam: Elsevier.

Schnotz, W. (2005). An integrated model of text and picture comprehension. In R. E. Mayer (Ed.), *The Cambridge handbook of multimedia learning* (pp. 49-69). New York: Cambridge University Press.

Schnotz, W. (1996). Lesen als Textverarbeitung. In H. Günther & L. Otto (Hrsg.), *Schrift und Schriftlichkeit. Writing and Its Use. Ein interdisziplinäres Handbuch internationaler Forschung. An Interdisciplinary Handbook of International Research*. 1. Halbband (S. 972-982). Berlin: de Gruyter.

Schoenfeld, A. H. (1987). *Cognitive Science and Mathematics Education.* Erlabum, Hillsdale, NJ.

Schrader, F.-W. & Helmke, A. (2003). Evaluation – und was danach? Ergebnisse der Schulleiterbefragung im Rahmen der Rezeptionsstudie WALZER. *Schweizerische Zeitschrift für Bildungswissenschaften, 25* (1), 79-110.

Schreier, M. & Odağ, Ö. (2010). Mixed Methods. In G. Mey & K. Mruck (Hrsg.), *Handbuch Qualitative Forschung in der Psychologie* (S. 261-277). Wiesbaden: VS Verlag.

Schütte, M. (2009). *Sprache und Interaktion im Mathematikunterricht der Grundschule: Zur Problematik für schulisches Lernen im Kontext sprachlich-kultureller Pluralität.* Münster: Waxmann.

Schütz, A. & Luckmann, T. (2003). *Strukturen der Lebenswelt.* Konstanz: UVK Verlagsgesellschaft mbH.

Schütze, F. (1975). *Sprache soziologisch gesehen.* München: Fink Verlag.

Schwarz, B. & Silbereisen, R. K. (1996). Anteil und Bedeutung autoritativer Erziehung in verschiedenen Lebenslagen. In J. Zinnecker & R. K. Silbereisen (Hrsg.), *Kindheit in Deutschland* (S. 229-243). Weinheim: Juventa.

Schwingel, M. (2005). *Pierre Bourdieu zur Einführung.* Hamburg: Junius.

Schwinn, T. (2007). *Soziale Ungleichheit.* Bielefeld: Transkript Verlag.

Schwippert, K., Bos, W. & Lankes, E.-M. (2004). Heterogenität und Chancengleichheit am Ende der vierten Jahrgangsstufe in den Ländern der Bundesrepublik Deutschland und im internationalen Vergleich. In W. Bos, E.-M. Lankes, M. Prenzel, K. Schwippert, R. Valtin & G. Walther (Hrsg.), *IGLU – Einige Länder im nationalen und internationalen Vergleich* (S. 165-190). Münster: Waxmann.

Schwippert, K., Bos, W., Lankes, E.-M. (2003). Heterogenität und Chancengleichheit am Ende der vierten Jahrgangsstufe im internationalen Vergleich. In W. Bos, E.-M. Lankes, M. Prenzel, K. Schwippert, G. Walther & R. Valtin (Hrsg.), *Erste Ergebnisse aus IGLU. Schülerleistungen am Ende der vierten Jahrgangsstufe im internationalen Vergleich* (S. 265-302). Münster: Waxmann.

Schwitalla, J. (2006). *Gesprochenes Deutsch: Eine Einführung.* Berlin: Schmidt.

Selter, C., Walther, G., Wessel, J. & Wendt, H. (2012). Mathematische Kompetenzen im internationalen Vergleich: Testkonzeption und Ergebnisse. In W. Bos, H. Wendt, O. Köller & C. Selter (Hrsg.), *TIMSS 2011. Mathematische und naturwissenschaftliche Kompetenzen von Grundschulkindern in Deutschland im internationalen Vergleich* (S. 69-122). Münster: Waxmann.

Selter, C. (2009). *Der neue Mathematiklehrplan für die Grundschule. Eine Illustration durch zehn Unterrichtsbeispiele.* Verfügbar unter: http://www.standardsicherung.schulministerium.nrw.de/materialdatenbank/ nutzersicht/materialeintrag.php?matId=2049 [01.09.2014].

Selter, C. & Spiegel, H. (1996). *Wie Kinder rechnen.* Leipzig: Klett.

Sénéchal, M., Pagan, S., Lever, R. & Ouellette, G. P. (2008). Relations Among the Frequency of Shared Reading Sewell, W. & Hauser, R. (1976). Causes and consequences of higher education: Models of the status attainment process. In W. Sewell, R. Hauser & D. Featherman (Eds.), *Schooling and achievement in American society* (pp. 9-27). New York: Academic Press.

Sfard, A. (2007). When the rules of discourse change, but nobody tells you – making sense of mathematics learning from commognitive point. *Journal of Learning Sciences, 16* (4), 567-615.

Sfard, A. (2005). What changes when learning goes to school: The communicational version, the case of mathematics. *European Journal of School Psychology, 3* (1), 301-326.

Sfard, A. (2001). On the gains and dilemmas of calling different things the same name. *Quarterly of Cognitive Science, 1* (3/4), 359-388.

Sfard, A. (2000). Symbolizing mathematical reality into being: How mathematical discourse and mathematical objects create each other. In P. Cobb, K. E. Yackel, & K. McClain (Eds.), *Symbolizing and communicating: perspectives on Mathematical Discourse, Tools, and Instructional Design* (pp. 37-98). Mahwah, NJ: Erlbaum.

Sfard, A., Forman, E. & Kieran, K. (2001). Learning discourse: Sociocultural approaches to research in mathematics education. *Educational Studies in Mathematics, 46* (1/3), 1-12.

Shank, G. (2007). How to tap the full potential of qualitative research by applying qualitative methods. In P. Mayring, G. Huber, L. Gürtler & M. Kiegelmann (Eds.), *Mixed methodology in psychological research* (pp. 7-13). Rotterdam: Sense Publishers.

Shohamy, E. (2000). Fairness in language testing. In A. J. Kunnan (Ed.), *Fairness and validation in language assessment: Selected papers from the 19th Language Testing Research Colloquium, Orlando, Florida* (pp. 15-19). Cambridge: Cambridge University Press.

Siegler, R. (2000). The rebirth of children's learning. *Child Development, 71* (1), 26-35.

Singh, P. (2001). A sociology for the transmission of knowledges. In S. Power, P. Aggleton, J. Brannen, A. Brown, L. Chrisholm & J. Mace (Eds.), *A Tribute To Basil Bernstein 1924-2000* (pp. 157-200). London: Institute of Education, University of London.

Sinus Sociovision GmbH (2009). *Informationen zu den Sinus-Milieus 2009.* Verfügbar unter: http://www.sinus-institut.de/uploads/tx_mpdownload center/informationen_2009_01.pdf [01.09.2014].

Smith, M. H., Beaulieu, L. J. & Israel, G. D. (1992). Effects of human capital and social capital on dropping out of high school in the south. *Journal of Research in Rural Education, 8,* 75-87.

Snow, C. E. & Uccelli, P. (2009). "The Challenge of Academic Language". In D. R. Olson & N. Torrance (Hrsg.), *The Cambridge Handbook of Literacy* (pp. 112-133). Cambridge, N.Y.: Cambridge Press University.

Snow, C. E. & Ferguson, C. A. (1978). *Talking to children: Language input and acquisition.* Cambridge: Cambridge University Press.

Snow, C. E. (1977). Mothers's speech research: from input to interaction. In C. Snow & C. A. Ferguson (Eds.), *Talking to children. Language input and acquisition* (pp. 31-49). Cambridge: CUP.

Söldner, M. L. (1994). *Depression aus der Kindheit.* Göttingen & Zürich: Vandenhoeck & Ruprecht.

Solga, H., & Dombrowski, R. (2009). *Soziale Ungleichheiten in schulischer und außerschulischer Bildung.* Düsseldorf: Hans-Böckler-Stiftung. Verfügbar unter: http://www.boeckler.de/pdf/p_arbp_171.pdf [01.09.2014].

Solga, H. (2008). Meritokratie – die moderne Legitimation ungleicher Bildungschancen. In P. A. Berger & H. Kahlert, (Hrsg.), *Institutionalisierte Ungleichheiten. Wie das Bildungswesen Chancen blockiert* (S. 19-38). Weinheim & Basel: Juventa Beltz.

Spiegel, C. (2007). „Kannst du mir das mal erklären?" Gesprächskompetenzen erwerben durch partnerschaftliches Lernen im Unterricht. *Grundschulunterricht, 9,* 4-9.

Stamm, M. (2005). Bildungsaspiration, Begabung und Schullaufbahn: Eltern als Erfolgspromotoren? *Schweizerische Zeitschrift für Bildungswissenschaften, 27* (2), 277-297.

Stanat, P., Weirich, S. & Radmann, S. (2012). Sprach- und Leseförderung. In P. Stanat, H. A. Pant, K. Böhme & D. Richter (Hrsg.), *Kompetenzen von Schülerinnen und Schülern am Ende der vierten Jahrgangsstufe in den Fächern Deutsch und Mathematik. Ergebnisse des IQB-Ländervergleichs 2011* (S. 251-276). Münster: Waxmann.

Stangl, W. (1989). *Das neue Paradigma der Psychologie. Die Psychologie im Diskurs des Radikalen Konstruktivismus.* Braunschweig: Friedrich Vieweg & Sohn.

Stanovich, K. E. (2000). *Progress in understanding reading: Scientific foundations and new frontiers.* New York: Guilford.

Stanovich, K. E., Cunningham, A. E. & Cramer, B. (1984), Assessing phonological awareness in kindergarten children: Issues of task comparability. *Journal of Experimental Child Psychology, 38,* 175-190.

Stark, T. (2010). Lautes Denken in der Leseprozessforschung. Kritischer Bericht über eine Erhebungsmethode. *Didaktik Deutsch, 29,* 58-83.

Statistisches Bundesamt (Hrsg.). (2010). *Alleinerziehende in Deutschland. Ergebnisse des Mikrozensus 2009: Begleitmaterial zur Pressekonferenz am 29. Juli 2010 in Berlin.* Wiesbaden. Verfügbar unter: https://www.destatis. de/DE/PresseService/Presse/Pressekonferenzen/2010/Alleinerziehende/pres sebroschuere_Alleinerziehende2009.html [01.09.2014].

Steinhauer, K. (2003), Electrophysiological correlates of prosody and punctuation. *Brain and Language, 86,* 142-164.

Steinig, W., Betzel, D., Geider, F. J. & Herbold, A. (2009). *Schreiben im diachronen Vergleich: Texte von Viertklässlern aus den Jahren 1972 und 2002.* Münster: Waxmann.

Steinke, I. (2005). Gütekriterien qualitativer Forschung. In U. Flick, E. von Kardorff & I. Steinke (Hrsg.), *Qualitative Forschung: Ein Handbuch* (S. 319-332). Reinbek: Rowohlt.

Steinweg, A. S. (2006). „Kinder deuten geometrische Strukturen und Gleichungen – Ich sehe was, was du auch sehen kannst". In E. Rathgeb-Schnierer & U. Roos (Hrsg.), *Wie rechnen Matheprofis? Ideen und Erfahrungen zum offenen Mathematikunterricht. Festschrift für S. Schütte* (S. 71-86). München: Oldenbourg.

Steinweg, A. S. (2004). „Zahlen in Beziehungen - Muster erkennen, nutzen, erklären und erfinden". In D. Bönig & P. Scherer (Hrsg.), *Mathematik für Kinder - Mathematik von Kindern* (S. 232-242). Frankfurt am Main: Grundschulverband e.V.

Stephany, S., Linnemann, M. & Becker-Mrotzek, M. (2013). Schreiben als Mittel des mathematischen Lernens. In M. Becker-Mrotzek, K. Schramm, E. Thürmann & H. J. Vollmer (Hrsg.), *Sprache im Fach. Sprachlichkeit und fachliches Lernen* (S. 203-222). Münster: Waxmann.

Stern, E. (2005). Kognitive Entwicklungspsychologie des mathematischen Denkens. In M. van Aster & J. H. Lorenz (Hrsg.), *Rechenstörungen bei Kindern: Neurowissenschaft, Psychologie, Pädagogik* (S. 137-149). Göttingen: Vandenhoeck & Ruprecht.

Stern, E. (1998). *Die Entwicklung des mathematischen Verständnisses im Kindesalter.* Lengerich: Pabst Publisher.

Stern, E. (1997). Erwerb mathematischer Kompetenzen. Ergebnisse aus dem SCHOLASTIK-Projekt. In F. E. Weinert & A. Helmke (Hrsg.), *Entwicklung im Grundschulalter* (S. 157-170). Weinheim: Beltz.

Stern, E. (1992). Warum werden Kapitänsaufgaben „gelöst"? Das Verstehen von Textaufgaben aus psychologischer Sicht. *Der Mathematikunterricht, 4,* 7-29.

Steyer, R. (2003). *Wahrscheinlichkeit und Regression.* Berlin: Springer.

Streblow, L. (2004). Zur Förderung der Lesekompetenz. In U. Schiefele, C. Artelt, W. Schneider & P. Stanat (Hrsg.), *Struktur, Entwicklung und Förderung von Lesekompetenz. Vertiefende Analysen im Rahmen von PISA 2000* (S. 275-306). Wiesbaden: VS Verlag.

Stubbe, T. C. (2011). How do different versions of a test instrument function in a single language? A DIF analysis of the PIRLS 2006 German assessments. *Educational Research and Evaluation, 17* (6), 465-481.

Stubbe, T.C. (2009). *Bildungsentscheidungen und sekundäre Herkunftseffekte. Soziale Disparitäten bei Hamburger Schülerinnen und Schülern der Sekundarstufe I.* Münster: Waxmann.

Stubbe, T.C. & Lorenz, J. (2014). Measuring social capital in large-scale-assessments. *Journal for Educational Research Online* (Manuskript eingereicht zur Publikation).

Stubbe, T. C., Bos, W. & Euen, B. (2012). Der Übergang von der Primar- in die Sekundarstufe. In W, Bos, I. Tarelli, A. Bremerich-Vos & K. Schwippert

(Hrsg.), *IGLU 2011. Lesekompetenzen von Grundschulkindern in Deutschland im internationalen Vergleich* (S. 219-226). Münster: Waxmann.

Stubbe, T.C., Tarelli, I. & Wendt, H. (2012). Soziale Disparitäten der Schülerleistung in Mathematik und Naturwissenschaften. In W. Bos, H. Wendt, O. Köller & C. Selter (Hrsg.), *TIMSS 2011. Mathematische und naturwissenschaftliche Kompetenzen von Grundschulkindern in Deutschland im internationalen Vergleich* (S. 231-246). Münster: Waxmann.

Stubbe, T. C. & Bos, W. (2008). Die Koppelung von sozialer Herkunft und Lesekompetenz im internationalen Vergleich und in der Deutschsprachigen Gemeinschaft. In W. Bos, S. Sereni & T. C. Stubbe (Hrsg.), *IGLU Belgien. Lese- und Orthografiekompetenzen von Grundschulkindern in der Deutschsprachigen Gemeinschaft* (S. 111-125). Münster: Waxmann.

Stubbe, T. C., Pietsch, M. & Wendt, H. (2007). Soziale Netze an Hamburger Grundschulen. In W. Bos, C. Gröhlich & M. Pietsch (Hrsg.), *KESS 4. Lehr- und Lernbedingungen in Hamburger Grundschulen* (S. 71-102). Münster: Waxmann.

Subvokiak, M., Mack, J., Ironson, G. & Craig, R. (1984). Empirical comparison of selected item bias detection procedures with bias manipulation. *Journal of Educational Measurement, 21*, 49-58.

Sünker, H. (2004). Bildungspolitik, Bildung und soziale Gerechtigkeit. PISA und die Folgen. In H.-U. Otto & T. Rauschenbach (Hrsg.), *Die andere Seite der Bildung. Zum Verhältnis von formellen und informellen Bildungsprozessen* (S. 223-236). Wiesbaden: VS Verlag.

Sullivan, A. (2001). Cultural capital and educational attainment. *Sociology, 35,* 893-912.

Szagun, G. (2006). *Sprachentwicklung beim Kind. Ein Lehrbuch.* Weinheim & Basel: Beltz.

Tamis-LeMonda, C. S. & Rodriguez, E. T. (2008). *Parents' role in fostering young children's learning and language development.* Verfügbar unter http://www.child-encyclopedia.com/documents/Tamis-LeMonda-Rodriguez ANGxp_rev-Language.pdf [01.09.2014].

Tarelli, I. (2010). *Lesesozialisation im Elternhaus und soziale Ungleichheiten.* Unveröffentlichte Dissertation: TU Dortmund.

Tashakkori, A. & Teddlie, C. (2003a). *Handbook of Mixed Methods Research: Integrating Quantitative and Qualitative Approaches in the Social and Behavioral Sciences.* Thousand Oaks, CA, London u.a.: SAGE.

Tashakkori, A. & Teddlie, C. (2003b). The Past and Future of Mixed Methods Research: From Data Traingulation to Mixed Model Designs. In A. Tashakkori & C. Teddlie (Eds.), *Handbook of Mixed Methods Research: Integrating Quantitative and Qualitative Approaches in the Social and Behavioral Sciences* (pp. 671-701). Thousand Oaks, CA, London u.a.: SAGE.

Teachman, J.D., Paasch, K. & Carver, K. (1997). Social capital and the generation of human capital. *Social Forces, 75*, 1343-1359.

Teachman, J. D., Paasch, K. & Carver, K. (1996). Social capital and dropping out of school early. *Journal of Marriage and the Family, 58,* 773-783.

Teddlie, C. & Tashakkori, A. (2009). *Foundations of Mixed Methods Research: Integrating Quantitative and Qualitative Approaches in the Social and Behavioral Sciences.* Thousand Oaks, CA, London u.a.: SAGE.

Teresi, J. A., Ramirez, M., Lai, J.-S. & Silver, S. (2008). Occurrences and sources of Differential Item Functioning (DIF) in patient-reported outcome measures: Description of DIF methods, and review of measures of depression, quality of life and general health. *Psychology Science Quarterly, 50* (4), 538- 612.

Thelen, E. & L. B. Smith (1995). *A dynamic systems approach to the development of cognition and action.* Cambridge, MA: The MIT Press.

Thissen, D., Steinberg, L. & Wainer, H. (1993). Detection of differential item functioning using the parameters of item response models. In P.W. Holland & H. Wainer (Eds.), *Differential item functioning* (pp. 67-113). Hillsdale, NJ: Lawrence Erlbaum.

Thompson, S. & De Bortoli, L. (2008). *Exploring Scientific Literacy: How Australia measures up. The PISA 2006 survey of students' scientific, reading and mathematical literacy skills.* Verfügbar unter: http://research. acer.edu.au/ozpisa/2 [01.09.2014].

Thompson, H. B. (1990). Einführung. In P. Bourdieu (Hrsg.), *Was heisst sprechen? Zur Ökonomie des sprachlichen Tausches* (S. 1-35). Wien: Braumüller.

Thonhauser, J. (2008a). *Aufgaben als Katalysatoren von Lernprozessen: Eine zentrale Komponente organisierten Lehrens und Lernens aus der Sicht von Lernforschung, Allgemeiner Didaktik und Fachdidaktik.* Münster: Waxmann.

Thonhauser, J. (2008b). Warum (neues) Interesse am Thema ‚Aufgaben'? In J. Thonhauser (Hrsg.), *Aufgaben als Katalysatoren von Lernprozessen: Eine zentrale Komponente organisierten Lehrens und Lernens aus der Sicht von Lernforschung, Allgemeiner Didaktik und Fachdidaktik* (S. 13-27). Münster: Waxmann.

Thonhauser, J., Buschmann, I., Gastager, A. & Schmich, J. (2003). Benchmarks von innen. Ein Projekt in progess. *Lernende Schule, 24,* 57-59.

Tiedemann, K. (2012). *Mathematik in der Familie. Zur familialen Unterstützung früher mathematischer Lernprozesse in Vorlese- und Spielsituationen.* Münster: Waxmann.

Tillmann, K. J. (2010). *Sozialisationstheorien. Eine Einführung in den Zusammenhang von Gesellschaft, Institution und Subjektwerdung.* Reinbek: Rowohlt.

Tillmann, K. J. & Meier, U. (2003). Familienstrukturen, Bildungslaufbahnen und Kompetenzerwerb. In J. Baumert, C. Artelt, E. Klieme, M. Neubrand, M. Prenzel, U. Schiefele, et al. (Hrsg.), *PISA 2000. Ein differenzierter Blick auf die Länder der Bundesrepublik Deutschland* (S. 361-392). Opladen: Leske + Budrich.

Tillmann, K.-J., Holler-Nowitzki, B., Holtappels, H. G., Meier, U. & Popp, U. (1999). *Schülergewalt als Schulproblem. Verursachende Bedingungen, Er-*

scheinungsformen und pädagogische Handlungsperspektiven. Weinheim & München: Juventa.

Tomasello, M. (2002). *Die kulturelle Entwicklung des menschlichen Denkens. Zur Evolution der Kognition.* Frankfurt am Main: Suhrkamp.

Tophinke, D. (2003). *Sprachförderung im Kindergarten. Julia, Elena und Fatih entdecken gemeinsam die deutsche Sprache. Materialien und praktische Anleitung.* Weinheim & Basel: Beltz.

Torr, J. (2007). The pleasure of recognition: intertextuality in the talk of pre-schoolers during shared reading with mothers and teachers. *Early years, 27* (1), 77-91.

Tracy, R. (2008). *Wie Kinder Sprachen lernen. Und wie wir sie dabei unterstützen können.* Tübingen: Francke.

Trautmann, C. (2008). Pragmatische Basisqualifikationen I und II. In K. Ehlich, U. Bredel & H. H. Reich (Hrsg.), *Referenzrahmen zur altersspezifischen Sprachaneignung.Forschungsgrundlagen.* Bildungsforschung Band 29/II (S. 41-48). Bonn & Berlin: BMBF.

Trautwein, U. (2007). The homework-achievement relation reconsidered: Differentiating homework time, homework frequency, and homework effort. *Learning and Instruction, 17,* 372-388.

Trautwein, U., Köller, O. & Baumert, J. (2001). Lieber oft als viel: Hausaufgaben und die Entwicklung von Leistung und Interesse im Mathematik-Unterricht der 7. Jahrgangsstufe. *Zeitschrift für Pädagogik, 47* (5), 703-724.

Treiman, D. J. (1979). Probleme der Begriffsbildung und Operationalisierung in der international vergleichenden Mobilitätsforschung. In F. U. Pappi (Hrsg.), *Sozialstrukturanalysen mit Umfragedaten. Probleme der standardisierten Erfassung von Hintergrundmerkmalen in allgemeinen Bevölkerungsumfragen* (S. 124-167). Königstein/Ts.: Athenäum-Verlag.

Trong, K. L. & Kennedy, A. M. (2007). Reporting PIRLS 2006 Questionnaire Data. In M. O. Martin, I. V. S. Mullis & A. M. Kennedy (Eds.), *PIRLS 2006 – Progress in international Reading Literacy Study, Technical Report.* Boston College.

Ufer, S., Reiss, K. & Mehringer, V. (2013). Sprachstand, soziale Herkunft und Bilingualität: Effekte auf Facetten mathematischer Kompetenz. In M. Becker-Mrotzek, K. Schramm, E. Thürmann & H. J. Vollmer (Hrsg.), *Sprache im Fach. Sprachlichkeit und fachliches Lernen* (S. 185-201). Münster: Waxmann.

Ufer, S., Reiss, K. & Heinze, A. (2008). BIGMATH – Ergebnisse zur Entwicklung mathematischer Kompetenz in der Primarstufe. In A. Heinze & M. Grüßing (Hrsg.), *Mathematiklernen vom Kindergarten bis zum Studium. Kontinuität und Kohärenz als Herausforderung für den Mathematikunterricht* (S. 61-86). Münster: Waxmann.

Uiterwijk, H. & Vallen, T. (2005). Linguistic sources of item bias for second generation immigrants in Dutch tests. *Language Testing, 22* (2), 211-234.

UNESCO (2003). International standard classification ef education, ISCED 1997. In J. H. P. Hoffmeyer-Zlotnik & C. Wolf (Eds.), *Advances in cross-*

national comparison. A European working book for demographic and socio-economic variables (pp. 195-220). New York, NY: Plenum Press.

Van Buuren, S. & Groothuis-Oudshoorn, K. (2011). *mice: Multivariate Imputation by Chained Equations. R package version 2.9*. Verfügbar unter: http://CRAN.R-project.org/package=mice [01.09.2014].

Van Buuren, S., Boshuizen, H. C. & Knook, D.L. (1999). Multiple imputation of discrete and continous data by fully conditional specification. *Statistical Methods in Medical Research, 16*, 219-242.

Van de Werfhorst, H. G. & Hofstede, S. (2007). Cultural capital or relative risk aversion? Two mechanisms for educational inequality compared. *British Journal of Sociology, 58*, 391-415.

Van der Gaag, M. & Snijders, T. A. B. (2004a). *The resource generator: social capital quantification with concrete items*. Verfügbar unter: http://gaag. home.xs4all.nl/work/RG.pdf [01.09.2014].

Van den Heuvel-Panhuizen, M. & Fosnot, C. T. (2001). Assessment of mathematics achievements: not only the answers count. In M. van den Heuvel-Panuizen (Ed.), *Proceedings of the 25th Conference of the International Group for the Psychology of Mathematics Education, 4* (pp. 335-342). Utrecht: Freudenthal Institute, Utrecht University.

Van der Gaag, M. & Snijders, T. (2004b). *Proposals for the Measurement of Individual Social Capital*. In H. Flap & B. Völker (Hrsg.), *Creation and Returns of Social Capital. A New Research Program* (pp. 199-218). London & New York: Routledge.

Vandermaas-Peeler, M., Nelson, J., Bumpass, C. & Sassine, B. (2009). Numeracy- related exchanges in joint storybook reading and play. *International Journal of Early Years Education, 17* (2), 67-84.

Van Dijk, T. A. & Kintsch, W. (1983). *Strategies of discourse comprehension*. San Diego, CA: Academic Press.

Van Kleeck, A. (1990). Emergent literacy: Learning about print before learning to read. *Topics in Language Disorders, 10* (2), 25-45.

Verhoeven, L. & Perfetti, C. A. (2008). Introduction. Advances in text comprehension: Model, process and development. *Applied Cognitive Psychology, 22*, 293-301.

Verhoeven, L. & Snow, C. E. (2001). *Motivation and reading: Cultural and social perspectives*. Mahwah, NJ: Lawrence Erlbaum.

Verhoeven, L. & van Kuyk, J. (1991). Peiling van conceptuele en metalinguistische kennis. *Pedagogische Studiën, 68*, 1-11.

Verschaffel, L., Greer, B. & de Corte, E. (2000). *Making sense of word problems*. Lisse/NL: Swets & Zeitlinger.

Vester, M. (2006). Die ständische Kanalisierung der Bildungschancen. Bildung und soziale Ungleichheit zwischen Boudon und Bourdieu. In W. Georg (Hrsg.), *Soziale Ungleichheit im Bildungssystem. Eine empirisch-theoretische Bestandsaufnahme* (S. 13-54). Konstanz: UVK Verlagsgesellschaft.

Vester, M. (2008). Die selektive Bildungsexpansion. Die ständische Regulie-
rung der Bildungschancen in Deutschland. In P. A. Berger & H. Kahlert
(Hrsg.), *Institutionalisierte Ungleichheiten. Wie das Bildungswesen Chancen blockiert* (S. 39-70). Weinheim & München: Juventa.

Vester, M., von Oertzen, P., Geiling, H., Hermann T. & Müller, D. (2001).
*Soziale Milieus im gesellschaftlichen Strukturwandel. Zwischen Integration
und Ausgrenzung.* Frankfurt am Main: Suhrkamp.

Vleminckx, K. & Smeeding, T. (2001). *Child Well-Being, Child Poverty and
Child Policy in Modern Nations: What do we know?* Bristol: Policy Press.

Vollmer, H. & Thürmann, E. (2010). "Zur Sprachlichekeit des Fachlernens:
Modellierung eines Referenzrahmens für Deutsch als Zweitsprache". In B.
Ahrenholz (Hrsg.), *Fachunterricht und Deutsch als Zweitsprache* (S. 107-
132). Tübingen: Narr.

Vygotsky, L. S. (1979). Consciousness as a problem in the psychology of behaviour. *Soviet Psychology, 17* (4), 3-35.

Vygotsky, L. S. (1978). *Mind in Society: The Development of Higher Psychological Processes.* Cambridge, MA: Harvard University Press.

Wagner, P. & Spiel, C. (2002). Hausaufgabenforschung – ein Plädoyer für eine
stärkere theoretische Verankerung. *Empirische Pädagogik, 16* (3), 275-284.

Walper, S. (1995). Familienbeziehungen und Sozialentwicklung Jugendlicher
in Kern-, Ein- Eltern- und Stieffamilien. *Zeitschrift für Entwicklungspsychologie und Pädagogische Psychologie, 27* (2), 93-121.

Walther, G., Selter, C., Bonsen, M. & Bos, W. (2008). Mathematische Kompetenz im internationalen Vergleich. In W. Bos et al. (Hrsg.), *TIMSS 2007.
Mathematische und naturwissenschaftliche Kompetenzen von Grundschulkindern in Deutschland im internationalen Vergleich* (S. 49-86). Münster:
Waxmann.

Walther, G., Schwippert, K., Lankes, E.-M. & Stubbe, T. C. (2008). Können
Mädchen doch rechnen? Vertiefende Analysen zu Geschlechtsdifferenzen
im Bereich Mathematik auf Basis der Internationalen Grundschul-Lese-
Untersuchung IGLU. *Zeitschrift für Erziehungswissenschaft, 1,* 30-46.

Walther, G., Geiser, H., Langeheine, R. & Lobemeier, K. (2003). Mathematische Kompetenzen am Ende der vierten Jahrgangsstufe in einigen Ländern
der Bundesrepublik Deutschland. In W. Bos, E.-M. Lankes, M. Prenzel, K.
Schwippert, R. Valtin & G. Walther (Hrsg.), *IGLU. Einige Länder der Bundesrepublik Deutschland im nationalen und internationalen Vergleich*
(S. 117-140). Münster: Waxmann.

Walzebug, A. (2014). Is there a language based social disadvantage in solving
math test items? *Learning, Culture and Social Interaction, 3* (2), 159-169.

Walzebug, A. (2012). „Was ist denn jetzt nochmal geteilt?" Mathematische
Test-Aufgaben und ihre Bearbeitung im Fokus Bernsteins soziolinguistischer Überlegungen. In U. Gellert & M. Sertl (Hrsg.), *Zur Soziologie des
Unterrichts. Arbeiten mit Basil Bernsteins Theorie des pädagogischen Diskurses* (S. 289-311). Weinheim & Basel: Juventa.

Walzebug, A. (2008). *Selbstbezug im Spiegel des Fremden. Eine empirische Analyse von Bildungsprozessen im Kontext der Anti-Bias Education.* Unveröffentlichte Diplomarbeit. Universität Hamburg.

Weinert, F. E. (2001). *Leistungsmessungen in Schulen.* Weinheim: Beltz.

Weinert, F. E. & Helmke, A. (1997). *Entwicklung im Grundschulalter.* Weinheim: Beltz.

Werker, J. F. & Tees, R. C. (1999). Influences on infants speech processing: toward a new synthesis. *Annual Review of Psychology, 50,* 509-535.

Wendt, H., Bos, W., Selter, C. & Köller, O. (2012). TIMSS 2011: Wichtige Ergebnisse im Überblick. In W. Bos, H. Wendt, O. Köller & C. Selter (Hrsg.), *TIMSS 2011. Mathematische und naturwissenschaftliche Kompetenzen von Grundschulkindern in Deutschland im internationalen Vergleich* (S. 13-26). Münster: Waxmann.

Wendt, H., Tarelli, I., Bos, W., Frey, K. & Vennemann, M. (2012). Ziele, Anlagen und Durchführung der Trends in International Mathematics and Science Study. In W. Bos, H. Wendt, O. Köller & C. Selter (Hrsg.), *TIMSS 2011. Mathematische und naturwissenschaftliche Kompetenzen von Grundschulkindern in Deutschland im internationalen Vergleich* (S. 27-68). Münster: Waxmann.

Whitehurst, G. & Lonigan, C. (2001). Development from pre-readers to readers. In S. Neuman & D. Dickinson (Eds.), *Handbook of Early Literacy Development* (pp. 11-29). New York: Guilford.

Whitehurst, G. & Lonigan, C. (1998). Child development and emergent literacy. *Child Development, 69* (3), 848-872.

Wieler, P. (1997). *Vorlesen in der Familie: Fallstudien zur literarisch-kulturellen Sozialisation von Vierjährigen.* Weinheim & Basel: Juventa.

Wiezorek, C. (2009). Bildungsferne Jugendliche? Zur Problematik einer Standard gewordenen wissenschaftlichen und gesellschaftlichen Perspektive auf Hauptschüler. In J. Eclarius & J. Billstein (Hrsg.), *Standardisierung – Kanonisierung. Erziehungswissenschaftliche Reflexionen* (S. 181-191). Wiesbaden: VS Verlag.

Wigger, L. (2009). Habitus und Bildung. Einige Überlegungen zum Zusammenhang von Habitustransformationen und Bildungsprozessen. In B. Friebertshäuser, M. Rieger-Ladich & L. Wigger (Hrsg.), *Reflexive Erziehungswissenschaft. Forschungsperspektiven im Anschluss an Bourdieu* (S. 101-118). Wiesbaden: VS Verlag.

Social Research, 1, (1), Art. 22. Verfügbar unter: http://www.qualitative-research.net/index.php/fqs/article/ view/1132/2520 [01.09.2014].

Wild, E. (2004). Häusliches Lernen. Forschungsdesiderate und Forschungsperspektiven. *Zeitschrift für Erziehungswissenschaft, 7* (Beiheft 3), 37-64.

Wild, E. & Hofer, M. (2002). Familien mit Schulkindern. In M. Hofer, E. Wild & P. Noack (Hrsg.), *Lehrbuch der Familienpsychologie* (S. 216-240). Göttingen: Hogrefe.

Wild, E. & Remy, K. (2002). Affektive und motivationale Folgen der Lernhilfen und lernbezogenen Einstellungen von Eltern. *Unterrichtswissenschaft, 30,* 27-51.

Wild, E. & Wild, K.-P. (1997). Familiale Sozialisation und schulische Lernmotivation. *Zeitschrift für Pädagogik, 43* (1), 55-77.

Wimmer, H., Landerl, K. & Schneider, W. (1994). The role of rhyme awareness in learning to read a regular orthography. *British Journal of Developmenal Psychology, 12,* 469-484.

Winter, H. (1995). Mathematikunterricht und Allgemeinbildung. *Mitteilungen der Gesellschaft für Didaktik der Mathematik, 6,* 37-46.

Wischmann, A. (2010). *Adoleszenz-Bildung-Anerkennung: Adoleszente Bildungsprozesse im Kontext sozialer Ungleichheit.* Wiesbaden: VS Verlag.

Witzel, A. (2000). *Das problemzentrierte Interview. Forum Qualitative Sozialforschung/ Forum: Qualitative* Wößmann, L. (2004). *How equal are educational opportunities? Family background and student achievement in Europe and the United States* (Discussion Paper No. 1284). Verfügbar unter: http://www.qualitative-research.net/index.php/fqs/article/view/%201132/ 2519 [01.09.2014].

Youniss, J. (1994). *Soziale Konstruktion und psychische Entwicklung.* Frankfurt am Main: Suhrkamp.

Zevenbergen, R. (2000). "Cracking the Code" of Mathematics Classrooms: School Success As a Function of Linguistic, Social, and Cultural Background. In J. Boaler (Ed.), *Multiple perspectives on mathematics teaching and learning* (pp. 201-223). New York: JAI/ Ablex.

Zimmermann, P., Gliwitzky, J. & Becker-Stoll, F. (1996). Bindung und Freundschaftsbeziehungen im Jugendalter. *Psychologie in Erziehung und Unterricht, 43,* 41-154.

Zinnecker, J. & Silbereisen, R. K. (1996). *Kindheit in Deutschland. Aktueller Survey über Kinder und ihre Eltern.* Weinheim und Basel: Juventa.

Zinnecker, J. (1995). The cultural modernisation of childhood. In L. Chisholm, P. Büchner, H.-H. Krüger & M. du Bois-Reymond (Eds.), *Growing up in Europe* (pp. 85-94). Berlin & New York: Walter de Gruyter.

11.2   Tabellenverzeichnis

11.3 Abbildungsverzeichnis

Abstract

Several large-scale achievement studies have repeatedly and consistently shown that students with low socioeconomic status (SES) do worse than students with high SES. The present study analyzes this finding more closely and adresses whether – and if so, how – socially related manner of language use relates to less successful handling of items. This addresses the issue of hidden linguistic challenges in items that covertly also test reading skills. Research has focused on social related manner of language use to the extent that social groups have different priorities and that language use emerges from what is required to maintain relationships within these social groups. In other words, the different language habits that children acquire in the course of their socialization correspond to their social origins.

The analysis is focused on German items within the domain of mathematics in the framework of *Trends in International Mathematics and Science Study* (TIMSS 2007). The study uses a mixed-method design consisting of (a.) *Differential Item Functioning* to identify those items that adversely affect fourth graders of low SES as opposed to those of high SES, and (b.) *Structural Equation Models* to examine interactions between SES, parental support, and mathematics achievement. The DIF analyses include 177 mathematical items used in TIMSS 2007 for grade four. The SEM is based on one booklet of items and includes a broad spectrum of background characteristics. Additionally (c.) think-aloud-protocols documented in task-orientated clinical interviews (n=14) are utilized to get a deeper understanding of students' strategies, procedures, and meaning-making when handling the items. The interviews were conducted with sixth graders in secondary schools (German *Haupt-* and *Gesamtschule*) at the beginning of the school year. The items are described according to theoretically derived criteria based on (d.) expert opinions. In a three-step process composed of technical (here: didactics of mathematics) clarification, language clarification, and clarification within interactions difficulties in items are explored.

The results provide, inter alia, valuable suggestions for the development and examination of items and (pre-)school language support.